国家出版基金項目
NATIONAL PUBLICATION FOUNDATION

陝西出版資金資助項目

「十二五」國家重點圖書出版規劃項目

關學文庫·關學文獻整理系列

總主編 劉學智 方光華

元代關學三家集

[元] 蕭𣂏 同恕 楊奐 著

孫學功 點校整理

西北大學出版社

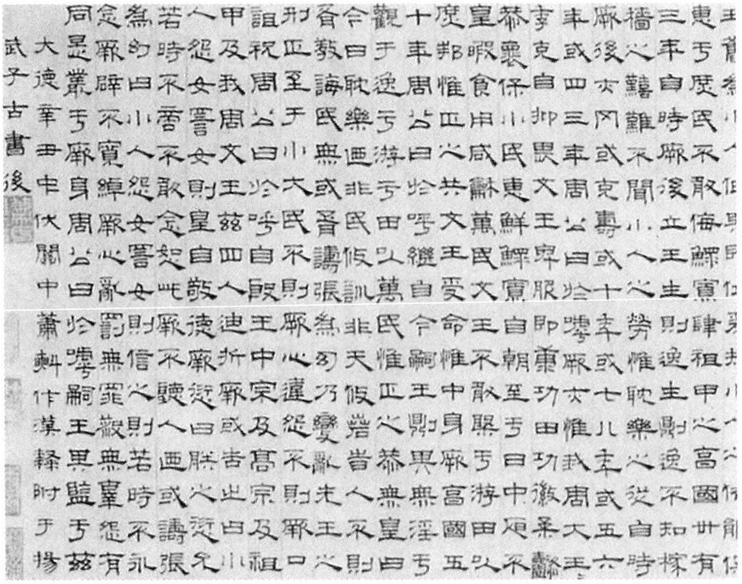

萧蜊書法

《渠庵集》民國四庫珍本影印文淵閣本

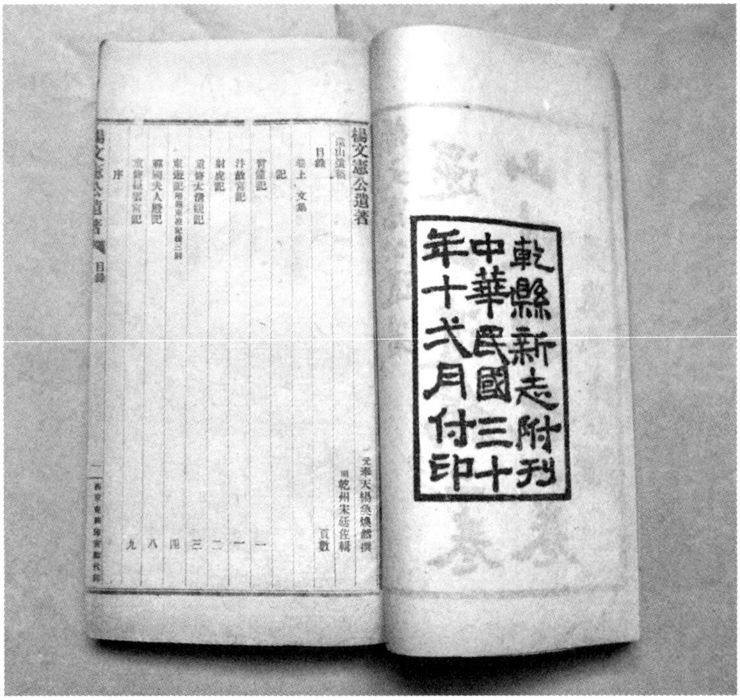

《乾縣新志》中收録的《還山遺稿》中華民國三十年刻本

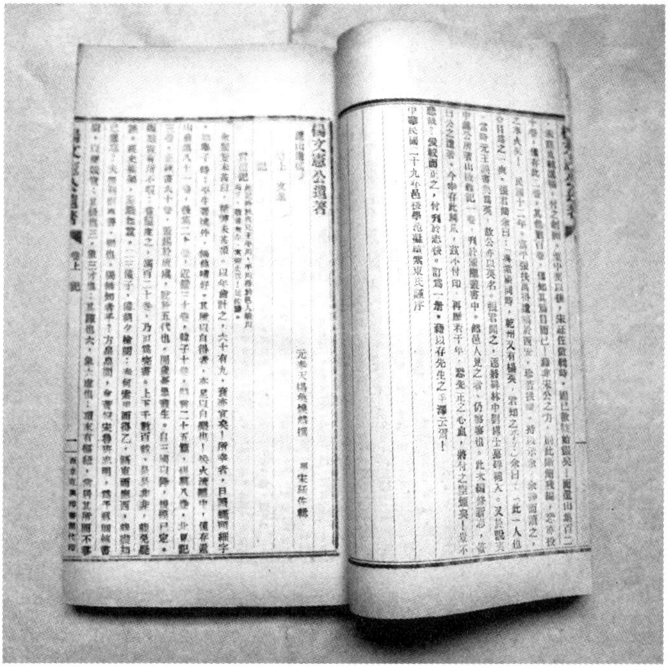

《還山遺稿》書影

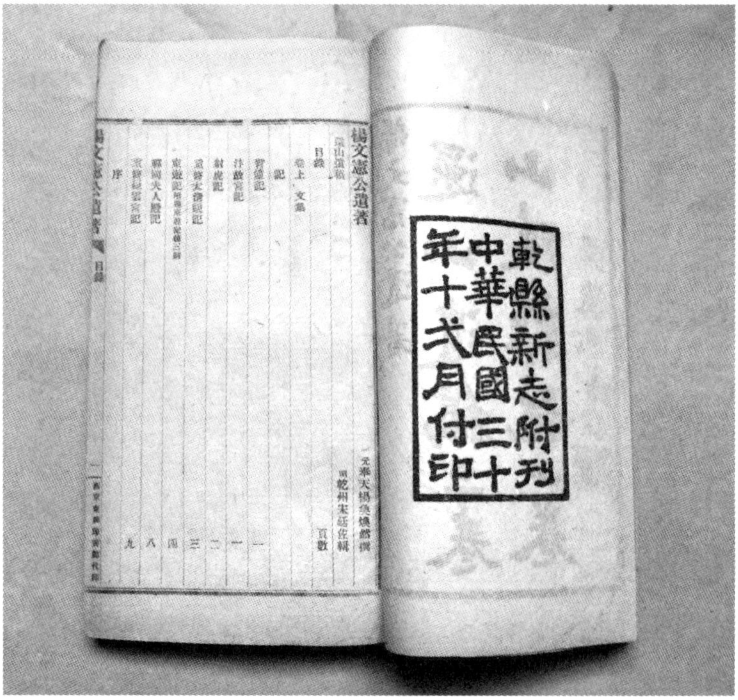

《乾縣新志》中收録的《還山遺稿》中華民國三十年刻本

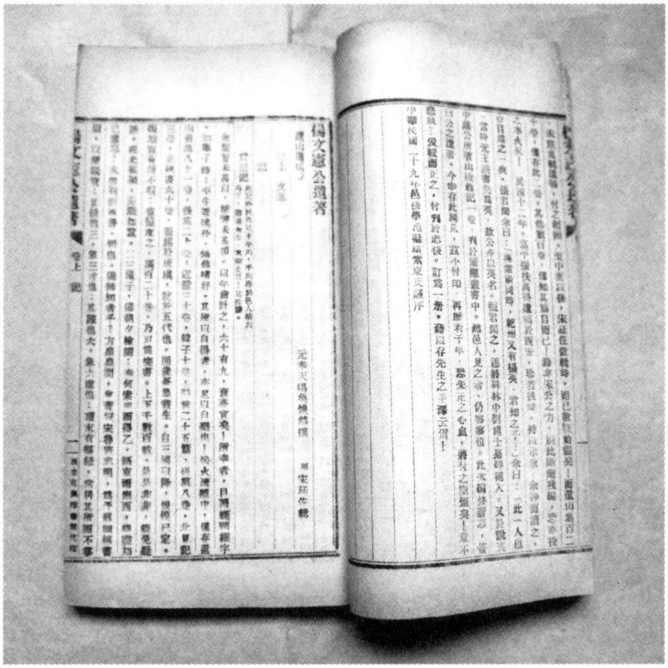

《還山遺稿》書影

總序

張載（一〇二〇—一〇七七），字子厚，宋鳳翔府郿縣（今陝西眉縣）人，祖籍大梁，宋仁宗嘉祐二年（一〇五七）進士。張載出身於官宦之家。祖父張復在宋真宗時官至給事中、集賢院學士，死後贈司空。父親張迪在宋仁宗時官至殿中丞、知涪州事，贈尚書都官郎中。張迪死後，張載與全家遂僑居於鳳翔府郿縣橫渠鎮之南。因他曾在此聚徒講學，世稱「橫渠先生」。他的學術思想在學術史上被稱爲「橫渠之學」，他所代表的學派被後人稱爲「關學」。張載與程顥、程頤同爲北宋理學的創始人。可以說，關學是由張載創立并於宋元明清以至民國初年，一直在關中地區傳衍的地域性理學學派，亦稱「關中理學」。

關學基本文獻整理與相關研究不僅是中國思想學術史的重要課題，也是體現中國思想文化傳承與創新的重要舉措。關學文庫關學文獻整理系列以繼承、弘揚和創新中華文化爲宗旨，以文獻整理的系統性、全面性爲特點，是我國第一部對上起於北宋、下迄於清末民初，綿延八百餘年的關中理學的基本文獻資料進行整理的大型叢書。這項重點文化工程的完成，對於完整呈現關學的歷史面貌、發展脈絡和鮮明特色，彰顯關學精神，推動傳統文化創造性轉化、創新性發展無疑具有重要意義。因爲文庫關學文獻整理系列的各部分均有整理者具體的前言介紹和點校說明，我這裏僅就關學、關學與程朱理學的關係、關學的思想特質、關學文庫關學文獻整理系列的整體構成與學術價值等談幾點意見，以供讀者參考。

一、作爲理學重要構成部分的關學

衆所周知，宋明理學是中國儒學發展的新形態與新階段，一般被稱爲新儒學。但在新儒學中，構成較爲複雜。比較典型的則是程朱理學與陸王心學。南宋學者呂本中較早提到「關學」這一概念。南宋朱熹、呂祖謙編選的近思録較早地梳

理了北宋理學發展的統緒，關學是作爲理學的重要一支來作介紹的。朱熹在伊洛淵源録中，將張載的「關學」與周敦頤的「濂學」、二程（程顥、程頤）的「洛學」并列加以考察。明初宋濂、王禕等人纂修元史，將宋代理學概括爲「濂洛關閩」四大派別，其中雖有地域文化的特色，但它們的思想内涵及其影響并不限於某個地域，而成爲中國思想文化史上重要的一頁，即宋代理學。

根據洛學代表人物程顥、程頤以及閩學代表人物朱熹對張載關學思想的理解、評價和吸收，張載創始的關學本質上當是理學，而且是影響全國的思想文化學派。過去，我們在編寫中國思想通史第四卷、宋明理學史上册的時候，在關學學術旨歸和歷史作用上曾作過探討，但是也不能不顧及古代學術史考鏡源流的基本看法。

需要注意的是，張載後學，如藍田吕氏等，在張載去世後多歸二程門下，如果拘泥門戶之見，似乎張載關學發展有所中斷，但學術思想的傳承往往較學者的理解和判斷複雜得多。關學，如同其他學術形態一樣，也是一個源遠流長、不斷推陳出新的形態。關學没有中斷過，它不斷與程朱理學、陸王心學融合。明清時期以至民初，關學的學術基本是朱子學、陽明學的傳入及與張載關學的融會過程。因此，由宋至清末民初的關學，實際是中國理學的重要組成部分，它是一個動態的且具有包容性和創新性的概念，它開啓了清初王船山學術的先河。

關學文庫關學文獻整理系列所遴選的作品，結合學術史已有研究成果，如宋元學案、明儒學案、關學編及關學續編、關學宗傳等，均是關中理學的典型代表，上起北宋張載，下至晚清的劉光蕡、民國初期的牛兆濂，能够反映關中理學的發展源流及其學術内容的豐富性、深刻性。與歷史上的關中叢書相比，這套文庫文獻整理更加豐富醇純，是對前賢整理文獻思想與實踐的進一步繼承與發展，其學術意義不言而喻。

二、張載關學與程朱理學的關係

佛教傳入中土後，有所謂「三教合一」説，主張儒、道、釋融合滲透，或稱三教「會通」。唐朝初期可以看到三教并舉的

文化現象。當歷史演進到北宋時期，由於書院建立，學術思想有了更多自由交流的場所，從而促進了學人的獨立思考，使他們對儒家經學箋注主義提出了懷疑，呼喚新思想的出現，於是理學應時而生。理學主體是儒學，兼采佛、道思想，研究如何將它們融合爲一個整體，這是一個重要的課題。從理學產生時起，不同時代有不同的理學學派。譬如，在「三教融合」過程中，如何理解「氣」與「理」（「理」的問題是迴避不開的，華嚴宗的「理事說」早在唐代就有很大影響）的關係？理學如何捍衛儒學早期關於人性善惡的基本觀點，又不致只在「善」與「惡」的對立中打圈子？如何理解宇宙？宇宙與社會及個人有何關係？君子、士大夫怎麼做才能維護自身的價值和尊嚴，又能堅持修齊治平的準則？這些都是中國思想史中宇宙觀與人生觀的大問題。對這些問題的研究和認識，不可能一開始就有一個統一的看法，需要在思想文化演進的歷史進程中逐步加以解決。宋代理學的產生及不同學派的存在，就是上述思想文化發展歷史的寫照，因而理學在實質上是中國思想文化的傳承創新，具有重要的歷史意義。

張載關學、二程洛學、南宋時朱熹閩學各有自己的特色。作爲理學的創建者之一，張載胸懷「爲天地立心，爲生民立命，爲往聖繼絕學，爲萬世開太平」的學術抱負，在對儒學學說進行傳承發展中做出了重要的理論貢獻。北宋時期，學者們重視對易的研究。易富於哲理性，張載通過對易的解說，闡述對宇宙和人生的見解，積極發揮禮記、論語、孟子等書中的義理，并融合佛、道，將儒家的思想提升到一個新的高度。

張載與洛學的代表人物程顥、程頤等人曾有過密切的學術交往，彼此或多或少在學術思想上相互產生過一定的影響。宋仁宗嘉祐元年（一〇五六），張載來到京師汴京，講授易學，曾與程顥一起終日切磋學術，探討學問（參見二程集河南程氏遺書卷二上）。張載是二程之父程珦的表弟，爲二程表叔，二程對張載的人品和學術非常敬重。通過與二程的切磋與交流，張載對自成一家之言的學術思想充滿自信：「吾道自足，何事旁求！」（呂大臨橫渠先生行狀）

因爲張載與程顥、程頤之間爲親屬關係，在學術上有密切的交往，關學後傳不拘門戶，如呂氏三兄弟呂大忠、呂大鈞、呂大臨，蘇昞、范育、薛昌朝以及种師道、游師雄、潘拯、李復、田腴、邵彥明、張舜民等，在張載去世後一些人投到二程門下，

繼續研究學術，也因此關學的學術地位在學術史上常常有意無意地受到貶低甚至質疑（包括程門弟子的貶低和質疑）。事實上，在理學發展史上，張載以其關學卓然成家，具有鮮明的特點和理論建樹，這是不能否定的。反過來，張載的一些觀點和思想也影響了二程的思想體系，對後來的程朱學說及閩學的形成也有重要的啓迪意義，這也是客觀的事實。

張載依據易建立自己的思想體系，但是，在基本點上和易的原有內容并不完全相同。他提出「太虛即氣」的觀點，認爲沒有超越「氣」之上的「太極」或「理」世界，換言之，「氣」不是被人創造出的產物。又由此推論出天下萬物由「氣」聚而成；物毀氣散，復歸於虛空（或「太虛」）。在氣聚、氣散即物成物毀的運行過程中，纔顯示出事物的條理性。張載說：「太虛不能無氣，氣不能不聚而爲萬物，萬物不能不散而爲太虛，循是出入，是皆不得已而然也。」（正蒙卷一）他用這個觀點去看萬物的成毀。這些觀點極大地影響了清初大思想家王船山。

張載在西銘中說：「乾稱父，坤稱母。予茲藐焉，乃混然中處。故天地之塞，吾其體；天地之帥，吾其性。民，吾同胞；物，吾與也。」天地是萬物和人的父母，人是天地間藐小的一物。天、地、人三者共處於宇宙之中。由於三者都是氣聚之物，天地之性就是人之性，所以人類是我的同胞，萬物是我的朋友，歸根到底，萬物與人類的本性是一致的。進而認爲，人們「尊高年，所以長其長；慈孤弱，所以幼其幼。聖，其合德；賢，其秀也。凡天下疲癃殘疾、惸獨鰥寡，皆吾兄弟之顛連而無告者也」。這裏所表述的是一種高尚的人道主義精神境界。

二程思想與張載有別，他們通過對張載氣本論的取捨和改造，又吸收佛教的有關思想，建構了「萬理歸於一理」的理論體系。在人性論方面，二程在張載人性論的基礎上進一步深化了孟子的性善論。二程贊同張載將人性分爲「天地之性」和「氣質之性」。但二程認爲「天地之性」是天理在人性中的體現，未受任何損害和扭曲，因而是至善無瑕的；「氣質之性」是氣化而生的，也叫「才」，它由氣稟決定，稟清氣則爲善，稟濁氣則爲惡，正因爲氣質之性不可避免地受到了「氣」的侵蝕而出現「氣之偏」，因而具有惡的因素。在二程看來，善與惡的對立，實際上是「天理」與「人欲」的對立。

朱熹將張載氣本論進行改造，把有關「氣」的學說納入他的天理論體系中。朱熹接受「氣」生萬物的思想，但與張載的

氣本論不同，朱熹不再將「理」看成是「氣」的屬性，而是「氣」的本原。天理與萬事萬物是一種怎樣的關係？朱熹關於「理一分殊」的理論回答了這一問題。他認爲：「太極只是個極好至善的道理。人人有一太極，物物有一太極。」又說：「太極非是別爲一物，即陰陽而在陰陽，即五行而在五行，即萬物而在萬物，只是一個理而已。」（朱子語類卷九四）「理一分殊」理論包括一理攝萬理與萬理歸一理兩個方面，這與張載思想有別。

總之，宋明理學反映出儒、道、釋三者融合所達到的理論高度。這一思想的融合完成於兩宋時期。張載開創的關學爲此做出了重要的學術貢獻。正如清初思想家王船山所說：「張子之學，上承孔孟之志，下救來兹之失，如皎日麗天，無幽不燭，聖人復起，未有能易焉者也。」（張子正蒙注序論）船山之學繼承發揚了張載學説，又有新的創造。

三、關學的特色

關學既有深邃的理論，又重視經世致用。這可以概括爲以下幾個方面：

首先，學風篤實，注重踐履。黄宗羲指出：「關學世有淵源，皆以躬行禮教爲本。」（明儒學案師説）躬行禮教、學風樸質是關學的顯著特徵。受張載的影響，其弟子藍田「三吕」也「務爲實踐之學，取古禮，繹其義，陳其數，而力行之」（宋元學案吕范諸儒學案），特别是吕大臨。明代吕柟其行亦「一準之以禮」（關學編）。清代的關學學者王心敬、李元春、賀瑞麟等人，依然守禮不輟。

其次，崇尚氣節，敦善厚行。關學學者大都注意砥礪操行，敦厚士風，具有不阿權貴、不苟於世的特點。張載曾兩次被薦入京，但當發現自己的政治理想難以實現時，毅然辭官，回歸鄉里，教授弟子。明代楊爵、吕柟、馮從吾等均敢於仗義執言，即使觸犯龍顔，被判入獄，依舊不改初衷，體現了大義凛然的獨立人格和卓異的精神風貌。清代關學大儒李顒，在皇權面前錚錚鐵骨，操志高潔。這些關學學者「窮則獨善其身，達則兼善天下」，體現出「富貴不能淫，貧賤不能移，威武不能屈」的「大丈夫」氣節。

最後，求真求實，開放會通。關學學者大多不主一家，具有比較寬廣的學術胸懷。張載善於吸收新的自然科學成果，不斷充實豐富自己的儒學理論。他注意對物理、氣象、生物等自然現象做客觀的觀察和合理的解釋，具有科學精神。後世關學學者韓邦奇、王徵等都重視自然科學。三原學派的代表人物王恕以治易入仕，晚年精研儒家經典，強調用心求學，用心考證，求疏通之解，形成了有獨立主見的治國理政觀念。關學學者堅持傳統，但并不拘泥於傳統，能够因時而化，不斷地融合會通學術思想，具有鮮明的開放性和包容性特徵。由張載到「三呂」、呂柟、馮從吾、李顒等，這種融會貫通的學術精神得到不斷承傳和弘揚。

四、關學文庫關學文獻整理系列的整體構成與學術價值

關學文獻遺存豐厚，但是長期以來没有得到應有的保護和整理，除少量著作如正蒙、涇野先生五經說、少墟集、元儒考略等在清代收入四庫全書之外，大量的著作仍以綫裝書或手抄本的形式散存於陝西、北京、上海等地的圖書館或民間，其中有的已成孤本（如韓邦奇的禹貢詳略、李因篤的受祺堂文集家藏抄本），有的已殘缺不全（如南大吉集收入的瑞泉集殘本，現重慶圖書館存有原書，國家圖書館僅存膠片；收入的南大吉詩文，搜自西北大學圖書館藏周雅續）。即使晚近的劉光蕡、牛兆濂等人的著述，其流傳亦稀世罕見。二十世紀七十年代以來，中華書局出版了張載集，并將藍田呂氏遺著輯校、關學編、正蒙合校集釋、涇野子内篇、二曲集等收入理學叢書陸續出版，這些僅是關學文獻的很少一部分。全方位系統梳理關學學術文獻仍係空白。

關學典籍的收集與整理，是關學學術研究的重要基礎。這次關學文庫文獻的整理與編纂者在全國范圍的圖書館和民間廣泛搜集資料，一是搶救性發掘整理了一批關學文獻，二是對一些文獻以新發現的版本進行比對校勘、輯佚補充，從而使關學文庫關學文獻整理系列成爲目前最能反映關學學術史面貌，對關學研究具有基礎性作用的文獻集成。關學文獻整理系列圖書共涉及關學重要學人二十九人，編訂文獻二十六部，計一千八百六十餘萬字。這些文獻分別是：張子全書、

藍田呂氏集、李復集、元代關學三家集、王恕集、薛敬之張舜典集、馬理集、呂柟集涇野經學文集、呂柟集涇野子内篇、呂柟集涇野先生文集、韓邦奇集、南大吉集、楊爵集、馮從吾集、王徵集、王建常集、王弘撰集、李顒集、李柏集、李因篤集、王心敬集、李元春集、賀瑞麟集、劉光蕡集、牛兆濂集以及關學史文獻輯校等。其中的韓邦奇集、南大吉集、李柏集、李因篤集、牛兆濂集屬于搶救性整理；李復、王恕、薛敬之、呂柟、馬理、楊爵、王建常、王弘撰、王心敬、李元春、賀瑞麟等學人文獻屬于首次系統整理出版；張子全書、藍田呂氏集、李顒集、劉光蕡集、關學史文獻輯校是在進一步輯佚完善的基礎上整理出版的。總之，關學文獻整理的系統性和全面性得到了體現。

關學文庫文獻整理力圖突出全面性、系統性和深度整理的特點。就全面性和系統性而言，就是保證關學史上重要學人的文獻資料不被遺漏，這裏所選的二十九位學人，都是關學史上較爲重要的和代表了關學發展某一環節的學人。其中如張載、藍田「三呂」、馬理、呂柟、楊爵、馮從吾、王弘撰、李顒、李柏等人的著作集，是迄今文獻收集最爲齊全的。同時對於有關關學史的文獻也進行了全面系統的搜集和整理，如關學史文獻輯校，不僅重新點校整理了馮從吾的關學編，收録和點校整理了王心敬、李元春、賀瑞麟以及由劉光蕡、柏景偉重加整理校勘的關學續編，還首次點校整理了清末民初張驥的關學宗傳，并從諸多史書中輯録了一些零散的關學史資料，使之成爲目前能全面反映關學史面貌的文獻輯校本。關學文庫關學文獻整理系列，以豐富的關學史文獻，證明了「關學之源流初終，條貫秩然」，關學有其自身發展演變的歷史。就深度整理來説，關學文獻整理系列遵循古籍整理的傳統做法，采用繁體字、竪排版，標點、校勘，并對專用名詞做下劃綫處理。其目的不僅在於使整理與編纂者在文獻整理中提高自身的學術素養，同時也爲以後文獻研究者提供方便，推動關學研究深入開展，這也是關學文庫關學文獻整理系列圖書出版的重要目的。

關學文庫係「十二五」國家重點圖書出版規劃項目，國家出版基金項目、陝西出版資金資助項目，得到了中共陝西省委、陝西省人民政府、國家新聞出版廣電總局以及陝西省新聞出版廣電局的大力支持。文庫的組織、編輯、審定和出版工

作在編輯出版委員會領導下進行，日常工作由陝西省人民政府參事室（陝西省文史研究館）和西北大學出版社負責。本文庫歷時五年編纂完成，凝結着全體參與者的智慧和心血。總主編劉學智、方光華教授，項目總負責徐曄、馬來同志統籌全書，精心組織，陝西師範大學、西北大學、西北政法大學、中國人民大學、華東師範大學、鄭州大學等十餘所院校的數十位專家學者協力攻關，精益求精，體現出深沉厚重的歷史使命感和復興民族文化的責任感；他們孜孜矻矻，持之以恒，任勞任怨，樂於奉獻，以古人爲己之學相互勉勵，在整理研究古代文獻的同時，不斷錘煉學識，砥礪德行，努力追求樸實的學風和嚴謹的學術品格。出版社組織專業編輯、外審專家通力合作，希望盡最大可能提高本文庫的學術品質。作爲文庫編輯出版委員會主任，我謹向大家卓有成效的工作表示衷心的感謝。由於時間緊迫、經驗不足等原因，文獻整理中存在的疏漏差錯難以完全避免。希望讀者朋友們在閱讀使用時加以批評指正，以便日後進一步修訂，努力使文庫文獻整理更加完善。

張豈之

二〇一五年一月八日

于西北大學中國思想文化研究所

前言

北宋末年，金兵南下，陝西成爲戰亂之地。宋金之間在大散關一帶相對峙，關中處於戰爭前綫。不久，關中即爲金人所佔領。沒有一個安定的環境，這很不利於學術的發展。在金代，很長一段時間裏，學者不知理學爲何物，只是在金末元初楊君美、楊奐時，理學纔在關中紮下了根。

楊君美名天德，君美爲其字，高陵人，肄業太學，登金興定二年（一二一八）進士第。金朝末年，流寓河南、山東之間達十年之久，後歸長安。晚年時，楊君美纔讀到大學解及伊洛諸書，閱後大爲折服，隨即日夜浸漬於其中。君美之學至其子楊恭懿時得到很大發展，爲各方所矚目。楊恭懿字元甫，號潛齋，贈榮禄大夫、太子少保、弘農郡公，謚文康。楊恭懿少年時隨父逃難於宋魯之間。二十四歲時才開始接觸理學，認爲這是入德之門、進道之途，遂一意究心於程朱之學，與其父共同講論切磋，最終成爲元代關中大儒。

許衡是元代儒學的領袖，他的學術活動和學術思想對當時整個全國儒學的發展具有關鍵性的影響，他對元代關學的維持和興起也起到了重要的作用。他長期在陝西活動，忽必烈爲秦王時，召他爲京兆提學，他興庠序，育賢才，美風化，爲關中學術的興起打下了較爲堅實的基礎。許衡與楊恭懿關係密切。他經常和楊恭懿切磋學問，對楊恭懿的學問甚爲嘆服。許衡到京師作中書左丞時，力薦楊氏。朝廷累次下詔，楊恭懿皆不赴。至元十一年（一二七四），太子命中書省以漢代聘商山四皓之禮再次延聘，楊恭懿不得已應詔入京，建議朝廷廢除詩文取士，以孔孟之學爲科舉標準。曾經與王恂等改定曆法。曆成上奏之時，諸臣皆跪拜，只有許衡與楊恭懿被特許定坐於殿上。蕭𣂏認爲：「朱文公集周、程夫子之大成，其學盛於江左。北方之士聞而知者，固有其人；求能究聖賢精微之藴、篤志於學、真知實踐、主乎敬義、表裏一致，以躬行心得之餘私淑諸人，繼前修而開後覺，粹然一出乎正者，維司徒暨公。」司徒即許衡，公即楊恭懿也。

金元時代關學除楊君美、楊恭懿父子形成的高陵之學之外，還有以蕭𣆀、同恕爲首的奉元之學。蕭𣆀（一二三〇至一三〇七），字維斗，號勤齋，贈資善大夫、四川等處行中書省左丞，追封扶風郡公，謚貞敏，祖籍益都（今山東省青州市）[一]，元初西遷，後爲奉元（今西安市長安區）人。其墓位於今西安市長安區大兆街道辦事處大兆村東南，當地人俗稱「碑冢」。蕭𣆀早年力學不倦，隱居終南山，遍覽百家之書，「天文、地理、律曆、算學，靡不研究。」蘇天爵滋溪録載蕭𣆀墓誌銘稱：「𣆀於六經百氏無不通，尤精三禮及易，且邃於六書。」聲名聞於秦中。曾經有一個晚上，歸城的人路上遇到了强盜，他說：「我是蕭先生。」羣盜即驚散而去，可見其當時得到了人們的廣泛尊重。

蕭𣆀特別注重氣節，絕意不仕元朝。忽必烈爲秦王時，召爲陜西儒學提舉，辭不赴。後來朝廷又以集賢直學士、國子司業、集賢殿侍讀學士徵辟，皆不應。武宗時，不得已應徵，拜爲太子右諭德。入京後書酒誥上呈，對於京師尚酒風氣表示不滿，不久辭官歸里。有人問其緣故，他說，在禮，東宮東面，師傅西面，這種禮現在能施行嗎？可見他對儒家文化信仰極深，不滿於蒙古貴族鄙棄禮法的做法，不屑與之合作。當時他的節操深爲人們稱頌。劉致在爲其所作謚議中稱：「不事王侯，高尚其事者以之，元代只有劉因和蕭𣆀。」

蕭𣆀爲學一以洙、泗爲本，濂、洛、考亭爲據，爲一代醇儒。侯均嘗謂：「元有天下百年，惟蕭維斗爲識字人。」四庫總目提要中對蕭𣆀的道德學問也很推崇，謂：「關輔自許衡倡明理學之後，𣆀實繼之。」「今考其文，氣格雖不甚高，而質實簡潔，往往有關名教。其辭儒學提舉書及辭免祭酒司業等狀，尤可見其出處進退之大節。詩非所長，而陶冶性靈，絕去纖穠流派，亦足覘其志趣之高焉。」元史稱蕭𣆀：「制行甚高，真履實踐。其教人必自小學始。爲文辭立意精深，言近指遠。」門人涇陽第五居仁、平定呂思誠、南陽孛朮魯翀爲最著。

[一] 按：嘉慶本咸寧縣誌卷十四：「太子右諭德，謚貞敏，蕭𣆀墓在上莊村，周圍十六丈，後裔奉守。」乾隆本西安府誌卷六十五：「蕭𣆀墓：陜甘資政録，在咸寧縣城南三十里上莊村，乾隆乙未年修。」

同恕（一二五三至一三三一），字寬甫，號榘庵，贈翰林直學士，追封京兆郡侯，謚文貞。其先太原人，五世祖遷秦中，遂爲奉元（今西安市長安區）人。其墓位於今西安市雁塔區曲江街道辦事處三兆村東，二〇〇九年西安雁塔南路發現一元代墓葬，即爲同恕墓〔一〕。同恕父繼先，博學能文，著有個人專集玉山集，廉希憲宣撫陝右，辟掌庫鑰。恕家世業儒，同家是一個二百餘口共居的大家族，相處甚爲融洽。同恕從小受家庭薫陶，潛心儒術。他聰穎好學，「日記數千言」。提舉張器玉評價他的文章「義理詳明，文辭瀏亮」。十三歲以書經魁鄉校。至元間，朝廷始分六部，選名士爲吏屬，關陝以同恕貢禮曹，辭不行。至元三十一年（一二九四），他參加編纂世祖實録，書編成後，就又隱居起來，開始自己的教書生涯。仁宗初，即其家拜國子司業，階儒林郎，使三召不起。延祐六年（一三一九），以奉議大夫、太子左贊善召，不久辭官歸里。後除集賢侍讀學士，以年高致仕。他曾經在鄉里主持魯齋書院，前後來學者數千人。延祐設科，兩次主持陝西鄉試，人服其公，是一個直接投身於官方教育事業的學者。他的座右銘是：「與其有求於人，何若無欲於己；與其使人可賤，不若以賤自安。」他待人誠懇、謙虚，人們與他座談，如沐春風。

同恕幼年遭戰亂顛沛，耳濡目染戰爭對人民的荼毒。成年後見到由於戰爭，農田水利遭到破壞，水旱災害年年發生，人民在死亡線上掙扎。這些情況，每每在他的著作中道及。如耿伯祥墓誌銘寫元兵攻河南城，「城陷之日，大帥忿其不即下，無老幼悉命誅之。」在西亭記中，同恕寫陝西「饑饉疾疫，民之流離死傷者，十已七八。」甚至在策問中，他亦不諱言，如在策問四道中，他說：「旱乾爲虐，纔一歲耳。廬井嗸嗸，十室九空，民之流離顛沛，已不知所以爲計矣。」這些情況爲我們研究元代社會狀況提供了極爲寶貴的原始資料。故四庫總目提要説同恕作品「於元初典故，最爲詳贍。集中誌狀諸作，多有可與金元正史相參訂者。」

同恕推崇程朱理學，終身服膺，貧賤富貴，不改初志。他稱讚朱熹文爲「民彝渙星日，諒不下禹功。班班列言論，萬古

〔一〕按：嘉慶本咸寧縣誌卷十四：「贈翰林直學士文貞同恕墓在三兆村。」

開盲聾。」（讀考亭遺文）。賈仁撰寫的同恕行狀稱他「溫粹安靜，小心畏慎，非禮不動。於世味澹，無所好。非其道，一介弗取。義所當與，雖在窘迫，無絲髮吝。性整潔，雖衣布素，未嘗染纖垢，大暑亦不去冠帶。讀書端坐敬對，或理有未得，終夜以思。事有未知，旁稽所自，必融通而後已。軌轍程朱，履真踐實，不爲浮靡習。」他的文章中，許多篇幅都是闡述儒家經義，宣傳治世之道、立身之本，表現了對程朱理學的恪奉。

同恕好學不倦，詩喜陸放翁，文慕周必大。他的文章樸實自然，條理清晰。四庫總目提要云：「其平生著作，不事粉飾，而於淳厚敦樸之中，時露峻潔峭厲之氣。」儒家傳統要求文以載道，同恕可謂持之無違。因此，他的真實情感，比較下來，在詩中流露的似乎更純樸一些。同恕一生基本隱居不仕，不少詩表達的是耕讀鄉園的隱趣。但他對生活並不是完全超脱澹然，一方面他歌頌自然，求樸求真，高隱陶情；一方面憂心忡忡，對時局生民、身世浮沉也感慨不已。

同恕與蕭𣂏友善，常相過往，學者稱爲「蕭同」。宋元學案有蕭同諸儒學案。

元代關學的另外一系就是楊奐之學。楊奐（一一八六至一二五五），字煥然，又名知章，謚文憲，乾州奉天（今陝西乾縣）人。其墓位於今乾縣長留鄉草谷村東南，有墓碑二通。父親楊振，書香門第，教子以嚴；母親程氏，讀書識文，訓子有方。楊奐少年時，受到良好的家庭教育，三歲時就隨口詠唱「白水滿長干，紫陽閣下清風細」的詩句。五歲入學讀書，母親親自督教，給他講歷史故事，開發誘導。楊奐聰敏過人，學業出衆。八歲出外就學，母親讓楊奐帶同學來家，一一過問其志向，將立志學習者留下，與楊奐結伴同學，其餘遣去。楊奐在學校和家庭都受到良好的薰陶教育，從小就養成良好的道德品質和學習習慣。十二歲時，母親程氏不幸病逝，楊奐十分悲痛，每日疏食淡飯，頌孝經爲課。他潛心讀書，將母親用變賣嫁妝換來的數千卷書悉心披閱，學識一天天長進。

金泰和元年（一二〇一）春，楊奐赴長安應試，中爲優等；泰和五年（一二〇五）秋復赴長安應試，中選。舉業既成，便以餘暇寫詩作文，曾撰寫扶風福嚴碑，翰林院學士宋飛卿讀後大加讚賞，以爲有奇才，並寫信敦勉：「吾知韓歐之門，世不乏人矣！」

同恕（一二五三至一三三一），字寬甫，號榘庵，贈翰林直學士，追封京兆郡侯，謚文貞。其先太原人，五世祖遷秦中，遂爲奉元（今西安市長安區）人。其墓位於今西安市雁塔區曲江街道辦事處三兆村東，二〇〇九年西安雁塔南路發現一元代墓葬，即爲同恕墓〔一〕。同恕父繼先，博學能文，著有個人專集玉山集，廉希憲宣撫陝右，辟掌庫鑰。恕家世業儒，同家是一個二百餘口共居的大家族，相處甚爲融洽。同恕從小受家庭薰陶，潛心儒術。他聰穎好學，「日記數千言」。提舉張器玉評價他的文章「義理詳明，文辭瀏亮」。十三歲以書經魁鄉校。至元間，朝廷始分六部，選名士爲吏屬，關陝以同恕貢禮曹，辭不行。至元三十一年（一二九四），他參加編纂世祖實録，書編成後，就又隱居起來，開始自己的教書生涯。仁宗初，即其家拜國子司業，階儒林郎，使三召不起。延祐六年（一三一九），以奉議大夫、太子左贊善召，不久辭官歸里。後除集賢侍讀學士，以年高致仕。他曾經在鄉里主持魯齋書院，前後來學者數千人。延祐設科，兩次主持陝西鄉試，人服其公，是一個直接投身於官方教育事業的學者。他的座右銘是：「與其有求於人，何若無欲於己；與其使人可賤，不若以賤自安。」他待人誠懇、謙虛，人們與他座談，如沐春風。

同恕幼年遭戰亂顛沛，耳濡目染戰爭對人民的荼毒。成年後見到由於戰爭，農田水利遭到破壞，水旱災害年年發生，人民在死亡線上掙扎。這些情況，每每在他的著作中道及。如耿伯祥墓誌銘寫元兵攻河南城，「城陷之日，大帥忿其不即下，無老幼悉命誅之。」在西亭記中，同恕寫陝西「饑饉疾疫，民之流離死傷者，十已七八。」甚至在策問中，他亦不諱言，如在策問四道中，他説：「旱乾爲虐，纔一歲耳。廬井嗸嗸，十室九空，民之流離顛沛，已不知所以爲計矣。」這些情況爲我們研究元代社會狀況提供了極爲寶貴的原始資料。故四庫總目提要説同恕作品「於元初典故，最爲詳贍。集中誌狀諸作，多有可與金元正史相參訂者。」

同恕推崇程朱理學，終身服膺，貧賤富貴，不改初志。他稱讚朱熹文爲「民彝渙星日，諒不下禹功。班班列言論，萬古

〔一〕按：嘉慶本咸寧縣誌卷十四：「贈翰林直學士文貞同恕墓在三兆村。」

開盲聾。」（讀考亭遺文）。賈仁撰寫的同恕行狀稱他「溫粹安靜，小心畏慎，非禮不動。於世味澹，無所好。非其道，一介弗取。義所當與，雖在窘迫，無絲髮吝。性整潔，雖衣布素，未嘗染纖垢，大暑亦不去冠帶。讀書端坐敬對，或理有未得，終夜以思。事有未知，旁稽所自，必融通而後已。軌轍程朱，履真踐實，不爲浮靡習。」他的文章中，許多篇幅都是闡述儒家經義，宣傳治世之道、立身之本，表現了對程朱理學的恪奉。

同恕好學不倦，詩喜陸放翁，文慕周必大。他的文章樸實自然，條理清晰。四庫總目提要云：「其平生著作，不事粉飾，而於淳厚敦樸之中，時露峻潔峭厲之氣。」儒家傳統要求文以載道，同恕可謂持之無違。因此，他的真實情感，比較下來，在詩中流露的似乎更純樸一些。同恕一生基本隱居不仕，不少詩表達的是耕讀鄉園的隱趣。但他對生活並不是完全超脱澹然，一方面他歌頌自然，求樸求真，高隱陶情；一方面憂心忡忡，對時局生民、身世浮沉也感慨不已。

同恕與蕭𣂏友善，常相過往，學者稱爲「蕭同」。宋元學案有蕭同諸儒學案。

元代關學的另外一系就是楊奐之學。楊奐（一一八六至一二五五），字煥然，又名知章，謚文憲，乾州奉天（今陝西乾縣）人。其墓位於今乾縣長留鄉草谷村東南，有墓碑二通。父親楊振，書香門第，教子以嚴；母親程氏，讀書識文，訓子有方。楊奐少年時，受到良好的家庭教育，三歲時就隨口詠唱「白水滿長干，紫陽閣下清風細」的詩句。五歲入學讀書，母親親自督教，給他講歷史故事，開發誘導。楊奐聰敏過人，學業出衆。八歲出外就學，母親讓楊奐帶同學來家，一一過問其志向，將立志學習者留下，與楊奐結伴同學，其餘遣去。楊奐在學校和家庭都受到良好的薰陶教育，從小就養成良好的道德品質和學習習慣。十二歲時，母親程氏不幸病逝，楊奐十分悲痛，每日疏食淡飯，頌孝經爲課。他潛心讀書，將母親用變賣嫁妝換來的數千卷書悉心披閱，學識一天天長進。

金泰和元年（一二〇一）春，楊奐赴長安應試，中爲優等；泰和五年（一二〇五）秋復赴長安應試，中選。舉業既成，便以餘暇寫詩作文，曾撰寫扶風福嚴碑，翰林院學士宋飛卿讀後大加讚賞，以爲有奇才，並寫信敦勉：「吾知韓歐之門，世不乏人矣！」

金朝末年，朝政腐敗，正大元年（一二二四），朝廷欲革新除弊，詔各地進言。楊奂當時三十九歲，草成萬言書，直陳時弊，言人所不敢言。後爲親友所阻，書不得上。這時他感覺到國事已非，直道不爲所容，即有歸隱山林之志，從此以教授鄉里爲職志。後輾轉鄠縣郊外終南山下，建紫陽閣，門人弟子百餘人，植柳千株，號曰「柳塘」。研習古籍，詩唱歌和，長韻短章，每有所作，傳遍長安，閒逸瀟灑，已負盛名。朝廷曾禮聘隴州經歷等，皆固辭不就。

金正大八年（一二三一），楊奂到了汴梁，他已爲前輩士大夫們所賞識，又爲太學諸生之首，同當時的上層名流趙秉文、李屏山、馮璧等交往密切。他開始著朝政近鑑（亦名天興近鑑），到一二三四年完稿成書，計三十卷，被譽爲「胡氏之春秋」。

後來，金朝元帥崔立投降，汴京失陷，楊奂微服北渡，流落到了元好問所在的趙壽之門下。元好問與楊奂交誼頗深，楊奂很受元好問推崇。楊奂在趙壽之門下，讀書治學，吟詩作賦。東平嚴實喜歡結交寒素之士，久聞楊奂才名，多次相邀，楊奂都拒而不往，他珍視與趙壽之的友誼，不願朝秦暮楚。

元太宗時，詔宣德課稅使劉用之試諸道進士，楊奂在東平應試，中賦、論第一。劉用之帶之北上拜見領中書省耶律楚材，晤談之後，耶律楚材對楊奂十分賞識。由耶律楚材推薦，授楊奂河南路徵收課稅所長官，兼廉訪使。當時山河破敗，滿目瘡痍，黎民苦於戰亂，顛連無告。他對耶律楚材說：「我以一介書生而理財賦，本非所長，現在只有安撫百姓，方能儘自身之責。老子云『治大國若烹小鮮』，說的是治國要因勢利導，不能多事擾民，就像烹調小魚一樣，不能經常翻動，否則爛不可收。現在戰爭的創傷尚未平復，我們要保養民力，不要急催科賦，這才符合朝廷長遠利益。」楊奂到任後，召集當地賢才，集思廣益，商討治事之法，裁減原來賦稅的四分之一，執行與民生養休息的政策，官私皆深得其便。楊奂從政十五年，勤政廉潔，政績卓著。

楊奂與許衡、姚樞等人關係密切，趙復、郝經等人都對他十分推崇，元好問爲其撰神道碑稱爲「關西夫子」。著有概言二十五篇，專門討論心性之學。在这部书中，「天道性命，五经百氏之言，理欲之消长均极乎精微入神之妙矣。」但此书今

不傳，我们不能窺其一斑。現在流傳下來的某種程度代表楊奐的理學思想的作品是正統八例總序。正統觀是我國古代的一種關於政權是否合理合法的觀念，儒家知識分子持之甚固。它是在先秦民族觀、宗法觀等思想基礎上形成的，主要包括民族、宗族兩方面的內容。元代少數民族執掌最高政權，各民族大融合、互相促進的現實，促使知識分子對傳統的正統觀進行思考，並得到了新的認識，楊奐就是典型的代表。

楊奐從傳説中的少皞、堯、舜直至五代、趙宋的政權更迭中，總結出政權興替的八種形式，因而稱爲「正統八例」，即得、傳、衰、復、與、陷、絕、歸。他把正統的政權看作是運動的，有得有失、有興有絕，與將正統固定在某一集團、某一姓氏的静止觀念有別。雖然早在戰國時期孟子即盛稱湯武革命，認爲正統是運動的，但由於以後的儒家日益與皇權相結合，而當政者總是幻想着自己的政權會萬世不替的延續下去，儒者也不敢不附和這種説法，這樣，正統便會相對固定，即便會發生轉移，總夾雜着天命迷信的成分。楊奐從歷史出發，在正統這一問題上正面肯定地指出它是運動的，這是一種符合實際的進步的觀念。其次，在一定程度上，楊奐的正統觀突破了狹隘的民族觀。漢族並非在任何條件下都是正統的代表，少數民族在一定的前提條件下的正統地位得到了承認，如北魏孝文帝。只要少數民族符合歷史發展的趨勢，採取吸收先進的文化，執行開明的政策，也能成爲正統的體現者。「王道之所在者，正統之所在也」，這是楊奐區別正統與否的核心標準，在很大程度上是針對「夷夏之防」的傳統觀念。這體現了楊奐民族思想上的平等觀念，夷、夏在正統的問題上有着相同的機會和權利，是我國古代民族觀進步的體現。

明代，乾州人才輩出，鄉人追溯淵源，遂爲楊奐立祠。正學書院、文明書院等書院內的鄉賢祠均奉祀楊奐，歷經清代、民國，楊奐在當地還有一定的影響。

元代關學的學者具有元代一般儒者的共性。元儒考略四庫提要以爲：「宋儒好附門牆，於淵源最悉。明儒喜爭同異，於宗派尤詳。語録學案，動輒災梨，不啻汗牛充棟。惟元儒篤實，不甚近名，故講學之書，傳世者絶少。」這種對元儒的積極評價是正確的，卻長期被學術界所忽視。元代理學是宋代理學到明代理學的一個過渡，學術上的創新不大，它的主要

作用在於維持了學術的傳承，使一度中斷的理學在關中又紮下根來，而關學當時在全國的學術界具有較高的地位，是當時全國學術的重鎮之一。元代後期的一代名儒蘇天爵對此有較高的評價，他說：「夫雍州山川高厚而深遠，其人質直而慎重，導之以善，易於興起。始者世祖之居潛藩，賜京兆以爲食邑，首徵許文正公典司教載，所以作新斯文，表帥多士。郡人楊文康公以奧學篤行，模範鄉邦，名聞天聰，徵入禁近，國有大政，謀猷是資。其後集賢蕭公𣂏、贊善同公恕，皆能敦守名檢，崇尚經術，迄今海內慕其風采。方延祐賓興之初，陝西省憲屢延蕭公、同公較其文藝，則是邦文獻源流之盛，師友問學之傳，豈他郡所能及哉！」〔一〕

元代關學學者也有自身的特點：首先，他們都對禮學比較重視，這一點繼承了張載的學術特點。例如，楊奐特別關心禮學，他曾經親自考察汴京舊址，以期從中得到有關禮儀制度，還山遺稿中尚保存有汴故宮記，以及與姚樞討論禮學的書信。楊恭懿亦長於此，喪事一尊朱文公家禮，「三輔士大夫知由禮制自致其親者，皆本之先生。」楊恭懿使秦人在日常生活中恢復了儒家禮儀，再不必求之於和尚、道士。蕭𣂏亦精於禮學，與蕭氏同邑的名儒韓擇也長於禮學。他們不僅對禮學進行研究，而且都注重將之貫徹於實踐之中。金元之際，少數民族入主秦中，他們的風俗禮儀與傳統儒家的主張有很大的差異。同時，元代幅員遼闊，統治者任用信仰各種宗教的人，儒家的正統地位受到很大挑戰，這種時代特點使這些以正學自任的學者認識到遵從儒家禮制的重要性和必要性。

其次，元代關中儒者尤其是領袖人物大都很重氣節，這是關學的優良傳統。蕭𣂏在這方面最爲突出。楊恭懿、同恕等多次辭官不就，即使迫不得已而任職，也很快回歸故里。

此外，元代關學學者不尚空談，大都興趣廣泛，對於各種具體的學問技術多有研究。如蕭𣂏在天文、地理、曆法、算學等領域很有造詣，楊奐在管理財務方面很有特長，在事功方面亦頗有建樹，不是單純的書生。

〔一〕中華書局一九九七年蘇天爵著陳高華孟繁清點校滋溪文稿卷第三。

在點校本書的過程中，筆者深刻認識到，只有具備淵博的學識、淡泊名利的心境、大量的時間和較强的經濟實力，才能做好古籍整理工作。由於筆者水平有限，加之時間倉促，缺點和不足肯定是存在的，敬請方家批評指正。

孫學功

二〇一二年九月識於長安郭杜

點校說明

楊君美無著作記載，楊恭懿著作有潛齋遺稿若干卷，今不傳。蕭𣂏著作有，關學編記載三禮説、小學標題駁論、九州誌及勤齋文集行世。後來這些著作「散逸無幾」。元順帝至正四年(一三四四)，趙郡蘇天爵官西臺，與同恕之孫再思等采而輯之，始裒輯其遺稿，得文八十篇、詩二百六十首、樂府二十八篇，分爲十五卷，官爲刊板於淮東，此距蕭𣂏去世已三十多年。自明以來，刊板又佚。四庫全書據永樂大典所載依類編輯，得文四十二篇、詩二百六十一首、詞四首，釐爲八卷。焦竑國史經籍志稱蕭𣂏勤齋貞敏集，而永樂大典但題作勤齋集，頗不相合。然姚廣孝等修輯永樂大典，距至正刊板時未遠，其所據本，當即天爵所編，不容有誤，應是焦竑誤記其文。中國社會科學院文學研究所有清張約園(壽鏞)勤齋集八卷，國家圖書館古籍館善本閲覽室亦有勤齋集八卷，抄本，出版項標爲翰林院，清乾隆；南京圖書館有勤齋集一部，抄本。此三本筆者尚未見到，疑爲即是四庫全書本，略有出入。上海圖書館有民國時期勤齋集一部，是抄本二冊，筆者見過，其爲四庫全書抄本，某些卷後有考證。其對一些具體年代的考證，在本書校注中作了説明；而對人名的考證，其結果和其他四庫全書本相同，而其原來依據的版本今不見。陸峻嶺編的元代文集篇目分類索引記載有勤齋集八卷，清刻本。其他刻本目前尚未見到。

同恕的著作流傳下來的有榘庵集，關學編記載爲二十卷，文津閣四庫全書榘庵集提要記載爲三十卷。至正初，陝西行臺御史觀音保、潘惟梓等始刊佈於江淮，蘇天爵爲之序。文淵閣書目亦載有榘庵文集一部八冊，焦竑國史經籍志乃作二十卷。明以來，久佚不傳，故葉氏菉竹堂書目、晁氏寶文堂書目均不載其名。永樂大典中散見其詩文，四庫全書抄撮編集，分類排比，釐爲文十卷、詩五卷，視原本尚得其半。榘庵集清代的抄本，北京圖書館、南京圖書館有存，此兩本筆者均未見到。

當代有李夢生依據文淵閣四庫全書本校勘的榘庵集，山西古籍出版社二〇〇三年八月出版（簡稱李夢生校勘本）。目前社會上流行的四庫全書本勤齋集和榘庵集有影印文淵閣本和文津閣本兩種，筆者對此兩本進行了比較，發現文字有一定的差異，但區別不是很大。

欒貴明根據永樂大典對四庫全書之別集進行輯補，編成四庫輯本別集拾遺，其中有勤齋集六條、榘庵集七條。李修生主編的全元文從地方誌中，搜集有蕭㪺遺文四篇，同恕遺文二篇。清人顧嗣立選編的元詩選，雖名爲選本，但卻是至今爲止最大的元詩總集，保存了大量珍貴的元詩文獻，許多作者的別集賴此得以保存。遺憾的是書中未見蕭㪺和同恕的詩作，原因可能有二：一是蕭㪺和同恕是以理學名世，而非以文學名世；二是東南學者對西北學者不熟悉。

楊奐一生的著作甚多，流傳也頗爲複雜。吉林出版集團吉林文史出版社二〇一〇年十二月出版的魏崇武、褚玉晶校點楊奐集（簡稱魏崇武點校本）對楊奐的著作搜集最爲全面。這裏筆者主要以其爲依據，加上筆者的一些調查，對楊奐的著作流傳情況進行介紹。

與楊奐同時代的郝經在上紫陽先生論學書中提到楊奐的作品有韓子辨、正統例、還山數學志等。楊奐六十歲時，由其門人員擇攟摭文稿，釐爲文集八十卷，並有趙復爲之作序，即楊紫陽文集序。在趙序中，提到「作通解以辨蘇、韓之純疵」及概言等著作。後楊奐一直筆耕不輟，著作也不斷增多。據楊奐六十九歲所作臂僮記記載，有還山前集八十一卷、後集二十卷、近鑑三十卷、韓子十卷、概言二十五篇、硯纂八卷、北見記三卷、正統書六十卷。一年以後，楊奐卒於秦中，元好問爲其作神道碑，稱有還山集一百二十卷，則又進一步增多。楊奐遺書由其二女兒嚴爲所藏，不願示人，直至楊奐卒後五十年，才輾轉於建寧付梓，是爲六十卷本還山集。

到了明中期，還山集已經散佚。宋廷佐從羣書中掇拾殘剩，僅輯成還山遺稿兩卷及附録一卷，並冠以楊文憲公考歲略，於明嘉靖元年（一五二二）刻成行世。故明以後的藏書目録均只著録還山遺稿兩卷，如明焦竑國史經籍志卷五、傅增

湘藏園羣書經眼録卷十五等。雖然清黄虞稷千頃堂書目别集類卷二十九著録「楊奐還山集六十卷，又紫陽遺稿兩卷，明宋廷佐輯」，然此時還山集六十卷已不存，此處僅記書名卷數而已。

下面以時間先後爲序，梳理還山遺稿現存諸本的情況。

（一）明宋廷佐刻本

還山遺稿最早的版本，明嘉靖元年（一五二二）刻。包括詩一卷、文一卷、楊文憲公考歲略一卷和附録一卷。書前有王元凱序。此刻本現藏國家圖書館，共兩册，臺灣中央圖書館也藏有該刻本。

（二）元詩選本

元詩選二集乙集將楊奐所作詩歌一百一十七首匯爲還山遺稿一卷，系顧嗣立經過廣泛裒輯整理而成，比宋廷佐刻本多輯出佚詩十六首（但缺少一首再題筠溪），其功不可沒。不僅如此，他還補上了宋廷佐刻本中的不少缺字。元詩選現存清康熙四十一年（一七〇二）顧氏秀野草堂刊本，簡稱秀野草堂本元詩選。又有乾隆顧奎光元詩選，簡稱乾隆本元詩選。自一九八五年起，中華書局陸續出版了以顧氏秀野草堂刊本爲底本的點校本元詩選。

（三）古香氏抄本

此本共一册。内容包括：王元凱序、楊文憲公考歲略一卷、卷上文、卷下詩、附録一卷、補遺一卷。補遺包括從元詩選中輯來的五言古一首、五言律三首、七言古三首、七言律八首及七言絶一首。此本隨行夾注校文，書後有自稱古香氏者（即清人茹棻，號古香）所作跋云：「還山遺稿三卷，傳自知不足齋藏本，其脱漏處頗多，今從元文類及諸校本讎校，然勿克盡正其誤，尚有遺詩若干，因爲之附於末。」據此可知此抄本是茹棻在清代鮑氏知不足齋藏本還山遺稿的基礎上，以元文類及諸選本精心讎校，補缺糾謬而成，頗富參考價值。該書後來由孫毓修收藏，卷端有孫氏「小緑天藏書」印，現藏中國社會科學院文學研究所。

（四）四庫全書本

四庫全書集部五别集類四收録了楊奐的還山遺稿，其内容亦包括考歲略一卷、卷上文、卷下詩及附録一卷。此本録自浙江鮑士恭家藏本，即鮑氏知不足齋藏本。然鮑氏知不足齋藏本在各種藏書目録中皆不見著録，可能已不存在。但通過古香氏本和四庫全書本，我們仍可以看出其大致面貌。四庫全書本目前社會上常見的有文淵閣影印本和文津閣影印本兩種。文淵閣本卷前無王元凱序，文津閣本卷前有王元凱序，兩版本的文字差異不大，略有出入。

（五）其他清抄本

除了上面提到的古香氏本和四庫全書本之外，還山遺稿尚有其他幾種抄本傳世，兹列於下：

甲、中國古籍善本書目集部上著録：「還山遺稿二卷，楊文憲公考歲略一卷、附録一卷、清抄本。」此本共一册，其書名、分卷、序次、文字，包括缺字，均與宋廷佐刻本相同，應是抄自該刻本無疑。此本現藏國家圖書館。

乙、中國人民大學圖書館現存一抄本，卷前有四庫還山遺稿提要，且文字多同於四庫全書本，並其訛誤也原樣照録，但又少了楊文憲公考歲略。此外，卷内還有「愛日精廬藏書」、「掃塵齋讀書記」、「竹蔭館」等印記，應爲嘉慶年間張金吾的藏書。書中尚有一些明顯的抄書時删改的痕跡，版本價值不大。

丙、中國古籍善本書目另著録有清抄本一部，此本現藏南京圖書館。

丁、中國古籍善本書目還著録有清抄本一部，葉昌熾校並題識。此本共兩册，現藏上海圖書館。

戊、西北大學圖書館亦有還山遺稿一抄本。

（六）民國時期諸本

甲、適園叢書本。内容包括：王元凱序、楊文憲公考歲略、卷上文、卷下詩及補遺一卷、附録一卷。補遺部分爲此本新增，包括五言古一首、五言律三首、七言古三首、七言律八首、七言絶一首，均出自元詩選。卷末有張均衡跋。此本屬適

園叢書第九集，爲民國四年（一九一五）烏程張均衡刻本。

乙、關隴叢書本。此本在適園叢書本的基礎上，卷首新增目録及張鵬一序；卷上新增京兆劉處士墓碣、李玘墓碑、重修太清觀記、祭無欲真人李志遠文四篇文章，是富平張鵬一從西安碑林及道藏中輯得。卷末附山陵雜記一卷，是從説郛中得來。此本有民國十二年（一九二三）陝西文獻征輯處鉛印本。

丙、乾縣新誌本。楊奂家鄉後學爲保存先賢遺著，在重修縣誌時，將楊奂著作加以刊印，包括還山遺稿兩卷、山陵雜記一卷、附録一卷，命名楊文憲公遺著，編入乾縣新誌第六冊作爲附録。此書在關隴叢書本的基礎上，卷首新增清嚴玉森楊文憲公遺集序、民國范凝績楊文憲公遺著序。補遺新增七律暑退病起沐罷倦臥芸叟詩招爲草堂寺紫閣之遊酬以來韻一首、王士禎書元人楊奂詩後一首。編印者給所有詩文加了標點。同時，乾縣新誌第六冊在楊文憲公遺著後，還附印民國胡源明所編楊文憲公年譜。此本有民國三十年（一九四一）鉛印本（簡稱民國鉛印本乾縣新誌）、陝西出版集團三秦出版社二〇一〇年咸陽經典舊誌稽注本（簡稱民國稽注本乾縣新誌）。

適園叢書本、關隴叢書本校勘比較認真，錯誤較少。乾縣新誌本雖然內容最全，但文字校勘比較粗糙，標點錯誤也很多。

程瑁，亦是一名元代的關學學者。元詩選有程瑁詩二首，筆者將其列在本書附録之中。

本書點校多利用前人研究成果，在底本及校本選擇上，在維護學術嚴謹性的基礎上，以方便爲原則，以節約時間成本和經濟成本。經仔細斟酌篩選，本書對勤齋集、榘庵集、還山遺稿的點校，以文津閣四庫全書本爲底本。勤齋集一至四卷以江蘇古籍出版社一九九八年版全元文（簡稱全元文）爲主要校本，五至八卷以文淵閣四庫全書勤齋集（簡稱文淵閣本）爲主要校本。以民國盧江劉氏遠碧樓勤齋集手抄本（簡稱遠碧樓本）爲參校本。榘庵集以李夢生校勘本爲主要校本，以清翰林院抄本爲參校本。此外，還以中華書局一九八六年影印的永樂大典爲

參校本。

還山遺稿以魏崇武點校本爲主要校本，還山遺稿以外的作品以魏崇武點校本爲底本，並參校其他諸本。還山遺稿一般參校本有：還山遺稿宋廷佐刻本、古香氏抄本、四庫全書本、適園叢書本、關隴叢書本、乾縣新誌本。

本書的他校本有：烏程蔣氏密韻樓藏本揭文安公全集、元元統三年余志安勤有書堂刊本國朝名臣事略、上海涵芬樓元刻本元蘇天爵著國朝文類、元建陽張氏梅溪書院皇元風雅、明建文刻本母音、明正統道藏本甘水仙源録；元詩選有秀野草堂本元詩選、乾隆本元詩選、點校本元詩選（簡稱元詩選），清知不足齋叢書本歸潛志、清光緒八年粤雅堂刊本金文最、中華書局一九七五年點校本金史、中州古籍出版社一九九八年北京圖書館金石組編北京圖書館藏中國歷代石刻拓本彙編（簡稱拓本彙編）、齊魯書社二〇〇七年元陶宗儀著輟耕集。

參考地方誌有：雍正本乾州新誌、光緒本乾州誌稿別録、民國稽注本乾縣新誌、清康熙五年刻本閿鄉縣誌、清乾隆本鄠縣誌、民國本鄠縣誌。

筆者還盡力搜集了其他一些相關資料作爲附録，此處不一一列舉。

本書對所引書籍的校注，爲使讀者有進一步研究的根據，在不能證明其錯誤的情況下，皆在校注中予以引用。由于數量太多，凡現代點校本（校勘本）不另注明出處，對前人的辛勤勞動，表示感謝。

有極少數字漫漶不清，無法辨別，爲不亂揣測作者意思，故以□代替，亦不出校。

由於異體字數量較多，根據慣例，有些予以統一。但是爲了避免産生歧義，保留特色，少數異體字未做改動，請讀者見諒。

目録

勤齋集卷三

勤齋集卷四

勤齋集卷五……六〇

勤齋集卷六

七言律詩

勤齋集卷七

五言絕句

六言詩

勤齋集卷八……一〇〇

七言絕句

榘庵集［元］同恕　著

榘庵集卷二

榘庵集卷三

榘庵集卷七……一九九

榘庵集卷八……二一〇

榘庵集卷九

七言古诗

五言律诗

榘庵集卷十三 …… 二八九

七言律詩

榘庵集卷十四 …… 三一六

五言絶句

七言絕句

渠庵集卷十五……三三九

詩餘

還山遺稿卷下

五言絶句

五言律詩

七言絶句

七言律詩

五言古詩

還山遺稿附録 …… 四四八

附録

附録六

四庫提要

勤齋集

[元]蕭𣂏 著

勤齋集序一[一]

文章，固天下公器，然有體裁之文，有蕭散之文，大率以理勝爲貴，雅健次之。上焉吐詞爲經，經天緯地者所不待言。下焉雕蟲篆刻，誇多鬬靡者所不必論。理勝由於經明，雅健由於學純，氣雄而與時上下者，有不能逃也。以近代言之，宋末金前，理昏而氣衰，或病乎繁文而委靡不振，或溺於駢儷而破碎支離，體裁既失，蕭散不存，古意無餘矣。我元以寬仁英武混一天下，氣因國雄，理緣氣勝。許文正公以理學紹伊洛諸賢，潛齋楊文康公爲魯齋流亞，其倡古文，接正宗，得雅健之尤，而體自成一家者，又盛有其人。繼許、楊出，而從事踐履，爲士林楷範，後學蓍龜者，保定則有靜修先生劉文靖公，臨川則有草廬先生吴文正公，關輔則有勤齋先生蕭貞敏公，榘庵先生同文貞侯爲稱首。

貞敏稟剛明淳正之資，致窮理盡性之功，卒之道積厥躬，名揚海外，蔚爲一代醇儒。修齊之餘，不得已而見於雜著，必本經術，一出自然，不泥乎體裁，不資乎雕篆，不尚乎誇靡，實而不俚，簡而得要，雖詠物適情，隨意信筆，每有至理寓於其間，有裨於名教，不累於習氣，所謂蕭散之文也。玄酒太羹，知味者鮮。先生沒將三十年，欲集而傳之者僅一二人，而未遂其願。趙郡蘇公學富識遠，存心忠厚，文章政事爲時名流，見當代之賢事有涉於治體，文有關於載道者，惴惴焉惟恐其不傳，類萃成集，板而行之，不一而足。今年春，以侍御史官西臺，采輯諸老行爲師法者，得文貞全集，喜而爲序，移文鋟梓，以廣其傳。先生遺文片言隻字皆藏於家，公乃不遺餘力，鋭意搜訪，既銘其墓，類其所得序、記、銘、贊、雜文若干首、詩若干首，爲集若干卷，擬必致於刊行，屬沖爲敍，猶以莫悉其全爲慨嘆，方購求而未已，然嘗一臠可知九鼎之味，易牙一出，亦豈以爲害哉？所著九州志雖未脱稿，幸收藏於前進士、富平縣尹王弁君冕，二子桓、植篤於繼志，傳有日矣。至其盛德高節、

〔一〕勤齋集序一：此標題底本無，爲校者所加。

言行出處，既見於墓銘，茲不復贅。所可憾者，其三禮說與小學標題駁論悉歸於泯滅。

嗚呼，惜哉！沖之踈淺，豈足以知先生？然以詩文名世者，班、馬、李、杜而下，曰韓、柳，曰歐、曾，曰蘇、黄。世之有意於詩文者，必以六公爲宗師，如魏鶴山之文、陸放翁之詩，亦皆知其味而存於心，其深於道德者曾不釋手，蓋惟賢知賢也。先生詩文制作固不類乎六公，而繼乎鶴山、放翁者，不可誣也。後之深於道德者，將不釋乎手矣。雖與六公詩文不類，又何害焉？至正四年中秋之明日，奉元路儒學教授、晚學張沖謹序。

勤齋集序二[一]

黼未冠時，聞關中蕭先生名，人稱之者不容口，其時想像先生，以爲負才尚氣，落落不羈，如秦漢間豪傑之士，加以辨博之學而已。厥後，遊上庠，聞諸鉅公道先生之高風雅德、真學實踐，然後知先生之名聲有自，黼得之於傳聞者，非其真也。恨黼也生後，不得拜先生几席，以游其門。

至正五年，走以事留揚。其年冬，京兆同州王君仲方由樞府判持憲東淮，因出今集賢學士、國子祭酒蘇公伯修前侍御西行臺時所裒先生文稿十五卷，刻之郡庠，屬黼序之。且曰：「先生一代偉人，僕忝鄉曲之末，每以其言之未傳也，衷懷耿耿，莫之敢忘。今幸得其遺文之不泯者十之四三，不有以廣之，是宿昔之念終不得而伸也。」黼自惟晚生淺學，曷足爲輕重？若兩公之不忘先進，思益後人之意，誠可尚矣！蓋天下學者仰先生之名，未得其實，倀倀然如走之向往之狀，一旦盡得覽觀先生平昔著述，所謂披雲霧而覩青天者，豈不快哉？文八十篇、詩二百六十首、樂府一十八篇，蓋先生立志篤，制行高，其處心正，其識趣遠，其力學充積華瞻，一以洙、泗爲本，濂、洛、考亭爲依，其發於辭章，所謂有德者斯有言，未宜以文人

[一] 勤齋集序二：此標題底本無，爲校者所加。

才士律之也。夫聲實相須猶形影相依、桴鼓相應，先生規行矩步，躬蹈實踐，真積力久，大節凜凜，終身不少奪，所以享大名於天下，朝廷重之，士林仰之，而天下知之，區區專辭翰之末而無實行者能之哉？走因感夫名之所從來者，蓋在此而不緣彼也，因序及之。至正丙戌春，賜進士及第、奉政大夫、前江西等處行中書省左右司郎中、國子監丞，汝陰李黼謹序。

元刊行勤齋文集原牒

皇帝聖旨裏，江北淮東道肅政廉訪司，準本道廉使王正議牒：「予嘗暇日讀書，因覽勤齋蕭先生文集，觀其措詞典雅，立意精深，言近而旨遠，詞約而理明。蓋先生當代鴻儒，士林雅望，故其立言傳世，足以儀式於來學。刻梓流傳，誠爲盛事，亦不負昭代崇儒尚德之美意也。」當職今將先生文集隨此發去牒，請照驗施行，準此憲司合行故牒，可照驗委總管郝嘉議，不妨本職提調刊印，仍選委名儒子細校讎無差，發下本路儒學刊板傳布，施行須至牒者。

勤齋集卷一

序

五老堂序

五老堂者，咸寧張侯時舉暨其弟時中、時獻爲其父母、世母、叔父、叔母而作也。以五親者皆享眉壽而同居，故名之。蓋時舉父詳議君壽八十有七，母薛君八十有四，世母王君八十有三，叔父知事君八十有四，叔母董君七十有六，年雖皆老，而視聽聰瞭，步履康強。知事君雖嬰末疾而精明不衰，飲食如壯者。五親者食於斯，飲於斯，燕笑語於斯，熙怡雍穆，日復日焉，不知身之老也。張氏繇祖萬戶君之事曾叔祖隱君，考監軍府君之事父兄，詳議、知事兩君之事祖父母、父母，皆盡愛盡敬，故時舉輩遵守儀榘，愛敬二父三母，一無異焉，而五親者平生無一言之相齟齬，尤人之最難也。

易曰：「積善之家必有餘慶。」即五君之壽考康寧而觀之，則所積善不善可知已。天道不僭，寧不信哉？時舉屬余敘之，將求當世君子樂道人之善者歌詠之，以悅其親，且垂法後裔。蓋當監軍府君不忘文儒家法，雖軍旅中，圖書不廢，而詳議君生而悅學，終日把玩詩卷字畫，欣然忘晷，而凡世之聲色異端雜學一不經目。夫子之事親苟可以悅心志，娛耳目，咸得爲之，弄雛戲斑皆是也，故不能拒。不知余之文能使令尊君一解頤否？然而諸賢之作鏘金而戛玉，韶濩奏而鸞鳳鳴，自足以悅神情，忘百慮，爲引年之一助云。大德乙巳五月五日書。

送馮仲潛序

徽政屬總管府判官馮德昭仲潛，故友懷善甫次息轉運君之孫，前進士、寧化尹、提學君之曾孫也。生有厚質，沈毅莊恪，寡言笑，襲芳韶，休覽異凡子，夙受學其外祖昭文潛齋先生之門，而婿于父執馬君肅政家。磨礱浸灌，文質炳蔚，幹局敏達，一時譽望藹然，繇長秦漢民而轉是任。嘗觀一私家之事，而在公之六曹庶務咸備。傳曰：「居家理，故治可移於官。」信哉！顯揚之道在其中矣。方祇命成都，來敍別，且徵鄙言。我聞曰：「事君如事親，事官長如兄，與同僚如友朋，待吏卒如家衆，處官事如家事，愛百姓如親妻子，毋使毫髮不盡，如是而已。又本之以忠信，行之以清勤，餘力讀書，資養原本。仕優而學，聖門遺軌也。冰霜栗烈，天地肅清，脩棧造雲，往哉叱馭。復有癡能了事云者，實悠悠誤世之談，愼勿聽之也。」樗巖諸君皆有戒休勸相之辭，凡如干篇。病叟蕭某敍之。

送孫秀才序

定西之爲州，在隴右極邊。習武尚氣，土俗固爾。而有能使其子弟爲學，而子弟又能篤志副所望者，咸可謂難矣。秀才孫生以父命，不遠數百里，請肄於鞏府之教授文君靜卿先生之門，受六藝學，居郡序者數年。既而先生赴召王庭，解惑靡所，將東游長安而學焉。其二親以爲方秋冬之交，旅寓非易，俟開歲議之，而生進取之意甚鋭，即與同舍毛生冒霖潦，不告而東。其父懼其不利於跋涉也，騎而追之，不能及。抵長安，乃見之，以之歸不可，遂偕展束脩之儀於韓君從善先生之席，執經而從事焉，從善亦嘗稱其可與進也。今年春，兩生介僕日所與游者云：「其囊資已竭，城中不可留，而亦不能歸也，將寓諸郊而時質所疑焉。」僕據義以辭之屢矣，而兩生日與諸友偕來不輟。未幾，毛生先歸，而孫生之來益熟，乃分余土室以

居，逮三月矣。今將歸而徵言，余維忠告之義而謂之曰：

聞之格物致知之方，則有論古今人物而辨其是非者，況近在吾身乎？日夕思省，使是非瞭然，是則加勉，非則改之，毋自欺焉，學之要也。故子之銳於進學，可謂是矣。若去秋之來東，今歲之出郊，則皆非也。僕又枉己徇物，持姑息以待子，亦非也。昔賢有之〔二〕：學者，所以學爲忠爲孝。又謂：欲求事君而先欺君，不可。詎有方將爲學而先傷父母之心者乎？「遊必有方」，以父母之心爲心也，烏可易其處哉！且學者之求師，猶行者之問途，資其指導之一言爾。至於道路物色難易，曲折緩急，則登途自見，要在善行之而已。聞令尊君儒者也，固無使子陷於非義者，但當一切聽順，不可萌毫髮私意。又以「天下無不是底父母」之語推而行之，爲學之道，無加於此矣。夫仁義之實不離事親從兄之間，而千里游學，將舉廢之。雖離物求則〔三〕，豈聖門實學也哉？隆暑畏途，敬慎夙夜，是亦學焉。「事無非學」，又朱夫子之至言也。僕蕪廢日久，感子向學之勤，不覺自失。然進銳退速，聖賢所戒，子能勉以終之，吾輩之望也。安西諸君皆有詩詠，故爲序之。

送王弁序

聖上嗣位之三年，詔天下以德行明經取士。明年，陝西魯齋書院山長平水王弁受行中書省薦，辭其職，將進於春官，省余疾南山下，且徵鄙言。詢之曰：「能無矜乎？能無忮乎？能忘富貴乎？能靜乎？能中正乎？能希賢聖乎？知通塞乎？無患得乎？若是，可以言矣。易曰：『大觀在上，中正以觀天下。』此其時也。子之業在夫爻之三矣。」曰：「所謂觀光者，非耶？」曰：「非也，四，大臣之位，近君者以之。而子也第當觀夫繇己出者，隨通塞爲進退焉，所期不失於道

〔二〕昔賢有之：「之」，全元文作「云」。
〔三〕雖離物求則：「雖」，全元文作「是」。

而已。苟通邪，即立事立功，尊所聞，行所知，使民不失其所望。苟塞邪，則仁義忠信、樂善不倦，其孰能禦之？知至而至，知終而終，苟不至乎踐形之域，無止也。故先正以少年登高科爲不幸，豈虚言哉？子行矣，慎毋使前數可無者毫末塵吾靈府也。冰雪載塗，敬慎自愛。」

送陳耕道序

天子以德行明經取士之歲夏，暑雨炎酷，陳生耕道來自咸寧，諗予曰：「畱之伯氏榮以服賈養母，客死京師，稿殯僧舍者八年。老親以不得歸葬，念念不能忘。比以耀州文學掾得謝，將詣乎都，發兄之櫬以西，幸辱教？」耕道開爽莊慎，學有師法，流輩所推重。然病夫困蒸鬱，昏昏夢寐中，莫知所以爲辭。適連雨有秋意，乃獲踐言，曰：人之所以爲人，以其有仁義。仁義之大者，親親爾，尊賢爾。子能輟循陔之愛，趨陟岡之義，期慰母心，誠幹蠱之大者。張仲之播美於聲詩也，勉之。京師，首善之地，國學又文正魯齋夫子遺躅，良法美意宛在，詎可大嚼屠門而已邪？先正有言：「事無非學」。今往反數千里，險阻艱難，人情物態，觀之深，慮之熟，處之有義，行之有道。方冊之云，信而有徵矣，孰謂秦無人邪？新涼嫋嫋，雲峯猶奇，中央土德，四時之氣具焉，宜慎調攝，毋久懸倚門之情。知耕道者有瑤華之贈，凡如干什。

送王克誠序

昔顔黄門言：「别易會難，古人所重。江南餞送，下泣言離。」而詩人有「丈夫非無淚，不灑别離間」之云。意顔説乃其常，詩人故反之爲高奇耳。繼以「蝮蛇螫手、壯士解腕」爲喻，思功名以排遣離别之悲。豈知崇一己之私欲，滅交友之真

情，陷於絕裾齧臂之倫，知德者不貴也。

丞相府長史王克誠，向僕在京師，多仰引翼，及歸，送別南城，眷眷之懷猶記也。今年春，奉朝命理行尚書省金穀來陝西，覲省之餘，問余疾南山下，相對恍如夢中。訪舊驚呼，半爲異物。今而言別，作惡如何？土事靡盬，子來莫期。餘生無幾，後會難，必信顔君所言，人之情、天之理不誣。克誠溫恭有學，以古人自期。臨事不苟，必絜度而爲，固本安上，深長之思。詩云：「樂只君子，邦家之基。」君其有焉。繇是公卿大夫咸韙之，而上下罔或怨恫也。卷中諸君子贈行之作可知已。某勉序之。粃糠良愧，長途觴發，重裘是宜，志道雖勤，復圭宜力，何以處我，焉得忘言耶！

張氏壽母辛八十之慶歌詩序

天錫禹範，以壽富康寧好德爲福。夫子傳「履霜」之繇曰：「積善之家必有餘慶。」皆所以爲萬世生民建極之法語也。德即福，善即慶，匪二道也。報應之説，蠱人心久矣，二天人也。天人二，則私意爲之主，德善何有焉？

杜曲故鄉先生張翁潤夫之淑儷辛氏，年登八秩而康寧聰瞭，有遜志、迪德二子、十孫、四女、甥十三、彌孫五，可謂福慶矣。夷考其行，亦惟即夫人倫日用之常行也，無歉而已。蓋遜志曰：「母生二十年而結褵，供養尊章十年，襄内治、鞠育幼稚六十年，其端潔靜專、孝敬慈裕如一日。翁儒行力田，以經訓淑里黨。居樊川佳處，高人勝士時時留止其舍，節衣食爲厚具，無少懈。嘗曰：『吾家前朝號多田富有，兵亂中盜苦吾父，至於焚炙。人生第免寒饑足矣，何必多財爲患。』故耕織之外，一無他務。人之華好，不一臨視，寧瘠己而腴人，勉勉進修，令不墮儒素。詔女教婦宜其家，撫循僕使若天屬，雖老不異。糧得甘旨，必均賚。中歲苦，上氣疾，不能強藥，劇則飲水，旬日恒伏枕。比年食飲步履復如初。」遜志之言如此，且曰：「七月二日，母之初度，將遍求時賢大夫士，歌詠以慰其艱劬，傳之於家，永以示子孫，願先生之敍述也。」

竊惟壽母生田間，不繇姆訓，克盡力職，分所當爲，則天質之美可知矣。況忌盈滿，以無求爲足，不幾於達乎？約己以

饋賓，與截髪近似而異。若宿疴頓失，子孫滿前，德善之徵也哉。夫子曰：「父父、子子、兄兄、弟弟、夫夫、婦婦而家道正。」上言善，下言慶也。維君子樂道人之善，得不爲潛德而發幽光，以慰孝子慈孫之望，且以正人心，俾知爲善之實，而不妄徼求於冥漠也。詩凡若干篇。延祐丁巳歲七月吉日序。

李臨名字序

禾川人士李以正介彰縣彭彥寬謁予，贄以新文，陳相見之儀。逮暇過余，曰：「臨之名與字，先生所錫，維易傳是稽，願有序。」

夫易之爲書，廣大悉備，其要立三極之道而已。請以爲學言：以吾之德性爲陽之屬、爲剛，血氣私欲爲陰之屬、爲柔。未知學者日唯聲色嗜欲爲務，自暴自棄者有之，猶天地純陰之時也。良心發焉，猶陽生於羣陰之下，在易爲復、爲臨。臨，二陰之長，有地澤之象，取上下相臨爲名，凡心思事物所際皆是。有「元亨利貞，八月有凶」之象，故觀象玩辭，當使吾之陽明德性悦而日長，陰濁物欲順而日消，則大亨以正，夫誰禦之？知二陰之長，陽遯有凶，則保吾之貞固。崇德修慝，扶陽抑陰，拳拳而弗失之。夫聖門之學由日月至焉，以及三月不違天道，雖變自若也。過此，則化而無息矣。

或謂：人事異乎天道邪？曰：「固也。」八月之凶，學之不篤，則有物欲消德義之失。君子則克治有素，必使物欲退聽，而察吾氣稟剛柔善惡之偏用力焉。以剛善克柔惡，爲陽之長。柔善克剛惡，爲陰之長。故具果毅幹固慈順之美，而無猛隘強梁懦弱邪佞之疾。隨感而發，皆善而中節，其臨道之至矣乎？雖然臨實剛長之時，所云皆屬乎動，唯持敬存養，大本尤不可忽，以正勉之。

又大象之傳曰：「君子以教思無窮，容保民無疆。」蓋澤能潤乎地，地可容夫澤也。聞以正有胡公子叔願闢館之招，此適今日賓主所當以之者。

李稅使妻馬氏哀詩序

詩曰：「無非無儀，惟酒食是議，無父母貽罹。」婦人之常也。又曰：「釐爾女士。」然則女之有士行者，昔人所稱願如此，烏可少之耶？寶鷄劉尹庭玉爲余言其妻之母馬君之賢也，詢之，則曰：「慈惠而明達，孝於父母舅姑。佐君子鳳翔稅使李君，得事之宜，財雄一郡，而莫有怨忮陵犯之者，而家益完以美。晝哭時，四子俱幼，禮聘端士教之，嚴其程業禮度，卑其服食，勤其四體。今皆循循謙恭，有成立，婚姻咸大族，而蠶績刀匕，諸婦必躬。家衆三千，指愛敬如父母，戶庭闃然[一]。宗屬間孤兒女收而教育同己生，成長又家室之者五六人。若是者不賢而能之乎？況己債子錢，家貧，每爲折券卹窮，新養濟院，給糧藥，購地賑饑。大德九年，旱饑，發粟麥以石計百有五十，惠及一方者乎？又況族里之骨肉勃谿者質焉，而信服之者乎？今年六十三而終，其葬也，西州大夫士作爲相哀之辭，凡如干篇，願序之，以範諸來裔。」

余曰：「成周教民六行，無之者有刑，教成者賓興焉。古之發政施仁，必先煢獨鰥寡，水旱則假貸勸分，此皆政之善者，而又賢士大夫之所爲也，世豈無富民哉？方自足其口體耳目之欲，以敗其子弟，怒其鄉鄰者，皆是也。有能深思長慮，成子問學，爲衣纓家，且知積而能散之道，如一嫠婦人者乎？是真無愧乎女士矣？」抑余有感焉，夫齊民以財力相長，雖嫠婦有以及人，若夫居崇高之君子，善其政教而發施之，民有不被其惠澤者乎？書之，使藏其家，俾來者有考也。大德丙午季冬望日，勤齋病叟蕭某書。

[一] 戶庭闃然：「闃」，全元文作「間」。

記

醴泉縣廟學記

醴泉縣廟學，故在城内東北，元祐中，博士蘇季明記之。金亡，廢。至元乙亥，縣尹東平宋侯洙徙於南市。大德壬寅，從事盧侯佐爲縣祇謁[一]，初覩黌隘庳陊，廟而無學，大懼，不稱聖朝崇尚樂育之意，謀諸監縣沙卜珠[二]，簿尉陳瑞南進義詢之縣史王濟，得故廥墟。當文明之位，顯敞爽塏，稱爲神居，盧侯以二歲己俸爲倡，同僚士庶遠暨咸陽槐里士夫之賢者，皆捐金以助。爲禮殿居中，繪羣賢大儒於兩廡，齋廬、講堂、庖庾、門垣悉備。左轄耶律公希逸、翰林劉公賡旬宣關，右韙其知務翰林爲書殿榜焉。既終更，敦武郝侯某繼至，增正殿，平基周陛，嚴陛，楯以衛賢像，徙石刻庭下。建烏頭大門，仍委醫學諭劉君斑植花果名木以千數[三]。甲辰三月吉日告成，學諭王君贇狀其事，請記。辭久不獲。

惟古昔聖神繼天立極，設爲庠序，教以人倫，使之順性命之理，變化氣質之偏，人皆有士君子之行，而比屋可封也。四代之學，至周而備，而他術異道不得汨之，故民志正、風俗同、賢材衆而歷世久。兩漢而下，鄉里之舉，風俗雖降，人猶知自修。隨立進士科[四]，專尚文辭。唐、宋、遼、金因之，致多士蒙干澤之辱，載籍爲射利之具，民彝泯亂矣。理極而復，世祖聖德神功，文武皇帝天縱聖哲，別詔設官劭農，立社擇師，教以孝經、小學、大學、論、孟經史，敦本抑末。今聖上仰繩祖武，知

[一] 從事盧侯佐爲縣祇謁：「事」全元文作「仕」；「祇」，全元文作「祗」。
[二] 謀諸監縣沙卜珠：「謀」，全元文作「課」。
[三] 仍委醫學諭劉君斑植花果名木以千數：「委」，全元文作「諉」。
[四] 隨立進士科：「隨」，全元文作「隋」。

爲治本乎風俗，而風俗本乎士，以德行明經設科，以孝弟信義爲本，以四書、五經、程朱訓傳爲學問，躬行之。要思濟斯世以先王之道〔二〕，將致成德全才，覩真儒之事業。詔下，主縣簿大同盧侯仲誠來速記，告曰：吾黨之士何以仰答皇上譽髦斯士之美意乎？曩以文墨取人，其弊使之喪心，無所歸宿。今也不然，士果充吾良知良能力行。夫聖賢經訓，日就月將，義精仁熟，如居廣居〔三〕，立正位，行大道，用之能行，舍之能藏，尊主庇民，美風俗，壽國脉，無入而不自得，可謂君子儒爲己之學矣。苟不知自愛，徒以綴文辭、饕富貴爲心，即明德已有蔽虧。得之則昏傲矜誇，失之則躁蹙訕訐，卒之斁王化，傷士風，豈所謂德行之舉、經術之教也耶？國家果何所望哉？亦豈三侯經營成就之勤之願哉！吾黨之士貴慎擇厥初。

學古書院記

書院始於唐元和間，衡州人李寬於石鼓山，南唐昇元於廬山白鹿洞。宋大中祥符間，睢陽民曹誠即戚同文舊居建學舍百五十間，蓄書二千五百卷，召明經藝者講習。及嵩陽、嶽麓、茅山皆聚徒教授肄業，朝廷畀之九經，賜以敕額，時天下有四書院之稱。是後江南諸郡，凡先正過化之地，皆置書院，敬延儒先，昭明斯道，以遵前軌。北方金氏，百年所無也。皇元奄有九圍，敦尚儒術，屢敕有司，勉勵學校。世祖淵龍書召魯齋許公，疇咨啓沃之餘，命教人於京兆，成德者多爲時用，今悉物故。陝西行臺立魯齋書院，以紹前人，淑後學，邦人興起焉。是時，湍陽、平水、渭上亦有書院，籍籍有成，於是三原民李子敬聚弟子懋以民錢五萬緡，築室儲書，號曰「學古」。既落之，請鄉先生悅古程君主之，慎獨白君繼之。啓迪漸有成序，部使者上之朝報，下旌其門，恭甫謂余曰：「願識書院之成事，然非敢矜也，將俾此方之人新其耳目，滌其靈府，有以大變其

〔二〕要思濟斯世以先王之道：「世」，全元文作「民」。
〔三〕如居廣居：全元文無「如」字。

風俗。庶乎後之人爲詩書家志願畢矣。幸有以教之也。」辭曰：「師儒之職，安敢僭？」三請益勤，乃勉以毋欲人知而爲侈大，毋以歲久而生懈怠。遂筆其實以記。

秦王妃祠堂記

延祐戊午夏，開成路總管王公澤以書告蕭𣂏曰：「鄉也欽承儀天興聖慈仁昭懿壽元全德泰寧福慶皇太后玉音，於秦王元妃祠堂月供牢醴齊以爲常，有司虔恭奉行，五年於兹矣。祠蓋寺人田長安所建，事具府學士人郭好德狀，願紀之石。」

謹按：妃諱伊囉斡，姓吉嚕氏，唐朱邪之後。乃祖葉贊聖朝撫寧中夏，以勳公分土食靜安諸城。聯姻天家孫阿爾布哈尚，世祖皇帝公主。封高唐郡王，妃之考也，今嗣封鄃王，妃之弟也。宸眷以妃配皇孫秦王，王之國不幸早薨。妃淑慎貞靜，聰明淵懿〔一〕，好古博雅。嘗聞中陽薛氏董母闢館授徒，驛召，留歲餘，通經訓大指。恒深居邃殿，維圖書是親。又不幸薨於大德丙午秋陵谷之變。長安者，京兆畫工璋之子，以隱宮爲寺人，感服慈惠之久，即崩殿故址肖像立祠，晨夕瞻奉。故朝廷嘉其不忘主恩，鄃王及百執事感其敦篤，亦咸有助。

嗚呼，民之秉彝，好是懿德。夫惓惓者，誰實使之哉？雖然，兹亦汭陽祠諸葛公之屬，姑以慰人之思而已。若夫配位先王，以饗嘗烝，有國之典禮在。五月吉日，前集賢學士、通議大夫、國子祭酒、太子右諭德蕭某記。

〔一〕聰明淵懿：「明」，全元文作「朗」。

稽中堂記

友周君介夫刺武王誥康叔語，扁厥居自警，諉余記。

聞人之心虛靈，知覺主一身，涵動靜，具衆理，妙萬物。惟聖哲氣稟粹精，鑑空而衡平，仁義禮智渾然無倚，曰中德。事物之感〔一〕，萬善攸出，惻隱、羞惡、辭讓、是非，應各以物，無過不及，曰時中。惟厥庶民，昏駁攸質，爰自有生。中德既罔，顯習尚物，欲乘釁以汩，旦晝宵寐，斯須靡寧。心繫聲色，臭味勢利，紛華是誅。便儇巧佞，卑污苟賤，是狃靈府。惟冰炭攸積，彝則曷其存？維先哲戒玩物喪志，期精義以誠身，而凡民覆玩物喪志是求，私欲荼毒，救渴以酖，奚益？

嗚呼，大化不息，匪高明日進，必汙下日趨，弗靈沒齒，哀哉！惟昔顔子躬博文約禮，明睿攸燭，乃克有擇，拳拳依中德。苟禮義之心未純，時墮於過罔，及覺知，必一準夫顔曾，自一事一物究極天則，盡吾之靈，昭徹表裏，乃一意乎善，罔自欺，爰作稽中德，庶幾弗畔，矧稽之古？惟考惟計，必敷求古先聖哲，若堯、舜、禹，惟精一乃克執厥中，亦越成湯。惟禮義以制中，乃建肆昔之壽耇，成己成物，罔匪承於古。若大易之有卦，六位別以計。乾二五固中，初潛、三乾乾、四或躍，上戒於亢，時亦罔非中，必有定於前，行道斯弗跲。茲即一飲食話言，其尚謹日用，矜細行，觸類以長，天下罔不惟悉。允惟於茲，業廣德崇，允惟士正事之臣，天若元德，夫誰禦敬之哉？自貽哲命，介夫孝友忠信、篤志問學、詩書四子舉成誦，善夫！書言：「克明有政。」其遠大未易量也。大德丁未十月既望，北海蕭𣂏記。

〔一〕 事物之感：「之感」，全元文作「感之」。

有筠亭記

竹之爲貴，何比德君子也？若風人託興，以美其上，記禮者以其有筠能貫，四時不易，譬人之有禮，能釋回增美焉，皆其章章者也。前安西路總管府治中池陽王侯器之，有别墅在樊川韋曲東，有息游之亭，在其寢東北隅茂竹間。至元庚寅春，即其圯而新之〔一〕，增庳益狹，易茨以瓦。既成，屬予名。與識久，不得辭。

惟夫竹之於用衆矣，上自宫省，下逮邑井廬野，吉凶賓軍，日用鉅細，微竹罔與成其功者。以是天府之入，歲恒與鹽酒埒。虞衡厲守之，罹其禁者有罰，故民以爲患。然或樹之庭，砌而比德，是取則無禁焉。是知所可貴者，不在彼而在此，明甚。乃綴禮家語，筆其扁，且告之曰：騏驥一日千里，所稱者非以其力。蓋貴德不貴才之義，通天下古今也，故君子慼焉。夫德其本也，才則其施。德有小大，才必從之。不德而才，古所謂不才子也。鄧舒、盆成括之流，亦何足算？才如周公，不可無德，可不懼乎？侯故儒家，明熟吏治，敏給有幹局，兩佐大府，籍籍有稱西州。廼今之以疾閒居〔二〕，方益以遠，猶偉哉乎！侯誠有志於是，必也從事乎博文約禮之訓〔三〕，多識前言往行，視聽言動思壹是以禮。有聞斯尊，有知斯行，曁乎真積力久，擴而充之，宏綱正，萬目張，雖羽儀天朝，矜式黨里，與夫光昭祖考，垂憲來裔者，舉無遺恨，乃稱夫儒家事業矣。然則斯亭也，不爲無助。名之與識，亦豈徒云乎？侯其懋之哉！宜刻之金石，庶後世子孫守之無斁也。明年二十有八年清明日，齊人蕭𣂏記。

〔一〕即其圯而新之：「圯」，全元文作「圮」，當據改。

〔二〕廼今之以疾閒居：「今」，全元文作「令」。

〔三〕必也從事乎博文約禮之訓：「乎」，全元文作「夫」。

務滋亭記

滋，今之灞水本名也，史稱秦穆公改焉。隋開皇五年，復爲滋水，而俗猶不改。蓋漢魏已降，名灞已久，隋短世，不能遽回民之觀聽也。河中人韋君佐，余及識其大父五翁，精練勤儉，善治生，通輕重之理。鬻鹽長安市，而人皆視其賈爲之準，雖公府弗能軒輊也。繇是起家爲巨室，而君佐之父國寶善守成法，又買田灞上，益以衣食之本爲務。蓋將老焉，築亭爲館賓之所，雜植花竹果蔬於前後。爽塏高明，仲夏可居。求名，僕遂書之，取其爲農於滋水之上也。語曰：「一年樹之以穀，十年樹之以木，百年樹之以德。」書曰：「樹德務滋。」蓋寓其名，以明樹德之本指也。君城中所居有堂曰「周德」，故以相發其義云。秦穆公改之，欲以彰霸功，今而復之，欲以滋吾德，皆所以示子孫也，各從其志也。大德丁未某月某日，勤齋病叟蕭某維斗識。

柳溪新洞記

自鳴篤鎮走義谷，道左有小溪，舊以柳溝名。其源有二：一分義谷水，自甫張而下；一發源李義里，北流會之，其下即溪也，因曰柳溪。

雷氏自濮府幕君毓德，累行慶衍於後嗣。知事君長子復，字伯靜，積學力行，承孝以德，儒先時輩推服焉。次子介，字仲介，承兄克家，既完既美。次子恒，字仲常；益，字叔謙；觀，字季正，應奉翰林文字。一門孝友，爲關右所稱。初，伯靜既葬其妣趙夫人於溪西平里別業，曰：「此吾家世守也。」遂有營葺意。緣溪種柳數十百株，因高爲臺，將遂構亭，以爲藏修之所，不幸早世。而仲介葬其考知事君，廬墓制闋，又鑿溪西垠以廣之，爲洞二：曰「稽古」，以讀書爲志，且取穴居

之意也。爲堂四楹。堂洞之右，儲書其中，曰「進德」，以成稽古之意也。堂前小方池，植一白芙蕖，名曰「玉淵」，取顏延之詩語也。池東小渠滮滮過其前，横梁度之。其東北爲大池，則樗巖馬肅政命曰「錦雲」，以植紅蓮名之也。直堂東渠之左，曰東池，以堂逐溪形，以池正之，是不忘規正之義也。三池若鼎足，與稻塍錯處，且雜藝花竹其間，繚以杏籬，總名之曰「柳溪新洞」。

余嘗阻雨，信宿堂中，蕭然終日。向伯靜手植之柳，皆濃綠參天，禽聲和鳴，殊有勝致。猶恨不及晴霽，不見雲山遠近之態也。仲介舉酒囑余曰：「先兄一生志於學古，且治命見託，以弟與子之爲學，介何敢忘？況松楸所在，覬後日子孫必有學問，以成先志者，子盍爲我記之？」余曰：「此君家翰林之事也，曷敢僭？」又起而請。書此語，曰：「待他日足成之。」大德乙巳六月己丑，勤齋某記。

勤齋集卷二

說

無欲齋説

行中書省平章公有燕休講肄之所，問名於僕，書以「無欲」。因俾申其義曰：

惟天生民，理與氣具。理也，爲仁義禮智之性。氣也，爲五臟百骸之形。人生而靜，性之本也。至大至剛，氣之本也。人與天地本一，私欲間之則二。惟靜無欲，惟剛無所屈撓。昔夫子嘆未見剛者，以申棖有欲，不得爲剛。剛與欲，正相反。剛則不屈於欲，故常伸於萬物之上。有欲則己小物大，爲物所掩而屈焉。孟子曰：「養心莫善於寡欲。」周子又謂：「寡焉以至於無。聖學以一爲要。一者，無欲也。無欲則靜虛動直而明通公溥。」又曰：「無欲故靜。」至哉言乎！方其事物未接，思慮不萌，湛然純一，五性渾然在中，塗人堯舜，天地同流，雖鬼神莫知焉。既感而四端出，五典惇，充之可以保四海，此性情之正，子思謂之大本達道，無欲之事也。發於形氣，溺於意向，雖小大汙潔不齊，凡足以喪志荒政之屬，皆奮吾剛斷克治之，以復本初，寡欲之方也。然必先用力於格物致知之功，乃能別心意之是非邪正，躐等淩節又不可也[一]。

或曰：「如槁木死灰，無欲矣乎？」曰：「不然。此二氏絕滅倫類，而終不能者。」夫飲食男女，天理存焉。天理人欲

〔一〕躐等淩節又不可也：「淩」，全元文作「陵」。

同行異情，明者即此爲治心修身，造端切要，昧則流爲大欲耳。若帝舜之「從欲以治」，夫子「所欲不踰矩」、「欲仁斯至」，孟氏「可欲之善」〔二〕，皆聖賢政教。公天下萬世，淑斯人者，烏可與形氣之私同言而付之枯槁乎？要在日用間精察力行耳。然有不可不知者，剛有二焉：有血氣之剛，有義理之剛。血氣之剛能施於朝夕，或輟於持久；有見於少壯，或衰於暮年。義理之剛本乎浩然之氣，從道不從物，爲善不爲利，富貴不能淫，貧賤不能移，威武不能屈，此毗陵周氏說，朱子謂緊切可取者。然其要歸於由夫大學之道而已。

噫！民之多欲也，甚矣。奪攘矯虔，猶未屬厭，以死殉焉，非秉鈞當國之君子同寅和衷，率而拯之，流禍何極乎？苟子不欲，雖賞不竊。上之化下，風行草偃，豈不信哉！

公開府未期月，頌聲洋溢，大書屢書有其人，此姑言名扁之意。公之名譯言爲鑌，友朋字之曰德剛，故爲說如此云。延祐丁巳重九日，病叟蕭某書。

馮鳳儀字說

咸寧馮鶚飛介友生陳嵤耕道來言：「翼雲中書都司鵬飛，吾弟也，由陝西憲史當移江陵。念二親年在喜懼，我兄弟恒睽離膝下，烏鳥之情有不能自已者，每竊自傷，不忍復以飛揚爲稱。又鶚非鵬之族類，且專以擊搏害物爲事，有乖慈祥孺慕之意，願易之。」

余聞凡天下之事物，皆可以爲名與字，第存善去惡而已。傳稱不以國、官、畜牲、隱疾之屬，考諸昔人，皆有用者，顧所行何如耳。無已，有一焉。凡尊名之義必相符，則羽族之良莫鳳若者。書曰：「蕭韶九成，鳳凰來儀。」言其感至德之和

〔二〕孟氏「可欲之善」：「氏」，全元文作「子」。

而來，有容儀也。若曰鳳儀，則知羣疑皆亡，且有以進於善，可感至治之應而瑞世矣。曰：「諾，請用之。」申告之曰：「揚子雲撰法言，準論語，出處則曰鳳，鳳何其微，反詒詰鳳之譏。至朱子以春秋之法深貶之，此又不可不知也。」「然則如之何？」曰：「勉爲大學之道而已。」春日載陽，慎路自愛。延祐乙卯三月甲戌，鴻濛穴主人書。

銘

欽齋銘

於皇上帝，斡流二五[一]，民有彝兮。火神司禮，其端維敬，萬變尸兮。欽肅寅畏，嚴恭祇翼[二]，同一歸兮。姚姒以降，竹素森列，有餘師兮。立本既固，致知乃光，毋偏隳兮。之子名齋，澡雪陳翳，尤所宜兮。爲儒有二，爲人爲己，生死岐兮。詭言詭行，反道敗德，絕勿闕兮。狃於多中，無變彀率，羿則欷兮。

敏齋銘

改過雷烈，遷善風行。勉勉終身，無求速成。日就月將，瞬息有思。乾乾之功，曷敏如是？

[一] 斡流二五：「斡」，全元文作「幹」。
[二] 嚴恭祇翼：「祇」，全元文作「祗」，當據改。

直養齋銘

萬物所資，均乎一氣。孰其尸之？曰維上帝。帝命人極，健順五常。氣則偕行，莫禦莫量。順理爲直，得養則大。襲正助忘，匪理斯害。凡中有主，所向無前。拔山蓋世，古亦有焉。敬義夾持，俯仰無愧。上下同流，勇何足議？不憂不懼，不疑所行。何物事功，撼吾靈扃？矯矯裴君，炎黄其學。從事於斯，受說先覺。翳余小子〔二〕，顧學未能。敢銘君齋，實惟自銘。

贊

質齋贊

國子助教祁君子京以「質」名齋，自爲記，且銘之。一時宗工秀人題詠，盡其義矣。齊人蕭𣂏掇其遺而爲贊曰：

上古聖神〔三〕，仰觀俯察。旁及鳥獸，取象惟八。書契干戈，登降椌楬。化成之具，于焉以茁。巍乎焕乎，重華位陟。文命誕敷，懋昭大德。視民如傷，于湯有光。姬情孔思，謨訓洋洋。經緯三極，時維至文。世變風移，覆其質云。世之謂文，古所無有。游夏言行，昭昭可考。絺章繪句，錦心繡口。充棟汗牛，世用曷取？蔽天之明，窒人之靈。繇政迄廣，禍斯以

〔二〕翳余小子：「翳」，全元文作「繄」，當據改。

〔三〕上古聖神：「神」，全元文作「人」。

立言，成己成物。卓哉祁君，矜世之病。質以自居，求盡其性。如彼泉流，載浚其源。彼華彼實，載殖厥根。如賁尚白，循循勿勿。立德成。

狀

辭免國子司業狀

近於正月初四日，承中書省官馮宣使傳奉都堂鈞旨，給到馳驛聖旨，令䵣赴都事。扶疾聽命，戰兢無措。竊念䵣愚鄙寡陋，疑昧積塞，與人共學，非敢爲師，度分量能，苟安田里。不期遠近稱譽，名過於實，致誤朝聽，妄被聖恩，授以陝西儒學提舉。自顧荒謬，何敢叨冒寵榮，以取盜虚聲之罪。超越資序，有紊朝經。謹以懇辭，幸蒙聽允。忽辱嚴召，實倍兢惕。繼令鈞命，諭以國學事務，愈益惶懼，無地自容。聲聞過情，君子所恥。學未成己，何以及人？猶不能當外郡學職，豈復敢預國學之事？灼見力小任重，以速顛覆之禍。又爲辭卑居尊，以取無廉恥貪冒之罪。其心忘目昏，臥疾日久，猶在所不論。伏望俯察愚誠，收回成命，旁求天下，以授真儒，則聖道宏暢，人望允協。

伏惟朝廷清明，賢俊在位，凡在海寓，孰不願奔走從事，仰報萬一。䵣既承召命，便當趨造，别乞改授近下初仕品職，以効涓塵。緣舊患腳氣發動，及腰背痛楚，艱於行立，又兼新病，有差來官日逐守候，恐妨公務，亦乞召還。

辭免國子祭酒狀

七月十六日，承奉陝西等處行中書省備中書省咨，除䵣集賢學士、國子祭酒，依前右諭德。又中書省差薛宣使欽賫溫

字七十八號四匹鋪馬之任聖旨，及行中書省參知政事趙資善一同禮請卑職疾早赴任。承命震驚，神識迷眩。念輿賦性愚暗，學術空踈，名浮於實，多誤朝聽。前大德十一年冬，病中拜諭德之命，不敢固辭，力疾載行。自十二月二十一日起家，二月二十日方到闕下。又伏枕月餘，四月二十一日拜覲東宮，杖策人扶，艱於趨造。惛忘錯誤，不能應酬，曠職素餐，空貽罪責。東宮憐此羸憊，命使送還。歸家妻沒未藏，疫疾滿室，悲憂困頓，精神耗竭。忽拜新除，愈增惶懼。人微學陋，猶未論及，只此沈痼，實難勉強。惛忘恍忽，常若夢中，足膝恒痛，泄瀉頻作，夜不能卧，坐寐達曉，日惟指使，無力語言，醫藥無功，飲食漸減。即日未能前去，除將元給之任鋪馬聖旨欽領外，候疾稍愈赴都，合行具呈陝西等處行中書省照驗施行。

書

辭免陝西儒學提舉書

某蚤事文墨，見一時高才絕足趨事功者，效之不能，是以安於田畝，讀書爲事。本求寡過，不謂名浮於實，聖恩横加。竊念聖人之戒，必明德而後新民，成己乃能成物。昔夫子使漆雕開仕，對以「吾斯之未能信」。然則心術之微，雖聖師不若開自知之。審今某學行未至，自知甚明，望達廟堂，改授真儒，則朝廷得人，學者得師，某亦不失爲寡過之人矣。

與同寬甫雷季正書

承示堂上無恙，甚慰。數日來，天氣涼，想更調適也。季正簡諭：朝夕哭，猶生時定省之禮，固是。然此自是未葬時

禮也。又云入廟後節降，亦是如此。但𫙫初妄謂：有奠物猶可不出主，則無奠而拜，或可不出主乎？若在几筵時，朔望自有殷奠禮，倣質明已出主，拜奠哭如儀，與入廟後自不同也。𫙫初疑主似父母形體，而匵猶屋室。然則隔門致敬，似是非禮。今再考之，自反哭時，虚主於靈座〔二〕，既而詣之哭，則已不出主。至虞祭時，納主後方哭，而再拜辭之，則是主在匵中，而有可拜之禮。自是之後，罷朝夕奠，仍朝夕哭，則但哭無拜，可不出主明矣。至於小祥，朝夕哭亦止，何緣又復出主乎？又祠堂條：晨謁及出入辭參，有所告語，皆大門内焚香再拜。惟經月而歸，則主人開中門。夫中門外尚可焚香再拜，則在匵中，其可亦明矣，則不與隔屋拜人同也。所可疑者，既入廟，不廢晨謁，則在几筵，安得不行定省之禮？故但不出主，焚香再拜，其亦可哉？原注在靈座則定省於匵外，在廟但晨謁於中門外。然終不見出處，蓋考之猶未詳也。若專泥見主方拜之意，則恐又似向來覆藉魂帛之説矣。二兄以爲如何？幸往復詳究，有定論然後將改之。去人忽忽，不謹，希情恕。七月十三日，𫙫稽顙再拜。

墓誌銘

元故榮禄大夫平章政事議陝西等處行中書省事趙公墓誌銘

古先哲后之御天下也，爲君爲師，治之教之，故爲教易行，人才易成。昔聞其語，今見於公矣。公年十二，入侍世祖聖德神功文武皇帝，朝夕左右，僅三十年。天地四時，神氣之教，變化漸摩，成就者非一，故其德器敦厚質實，忠勤廉慎，謙恭

〔二〕虚主於靈座：「虚」，全元文作「匵」，當據改。

簡儉，大異於衆。

公諱弼，字元輔。上世居澤之晉城。祖某，大定間進士，妣周氏。考得賢，豐州軍民總管，從征蜀，過秦，樂其土風〔一〕，迨謝事，徙居雲陽，遂爲雲陽人，妣楊氏、張氏。以甲辰歲五月九日生公，二歲而張夫人沒，楊夫人鞠之同己生。孩提言笑，不爲兒嬉，聰穎喜讀書。五六歲知屬對，識者必其異器。歲甲寅，總管君卒。明年，楊夫人挈公以玉杯名馬，贄覲於六盤淵龍之所。給事行内，未嘗有過，上愛之。嘗冬狩野宿，寒甚，命寢御衾中。四征弗庭，恒扈從。駐蹕鄂渚，答不恭命者〔二〕，公亦跪曰：「無功當責。」上笑遣之曰：「童幼，未能立功也。」上每御輦，必坐公於前，凭之乃安。夕則令左右講説故事，因問渡江時事，公始終全舉無遺，上大喜。嘗命出使秦、蜀及沙漠，他日使還，上必問及水旱豐歉、田里休戚、邊陲利病、官吏能否、人才物産，公於是一一敷奏，悉見施行。

至元十七年，以近侍服勞最久，特旨授朝列大夫、符寶郎。明年，改局爲監，進通議大夫、典瑞卿，賜之玉帶。當至元初，樞密機務悉委平章張公，後難其人。

十九年，上選授資德大夫、僉書樞密院事。屢以德薄位尊辭。明年，改嘉議同知大都留守司、本路都總管大興府事，兼行工部尚書。以才力不逮，不能並舉數職，辭之再三。又明年，除同知大都留守司、兼少府監事，如故官，別敕監修白塔、石佛等寺。

二十二年，陞資善、大都留守，兼少府監事。輦下浩穰叢劇，數號難理，公既獲乎上，無敢齟齬沮撓者，事以辦治聞。

二十八年，轉資政，宣慰荆湖北道。上每謂荆南重鎮，必慎擇其人。自平章廉公後，鮮有能繼者，乃特命公往。既至，宣布德惠，廢置利病。時雲南、緬僰、八番諸藩閫，貢篚庶物浮江而下，及襄、鄧往來，轉輸相望，人畜疲斃。古有漕河，谿亡

〔一〕樂其土風：「土風」，全元文作「風土」。

〔二〕答不恭命者：「恭」，全元文作「共」。

宋乃潰，泯其跡。乃命相度濬治，四閱月以成。民感其惠，銘曰「趙公河」，刻石頌德江陵驛。尋加資德，河南江北行中書省右丞。

元貞初，以先朝老臣，進榮祿、四川行中書省平章政事。爲政主乎愛利，人以佛呼之。大德三年，省革，即拜平章政事、議陝西行中書省事。自入蜀後，屢以耄疾辭，不報。五年五月五日薨於安西順義里私第之正寢。明年八月乙酉，葬雲陽縣金龜鄉蔣村西原先兆之次，夫人姚氏、陀囉海氏皆先卒，祔焉。九子。男曰獻可，大都留守，受知三朝，鼎貴矣。曰獻翼、曰托和齋，曰徹辰，俱國學生。曰伊嚕勒，中殤。女四。

公既早孤，未冠，楊夫人亦歿，皆在殯。其後至元某年，始克葬。痛平生不得致養，每拜掃，必慟哭。又曰：「楊夫人顧復成就之德，人不可及，尤不能忘也。」其於族屬，無藏怒宿怨，一盡愛敬之誠。久侍帷幄，無一言之妄，世祖以老實目之。有毀之者，上怒曰：「曾似爾輩姦宄欺罔耶！」日侍禁中，從者惟携一瓠壺飩粥瓜菹而已，故眷注逾渥。朝廷嘗以官提刑案察者多不職[二]，將改爲肅政廉訪，命二品以上會議。中書公謂：「但當擇人，安有愚於提刑而賢於肅政者？」識者韙公言。凡忠謨讜議、顯賢進能、興利除害，皆密告於內，所薦者終莫之知。

爲政不煩，與人以信，不作聰明，一守恆度，故吏得其職事，無所闕失。初，公至行所，敕邇臣之賢者董君文忠爲之主，遂結爲兄弟，子孫繼序之。承旨李野齋、參政王子貞皆嘗同僚，每嘆公之誠實謙和節儉，雖有學者不能及也。

接士有禮，或先拜之。權幸臣方柄用，一時趨附，惟公絕不相與。阿哈瑪特風使附己，許爲增秩，曰：「富貴在天。」祥格使求玉帶，許爲同列，曰：「聖主所賜，不敢與人。」每蒙蕃賜，常異於衆，前後不可殫紀，而自奉有節，毫髮無貴驕氣。見人常盛服，或屢易衣者，每蹙額曰：「豈無他日耶？少爲兒女留可也。」五十後始還故里，時已隆貴，凡親戚父執之家，皆躬詣謁識，來者必迎送於門外。嘗語諸子曰：「我叨蒙兩朝湛恩，位崇祿厚，無功於國家，徒積戰兢，汝等當匪躬事上，

[二] 朝廷嘗以官提刑案察者多不職：「案」，全元文作「按」，當據改。

以不欺爲主，其餘一聽於天。」嗚呼！可謂知事君之本矣。銘曰：

於穆天命，至誠無息，於皇聖神，與天合德。誠之者人，以人合天，維語不妄，行之所先。昔賢力行，七年乃成，公出天質，童髫以能。維此天質，重以學力，君師是式，迥出羣匹。帝成厥美，名之以實，乃司八寶，乃篋宥密。判留於京，百工是程，珠帽繡衣，以賞以旌。分轄於汲，藩宣於荆，復漕惕民，洋洋頌聲。辨章蜀秦，人謂曰神，維信維惠，好惡必循。五十八年，蒼髮未雪，國喪忠良，民望永絕。公則有子，祇訓嗣事[一]，實發實似，實求公誌。金甌之阡，下從其先，既安既固，胡不萬年？

故中順大夫江東建康道肅政廉訪使傅公墓誌銘

公諱巖起，字正之，初名良弼。其先華原人也，世以孝義稱。祖贇，妣雲氏。考汝礪，陝西都轉運使經歷[二]，妣李氏，自有誌。

公天資警悟，蚤通經史。首事李忠宣公，爲府掾。及忠宣經略河南，宣撫燕、涿、瀛、保，皆驛召辟用。廉平章行中書省陝西，又辟焉。陞右司提控，舉爲承事郎，遥領華倅。尹咸寧，平賦勸農，笞殺不子，禁絕頑民十虎者。進京兆總管判官，盡瘁叢劇，取重府主。加承務，僉四川提刑按察司事，分按施、黔。山谷幽阻，無不至。彰善癉惡，一部清整。徵拜監察御史，超奉訓大夫。平內濟，脱其死。劾贓吏，陳利病，舉人才，知無所隱。初，盜殺權臣，上眷猶未衰，賴內濟，極陳其罪惡[三]，始

[一] 祇訓嗣事：「祇」，全元文作「衹」。

[二] 陝西都轉運使經歷：「使」，全元文作「司」，近是。

[三] 極陳其罪惡：全元文無「罪」字。

怒致辟，民始稱快。復以它事，上震怒，命省臺雜治內濟罪，公言：「此人脅從，罪已自陳，首且會赦，今無所坐。」時相虽宿憾，不能奪，事閒霽威，乃免。遷刑部郎中，詳決無滯獄。出副四川西道宣慰使，加奉政，會討烏蒙諸蠻夷，兵甲芻糧辦。改副宣慰荆湖，給征交趾軍資，如在蜀。諭定鷄洞四十三，口三百九十五萬，辰、沅、靖以寧。轉陝西行中書省理問所官。尋加朝列、四川轉運使，疾未赴。改授侍御史，行御史臺事。浚大湖，故道水大息害。分臺江西、湖廣兩省，風威著立，以老疾辭，迨至今職。黜黠吏，抑豪横，舉綱維，謹繩榘，鎮服安靖，崇儒興學。江東昔號難治，臺考績，最九道。以老秩滿，累辭不報，投牒徑歸。大德六年四月二日卒，壽六十九。蓋朝廷知公才具，任每未終，命輒下，雖老疾猶不舍也。五月三日，從葬長安縣義陽鄉槐衙先塋之昭。

公有至性，三歲時，河東官司以經歷君私還鄉，欲罪之，即哭抱持，官異之而免。平居承顔養體，克致其樂。侍疾，嘗粥藥，不離側，衣不解帶，喪葬哀戚誠信。每拜新命，輒哀慕見於色。蓋終身未嘗一日忘其親，與弟良臣、良佐極友愛。遇族姻舊故，曲盡禮意。規益朋友，必竭其誠。而復孳孳下問，取人爲善，尊敬鄉閭耆宿。訓導俊生，接人雍容笑語，未嘗有一毫貴宦氣。故卒之日，哭之者皆哀戚。疾革，戒二子曰：「吾年隣七十，位至三品，公私無負，死無恨。然自揆有何才能？皆祖先積累而致。念所以爲報，唯有孝弟忠信，揚名不朽，庶以光顯先世。吾一生兢慎儉素，僅能寡過。汝等當勤學以成德，以終我志，可謂能子矣。」

公凡兩娶：夫人張氏，長安令仔之女，婦道母儀，族里取法，前二十四年卒；夫人宋氏，平章鳩水翁之女，佐君子無違德。子男二：昱，樞密院令史；杲，侍行好學。女三：適董思義、袁恢者，皆歿；少適董思恭。五孫男和女四，俱幼。比葬，昱持公之友鄭子誠所狀行治，乞銘於北海蕭𣂏，曰：「昱遠遊，不得娱侍膝下，頃以告省疾，自洛甫歸，而奄棄諸孤，哀曷可忘？幸與之銘，庶少慰存歿。」𣂏以故舊不得辭，遂書銘玄石曰：

唐虞之際，得人爲盛，猶曰才難。於維大夫，敦敏清慎，詳達靖端。歇歷中外，卅年九政，舉能其官。不苟不激，辟歷有手，澄清有原。采入瘴阻，溪洞聽盟，皇靈乃宣。巴蜀湖江，民吏悦服，德功具完。輿歸先廬，考終天命，親媚滿前。顧言勉

學，以繼以述，規模廣延。噫爾後人，勿替引之，履冰臨淵。銘雖匪古，有舉無廢，永識幽泉。

故中順大夫山南道廉訪副使王公墓誌銘

至元三十一年九月乙亥，中順大夫、山南河北道肅政廉訪副使王公，諱瑄，字君用，壽五十九，卒。夫人粘罕氏與其孤承事郎洋州同知溫、四川省掾淑及沖、洽卜以十二月庚寅，葬於咸寧縣龍首鄉春明門東原之先塋。前事，溫、淑持公之友安定鄭中子誠之狀，求銘於北海蕭𣪺，以故舊不得讓，爲之敍曰：

公世居藍田，大父而上，金亂失其譜。幼知嗜學，稍長能循蹈繩矩，謹飭自將。入以事其考經歷君珪、妣白君，服勤致養，唯所欲。出而事京兆尹，文法明習，精力無害，一府推重之，識者知其遠到矣。咸陽上二劫盜，當死，公異其掠創盛而見臟缺，察其冤。熟詰之，則本其弟竊他逆旅行橐至咸陽，取衣易食，爲縣卒執訊，不勝酷毒，誣引其兄爾，而橐中文書留縣，函帖取書，因得橐主，皆釋之。

至元十一年，參政商公相安西王開府，由秦屬省掾署王府掾史。未幾，以能擢都事，授承事郎。商相有純一平坦之褒焉。

十四年，右丞布哈、安西相李忠宣公行樞密院成都，陞王府長史兼行院經歷，轉承直，旌以金符。嘉定火，適兩樞相行邊，公攝事，發萬五千緡賑之，僚佐懼，公曰：「民初附未安，遽罹此災，今流散滿路，脫致他變，則所失豈第什伯耶？〔二〕請以身任。」朝廷韙之。明年，遷奉議大夫、四川行中書省左右司郎中。

二十年，改奉訓，僉山東東西道提刑按察司事。濟州漕渠當修，主者怙權臣爲姦，徵石十一萬以上，民發冢不能治，莫

〔二〕 則所失豈第什伯耶：「第」，全元文作「啻」。

敢誰何者。公案得贓四十餘萬緡，別具當歿入者唯四千，餘悉給主。督之月餘畢，民稱頌至今。明年，驛召除御史臺都事。又明年，復爲四川行樞密院經歷，陞朝請。院革爲省，除陝西四川行省左右司郎中。省析爲一，公至四川幕。

二十四年，改陝西漢中道巡行勸農使。居二年，會理天下財賦，分命雲南〔一〕，平心徵理，遠夷感嚮。道嬰末疾，未復命。明年，加中順、雲南諸路行御史臺侍御史，疾未赴。

二十九年，除陝西行省左右司郎中，力疾，署職月餘，雖去年拜肅政之命，不能赴矣。

公貌魁碩，氣剛毅而謙恭，謹敏律己，奉法斷斷，務盡職分。省臺叢劇，詳閱審處無廢闕，不撓貴倨，不忽踈簡，人服其恒。以屢職參贊，功不獨居，故無赫赫稱。然平生不知持牒求仕，未終任輒遷，蓋其夙夜劬躬，爲朝廷所知如此。斯豈公一身之榮哉？亦足以勵勤恪，抑奔競已。若參政商公挺、提刑胡公祗遹、王公惲、司封尚公文皆號有鑑裁〔二〕，慎許可，于公則推挽延譽，一無間言者，公議誠不可誣也。居家，謹倫理，厚意氣，每以學必適用、勿事浮餙教諸子，即其所以行己也。

嗚呼，詩言：「不懈于位，民之攸塈。」使公宰方州，殿巨藩，其休息元元，亦豈居漢唐良吏之下，而徊翔簿領間所見止，此豈非天耶？

夫人襄樊九州長官烏延之女，養舅姑，相夫子，無違德。四男，皆好德克家。二女：一嫁李持志者，先死；一嫁姚義勝。孫男四：喜璋、胤璋、閏璋、益璋；女一，皆幼。銘曰：

相古爲治出於一，奚而分裂乃自適。傲然踈率謂非屑，有能練達覆賊墨。凜凜大夫允詳密，不忮不求奮高跡。民物吐氣凶倖抑，凡厥攸居藹休績。漢庭風彩孰可匹？次公寬明長孺直。修途未究車亡軸，吏失所師臺閣惜。後人善述永貞吉，公乎不亡安此室。

〔一〕分命雲南：「分」，全元文作「公」。
〔二〕司封尚公文皆號有鑑裁：「封」，全元文作「農」。

勤齋集卷三

墓誌銘

元故淮安路總管高公墓誌銘

少中大夫、淮安路總管、兼府尹、兼管內勸農事高公，以至元二十四年三月癸亥卒淮安〔一〕，壽六十六，歸殯真定。後十九年，當大德十年，季子璉始克遵治命，奉公之柩來安西。明年己酉〔二〕，葬長安縣華林鄉潘家里新兆。夫人刑氏、董氏祔。前事，璉介雲南憲倅馬君季卿持湑陽孫君敬履狀，謁軻乞銘，辭以不文，不聽，乃敍之曰：

公諱良弼，字輔之，世平山人。祖俊民，不仕，妣吳氏，生二子，進金鎮國上將軍、守同知滑州事、林皇真定交鈔庫使，以本富樂施與，時稱長者，公之考也。妣，門氏，三子，公最長。

幼警悟端重，有成人度。真定火，盪空千餘室，公請於庫使君曰：「鄉里安則吾家安，宜有以賑之。」君悅許，且奇之，曰：「大吾宗兒也。」

既冠，宿衛世祖皇帝潛邸，忠勤自將，爲上眷注，俾主藩邸。全趙金穀，通商平估，經入屢登，歲終輒請會，上曰：「主財者恒懼檢閱，今高良弼數請會計，非潔身者乎？」慰獎甚渥。

〔一〕以至元二十四年三月癸亥卒淮安：「亥」，全元文作「丑」。

〔二〕明年己酉：據遠碧樓本考證：此年爲丁未，此所云己酉當系日干，而上脫「某月」二字。

至元二年〔一〕，擢奉議大夫、同知汴梁轉運使，授金符。

六年春，調河南路課稅拘榷使。八月，進少中，就除轉運使。汴洛民物殷夥，事叢網密，人易觸禁。公居仁恕，而行簡易，寬以惠來，嚴以絕欺，盡罷押遞冗官擾民之屬，故田里安，商旅輻輳，課恒入優等。明年夏，旱蝗，公謀諸僚屬曰：「用兵襄樊，河南爲重地。今流莩日甚，奈何？」衆永歎而已，公曰：「計諸倉儲米足支歲餘，若取其羨乘贵，而賤糶與民〔二〕，歲熟以糴，犹多羸益。縣官苟濟此艱厄，善政大惠也。」皆不敢，公慨然曰：「脫有罪，吾任之。」即自爲請於南省，報未下，亟發倉以糶，衆賴以生存，執政韙之。是歲，至於八月不雨，公爲壇禋禱，越三日大雨，蝗盡死，秋以無害。衆欲紀之石，公曰：「上天之惠大君，生靈之福，我何與焉？」竟不許。民復歌之曰：「開倉發粟活饑民，因吾高使君。晚苗足雨綠堆雲，賴吾高使君。瓜期待得明年春，直赴鸞臺，借吾高使君。」洛人道之至今。屬圍襄陽而糧不繼，羽檄和糴，督民自輸于軍。人大恐，公言之南省，請倍見估募商，米可不勞而集。史忠武公然之，即以諉公。不閱月，倉儲皆積，凡主彼邊倉六十餘，出納歲百餘萬石。時歷境襄、均、棗陽、光化，或糶或運，以給軍行。省褒賞，上其最於朝。

十年，改朝請，知鳳翔府，戢豪横，撫善良，推誠任能，吏民信服。虢縣人渠汧水以溉，而利未廣，乃詢衆，審勢量功，命官鑿渠三十里而遙，不奪農功，再冬方畢。溉餘千頃，激磑十餘，名曰「善利」，而人名以公之姓。故陝右憲僉劉君仲修有「黎庶喜，長官賢，千載世間傳」長短句以紀之。劉君端介，慎許可者也。

十三年，授中順，同知陝西四川轉運使事〔三〕，使貪黷怙勢，公常規切懇懇，引古權倖誅夷者爲戒〔四〕，而終不悛。乃介然

〔一〕至元二年：「二」，全元文作「三」。

〔二〕而賤糶與民：「糶」，全元文作「出」。

〔三〕同知陝西四川轉運使事：「使」，全元文作「司」。

〔四〕引古權倖誅夷者爲戒：「夷」，全元文作「滅」。

自守，凡涉非法，皆不署，及敗，一無所與。置別業，水竹幽邃。既踐更，屏跡園田，讀書教子以自適。

二十二年，即家拜少中大夫，知鎮巢府，未赴。陞淮安總管，仍故官。郡歲造海舶，市材億萬計，滑胥豪賈陰相結，以虛文盜厚利爲故常。公至，吏抱給木商直四十萬緡成案請署，詰之曰：「歲用木幾？」曰：「僅一萬。」「見積幾？」曰：「十三萬。」「何爲復市？」曰：「省帖奉詔備預務廣，督以軍興，孰敢議？」同列一辭，公不聽，上之行省，言：「見木可支十年餘，地卑濕，將朽棄，不勞重市。」羣商夜以五萬緡爲賂，公叱去。翌日，行閱見木則雜亂不可究，命以廣厚別置及十之七。是夜火作。又窮竟榷酤姦匿，方有跡而火亦作。既而商人持省報不許，公憤厲歎曰：「蚤被湛恩，膴仕四十年，每恨無萬一補，忍視鼠輩耗蠹縣官邪？」再擬力言，而疾已殆矣，聞者痛惜之。後二年，大會天下，則罪人斯得，多破碎其家，或瘐死者，人稱快，公忠益明。

公兩娶：曰真定監軍刑某之女，有婦德，生二男二女，前公卒；曰檀州元帥董某之女，謙厚慈惠，多內助，母則逌謹，後十年卒。子男五：琬，宜陽尹，後公三年歿，葬新兆之昭；璠，中殤，藏公墓後左；珪，征交趾海船總管，歿王事；璉，師事四川憲倅劉存齋季偉，力學篤行；瑾，方學。女三，季者死。其成都三務提領閻郁、鄂州行省郎中郭孝、華州判官魏餘慶，婿也。孫男一，思誠。女三，長適王秉，故元帥府郎中正之曾孫，餘在室。曾孫三男二女，皆幼。公弟良輔、良佐，居真定，葬西原頭祖塋，在府治西北三里所。仲之子三：璋、珣、瑄，居汲。季之子二：瓘、玠，在真定。

公誠直嚴毅，瓌偉豪邁，喜賓客，禮敬儒先，名德南陽楊子中稱公「明敏精練，有聞於仁義道德、天理人欲之說。當生民利病政治得失，見義則勇，斷力爲惜，拘於金穀之間，不能盡其才也。」時謂實録。嘗訓琬等曰：「吾奪於官事，不得極意講學。今老矣，於簡編獨有眷眷焉者，若曹其必成吾志。」嗚呼，公之教子，其知所務矣。銘曰：

維天生材，成世之務。用舍在時，匪材所與。用枉其長，水車陸航。十亂同德，扶皇之極。維官維友，維內貨來。疵之熾矣，材其殆哉！蠹政瘼民，延及於國。殷監在夏，孰懲斯慝？矯矯大夫，饑世菽粟。當義勇爲，不啻嗜欲。餽運有方，金湯屹存。靈雨既沛，爰出格言。洛京有謠，岐下有歌。秉彝好德，民心靡他。廢國遺頑，姦宄凶詐。恢恢天網，靡有攸

赦。人之云亡，我心憂傷。繼述無忘，緊後人之慶。

元故承直郎甘州總管府判官李侯墓誌銘

至大元年龍集己酉三月戊戌[一]，承直郎、甘州總管府判官李侯希顏以疾卒官舍，孤鼎聞訃，哭走張掖，奉其柩歸，卜以其年十月辛酉從葬于咸寧縣宛東鄉先塋兆次，合於趙夫人之藏。前事，鼎持侯之甥王弁狀，偕弁泣拜請銘。重傷孝子心，不忍辭。

按：侯諱之復，上世居雲陽，繇經歷君始遷京兆。大父耀金以軍功官進義，妣仇氏。考唐皇，將仕郎、興元總管府經歷[二]，妣趙、張、吳氏。

侯生而警悟異凡兒，長師文正許公暨寓庵李先生，通六籍百氏之言。以府學生貢爲按察書吏，辟安西王府掾，復補掾陝西行省。平章額森公宣慰陝西漢中，因又辟署。逮改行省事，獨見留焉。至元三十年，調承事郎、同知鄜州事。大德三年，轉峽州路總管府判官，遷承務。十年，改甘州。

侯天資孝友，事經歷君怡怡焉。先意無違，有疾，侍粥藥不離側。居喪哀毁有聞，奉一繼母無間言。襟懷洞然，無城府。在鄜時，則有同僚以私立異，恒背憎於人，而侯但稱其善。蒞政精詳明恕。在峽時，則有北庭人爲監郡，怙侈驕恣，人怨之，嘗欲告其不法。肅政者羅織繫獄，議坐以不受逮，杖之以逞。侯適至官，反覆忠告善喻，且固執以爲不可，乃釋之。始殊鞅鞅，既乃深悟其失，以先生見稱，多從其議。有婦愬饋夫圜土，而獄卒取其黃金釵如丁於首，憲長怒掠，卒服罪，而釵

[一] 至大元年龍集己酉三月戊戌：據遠碧樓本考證：「己酉」系至大二年，元年則「戊申」也。此當有誤。

[二] 興元總管府經歷：「府」，底本缺，據全元文補。

無有，誘侯覆鞫。先别而訊叙所自，其夫曰：「服賈所獲。」婦則曰：「嫁資也〔一〕。」察其妄，詰之曰：「細民納食囹圄，何盛飾也？」婦辭屈服罪。

平居儉素，而周亟宗戚無顧惜。於妻子和而有義，慈而能教。嫁子一從姻家治具。絶委巷，需索慝禮。行己廉慎，論議正公。接賓友則燕笑語而不流宕，緇黄巫媪絶跡門屏。初，侯至張掖，行中書丞相托迪公賢明，少許可，耳侯之素，目侯寬裕通朗，遇之特厚，寮宷悉師敬之。侯以旅喪，僚屬爲主從浮屠法，飯僧拜佛，通夕不懈。及殯，率素服挽紼以哭。茲非有以悦服其心，顧豈高勢小智所可致然哉？惜其回翔佐職，不得展其藴也。三兄皆先歿，長某，次之得之、徽之。徽嘗主渭南簿。兩夫人：趙氏、楊氏。凡六子，男三：漸，先死。次，鼎也，謹厚克家。升，嗜學。女三，嫁鄭思義者夭，今婿王弁、韓克猷。銘曰：

聞之才勝，莫如德充。趙張有稱，終愧黄龔。維侯雍雍，清而有容。明慎祥刑，一協于中。三毗劇郡，豈弟彌縫？無怨無惡，于家于邦。甲子一周，壽匪不融。惟是喪歸，有識時恫。銘以識哀，刻閟幽宫。

元故文學薛君壽之墓誌銘

至元壬辰秋，秦王妃聞平陽薛氏董母賢，召之。其子延年壽之扶輿而西，至則以經訓輔導。明年春，得告賜金帛，官其子開成教授而歸，再授王府文學，壽之皆以侍親不克赴。居長安東郭，士夫延之，以淑子弟。後六年，母卒，因舉祖考妻子之殯于平陽，凡五喪，葬咸寧縣龍首鄉芙蓉園新兆。力貧襄事，人以爲難。又十五年，當皇慶癸丑，壽之年六十二，八月戊寅，沐浴正衣冠而終，哭者皆失聲。

〔一〕 嫁資也：「嫁」，全元文作「賈」。

君天資警悟，八歲孤。母氏方闢館授徒，如韋宋付之男塾，諄誨不煩，或稍踰繩檢，必嚴夏楚。君亦痛自砥礪，卒臻有成。蓋踰冠歲，即代母講授，斆且學不離簡編者踰四十年。近世評辛敬之真特立之士，唯君爲可當之。痛孝養不逮，扁堂曰「風樹」。晚歲以「秋潭」自號，蓋中有所得云。有妄人談易，飾賤術，名宿納侮，長其聲燄。君詰以「乾六爻，三四不言龍，夫子謂『時乘六龍』，何也？」彼結舌，乃攘臂戒曰：「勿復敢爾。」其力於衛道若是。其素蘊見詩文，琴阮六書，則所專業，至于醫卜圖畫裝褾，率皆能之。有小學纂圖、本草圖、四書引證、秋潭良方、鐘鼎大小篆韻琴譜、秋潭集五書傳于家〔二〕。顧言不用二氏，勉二子學以良。其嗣人其族世爵里，見考省掾君誌。兩娶，高氏，前歿三十八年。今無恙〔三〕，清規懿範，克嗣無替。三子。曰吁，夭；曰嚾，同州學正；曰喈，學直。二女，婿董大中，一幼。孫女一。將以十月庚午禮藏高氏之窆。前事，嚾狀君行乞銘，終辭不果。銘曰：

三代庠序，人嗟不逢。化民成俗，孰大其功？胎教之徵，有才有容。是母是子，伊誰比蹤？風樹遙悲，秋潭鏡空。不亡者存，寧哉一宮。

故孝義張君墓碣銘

君諱貴，張姓。世爲三原人。考順，妣馬氏。生於金承安五年庚申之歲正月庚戌。魁岸足勇力，上氣義，喜施與。家故饒財，素以醫術聞，君則謂：「人命所繫至重。」遂更爲神農之言。屢內徙，荒饑，扶攜父母弟妹逃難商於，復與弟妹相失，采拾以爲養，流寓河東諸郡。歲丁酉，關內甫定，負父母歸復縣之鑑里故居。守松檟，剪荆棘，力耕鑿，樹桑果，始營生業。

〔二〕五書傳于家：「五」，疑當爲「六」。

〔三〕今無恙：此句前當缺薛壽之二夫人姓氏。

嘗市糴京兆，得粺米，鹿車挽之而還，遇盜數人，將奪之，君懇告以致之之難，二親待食之急，必欲見奪，是害吾親，吾不獨生，誓以死鬭。盜熟君名，度不能敵，乃留置其半而去。

居數歲，訪求宗族，得二十七家，并外親王氏。其子孫貧窶者不得藏，即爲之斂棺[一]，列葬祖塋西。繼聞弟興及妹爲俘，即以金帛贖之於豐州、於泗上，骨肉完聚，且爲昏嫁，有室家。二親樂之。妹適劉全而歿，遺女及笄，爲擇晁清作贅。未幾，女亦死，君哀妹甥早世，則娶張氏女妻晁，且析其産與弟興及清三分之，清感恩，誓不離異。

初寓河東，日遇四孤女，問之，亦三原人，遂收養，與二親居，禮如親妹。至是，亦爲擇壻嫁之。其好義若嗜欲，不顧有無類此。

君有至性，初逃難河東，爲土兵所獲，主帥議坑其老者，而以壯者從軍，君聞之罄其橐以獻主帥，哀號百拜，乞以身代死，情意迫切，有足感人，帥憐而釋之。蓋終其身未嘗離膝下。既而再執親喪，禮不足而哀有餘，葬以昭穆次，君子韙之。

至元壬午十月二十有四日，終於所居之正寢，享年八十有三[二]。配雲陽孟氏、同里楊氏，皆先歿。白氏後二十六年，當大德丁未三月五日終，壽八十八，於至大己酉三月二十有六日，合祔於祖塋之次。君之子男二：曰德明，封奉義大夫，信州路鉛山州知州、驍騎尉，涇陽縣子，直諒潔厚，集賢宋公渤、翰林鄧公文原紀贊其行；曰珍，先逝。女適劉資者歿，楊出也，一適王真甫。孫十一人[三]，男七：世英，河州路寧河縣尹；世昌，敦武校尉、圖沙瑪路新附軍上千戶、佩金符、贈文林郎、陝西等處行中書省左右司都事；世傑，承務郎、同知威茂安撫司事、佩虎符、積官奉議大夫、同知河州路總管府事；世榮，承務郎、僉海北廣東道肅政廉訪司事，特授繕工司丞；世良，克家；世寧，土蕃宣慰司令史；世貞，好學。女三：

[一] 即爲之斂棺：「斂棺」，全元文作「棺斂」。

[二] 享年八十有三：「三」，全元文作「四」。

[三] 孫十一人：按：據下文男七女三，僅十人，故遠碧樓本以爲「一」字當爲衍文。

婿曰王溫、劉良、朱安仁。曾孫十六人，六男：信；儼；俊；儆，儒林郎、江南諸道行御史臺監察御史；佐；儉。十女：段珪、李溫、李居仁、黎恭、楊灝、王仁婿也，餘在室。玄孫男一，履，女幼。君弟之子男三，曰德、曰才、曰義。女三：孫智、王秀、劉直其婿。孫男四子：顯，物故；世亨、世美、世禄。女七。曾孫男二女一。玄孫一。德明持所述君之德善，介彰縣彭彥寬謁余銘墓隧之石，辭既不獲，銘曰：

洪範五福，民鮮克備。猗與張君，盡有其懿。孝友睦婣，任恤以義。子承義方，爲時所臧。諸孫濟美，符節煌煌。曾玄詵詵，其來未艾。天命弗僭，後豈不大？言歸先墳，下從二親。刻詩玄石，以啓後人。

神道碑銘

元故特授大司徒贈太師開府儀同三司上柱國冀國公推誠宣力保德翊戴功臣謚忠宣石公神道碑銘

至大庚戌秋八月有六日，榮禄大夫、大司徒致仕石公薨于京師春臺里第之正寢，壽九十有二，以是月二十有八日葬於順州南蔡里之先塋。有司舉褒卹之典以請，詔：「石蒙古達六朝老臣，忠勤於國，謚贈宜從優異。太常集議，贈開府儀同三司、太師上柱國，追封冀國公，錫號推誠宣力保德翊戴功臣，謚忠宣。夫人和拉徹臣氏、大人摩勒齊哩氏皆封冀國夫人。」上賜可。

公諱天麟，字天瑞，古燕順州人。世有積德，爲盛族。贈中順大夫、護軍武威郡侯諱祥者，曾祖也，妣完顏氏。贈資善大夫、上護軍武威郡公諱慶元者，祖也，妣張氏。贈榮禄大夫、上柱國、順國公諱庭者，顯考也。博學篤行，爲陰陽家言，五

行、律曆靡不精究，王官麻革銘之墓碑，妣薛氏。

太宗皇帝在御，公年十四，侍父順國公從行在所，因得拜覲，蒙睿眷，備警衛。公勤慤英悟，不數歲，學問有成，詩、禮、陰陽固傳家學，而旁及諸國書，言無不通，習聞義勇，爲同列推服。時天造之初，條綱未完，上命中書耶律公興舉釐，革庶務，而毗贊難其人，僉議以命公。事或岨峿，每賴以濟，因賜名蒙古達，華言猶國族也，前代賜姓之通例。詔名王帥師征西域〔二〕，王以裨佐爲請，命公輔行，繇是分隸爲斷事官，兼教諸王子。憲宗即位，熟公才德，復選爲諸路斷事官。時省部未立，猶相職也。歲丙辰，命使西北，親王遂見留止。至元乙亥，邊將盜兵劫皇子北安王，亦寓止公之處。公惶懼深念，因彼用事臣，數數以宗親大倫、君臣正義、逆順禍福、天道人事，反覆告諭。彼始怒而中疑，終則欣然感悟，竟遣公護送北安王來歸。世祖大悅，恩賜蕃庶，禮異絶羣臣。授中書左丞，兼斷事官，復命入中書。公再拜，辭曰：「臣奉使無狀，幸免罪責。又才識鄙薄，加以耄惛，何敢叨居顯榮，爲朝廟之辱。」終辭不拜。帝嘉其誠懇，褒慰良久，然禮遇益隆矣。時至元癸未歲，蓋留西域者二十八年。既而有譖丞相安圖嘗爲官於彼者，世祖怒，公奏海都實親王非敵也，安圖不以死拒絶之者，政以其他日來庭，則欣然無所疑阻於其心也。帝爲霽怒，故今易名之制，有「韜爾符節，芘我本支，扞牧圉以來歸，啓羈縻而向化」之訓。他日，帝聞江左道觀内有宋主土木遺像，言僧當致之大辟，何如？公對曰：「帝后祠像西京寺内，終金有之。」事乃得寢。二十六年，賜以所御金龍頭杖，曰：「汝老矣，拄此出入宫掖，無禁也。」時權臣僧格方柄用，凶燄熏灼，海内震懾。其官人也，必陳狀納賄而後遣，人莫敢言者。公憤其罔上蠹民，首發其慝，帝益感公忠。成宗即位，特授榮禄大夫、大司徒。大德戊子〔三〕，玉德殿成，以公元老，命大臣延公先宴其中。公再拜稽首曰：「殿宇新成，聖上未之臨幸，臣等何敢當此禮？灼知陛下不爲一己之安，將延天下賢俊論說政事於斯也，太平有日矣，臣敢爲天下賀。」上深感其言，稱善久之，賜御藥，且

〔二〕詔名王帥師征西域：「名」，疑當爲「命」。
〔三〕大德戊子：據遠碧樓本考證：大德無戊子，此當是戊戌或庚子之訛。

命左右勸之酒。是日霑醉，以御輦送歸第。武宗皇帝加平章事，尤蒙禮敬。晚節致仕家居，清心寡欲，時事弗以關懷。訓教子孫，優游數歲而終。兩夫人皆冀國也，夫人端氏未封。男六人。曰額稜布哈，稿城縣達嚕噶齊；曰用，禮部侍郎；曰珪，大司農；女曰燕，適傅氏，皆夫人金氏所出。男曰輝圖，京南宣慰使；曰圖戩雅爾密什[一]，山東宣慰同知；曰和尼齊，常熟州達嚕噶齊；女曰達什扎卜，適總管胡淪，皆夫人默呼德呼所出。女曰德呼，適司徒哈勒哈齊；曰托克托，適總管岱爾馬，夫人端所出。孫男十二人，孫女六人。

公天資忠厚沉毅，周密平實，與物無競。歷事六朝，夔夔一節，罔有擇言擇行。耄期康強，子孫滿前，爲國元老，以厚禄終，可謂五福備具矣。惜其嘉謨嘉猷入告於內者，皆宗社大計，不得備書。大抵主於睦懿親、戢征伐、獎忠良、黜回遹、消物害、彰聖德，內隱忠貞，不形於外，此其可知也。斞又聞之太子賓客王泰亨言，公嘗告坐客曰：「人之爲人，惟孔夫子、扎薩克不可違耳。」扎薩克，華言猶法律也。問公有之乎？曰：「有。」俾取示客，則編之以韋，如西域書，乃論語也。嗚呼！今孰不讀論語，以之爲法律當守者，獨聞于公。是宜與夫光靈榮寵同耀無窮。其辭曰：

洪範五福，其四在天，在人者德，德備福全。人皆好福，而靡好德；乃怨乃尤，何其大惑？太師宣公，夙侍鈞天，嚴畏格言，迄于華顛。暨造中書，曰預邦政，無施不可，忠信篤敬。西域數萬，絕徼之遠，繇懿親故，凡六往反。世皇御天，實爲親臣，謨猷入陳，外莫悉聞。登善黜惡，蠲民之瘼，國脉以延，皇猷允若。列聖誕膺，祖武是繩，寵光倩德，蕃錫相仍。玉盤之珍，金罍之旨，賜緡盈億，輕暖適體。謙抑方崇，若衛武公，順常教忠，全福以終。雲章爛然，榮生哀死，軌度朝紳，光昭國史。振振公子，象賢濟美，爰録之誠，勤勤無止。爰參輿誦，爰採綸旨，勒之豐碑，式詔千祺。

[一] 曰圖戩雅爾密什：「密」，全元文作「穆」。

程飛卿墓表

史氏謂黄叔度言論風旨，無所傳聞，然士君子見之無不服深遠、去疵吝，何哉？有人焉，仕不隆赫，食貧守涯分，然名公卿大夫咸謂之古君子，忘爵齒與之交，莫不得其歡心，没而哭之哀，久則思而不忘，又何以哉？可爲叔度之流亞乎？

君程姓，諱鵬霄，字飛卿，浮山人。始從都漕周侯督兵儲籌筆漢中，由幕僚胥保惠教誨，至親愛如天屬。及來長安，轉運使馬公官以照磨，接之若賓友。又提舉規措解鹽於懷孟，獨無逋懸。洊居二親憂〔一〕，哭泣幾喪明。友善席郎中治夫往來康、楊先生之門，先生稱其善信，若提刑西谿王君子冕、總管李侯彦瞻皆賓敬之，或訪以道。至元丁丑，以薦提控案牘興元，而總管安侯至，號風力聰察，初頗猜傲，已而見知，反更親倚，數至所館如故交。漢中比歲作堰，疏黑龍水爲沃壤，工物之費夥。府主例親督其役，諉君攝以往，則藜杖芒屩，與之從事。安侯時酒饌勞之，工省而成速，且堅以久，人稱之至今。除武陵尉，屬新内附，巨盜恣睢，剽居人，殺鎮卒，守帥大府莫能戢。君曰：「此吾職守，可尸素耶？」以疾歸。秦士夫家多遣子弟從之學。

至元二十九年歲在壬辰九月二十七日卒，年五十七，葬咸寧縣龍首鄉先塋之穆。妻張氏先歿。無子。長女婿王恪，奉議大夫、同知鞏昌府事。中女婿鈞臺韓徵君擇，自君初疾及大病，在君家視粥藥，襲斂、絞棺、窆虞悉如禮。君嘗言：「吾家葬於此，三世而絶，他日合三封爲一，庶能久乎？」聞者哀之。參政趙公彦澤曰：「可刻石爲識。」于是擇方買石表墓，

〔一〕洊居二親憂：「洊」，全元文作「薦」。

而疾亦革，顧言惓惓，思終其事。少女婿徐某，江西行省檢校。余在京，韓君書來曰：「石已具，與君游者，惟子在，其尚成二公之志。」間念叔度言論無聞，而史氏爲之傳。若君者，有道君子，名公卿士愛敬之猶叔度也，而又策名天朝，勤勞王事，無曠無玷，是可述已。考諱榮，母劉氏，名數河東而葬于是。賢者之墓，後世其無毀。延祐丁巳七月既望建。

咸寧張氏新阡表

聖元大德改元之七月癸酉，前總管、萬戶府詳議張君，葬其烈考元帥左監軍，上及曾叔祖而降，凡五世二十四喪于長安縣豐邑鄉萬邨新兆。後二年，介長安竇長卿來曰：「僕咸寧人也，曾大父而上葬咸寧，爾後從軍宦游，隨殯殁所。僕既得謝，夙夜疚心，求之豐、雲、梁、雍者四往返，積十餘稔，始可舉萃卜兆安西，便省埽也。今幸襄事，猶未表諸阡，惟耄期不瞑是懼，子幸無讓。」既不獲辭，乃據所録述之云：

金初，詳議之高祖府君生六子，其五人皆失其名字、行治、壽年，獨諱元甫者，倫次居三，博極羣書，雅負高氣，有隱德，教子孫有法。嘗誡曾孫庸曰：「吾家上世儒術相承，不幸多難以廢。今爾父命汝輩從學儒先，當刻勵進修，光紹絶緒，毋徒如武人子事紛華爲也[一]。」壽八十一，無子。長兄之子防城萬戶俊實事之唯謹。萬戶君娶劉氏，生二子。子瑞，西京大有倉使；子瑋，字器之，元帥左監軍也。弱不好弄，受學其叔祖，無子弟之過。長便騎射，善兵法[二]，魁岸足武力，沈鷙有謀，時輩讋服。崇慶初，金運將終，天戈所臨，罔不風靡，公以咸寧縣小不可支，遂與劉忠順公等迎拜太祖聖武皇帝城下，請無俘殺勸未降者。上悦許之，俾長千夫，撫居人從征伐。其五月，攻天成，勇冠諸軍。百夫長工某爲守陴者鉤去，公揮刀斷而

[一] 毋徒如武人子事紛華爲也：「紛」，全元文作「芬」。

[二] 善兵法：「善」，全元文作「喜」。

脫之。六月，進攻西京，敗金人默谷，別率千人發掘敵境，給軍實。明年，下山東，却敵大帥，承詔陞副萬戶。又從圍燕，燕破。攻大名，飛矢中面，戰彌力。歲丙子，西京元帥以國王命授都提控。從攻汾州。明年，東拔遂城、蠡淄，定益都及屬郡五。詔爲西京帥府都彈壓。又明年，克太原、平陽。又明年，擊破潞安、山絳，皆有功。歲庚辰，從攻東平。十一月，詔改都提控。後一年，從擊鄜坊、隰州及太原西山諸屯聚，悉平之。明年，攻鳳翔，先登。十月，授兵馬提控。歲甲申四月，太傅行尚書省奏前後戰功多，宣授元帥都監。其年攻下武仙、西山、堡柵。又一歲，破秦安及黃唐嶺砦，復圍益都，功最。歲丁亥七月，詔：「張子瑋攻下亡金城邑堡柵，積功甚多，可陞元帥左監軍。」尋取楚州。庚寅春，西京河南萬戶奏公兼督捕雍州。萬原賊盜復西破鳳翔，長子戰死，遂受詔，與萬戶侯劉忠惠公略宋山南。繞出金境，始至兩當，忠惠輕出覘其壘，猝爲敵所掩，公馳騎疾擊走免之。所過麾城撕邑，功居多。明年，合大軍大敗金人于鈞，下河南，振旅而還。于後公以叔祖父母、父母年在喜懼，精力疲于兵中，請以子唐從軍，而居閒養親矣。歲壬寅，總管萬戶奏充總管天成、懷安、宣平、威寧鄂勒事。乙巳之十月，詔申命前職，佩金符，仍如初。

公雖居軍旅，不忘文儒家法，禮名士，詢故實。河南還，圖書盈車。延致鈞臺郭仲通天成，事之豐腆，命子庸從學將十年。倉使君簡潔嚴急，事之未始少忤。君居大同，雖一果蔬必送致。歲時一再往省，輒數月留，不忍別。君來天成亦然。方公監護諸軍也，主謀畫，施號令、提紀律，將士悅服，萬戶侯倚之爲重。然每有所不樂也，及退而養親事兄，訓導子弟，會族人賓友飲酒賦詩，陳說平生，則欣然樂之，日不足也。

歲戊申二月二十二日，終天成居第，壽六十三。夫人溫騰氏，金殿前點檢克昌之孫，溫恭淑柔，宗黨取法，先十九年卒。王氏，金翰林黃華先生孫。叔澹游翁患公英氣有餘，繩以禮律，克盡子婿禮，雖貴不衰。門氏、王氏，同里人。趙氏，益都人。子男三，某最長，歿鳳翔，時年二十六。唐，詳議也。庸，舉進士，鳳翔鄂勒萬戶府知事。女二，長夭，次適南某。孫十三人，六男。榮祖，某之子，又長年三十七，死安西。時生，知事子，穎悟力學，年十六死。時舉，成都轉運司判官，方爲之。時中、時憲皆詳議子也。時益，知事子，並好學篤行。七女。曾孫男五女五，玄孫男一，某，尚幼。公兄子二。庶弟某，山陰

鹽使就養，歿興元，年七十三。庶弟五，廿六歿安西，無子。孫男仁義，弟二，四十四卒，官興元鹽茶使。女嫁王某，曾玄各一男子。

公嚴重有威，望之若神，居家如公庭，雖子孫莫敢仰視，故其謀議勞烈，不能詳道之。其在親前，則斂容肅氣如孺子，未嘗聞履聲，執喪哀戚甚。其撫士卒，知勞苦寒暑渴饑，賞罰明信，人樂爲効死。其與人直以諒，是是非非不阿諛苟合。其尊祖考遺戒若嚴法令，軍府政役殊不及族人。會族拜掃威寧，後一日必合族。其教子孫孝義順厚，言必稱祖先，故詳議由髫齓事四母，不異所生。今詳議八十，知事少三年，雍睦歡洽，見者起敬慕。詳議薛夫人七十有七，嫂叔先後間一，未嘗小有言。時舉復獨給軍事，與諸弟事叔父母如二親，此皆衰俗中不獲少概見可紀者也。新兆爲昭穆次，曾叔祖居中，萬戶君二世昭，倉使君三世穆之。一世夫人薛君祔，以下各如其次。四世昭嫂季祔一〔二〕，又李祔二，牛氏班四，五世穆婦趙祔三，麻班五，梁班六，凡爲封十三。系曰：

當天造之初，出萬死爲元元請命，其識見遠矣。矧能以文獻爲事，于斬將搴旗之際，此淵源濡染之力非邪？觀公旅力方剛，百戰中原，以開昌運，一何盛也！雖奇謀偉績，莫得而詳跡。其孝友于前，蕃衍于後，亦足以明其無陰禍矣。及功既有成，蒼髮猶壯，皤然謝去，以就夫聖賢。所謂王天下不與存之樂，知所擇哉！嗣人復孝友承家，耄勤營葬，是真能子矣。若其文獻之傳，則又後人之重任也。夫勤諸貞石，昭告來裔，俾永永無替。

〔二〕四世昭嫂季祔一：「季」，全元文作「李」。

勤齋集卷四

雜著

地震問答

歲在癸卯，八月辛卯初夜地震，汾晉尤甚，湧堆阜，裂溝渠，壞牆屋，壓人畜，死者無數。延慶次之，安西又次之，餘尚未聞也。至今月餘，猶若乘舟車然，間復一動，民皆廬於空庭市道，以火繼晝不可禁，惴惴焉莫能寧處。閭巷焚楮幣告謝者，無日無處無之。姦人間爲利，詭言相驚，民深以爲患。

有問於余者曰：「某將有禱於天地，而或謂此地動也，何關天事？又紛紛之言不可勝記，某亦不之聽信，但未知此何祇之所主？何以爲辭而禱之？如之何其可？」余聞之曰〔一〕：「吁！人之不學，乃至此乎！此其所以有此大變異也歟？天地人，一也，豈有二乎？天包地外，地居天中，人生天地之間，受氣于天，受形于地，乾爲父，坤爲母，故人之一身，氣則天也，形則地也，心則人也。故禮記曰：『人者，天地之心也。』邵子曰：『一身還有一乾坤，豈有二乎？』人而不知天地，猶自心不知其血氣形體，猶子不知其父母之心也，何以爲生耶？」

曰：「天如何而包地也？」曰：「僕聞之，天積至陽輕清之氣耳。其爲氣也，至剛至健，旋轉至急，故包得地居其中。

〔一〕余聞之曰：「之」，底本缺，據全元文補。

地則氣之至陰而重濁者，積之而後成形質。然其初本一氣也，動則爲陽，靜則爲陰，陰陽分則兩儀立。雖曰兩，而實未嘗相離也，故曰天地自相依附，天依形，地附氣也。子不見夫日月星河之出没乎？隨天運轉，從地下過耳。此最明白，又何疑焉？」

曰：「天地其變如此，何也？」曰：「失其理也。」「如何而失其理也？」曰：「由人而失其理也。人者，天地之心，安有心病而身不病者乎？」曰：「理如此其大乎？」曰：「昔宋太祖問世之何者爲大？宰相趙普對曰：『道理最大。』雖天地各有其理，而況於人乎？」請備言之，曰：「聞之天之理曰乾，地之理曰坤，故乾健而坤順，乾動而坤靜，乾剛而坤柔，乾發舒而坤生成之，乾覆燾而坤負載之。人之理曰仁義禮智信。所謂天地之中，民受之而生。若仁者，愛之理也；義者，宜之理也；禮者，敬之理也；智者，別之理也；信者，實之理也，此人之性也，亦曰人之德也。蓋此理得之於天，亦曰德性也。故仁之發爲怵惕惻隱之心，義之發爲羞惡之心，禮之發爲恭敬辭讓之心，智之發爲是非之心，信之發爲誠實之心，此人之情也。仁則爲父子之親，義則爲君臣之義，禮則爲長幼之序，智則爲夫婦之別，信則爲朋友之交，此人之道也。蓋是爲人，當行之正道，萬世不可改易者，亦曰人倫者也。又推而言之，則凡孝愛慈祥、和易寬惠、粹溫醇懿、公恕周溥、宏裕安泰、容育強健、剛毅果決、勤敏紓徐、哀矜施卹，仁之屬也。文理節序謙益、宣布嚴威〔二〕、祇惕慎畏、齊莊卑巽，禮之屬也。裁制宜適、友悌方達、斷直從順、擾肅廉介，義之屬也。密察精辨、清明開爽、睿哲聰覺、達淵貞正、確固專栗、縝密儉約，智之屬也。恒一守忠、敦篤純質、愿樸厚重、孚塞懇悃、鎮靜恬夷，信之屬也。凡此皆人之理也。或乃凶賊慘忍、虐劉傷害、酷虐禍敗、狂猛獷悍、躁率娼疾〔三〕、忌忮貪頑、私比狷褊、隘狹偏駁、輕忽弱懦，仁之反也。驕矜夸盈、僭忒奢溢、怠肆滔淫、侈亂黷

〔二〕文理節序謙益、宣布嚴威：「益」，全元文作「抑」；「布」，全元文作「章」。

〔三〕躁率娼疾：「娼」，全元文作「媢」。

冒、奪攘鬬鬩〔一〕、號酗爭伐、陵競侮傲、惰放蔑慢、戲侮荒馳、吝嗇鄙俚，義之反也。殘暴悖戾、狠愎偏黨、苟靦容媚、拂訐隨同、疑爽姑息，禮之反也。猜蕩幽暗、昏昧窒塞、傾邪陰險、蔽係滯吝、愚惑繁苛、瑣碎愁戚、濶疏粗略、混濫陷溺、卑污、遂非億詐，智之反也。妄誕矯誣、欺詐詭譎、狡僞諂諛、空曠儇薄、便佞便僻〔二〕，信之反也。凡此之屬，皆非人之理也。蓋人之理，其大者爲五常，其細者有萬善，反之則皆爲惡，名數不可盡舉，此大略也。又雖曰是理，而施之不當其可，則爲惡矣。如愛與敬，理也。若不愛敬其父母，而愛敬他人，則謂之悖德悖禮。以此爲例而推之，可遍通矣。故凡爲學之要，於一言一行間不可苟，必務去惡而存其善。夫子謂：『言行，君子所以動天地也。』可不慎乎？」

曰：「聞之致中致和，天地位，萬物育者，何也？」曰：「此聖人之能事，學問之極功，未易言也。若粗言之，不過使天下人之心一靜一動，各盡其理爾。人盡其理，則人道立，故天地自位，天地位則萬物育，亦猶人心安泰，神志清明，俯仰無愧，則血氣和平〔三〕，膚革豐盈，化化生生，壽考康寧矣。」

曰：「此在位者政治教化之事，匹夫空言，何益哉？」曰：「此童蒙之見也。夫治民而教之，自秦漢以來，此道廢矣。然自此民物之休戚，亦可考矣。尚何言夫人之有生，得天所賦之理，方有此形。既生爲人而喪失所賦，誰之過歟？天使爲人而自棄之。孟子曰：『人之所以異於禽獸者幾希，庶民去之，君子存之。』此理自是〔四〕，己所當爲，何待人教乎？」

曰：「亦有無理之人乎？」曰：「無是理，則自不爲人矣。所謂得其偏者爲物，本乎天者親上，本乎地者親下，爲飛爲走者是矣。然而虎狼有父子，蜂蟻有君臣，鴻雁有長幼，雎鳩有別，烏鳥知養，豺獺知報，本此，其得一偏者猶不失也。人

〔一〕奪攘鬬鬩：「奪攘」，全元文作「攘奪」。
〔二〕便佞便僻：「僻」，全元文作「辟」，當據改。
〔三〕則血氣和平：「血氣」，全元文作「氣血」。
〔四〕此理自是：全元文無「理」字。

得其全而乃失之，又如何哉？」

曰：「同是人也，同有是理，君子小人何自而分？」曰：「孟子言之矣，『從其大體爲大人，從其小體爲小人。』大體心，小體耳目口鼻形體，血氣之屬也。心有五常四端，是天所賦，謂之天理。口體之屬，止有聲色飲食男女，是人所欲，謂之人欲。人若以天理心思爲主，則爲大人君子。若但以人欲口體爲主，則爲小人也。」

曰：「然則君子無欲耶？」曰：「君子以理制欲，使皆合義，小人則專從人欲，滅天理耳。雖然先儒有言，小人不合小了他，本不是惡。若學以明理，能制其欲，即爲君子。蓋天地之間，只有陰與陽。天理，陽也。人欲，陰也。使天下之人皆能以天理勝人欲，則自然事事合於天心，自然陰陽和，風雨時，百穀豐登，萬生暢遂，災害不生，禍亂不作也。」

曰：「爲學之事非易，豈天下之人皆能爲之哉？」曰：「古昔盛時，治而教之，故當世之人皆自八歲入小學，十五入大學，無有不學者。人人皆知有五常萬善，凡人倫日用已所當爲者，盡力行之，所以上之治教明，下之風俗美，而後世不可及也。書曰：『平章百姓，百姓昭明，協和萬邦，黎民於變時雍。』正謂此也。」

曰：「古之教民之法可得聞歟？」曰：「古之居民，二十五家同一閭巷，巷首有門，門邊有堂曰塾。民出入常受教於塾，而後行之。自八歲已入小學，收放心，養德性。既長，又有兩塾之師教之，行其理，去其非，故賢者得以明理善俗，愚者亦能寡過遠罪，而不自知也。今縱不能然，但鄉黨里巷中，必有年老有道理者，原注謂身行之而有得於心。或識道理者，原注謂生質之美。皆可師而問之，知愛其身，不墮於惡穽，則漸自長進，過失漸少，道理漸明，是亦古之遺意也。蓋古之所行者，治世教民之政。今之所言者，使人人自明其理之法。夫萬物之中，人所以最貴者，只是爲有此理。若我心不求明之，以充此人形，安得爲靈？夫子謂：『仁豈遠乎？我欲仁，而仁便至。』只回過心便是，又何難哉？子不聞郭西劉氏之蒼頭乎？逃于平陽數年矣，值此變不死，次日徑歸其主，此即能回心而得理者。凡今之人，孰欲出於蒼頭之下乎？」

曰：「然則祈禱謝過，無益乎？」曰：「知其過而改以遷於善，則可。若不知其過，或畏難而不改，則是欺天侮神，反

招禍矣，何益之有？昔者夫子疾病，子路請禱，子曰：『某之禱久矣〔一〕。』蓋聖人未嘗有過，無善可遷，其行素合於神明，雖不禱，猶禱也。常人所行，違背天理，雖日禱之，猶不禱也。如己有子或婢僕事事違背於己，而每每只來禱告，是欺侮於己，則愈增怒矣，能無咎責乎？昔樊遲問智，子曰：『務民之義，敬鬼神而遠之，可謂智矣。』義是人所當爲之理，人只合專力爲之。若不明義理，只知褻瀆鬼神，可謂不智也已。然此猶論當祀之鬼神爾。若淫祀，又所不論也。記曰：『淫祀無福。』若遇正人，則自當廢去矣。夫豈能貪天之功而禍斯民耶？故漢谷永曰：『明于天地之性，不可惑以神怪。知萬物之情，不可罔以非類。』人而可不知學哉？」

曰：「廬而處，禮乎？」曰：「禮，若有疾風迅雷甚雨則必變，雖夜必興，衣服冠而坐，所以敬天之怒也。孟子謂：『知命者不立乎巖牆之下。』盡其道而死者，正命也。桎梏死者，非正命也。人事盡處，方可言命。今天地大變，而人豈可偃然無所變其處哉！須一切廢罷宴樂聲伎紛華利欲之事，常以憂畏改悔處之，則可。詩云：『敬天之怒，無敢戲豫。敬天之渝，無敢馳驅。』當如是也。」

曰：「聞之自古災異多云政令之闕失，何也？」曰：「各盡其職分，可也。職分者，各人分限中理之當爲者也。在位者固當自改其一官之政治闕失，然而無位者不當自責其一身之失理乎？昔者大舜爲其父母所怒，每往于田，則呼天號泣，曰：『我竭力耕田，恭爲子職〔二〕，父母不我愛，不知我有何罪？』怨己失愛，自求己過，不得，於是戀慕而號泣，故終能致父母和悅。漢萬石君子孫有過失，爲便坐，對案不食，然後諸子相責，因長老肉袒固謝罪改之，乃許。凡父母若有怒，爲子孫者當相責而悔改，況天地大變如此，而人可不自求己過以改之乎？夫人之一身，儘多有事，大學論絜矩，則欲其上下四旁

〔一〕某之禱久矣：「某」，全元文作「丘」。
〔二〕恭爲子職：「恭」，全元文作「共」。

均齊方正〔一〕，若自五事、四勿、九思、九容、三戒、三愆之屬，以致父之慈〔二〕、子之孝、兄愛弟敬、夫和妻柔、朋友相責以善、汎愛親仁之類，是皆天命之流行，人事之當爲者。日夜切己點校，若有不盡，則竭力加勉，此之謂自修。故曰：『君子求諸己，小人求諸人。』天下之人皆知自責以自修，則皆得其理。若但責人，則皆失其理矣，不可不慎也，所以先儒有責上責下而中自恕，豈可盡職分之戒？昔年僕買溫公家範于市，有張姓者曰：『此部書不售二十年矣。』嗚呼，此亦觀風俗之一端也。昔家範所言〔三〕，自祖及孫，以至乳保，各有言行爲法，此職分也。」曰：「然則當如之何？」曰：「夫子傳震之象曰：『洊雷震，君子以恐懼修省。』當此震驚之際，唯當畏天之威而自省，察其身心過失，急自修治而痛改之，又推求向之過失之所由來而盡絕之。或昧而不知者，學問以明之。或既知而行有未至者，力行以實之。蓋人言行之失，人猶得而尤之。若夫心思幽隱之過惡，人不得而知者。惟自心與鬼神知之，故曰：『爲惡於明明者，人得而誅之。爲惡於冥冥者，鬼得而誅之。』可不懼乎？」

曰：「如長平四十萬、新安二十萬，其中豈無爲善之人耶？但玉石俱焚，亦古人之言也，豈無其理哉？」曰：「奚止於是？古固有比屋可封，比屋可誅之言矣。孟子謂：『富歲子弟多賴，凶歲子弟多暴。非天之降材爾殊也，其所以陷溺其心者然也。』夫人心陷溺，習以成風，雖舉一國之人，皆薰染如一，生長見聞而不知其非。不然，何以詩有十五國風耶？夫子首以二南，而終以豳者，又豈無意哉？其旨深矣。故善爲國者，必以正風俗爲本也。夫長平、新安之人，以爲無罪不可殺降者，爲白起、項羽言之也。若於趙於秦論之，則皆叛卒，豈得爲無罪哉？若夫玉石俱焚之言，以火之無別，發其下文，曰天吏逸德，則烈於猛火矣。故分別而言，但殲其渠魁。若脅從者，則罔治之，非若火也。鬼神聰明正直，豈無知耶？」

〔一〕則欲其上下四旁均齊方正：「旁」，全元文作「傍」。
〔二〕以致父之慈：「致」，全元文作「至」，當據改。
〔三〕昔家範所言：「昔」，全元文作「若」，當據改。

曰：「終疑有濫者？」曰：「思之痛心，難盡言也。於此只當斷定以天道與聖賢之言爲決可信，決不悞人。且爲善猶未獲福，爲惡更欲何望？今遇此大變異，只合深自恐懼修省，唯恐悔改不及，而禍變大至，豈尚有疑惑工夫？故曰：『吉人爲善，唯日不及也。』且爲善而安富尊榮，爲惡而誅死禍賊，此天理之正也。若或反之，則在君子爲不幸，小人爲僥倖。又先儒之言曰：『爲善而得禍，是善未積。爲惡而有福，是惡未稔。』子將奚擇焉？人果能自省察，知其過惡，將畏懼悔改之不暇，何暇有疑？人生短景，日日改過遷善，未知畢竟能得全其天之所賦與老而歸全否？且孟子曰：『仁，人心也。義，人路也。舍其路而弗由，放其心而不知求，哀哉！』又曰：『仁，安宅也。義，正路也。曠安宅而弗居，舍正路而弗由，哀哉！』聖賢所哀，爲其良心已死也。蓋人與飛走不同處，只爲有此仁義禮智之心，謂之良心。若無此心，則韓子所謂『其貌則人，其心則非』者。孫明復亦云：『人亦天地一物耳[一]，饑食渴飲無休時，若非道理充其腹，何異鳥獸安鬚眉？』人至於此，則與物類何異？可不哀哉！嘗見故老教人曰：『換了你心肝者。』此雖俚語，實於人有益，真救死神丹也[二]。」

曰：「聞之天地以生生爲心，而殺人如此，何也？」曰：「自取之也。天以陰陽五行化生萬物，流行不息，故生意無窮，惟人得其精，故最靈於物。若善用其靈，存心於義理，則天之生意常在己身。若不善用其靈，專役於利欲，遂生出私意，欺僞百端，皆與天道正相違背，生生之理隔絕盡矣。書云：『自絕於天。』又曰：『非天夭民，民中絕命。』又曰：『天非虐，惟民自速辜。』大原注疑作左。傳曰：『妖由人興。人無釁焉，妖不自作，人棄常則妖興。』正謂此爾。蓋天本只有生生正氣，因人所爲邪惡悖戾，積此惡氣，薰蒸雜亂，則亦有乖戾惡氣也。亦猶天地之氣不時，則人病；人之氣惡，則病天地矣。故人爲善則與生氣流通，爲惡則與惡氣相感，猶水流濕，火就燥，各從其類也，如五福六極之類皆是也。書曰：『天道福善禍淫。』曰：『作善降之百祥，作不善降之百殃。』曰：『惠迪吉，從逆凶，惟影響。』豈欺我哉？」

[一] 人亦天地一物耳：「耳」，全元文作「爾」。
[二] 真救死神丹也：「救」，全元文作「起」。

曰：「吾知所處矣，生死修短一聽於天，則此心虛靜，有何憂懼？」曰：「此其粗者耳。昔司馬牛問君子，夫子曰：『君子不憂不懼。』」曰：「不憂不懼，斯謂之君子已乎？」曰：「內省不疚，夫何憂何懼？必日夜自察其思慮，云爲一一合理，無曠人之職分，則自然心廣體胖，不知憂懼。若有未盡善不合理者，即是過惡，安得不憂懼乎？」

曰：「吾亦嘗自思所行，亦無甚過惡，只此平常用心，亦可矣，何必問學而爲是紛紛也？」曰：「此猶所謂美芹子而樂炙背者，不知天下有美於食芹、樂於炙背者多矣。人見西子，而後歸憎其貌。不覩大公，不見自私之爲小智。不知禮義，不覺物欲之害良心，故先儒有言：學者舍禮義〔一〕，則飽食終日，無所猷爲。所事不過衣食之間、燕遊之樂，與下民一致。夫人豈樂爲下民哉？溺於所習而不自知耳。夫子謂：『性相近，習相遠。』又曰：『君子上達，小人下達。』蓋言習也。古人有行年五十而知四十九年之非者。人若不知學，不以禮義切己省察，豈能自知非，但見人之不同己者爲非爾。此之謂失其本心，但不知不覺作一世惡人而死耳。」

曰：「觀鄉里中，亦有溫恭不爭競是非者，人皆稱善，亦可矣？」曰：「此所謂資質美者，更在學問以進之，爲聖爲賢，不可量也。若只如此而已，是夫子所謂鄉愿之人，似有德而非者。故曰：『惡莠，恐其亂苗也。惡紫，恐其亂朱也。惡鄭聲，恐其亂樂也。惡鄉愿，恐其亂德也。』爲其不知學問，更不能進向上去，只如此同流合汙，闇然媚于世，衆皆悅之，自以爲是，以終其身，而止于此，有害聖賢大學之道也。然則聖人所惡，亦非天之所祐者也。」

曰：「聞有言老而學者，此亦無用之言也歟？」曰：「昔人言之矣：日暮豈不秉燭乎？猶勝坐于闇室之中也。」

曰：「將死矣，能一明何補？」曰：「夫子謂：『朝聞道，夕死可矣。』雖有半日之生，猶當聞道，期不負此生爲人，猶勝虛生虛死，與草木無異也。曾子臨終，以一簀不合禮，必易之，曰：『吾得正而斃焉，斯已矣。』豈以將死，任其非理耶？」

曰：「觀世之學者，必數十年而後有成，吾旦暮人耳，安得此光陰？是可傷也！」曰：「不必如此。昔有李初平，欲從濂

〔一〕學者舍禮義：「禮義」，全元文作「義禮」。

溪先生學，先生曰：『公老矣無日，子但每日來聽說話。』於是二年後有所得，此或一法也。若未至於老，則茅容四十餘方學，終亦成德焉。人莫不有神明，用之當於其要，往往於不緊要事搜訪，須要得知，及至己身，一生爲人一大事，卻以爲等閒，傳所謂『茲心不爽，昏亂有度』者，可哀也哉！」

曰：「自古地震多矣，未有如子之說，何也？」曰：「若有，則不必說矣。」曰：「亦有與子說異者？」曰：「此所以言人必須學問也。人不知學，則聞人之言，是與非莫能辨，往往只被邪說惑亂引去，聞正言則反疑矣。夫子傳夬之九四曰：『聞言不信，聰不聽也。』程子曰：『夫過而能改，聞善而能用，克己以從義，唯剛明者能之。』又曰：『剛然後能明，柔則易遷。』失其正性，豈復有明也？故聞言而不能信者，蓋其聰聽之不明也。書曰：『視遠惟明，聽德惟聰。』夫聞善言能信而無疑者，聰明過人者也，在子思之如何？」

曰：「事天有道乎？」曰：「有。孟子曰：『存其心，養其性，所以事天也。』詩云：『畏天之威，于時保之。』人能常常兢畏齋栗[二]，如對君父，如事鬼神，則心不流蕩放去。心既常存，則能保守得天所賦之理完具不失，順而行之，不敢夾雜一毫己意，即事天之道也。詩曰：『不識不知，順帝之則。』雖文王亦只如此，餘則張子西銘詳之。」曰：「雖然，吾將有禱也，子姑爲之辭。」余口授之曰：「坤靈震盪，民物夭傷，皆昏冥多失於降衷，致清寧有乖於常理。遘此大警，敢不痛懲，誓除既往之愆，敬迓好生之德，斯可也。」

曰：「今日之言多矣，不能盡記，子盍爲我書之。」遂書草廬中，記答人所問。然難於命詞，太俗則鄙俚，爲知德者厭；稍文則不學者惑，畢竟無益。雖病中時時改定，終未能自愜也。

或謂余曰：「子之意誠厚，然吾思之亦甚愚也。夫人之生雖同得天之理以爲性，而亦有陰陽五行之氣以爲形質，理性雖同而氣質有萬不同者，故曰清者智而濁者愚，美者賢而惡者不肖。今此愚且不肖者，乃有生之初既稟得濁惡之氣，既生

[二] 人能常常兢畏齋栗：「齋」，全元文作「齊」。

之後又無賢父兄、良師友教養之功，又爲風聲氣習所濡染〔二〕，自繈褓無知之時，已爲紛華物欲放僻邪侈蠱惑。至于少壯耆艾矣，而乃欲一時言語文字間，使其自知照了，悔而改之，不亦難乎？又恐吾子重爲人所怒也。」余曰：「子之言良是。雖然，古猶今也。當聖賢之時，豈無氣質不美之人？豈不知氣習物欲之爲害哉？夫子曰：『有能一日用其力於仁矣乎？我未見力不足者。』又曰：『仁遠乎哉？我欲仁，斯仁至矣。』孟子曰：『人皆可以爲堯舜。』又曰：『中也養不中，才也養不才，故人樂有賢父兄也。如中也棄不中，才也棄不才，則賢不肖之相去，其間不能以寸。』周子曰：『人有不善則告之不善，且勸曰庶幾有改乎？斯爲君子。』又曰：『聞人有不善，則曰人孰無過，豈知其不能改？改則爲君子，不改爲惡。惡者，天惡之，彼豈無畏耶？焉知其不能改？故君子無不愛且敬焉。』朱子釋之曰：『告之以不善者，恐其不知此事之爲不善也。勸之改者，恐其不知不善之可改而爲善也。』夫聖賢豈不知氣質物欲之爲害？己欲達而達人，推己及人，仁之方也。明德新民，大學之道，豈有棄人於惡耶？其變化之，蓋有道矣。如百姓不親，五品不遜，帝舜則使契爲司徒，敬敷五教，又使夔典樂教胄子，以防其失。夫子言：『生而知之者，上也。學而知之者，次也。困而學之，又其次也。困而不學，民斯爲下矣。』子思言：『人一能之，己百之。人十能之，己千之。』果能此道矣，雖愚必明，雖柔必強。藍田呂氏解曰：『君子所以學者，爲能變化氣質而已。德勝氣質，則愚者可進於明，柔者可進於強。不能勝之，則雖有志於學，亦愚不能明，柔不能立而已矣。夫以不美之質，求變而美，非百倍其功，不足以致之。今以鹵莽滅裂之學，或作或輟，以變其不美之質。及不能變，則曰天資不美，非學所能變。是果於自棄，其爲不仁甚矣。』凡此聖賢大儒所以教人，言雖異而旨則同，而呂氏尤切，故詳著之。蓋氣質、習染、時尚、物欲數者，惟變化氣質爲難。然既能真識德性之止，自能覺其氣質之偏，於日用動靜語默間，事事力變之，則是天理之正。所謂『非禮勿視聽言動』、『一日克己復禮』，吾身過失皆可一舉盡掃除矣。譬如

〔二〕又爲風聲氣習所濡染：「濡」，全元文作「驅」。

雲霧陰曀雖甚厚，疾風烈日鼓蕩消鑠之，豈有天宇不能晴霽者耶〔一〕？要在致知力行，篤志無怠而已。至於爲人所怒，則非愚之所能苟免也。雖然，十室之邑，必有忠信如聖人者，儻使見此說，或能感動奮發，而有以變於前而善其後者焉，則於國家化民成俗之美，豈無萬一之助耶？」

跋周文矩校書圖

劉道醇名畫評：「文矩，建康人〔二〕，善車馬人物子女，用意深遠，於繁富尤工，與蒲師訓、黃筌父子、孫知微、孟顯同列，並在妙品中。」

圖凡八人，皆唐衣冠。三僮子前，三人與胡僧對坐。朱衣者持梵夾讀，僧屈指爲數物狀，衣綠者指左，黃衣者拱手，皆有談說，似是爲文事者。中二人偕立，童子磨墨。一則憑曲松而言，若口授其意。一則據石，左執卷，右秉筆而掌其頤，若思概括其意而將爲書者〔三〕。後二人坐石上，共執卷，一讀而指其文，一仰而若有所思者。

此卷藏故經歷李君長卿家有年矣，今乃孫凝仲神以示余〔四〕，欲究其事實，未暇也。留已久，遂歸之，且備記之。他日或有所考，併書於此，以詢諸博雅君子，求其所謂深遠之意云。皇慶癸丑涂月中澣蕭某書。

〔一〕豈有天宇不能晴霽者耶：「晴」，全元文作「清」。

〔二〕劉道醇名畫評：文矩，建康人：全元文作「右題曰周文矩校書圖。案劉道醇宋名畫評：文矩，建康句容人。仕南唐李煜爲待詔。」

〔三〕若思概括其意而將爲書者：「概」，全元文作「隱」。

〔四〕今乃孫凝仲神以示余：「神」，全元文作「袖」，當據改。

祭雷孝述文

維至元二十八年某月朔日，蕭某告于秀才雷生孝述之靈：

嗚呼！我方抱中殤之悲，而重聞孝述不起疾。嗚呼！何以爲情乎？前月末見子羸頓，雖若可憂者，然猶謂子年方少，氣方生長，或者雖困，將不害乎？且以經歷君淳德所芘，伯靜兄餘慶所鐘，孝述其將良已乎？況孝述之慈良敏達，可與進德，天既生之，必將有以成之，寧遽止于此乎？既而友子唁，子回則云：「日能食半盌許矣。」當是時，我方健羨仲介兄弟視護之勤，而痛恨我之爲人父母而不能盡其道也。二十五日之夕，寬甫書來慰我，其末乃報孝述之凶，驚怛失聲，哭諸寢門之外。

嗚呼！寧遽真有是耶？我之疎愚，不知憂畏每如此耶？抑冥冥之中，神化固莫測耶？所謂栽者培之，傾者覆之，復何說耶？豈人事或不偶耶？將孝述夙所受耶？是則所謂命耶？否耶？

嗚呼！世道多艱，同志凋落，苗者不秀，秀者不實，悠悠蒼天，此何心哉！

嗚呼！屬余具食吉月以拜左右之爲殤女來者，不得往哭孝述之柩，且慰汝尊長之哀，負此存歿，既漸既痛。知將葬子於後之四日，期于此視汝入土，以爲永别。奠以告子，庶亮我心。尚饗。

祭周介夫文

維延祐三年歲次丙辰十二月己巳朔，四日壬申，友人某等，謹以清酌柔毛之奠，致祭于故從事周君介夫之靈：

嗚呼！介夫行人所不能行，好世所不知好〔二〕。脱棄方亨之仕，罄竭因心之孝。孔顏曾思之謨訓，虞夏商周之典誥。趣味淵旨，辭義雅奧。諷詠若建瓴而琅琅，窮格見天心之浩浩。貴義輕財，有犯無較。恤人以惠愛爲常，居官以廉勤自效，謂造化之弗僭，迄康寧而耋耄。何期一往而弗還，不見年高而德劭。

嗚呼！民物憔悴，人材彫耗。如斯吉士之無年，何乃旻天之不弔。觴豆雖陳，莫論久要。從兹永别以終天，能不長號而痛悼！尚饗。

〔二〕好世所不知好：「知」，全元文作「能」，近是。

勤齋集卷五

五言古詩

偶成

古鏡徹肝膽，嫫母難爲顏。桂枝苦樛結，直士不可攀。小草有遠志，結根在深山。寄謝侚蓧翁，聊放斤斸閒。

餞屯田府送滏陽趙天麒歸養

之子來關西，尊親留山東。眷戀豈不勞，五鼎志未充。幸從兩賢游，獲聆古人風。内外别重輕，學問道孝忠。中宵膝下夢，明發歸興濃。寄聲爲徵言，逌然發我容。覿面或不親，千里風期同。利欲劇膠漆，孰能奮高蹤。菽水可盡歡，況乃滫瀡豐。君子愛方寸，勳業雲浮空。任重欲道遠，期爾善初終。

贈張奇童

聖學久不作，美士幾空老。藝文聲利間，身心若爲好。造物或靳之，寧馨焉用早。神駒嶌里氣，整轡遵大道。

送熙正妻兄宣撫順元

開歲屬凝沍，幽潛未昭蘇。念君邊徼行〔一〕，旅懷曷由舒。雖爲君家甥，情好實天屬。傷哉異出處，會遠別恒速。負痾抵京闕，方欣暫留連。王事不可緩，遑恤道路捐。生離古云悲，而況今若此。虚名來實患，乃復先哲耻。天家我何補，遠人予能懷。遹觀惠永寧，順元與之偕。過家語妻子，若箇青山深。洪恩釋病翼，終焉渺雲林。

寄廉承旨

嗟余晚聞道，寡昧莫與儔。學農且無成，而敢玷士流。下問脱有人，披簡副所求。何以佐司成，將貽君子羞。

劉君寶植檜

珠璣飾翠蓋，季孟松栢間。雨露長新枝，斤斧困蒨山。傷彼菁莪詩，千載不復還。君其保玉體，育材濟時艱。

〔一〕念君邊徼行：「邊」，文淵閣本作「夷」。

題伯時馬圖

茂陵好奇才，未幾輒殺之。爰其御馬際，乃得休屠兒。社稷屬四臣，翁叔獨無疵。多岐果喪真，不若求天資。

周謙夫職貢吐綬鷄因爲題賦以送

南山有珍禽，向日吐奇彩。紛綸衆色具，焕爛羣目駭。須臾復斂閟，榮耀不常在。如何組綬者，屬意異真宰。

蔡道者歸江陵　原注月間月湖之弟

道人索我詩，不知將底用？但云難會面，明發適雲夢。水月本自閒，何乃爾倥偬。相見只論心，是可詩以送。

小女

小女年十三，風骨頗自清。隨意作粧束，便有林下情。見爺困垂頭，佇立思屏營。飄然過我去，颯爾清風生。

四月八日張閏甫林居燕集明日寄謝

芳節聿云邁，之子有嘉招。杜曲多勝跡，茲焉謝紛囂。前山羅峻屏，後山鬱岧嶢。迴潭蔭古木，溪流瀉青瑤。美樾席長筵，穆穆來清飈。即此冲襟適，而況豐酒殽。新荷動游魚，高柳初鳴蜩。竹林有官守，蛙吹無征徭。坐久窮源泉，珠琲累累跳。波神勿爾劇，我豈夫婦蕭。攀躋出林杪，頓覺人境超。翩翩六七子，亭亭各清標。晤言雜善謔，既醉仍相邀。生平丘壑姿，忘機狎漁樵。爭席猶未肯，勉矣鉏吾驕。歸途念勤厚，報以新詩謠。

新嘉議壽八十

發帙覽真辭〔一〕，驩然失衰疾。藹藹慈祥氣，馥馥芝蘭室。聖代孝治源，先生醫國術。考槃且莫歌，尚父鷹揚日。巫賢昔有陳，千古配祖乙。願言告猷裕，于以贊勤恤。高蹤詎長往，蘭芽復秀出。善醫與善計，咸曰今鮮匹。勉矣行所聞，南董方佇筆。

四月一日小酌興慶池上畸亭翁命以江上被花惱不徹分韻賦詩五言得惱字

朱明受謝初，未厭青春好。鶯聲何處來，喚我東城道。瑞靄鬱嘉林，光風汎瑤草。逍遙池館清，爛漫芳樽倒。滄波滌

〔一〕發帙覽真辭：「真」，文淵閣本作「貞」。

塵慮，大地入幽討。聯翩六七子，南金照和寶。宗匠斫輪囷[一]，健筆摛華藻。雄辭擊包蒙，溟漲吞潢潦。思風吹言泉，無復爲詩惱。奇險破鬼幽，突兀奪天造。人生慳百歲，快意豈常保？今者不盡歡，誰與傾懷抱。牛毛身外慮，一醉徑可掃。君看秉燭詩，莫促歸驂早。

寄題任東卿訥庵

行繇言大難，言以難爲訒。口給見屢憎，維訥于仁近。元聖詎吾欺，千古昭明訓。慥慥任隱君，勇退中流迅。衡茅扁訥庵，身道相與殉。作歌豈小補，儇佞亦思奮。相望邈山川，十載勞芳訊。披雲杳無期，因風致多問。

孝顯堂

宗周孝友家，千載慶未已。孝顯克繼序，詠歌已盈耳。榮親在騰芳，兼善貴成己。尚口或貽羞，庭訓亮及此。會見德星褒，式表高陽里。

孝安堂

美哉風化墟，周南有遺化。賢哉石氏母，高節等嵩華。嫠居撫二稚，誓言保桑柘。夜績手拮据，晝哭嗌爲嗄。力貧資

〔一〕宗匠斫輪囷：「輪囷」，文淵閣本作「雲公」。

兒學，食荼謂如蔗。天運有窮通，流光廹晨夜。之子悉能賢，讀書事耕稼。滑甘唯母欲〔二〕，和柔以之藉。兩婦饋堂上，九孫戲堂下。熙熙一堂春，無冬亦無夏。戶冊即實録，鹿泉豈褒借。郕侯言孝養，致敬安未暇。乃今所皆能，黨里既驚詫。願言篤有終，川流貴無舍。

安庭實經歷損齋

靈臺湛清空，物欲劇奔騖。損人以復天，千聖同一趣。主一欲斯寡，無我又奚怒？進減及其盈，三德又殊賦。恭惟魯叟嘆，始覺向長固。欹器戒持盈，而何廢挹注。寥寥向千載，莽莽榛此路。奪攘饜己私，覆溢昧矦度。三肅齋中人，愛之莫可助。

夏夜有懷畸亭翁

隣笛叫明月，懷人割中腸。怳忽欲命駕，猶期揖容光。丘山與華屋，夢斷海生桑。臨風一浩歎，辭短哀甚長。

送甥翼漢史之行

歲晏冰雪稠，路永山巘嶭。奉檄子當行，我懷愁觸撥。爾行見我姊，母子笑喧聒。我今乃無母，念之心若割。牧民如

〔二〕 滑甘唯母欲：「唯」，文淵閣本作「爲」。

牧羊，凡百慎笞喝。一朝或鋌走，何以免鞭撻。況彼亡命徒，尤爾費檢括。倉皇豈乏此〔一〕，僥倖庶可遏。汝往善爲之，勿或致乖剌。人生少合并，真若弦與筈。今者不盡言，惓惓何由達？衣莫求鮮麗，食莫厭疏糲。失志無剌促〔二〕，得意毋軒豁。百年憂樂半，天運有旋斡。人或昧此機，患至如俯掇。斯言久當喻，勿遽謂迂闊。因風數寄聲，慰此長饑渴。

送韓德剛赴鞏府辟

學已有淵源，行已寡悔尤。殊才不久屈，同氣還相求。高步豈易量，長吟方欲愁。儒冠术策動，行當換兜鍪。

題白逸民行齋

堂堂潁陽侯，所尚存諸外。干禄與問行，夫子悉正對。逸民負逸氣，行齋見圖繪。何以忠告之，願守書紳戒。

寄石仲璋尚書

英英大司馬，雲中嘗拜辱〔三〕。及聞即明陟，未克馳賀牘。侯公有嚴命，烏敢遽往復？因君致多謝，鄭璞元非玉。

〔一〕倉皇豈乏此：「倉皇」，文淵閣本作「王家」。
〔二〕失志無剌促：「無」，文淵閣本作「毋」，近是。
〔三〕雲中嘗拜辱：「中」，文淵閣本作「巾」。

臨流賦詩圖

負痾觸隆曦，殿屎伏嚴景。空然蔑補報，索米恒耿耿。邈矣乘化翁，高躅孰可並？繪事一起予，終曉不能靜。

送公邁

冬溫苦爲癘，長幼無孑遺。百憂攪中腸，況聞子言離。人生事如髮，此別歸何時？留贈華佗帖，重感懷古思。聞古大學功，一皆用其極。必具聖賢質，又盡平生力。雖云莫我知，或有不豫色。遺澤被無窮，豈在高官職？殷勤重來別，是夕當元夜。村鼓敗人思，作詩良未暇。惄焉心如擣，孤燈耿書架。猶多未見書，子去何由借？

送趙彦卿

新陽敷德澤，萬物氣方吐。友生事行役，觸撥別離苦。向也惠安政，到今民歌舞。調官復何之？懸知又南土。何當占一廛，爰以得我所。

題方氏得雄卷

聞君亦齊產，未面心已親。況脱貴驕累，澹然守吾真。德人豈無後？宛焉掌珠新。要當成大器，之無奚足陳？

送潘獻臣

冰雪滿天地，人行背南鴻。中臺有嘉招，云胡太忽忽。枉駕索贈言，常談若爲功。喧寂從茲異，尊酒何人同？

送王君道

周詩三百篇，元聖垂世楷。勸懲發真心，炳炳無并猥。云何百代下，隨意變蓊茝。澆醇而斷觚〔一〕，豈第生塊磊。溫柔敦厚教，於斯果安在？千唱復萬和，喧豗劇雷駭。鼓舞作橫鶩〔二〕，僥倖死不悔。其流生禍然，夫豈詩之罪？雍翁大雅人，談經今永罷。哲嗣忽壯遊，訪蒨淚欲灑。驅車向金臺，寧不弔郭隗。頗聞古昔言，禮義譬醯醢。人有懷昏姻，萬事悉瓦解。外內相重輕，窮通奚足痗。思復貴慎初〔三〕，愚言智所采。

送李之晦

疾風起中秋，吹此長恨端。友生別我行，留詩感陳根。吾甥君姨弟，寰維得齋孫。與子每偕來，視友知子賢。慨焉念

〔一〕 澆醇而斷觚：「斷」，文淵閣本作「斲」，近是。
〔二〕 鼓舞作橫鶩：「作」，文淵閣本作「行」。
〔三〕 思復貴慎初：「復」，文淵閣本作「後」。

存歿，倍益離別酸。六卿職皁成，其屬諒惟艱[二]。隴憲慎所辟，子豈富貴牽？老親困三鼎，清俸資餘泉。長安桂玉愁[三]，難發廉士歎。願言保方寸，勿爲横流昏。

送楊仁傑

與子相爲甥，倏忽四十年。大化不停治，稚齒成華顛。回首感存歿，相看兩凄然。我病卧衡門，君行戍極邊。一别一衰老，人堪幾離筵。此行亦良苦，冰雪滿山川。君恩會須報，金節煌煌懸。我非贈言者，情話當一宣。羌渾風沙地，尚慎食與眠。世途足機穽，人心有戈鋋。象有齒而焚，膏以明自煎。忘言意愈適，不飲體自便。孫武善言兵，仁義行機權。爲學無早晏，力行以爲先。刮目看豹變，何時復言旋？

送馬季卿

之子征車發，首路驪山陰。政爾盍簪樂，坐使增悲吟。嚴君阻定省，東南控喉襟。縹緲望白雲，孺慕不自任。游子半月程，慈闈萬里心。長亭一巵酒，此意江海深。新凉燈火盟，何當重來尋。

[二] 其屬諒惟艱：「艱」，文淵閣本作「難」。
[三] 長安桂玉愁：「長安」，文淵閣本作「神京」。

雪城錢氏畫折枝梨花

大谷有嘉種，飣坐冠榛栗。芳甘滌煩毒，養賢代鼎食。陰精蓄造化，一發移歲律。緗帔麗朝霞，香雲靄晴雪。畫史誰折贈，繁枝寫生質。云何以春華，而乃廢秋實。衰疾因多感〔一〕，撫卷三歎息。

墨竹

物態有枯菀，桃李隨春殘。此君異其稟，抱節老歲寒。風雪霜露雨，榮悴亦變遷。復不如墨君，長年鬱盤盤。天地會有壞，矧伊寧獨完。但能存此詩，此竹無窮年。

贈鏡機子

壽卿明敏資，丹青聊適意。蠟屐與揮鍛，未覺累高致。妙處固有在，形似抑其次。君看造化筆，袞袞生萬彙。擇術古所慎，藝成當撥置。螢窗積倩書，家世要卿記。

〔一〕衰疾因多感：「因」，文淵閣本作「固」。

送石郎中　原注仲溫以公事之京師人謂其有長往之意故以拙意釋之〔一〕

杪春渴時雨，沈憂萃中襟。新知復言別，作惡那能任。世故巧相違，滔滔古猶今。行止貴時中，清和非所欽。二頃詎可無，倦翼知倩林。西周厥田美，溪山極清深。他日此優游，胡然有遐心。

寄上薛郎中　正之

長安有賤子，狷介仍木訥。倔強背時利，曾不厭糟麧。爲學少師承，窮年恒矻矻。平生子陳子，蓬心自翦伐。時亦接杯酒，清晤坐深樾。每日言薛公，於余比蛩蟨。氣岸與我同，言議更英發。法當正王度，玉立侍金闕。於今臥衡門，仰空書咄咄。間以筆墨戲，風雷入撞捽。高出溟涬上，幽入造化窟。岐陽非螭蟠，大鯨偃溟渤。爾能掃其門，金丹換凡骨。塵緣尚縈繞，歲月坐飄忽。畸亭已飛仙，自分黃埃沒。今晨辱嚴命，一聽凜毛髮。雲霧不易披，川塗阻超越。三薰裁短章，式代下風謁。他時不棄擲，庶得補黥刖。

趙左丞出示其先相君挽歌詞命追賦

忽忽經天日，滔滔逝川水。哀哀蓼莪痛，愴愴霜霧始。世故安可窮，危機諒難履。蕭蕭白楊路，千古同一軌。雖則古

〔一〕故以拙意釋之：「意」，文淵閣本作「惡」。

所同，天性曷能已。云何慰永慕，令德播清美。

聯句

雪夜聯句

王城何喧闐，人事苦紛糾。飛卿
登高期五載，屢歎失重九。斞
及茲今日游，乃陪諸君後。文振
山雲釀層陰，急雪暗林藪。士光
龍公詫奇巧，六出碎瓊玖。從善
何人醉擁貂，有客行印拇。斞
豐穰真有兆，潤澤到南畝。士光
糢糊增丘陵，浩蕩匿瑕垢。從善
狂笑山陰興，清讓灞陵叟。士光
小集慰情親，危登怯衰朽。飛卿
古洞春意融，高岸雲氣厚。文振
短日阻奇觀，長檠破深黝。斞

留連蘭友情，瀲灩瑤觴酒。文振
爐煙輪囷上，梅馥斷續有。士光
密竹聽繁聲，前山應白首。文振
寒鳥已定棲[一]，饑虎時一吼。𣂏
初謀一日吹[二]，定作再夕久。從善
歌杜感伶俜，維駒舒懮受。
獻酬忘賓主，辨折真然否？[三]𣂏
名談亦間發，疑義得詳扣。從善
既趨正大途，肯使聲利誘。𣂏
齋心樂一簞，折腰鄙五斗。士光
固非長夜荒，庶免具眼醜。文振
餘波及聯句，思苦心欲嘔。從善
安得言湧泉，但覺箝在口。
望月將轉申，聽鷄已過丑。
今夕喜盍簪，明朝惜分手。

[一] 寒鳥已定棲：「鳥」，文淵閣本作「鳥」。
[二] 初謀一日吹：「吹」，文淵閣本作「歡」，當據改。
[三] 辨折真然否：「折」，文淵閣本作「析」，當據改；「真」，文淵閣本作「慎」。

何當追雅集，村村有花柳。並斞

七言古詩

立春後五日中夜始雪抵曉無寐擬歐公在潁詩律奉寄從善文振寬甫舜舉諸友好且約同賦

夢覺初聞摻窗紙，拊几止之疑鼠子。斯須復作已驚心，開門見雪可勝喜。鴻濛天地還一氣，浩蕩洗空方未已。墻隅先集已成堆，平地半融應及指。回風灑面不鳴樹，落日甘寒忽無滓。泠然內熱頓蘇醒，兩骭相圍還擁被。冥搜未就興氤氳，時一窺牖恐中止。今年夏旱失西成，不雪來麰復何恃。況茲羊馬暴終冬，官縱不訶天聽邇。豐年作兆尚來茲，癘氣且先消眼底。人生苟活即多幸，敢歎後時傷己死。終然墮牀成一笑，敢擬昔賢折屐齒[一]。天王所樂在得賢，賢相樂在萬物理。但得康寧免凍餒，野夫之樂無加此。

昨承從善文振寬甫同賦雪詩復次韻奉謝

新詩百讀毛生紙，奇特今誰若三子。文章有神來有兆，怪底頻占烏鵲喜。鏗鏘金石隱四壁，幾欲賡載還復已。可憐操斧對般倕，愧汗淋漓仍血指。憶昨冬溫惱貧病，藥裹屢空煎及滓。浩然一雪惠無邊，吾與萬生均所被。熱中爲祟得少間，

[一] 敢擬昔賢折屐齒：「擬」，文淵閣本作「議」。

笑傲歌謡遂無止。那知已霽變恒燠，面腫頭瘍復誰恃。姚君神交若同氣，室雖遠予人則邇。珍丸絡繹走急難，起余長幼黃壚底。人言婚宦情欲始〔二〕，兩者幸無灰已死。生子但如田舍兒，自可囂囂沒吾齒。春光爛漫百鳥語，我獨愁思紛不理。伸眉一笑豈徒然？微詩之力不及此。

送蘇德威經歷

君不見丹山之鳥曰鳳凰，九苞奇質聲鏘鏘，平生夢想不可見，飛來四海生輝光。蘇君之德五色章，簿領棲遲聊晦藏，胸中一榻羲皇地，寒暑迭代無炎涼，俶裝北首烏延道，舉酒酌君君盡觴，明日相望天一方，梁山萬疊青茫茫。

勉都幹權君 並序

都幹權君明醫相之術，相與浮江、淮，握手逾月，言論豪放，世罕識之者，亦隱於技耳，賦詩以勉之。

長安城中豪俊林，錦韉玉勒馳駸駸。入門朱粉誇妙麗，出門青紫爭浮沉。東家問醫西問相，君獨燕坐鈎其深。冰眸一睨窮達判，刀劑不許寒暑侵。長安城外天陰陰，行人駐馬爲悲吟。高墳崔嵬葬白骨，安得不死腰黃金？世間萬事何足恃，禍福倚伏常相尋。渠儂自愚君自巧，誰肯一笑忘華簪？蜀人賣卜嚴君平，垂簾閉肆窮古今。逢人但說忠與孝，自有達者能知音。察形察色君所解，直須洞燭賢愚心。屈伸壽夭亦命爾，公平正直神所欽。

〔二〕人言婚宦情欲始：「始」，文淵閣本作「昏」。

送姚伯玉赴闕

皇穹天德唯生生，民中絕命百厲并。聖神教之若其恒，多寡裒益一于平。維古禪化今自營，玉文絕出天與能。六籍羣方粲日星，一以御萬成有經。旁蒐品物入擣烹，廓摧氛翳通真靈。芳譽籍籍騰紫清，雲駕渺渺翩上征。視色祝由君自精，舍粱肉其將何憑？以身喻國庶易聆，安得憂其所可矜？去矣壽域開八紘。

送焦君美從單帥撫西南夷

天書夜下雷風馳，大賢暫屈安坤維。坤維小域羅羅斯，從古以降羈縻之。倔強則討懷則綏，往將膏澤摩瘡痍。懸知老稚相扶携，跪陳牛酒語嘔咿。天王提封西南陲，孰敢妄意論雄雌？曩時賈胡利吾貲〔二〕，發摘邊釁生瑕疵。貨自地出何惜爲，但恐孫子成繫累。黔驢一鳴計已卑，堂堂何足勞王師？自甘霜雹摧枯萎，豈意腐朽含華滋？呼舞拜荷天子慈，從此鼓腹春熙熙。英髦袞袞隨旌麾，盡道焦子尤瓌奇。事君行己君自知，臨歧把臂夫何辭？贈之以柬副以龜。雙親素髮蕭蕭垂，可堪魂夢飛天涯。

〔二〕 曩時賈胡利吾貲：「賈胡」，文淵閣本作「波斯」。

寄子誠從善

旱饑荐作興民謌，流離孰得安其家？癡頑堅臥對丘壟，宴坐況復書盈車。食無精粗皆天物，能致不死皆可誇。玉盤珍羞錯海陸，生類有極饞無涯。細糠火餅入鍵啖，嚼成快馬行深沙。美如冠玉未屬厭，乃今放飯寧非奢。雨餘春韭脆無滓，闌干苜蓿烹柔嘉。大庭遺經可久食，聖神德澤何其遐？既不能爲鳥來儀聖明世，又不能爲獸屹爾撞憸邪！素餐草木且深媿，敢論索米遊京華。

寄飛卿

枉山枉水昔未到，乃今思之如故園。德人在彼忽經歲，神馬想亦終南奔。一尉東南二千里，蹣跚勃窣何如耳？每同陶鄭對壺觴，矯首長歌沉有芷。蹇予蹤跡更堪論，碎却田家老瓦盆。三雛索莫陪枯衲，藥裹猶然不離身。天生我材既樗散，壽夭榮枯何足算？安得奮飛在君傍，一笑夜語鷄聲斷。

紀夢

夢中父疾自澣裳，呼母不見僮強粱。走歸感畏趨侍傍，覆面起席驅蠅忙。扶父藉褥蠅愈夥，拂之不飛身下多。承命掃將飼羣豕，蘧然空有淚滂沱。

壽某母

華年秉義不樹諼，耄期雍容蘭玉蕃。人皆歆羡五福備，那究一德通乾坤。誰思彤管與細論，凜然可使薄俗敦。君不見關睢化行出麟趾，義生禮作今其始。

康樂堂爲韓氏題

天家爲羅亦爲媒，大開明堂致羣才。小臣疎鄙胡爲哉？海角松楸杳何許？霜露明粢薦無所，方寸晨昏割酸楚。百憂耿耿新詩披，羨君康樂勤蓼思，增余卒歲風枝悲。

寄答王真卿贈草書歌并椶竹杖

多君兩蜀獨鷹揚，詩印高提四十霜。應住浣花濯錦傍，飲芳食菲錦爲腸。天風飛墮雲錦章，字字奪目騰光芒。中有龍蛟夭嬌長，宛如樂譜含宫商。野夫不覺喜欲狂，快字凌紙雲煙翔。一笑大勝濡首張，劍舞何待公孫娘？奈何筆墨成膏肓。

爲韓氏題壽康堂

韓母吾知有陰德，神理昭然斯可質。不爾康強富貴身，誰能三萬三千日。公侯衮衮更何如？晝錦寧馨奉起居。郡表

兩分金虎節〔一〕，東牀吏隱猶銀魚。直使黃金高北斗，欲似君家還得否？孫曾嬌笑滿階庭，母子熙熙俱白首。烹龍爲炙玉爲漿，銀屏繡几凝清香。緩舞安歌千萬壽，一堂和氣何慈祥！天下此歡真第一，天長地久那終極。多君致樂能及時，人間何限枯魚悲。

陳受之舟虛亭

洛人陳天禄受之，與物無競恒熙怡。其中洞然信靡疑，逆旅代耕聊逶迤。一廛秦東亭北陲，有屋深長如穹龜。左右花竹環窗扉，延我侯生同宴嬉。扁以舟虛僉曰宜，韓侯因爲求箴規。維木中虛可乘危，載以百物窮天涯。維人中虛可從師，學焉真與賢哲期。雖有好者乏所資，若子政合勸於斯〔二〕。揭來徵文題以辭，往取作者相嘲嗤。

謝李君仁仲堅昆季贈象管〔三〕

君不見漢、晉已降文物亨，麟角象齒封管城。君不見六朝湘東平巨盜，特以黃中表忠孝。黼藻皇猷推有唐，雲章煥發惟文皇。名家奕葉驚海外，解驅犀象惟歐陽。自茲千載神物藏，後來繼之有元章。我生苦後困葦竹，坐思象管成膏肓。仙李塤箎辭俱美，子文爲贈紋如綺。端圓瑩滑尺許爾，便覺千鈞入吾指。變化縱横若有神，方圓回合皆天真。世論輕便傳逸

〔一〕郡表兩分金虎節：「郡」，文淵閣本作「羣」。
〔二〕若子政合勸於斯：「勸」，文淵閣本作「勤」。
〔三〕謝李君仁仲堅昆季贈象管：「君」，文淵閣本作「居」。

少，千載恍惚空疑人。人生尤物翻成累，聖哲丁寧憂喪志。阿堅何日復歸來，據德依仁共從事。

子明劉弟奉使南行兼促乃兄歸裝

新正肇淑氣，芳氣殊菀結。星郎佩明教，侯襪走江浙〔一〕。寶奩香一瓣，懇爲蒼生爇。力疾賦民勞，長歌爲子別。聞佛有神力，慈愛尤爲切。可能獷爲良，於焉息喋血。可能土爲金，於焉息饕餮。癡者可能慧，恚者可能悅。可能貞不淫，可能政無譎。國祚永無疆，斯民皆耄耋。神功政可運，夢卜老濬哲。茲任諒非輕，行矣致禋潔。戒飭況有命，勉哉無玷缺。秋風蕭颯動江臯，念子鴻雁歸飛勞。團圞閉戶學餔糟，儻來富貴真鴻毛。

〔一〕侯襪走江浙：「侯」，文淵閣本作「候」。

勤齋集卷六

五言律詩

送濁玉甫赴鄱陽鎮軍府幕

濁子江南至，劉生墓已苔。十書九不到，再去幾時廻。幕府傾高議，安輿恃老萊。經過釣臺下，爲我一揮杯。

繼韻憫雨

爲農仍惡歲，何以豁襟顔。狠暑工爲虐，驕雲不出山。禋雩那有聽，造化頓疑間。三歎瞻雲漢，吾生爾太艱。

繼韻謝張庸齋廉使見過

野人朝食罷，把卷負晴暉。傳報行春客，經過問草衣。惜無樽酒具，空作簡書歸。向别留佳藻，光生白竹扉。

送人歸漢中

客來破岑寂，衣緇馬玄黃。已矣貢公喜，歸哉冰氏鄉。慎初原有道，善後豈無方？巷有怡然叟，相從樂最長。

和人見寄

屏跡惟藏拙，全生敢近名。來詩多溢美，內省祇深驚。畫虎空貽笑，癡蝉枉自清。巴人酬郢曲，留滯不能成。

次韻答劉汝弼見寄之什時汝弼客德慶倏第

春事今餘幾，花枝已不多。向人愁作客，思爾積成疴〔一〕。威鳳翔高漢，慈烏戀蒨窠。平津東閣好，早晚定相過。

送彭彦寬之藍田簿〔二〕

佐邑鄰封好，時能見老親。官清無暴客，俗樸少爭人。花塢魚羹美，山瓢玉液新。雲霄當自愛，臺選在臨民。

〔一〕思爾積成疴：「疴」，文淵閣本作「痾」。

〔二〕送彭彦寬之藍田簿：文淵閣本無「送」字。

寄僕散公

海角睽良覿，年年擊石光。離憂恒耿耿，清渭日湯湯。靜想研羲畫，閒應集藥方。培風看鴻鵠，漢刻願模將。

哀李忠宣公

清獻丹心苦，伏波老氣遒。遐陬爭嚮義，夜壑忽移舟。高咏詞華盛，尊名禮數優。九原應不憾，玉樹藹西州。

送趙彦卿由貢北上

水擊看鵬運，賓興感鹿鳴。鉷釗防覆敗，河隴著廉平。落落松筠操，依依骨肉情。杜鵑啼正切，惜別淚交横。

挽醫教武君

煜若家聲遠，溫然德義充。不因三折困，妙得十全功。恩綍重重渥，明珠樹樹同。已聞歌薤露，猶及扇芳風。

挽崔公度教授詩

驚絕崔夫子，乾坤有若人。嚴霜何栗烈，老栢獨輪囷。方輟玄文筆，俄飛絳帳塵。九原如可作，猶擬問迷津。

七言律詩

寄太原僕散使君

聞説并州喜欲狂，思君不見欲飛揚。千年怪事程生馬，半夜孤啼狽失狼。玉潤珠明雖暫隔，龍跳虎臥遽難忘。公餘遥想多珍翰，汾水西來雁有行。

讀季卿諸君詩用叔經君侯佳製韻

羨君取足不求餘，神宇安閒疾自除。道可濟時何必去，利如生怨秪宜踈。水能隨遇知行止，雲自無心計疾徐。人處乾坤最靈貴，一皆實跡豈空虚？

二十四日偶成〔一〕

四月已降何多蠅，驅去復來捷如鷹。撲緣眉目無可奈，浮沉粥藥還相仍。族繁黨夥因病客，寧神靜慮無由能。安得霜風一快掃，九原瓠巴呼不應。

送廉公邁覲省之燕

愛子初齡靜以方，盍簪未幾忽離觴。從兄覲母何多喜，附翼攀鱗未可忙。輦轂芳華當擺落，箕裘事業要張皇。直須言行無交病，他日高明豈易量？

送張晦甫代其父之吏部

冰霜栗烈去何辭，大軸無非幹蠱詩。循吏徵科元自拙，春官衡鏡豈容私？共推力學紬金匱，合有嘉猷裨玉墀。儻爲西州問民瘼〔二〕，發棠端擬救饑羸。原注時方艱食。

〔一〕二十四日偶成：「偶成」，文淵閣本作「得句」。

〔二〕儻爲西州問民瘼：「州」，文淵閣本作「川」。

九月十七日益都歸

精衛猶償萬古冤，爲人寧不痛傷根。危時莫得考終命，清世未能歸九原。踽踽孫曾徒飲泣，倀倀凡庶竟何論。此生苟獲存餘喘，九死終當叫帝閽。

送杜熙正

詔躅逋負選名流，鈎考精詳孰與儔？方出錦城秋向杪，及歸蘭省歲還周。中年政苦親知別，長路況當冰雪稠。後會悠悠定何許？欲隨兒女挽衣留。

簡飛卿從善

重陽曾約上崢嶸，遐覽宜搜酒一盛。未必陰晴爲我地，已瞻冰玉照人明〔二〕。幾回見客詢山徑，半夜呼兒問雨聲。滿眼黃花開欲遍，東籬採採獨含情。

〔二〕已瞻冰玉照人明：「冰」，文淵閣本作「水」。

次飛卿兄韻

白雪辭高屬和難，真成逐寸挽黄間。百憂耿耿人空老，萬事悠悠春又還。多病只知親藥物，一尊安得共雲山。程書勤劇如秦法，枉却時人説愛閒。

寄答李昌道次韻

寂寂林居寡所親，若爲姓字徹東秦。百年已矣付牛口，一日乃爾登龍津。善重瓊瑶非可報，名浮悚愧覺常新。君侯汎愛誠多可，未必雲山許濫巾。

寄答王真卿贈椶竹杖

椶竹爲杖尺度足，稱我白頭多病時。斬根削皮真紫玉，以心語口疑桃枝。行吟行樂殊生力，看月看雲適拄頤。安得化龍騎便去，蜀中聞説故多奇。

椶竹杖

不學湘筠染恨深，海椶化竹世難尋。幸逃割剥小人手，還喜棲遲君子林。蛇跗龍髯餘故質，鐵肝石膽變虚心。風塵澒

洞多豺虎，何止相扶伴醉吟。

送程飛卿之武陵尉

落落平生鐵石腸，一官聊復爲貧忙。抱關無曠心常愜，忍渴徐趨味更長。便買春洲栽橘樹[一]，終期夜雨對藜牀。浮雲變滅君應識，宇宙無窮日月光。

莫嘆中年始入流，也勝苦雨賦牢愁。非關之子謀身拙，不解兒曹繞指柔。定有熊羆驚吉夢，可無麴蘖禦幽憂[二]。他時去作桃源主，南道憑君百不求。

病瘳自警

我生憂患苦相仍，欲語茫然數不勝。贏臂八年三見折，危魂一夕九爲升。體胖心廣嗟何及，族大子賢那有徵。一事從今須十慮，吹虀當爲熱羹懲。

[一] 便買春洲栽橘樹：「買」，文淵閣本作「貿」。

[二] 可無麴蘖禦幽憂：「麴蘖」，文淵閣本作「鞠麴」。

寄熙正

市橋官柳又搖金，風物應撩久客吟。杜宇一春啼更苦，文君千載恨猶深。風雲入手心雖切，兒女迎門望不禁。總道吾廬勝錦里，當時李杜果何心？

劉叔經宣慰分遺蜀柑太夫人所寄

黄金三寸昔嘗聞，緹綺雙持意萬鈞。十月繁霜增璀璨，九秋清露飽輪囷。韻生齒頰餘酲失，香溢肝脾琢句新。嗟我永無懷橘欒，感君嘉貺一酸辛。

餞止軒大隱

細讀滄浪竹裏吟，古人糟粕見君心。璿璣豈是池隍物？麟鳳難爲苑囿禽。顛頷蕨薇全大節，飄零詩酒豁英襟。世人不解聞韶意，爭向區區肉味尋。

半生山斗夢魂飛，一旦青天宿霧披。健筆長驅無俗駕，高談英發不凡姿。離情慘澹從兹夕，後會微茫定幾時？且挽征車判一醉，西風搖蕩菊花期。

送白天民以貢北上

九萬風鵬海運初，愛君苦恨盍簪疎。翩翩庾信縱横筆，衮衮春秋内外書。騕褭騰驤千里近，鷦鷯棲息一枝餘。祇愁富貴還相迫，不及精良載道車。

勤齋集卷七

五言絕句

陶淵明

陶翁千載人，頗爲清淡累。請聽弦上聲，何害琴中意？

節婦

匹婦固其守，竹素千古華。長樂癡老人，榮耀何足誇？

感事

曉窗方撮蚤，幺蟲何來集？冤死復誰辜，吾黨慎出入。

菊花

學陶本無心，中庭數叢菊。行止有時義，吾豈同草木？

桃溪泛舟

清谿泛落花，不受纖塵涴。漾舟得新詩，孤唱誰與和？

西皋晚眺

倚杖立江皋，放神超八極。不覺歸鳥盡，萬象入暝色。

溪亭午憩

亭上曲肱叟，有道出皇墳。舒可彌六合，斂之不盈分。

葵堤晚步

葵生被橫堤，花時日來往。應恐秋節至，零落同草莽。

柳塘垂釣

游魚戲柳陰，洋洋足生意。綸竿豈不仁？自是渠貪餌。

紙扇

南薰時未至，先生豈無功？用舍非關己，何傷篋笥中？

送蔡道者歸江陵

五湖吞天寬，碧澗日千里。印月無二影，到海同一水。

過甘墅

有扈侮五行，夏王致天罰。豈知千載後，幻水三綱沒。

雜詩

春工無適莫，是處碧芊綿。底事沙如雪，祇供鷗鷺眠。
敗絮蝨無數，晴窗蠅有聲。垂蛛緣底事，應報薺苗生。

病中

熱病病欲死，一窗風雨聲。人生何比數，天地有生成。

四勿齋

動止悉吾心，端淫皆此目。爲君舉一隅，更取箕範讀。

送王君冕

觀徹萬化原，學之本斯識。嵩高與烝民，罔匪先論德。清水出芙蕖，不受纖塵點。定能完璧歸，四勿恒自檢。功成名乃遂，禹稷顔孟同。彼哉日來仕，何名復何功？

送同周道

甥當省外祖，意善體慈親。徑欲傳家學，終身學聖人。踰梁下幽谷，登天復入淵。山深疑欲雨，水澹欲生煙。桑蕾蟾晴出，天光卯色明。芳時良友去，一寸百憂生。兒時拜程翁，今猶記其處。無計得隨君，有夢隨君去。匡時忌太孤，學古不妨僻。它日魏陽元，成此外家宅。林深嘯夔魖，月黑號兕虎。念我行邁人，道途亦良苦。抛却惠文冠，幽居屏塵跡。君去少來人，老苔堆徑碧。齊民不逮中，或者傷於過。望望山中人，臨風歌楚些。運斤雖入神，良質竟無人。送子且何言，春風燕麥新。歸路驊騮喜，香風入四蹄。直須預相報，遠迓驛亭西。

秋江送客圖

交臂語未盡，風帆可奈何。天長目力短，離恨滿滄波。

六言詩

村樂圖　原注唐人巾服醉騎牛歸童子牽而食物

畫史筆端有口，物情大抵深窺。詩翁醉即成寐，孺子不知飽時。

虎溪圖

兩說充盈宇宙，羲堯反屬澆訛。向問金衣公子，在傍熟視如何？

楚江清曉圖

沙市人家未起，何從得此江天。定與阿章瓜葛，筆頭爾許風煙。

長卿老友命題壽母詩

撫卷仰君壽母，風枝動我悲吟。報得餔糜深意，勉哉焜燿來今。原注古樂府：他家但願富貴，賤妾與君共餔糜。上用滄浪天故，下爲黄口小兒。

玲瓏石

日月騰光六合，千巖細大皆通。問道主人方寸？政如此石玲瓏。

省齋

大賢所言三耳，吾輩當省幾何？去之急如去疾，終身弗靈尚多。那得絕踏脱繫，彼哉養疾徇生。爲問深思清夜，幾人熟睡天明？

日損齋

克己必從難者，期于淨盡無餘。茲乃聖門實學，先須時習工夫。往聖繼天立極，維茲禮樂政刑。割衮縱裨邪幅，終然有秤無星。

遠嶼歸樵圖

目極空山野水，魂消落日長途。爾許荒閒寂寞，可堪都屬樵夫。

雪霽蚕行圖

狠暑薰心屬耳，何繇夢此清涼。且袖師文妙旨，留看雪月交光。

孫大方家山歸夢圖

覺夢天然符契，多君靈府能虛。山木方萌寸櫱，牛羊政要驅除。

聞山鳥

知是何年子母，至今猶爾餘哀。我亦何心聽汝，有兒亦未歸來。

送趙彦卿宰惠安

龍節日陪淑問，不爲掊克謀身。此去泉人應道，定能字我疲民。
仕優所貴能學，公退莫負寒釭。秖應有長安夢，時一到洛陽江。
海道爰周九寓，南金應凜四知。若見臥龍耕者，爲言出仕明時。

題清白圖

三年憲幕長安，咸讓順卿清白。爰託斯圖示戒，子孫永寶無斁。
簡子清白著稱，敬容賄而敗業。誠知嗣守之難，罔曰矢詩稠疊。

南巷琴阮圖

誰謂南巷老子，遺懷猶有桐孫。試舉淵明故事，主人一笑忘言。
常笑仲容創物，只如渠輩清談。政爾雲門雅奏，阿童且抱歸菴。
里社虎狼吞噬，公私星火鞭笞。得似菴中麋鹿，終朝太古熙熙。

勤齋集卷八

七言絶句

郊行雜詠

雨洗終南湧翠螺，霽光搖蕩麥翻波。行行合得新詩句，傳入西家牧豎歌。
蕻麥油油露葉光，矮籬風軟菜花香。誰家翁媪迎門笑，言語無多意甚長。
禾穗年前一尺盈，舉家翹首望西成。南山晚禾無十日，都向秋霖作耳生。
長波渺渺麥藏雅〔二〕，宛若鳧鷺沒浪花。行客不知農父樂，凝然立耨土如沙。
桑弧偏稱牧兒操，蒿箭盈腰犢鼻牢。不鬪近來吹笛好，且看仰射阿誰高。
懸厓古栢倒生根，過嶺雲陰走燒痕。知是一鞭農事急，谷聲傳響到前村。
廟門土鬼面如蛟，斜曳樛枝一手高。極力握蛇猶未辨〔三〕，更誇千里見秋毫。
隔籬笑語自嬌柔，鷄犬閒閒綠樹稠。怪底桐花搖落甚，一叢兒子戲千秋。原注秋千本名千秋，見黄山谷詩。
乳下豚兒作隊嬉，行人爲汝亦怡怡。莊生政自知魚樂，但爾難言與惠施。原注賈思勰云：「供食乳下者，佳。」

〔二〕 長波渺渺麥藏雅：「雅」，文淵閣本作「鴉」，當據改。
〔三〕 極力握蛇猶未辨：「辨」，文淵閣本作「得」。

益都長谷道中

西山嵐重迫秋深，霜風拂晨那可任。維良瓠壺行簡酒，此意何啻千黄金。
旭日初昇嵐未收，西嶺絢爛東巖幽。山靈不必歎遭遇，向晚大有詩家流。
乾坤富貴是深秋，客子都忘道路愁。步障兩山開蜀錦，晴空一幕展青油。

可齋爲張東甫賦

治生往往迷知足，適可爲心信善圖。衹有治心初不爾，直須聖處着工夫。

五月十七日作

片段殘雲魚尾赬，夕陽特向竹間明。嗷嗷盡歎甘霖少，得似尋常愛晚晴。

席待舉述先訓

一自公勤得本真，饑餐渴飲任天鈞。披裘擁絮關何事，八表神游自有人。

題張華甫經歷古象笏

孝養由來百福鍾，休徵相報古今同。貂冠莫作千錢計，指日文通拜侍中。

即事

地卑冬燠耐凋零，忌却長楊作雨聲〔二〕。失喜夢回欹枕聽，呼童起視月三更。
積雨琅琅起百憂，老來方識子孫愁。篋中舊筆關何事，脱帽相看也白頭。

題衛輝驛舍

月華如晝蝙蝠飛，槐陰滿地空堦静。蕭條牀笫困河魚，誰收病骨官途永？

題姜君美菊軒

子幼雄深太史公，姜君雅淡斗南翁。不然千丈京塵底，誰暇開軒對菊叢？

〔二〕 忌却長楊作雨聲：「忌」，文淵閣本作「忘」。

友雲軒

親友過從不易哉，稍加疏數即生猜。寧當只與雲爲友，彼此無心恣往來。

題路舜卿聽雪軒

五音端觧使人聾，聽雪雖清亦闕聰。還有無聲真樂在，四時無日不融融。
四軒脩竹玉無塵，聽雪寒宵發興新。無雪不成尋雪聽，聽風聽雨總宜人。
田舍壚頭睡美時，雪花如手幾曾知。竹窗明發傳新語，壓倒春蟲亂撲詩。

讀是非箴

客忮何嘗怨飄瓦，身寒只合襲重裘。諄諄自反垂明訓，君子終身固有憂。

九日東皋亭

山光葱蒨玉無瑕，遠水熒煌帶暮霞。便是淵明舒歗地，也容閒客醉黄花。

粹翁語别詩以言贈

詩成點檢生驕氣，食飽游行有惰容。座右自箴今贈子，儒先曾戒晉人風。

夜雨

杪秋暮雨不能晴，簷下玉簪多葉生。滴滴通宵成底事，不聞鼠輩鬧縱横。

窗前花盛開

窗前草木開來久，今日才看十一花。此去定應成末減，盛衰若此亦堪嗟。

讀劉宣慰春日雜詩

十首新詩義幾般，大都細説在家歡。常年豈爲無花柳，莫是心閒較好看。

重八日入城復禮文振季正留飲過申得別次韋曲已暮

愁陰初霽月初弦，滿意秋風灑靜便。午醉留連情爛漫，曉來行役寂寥邊。

應召早行過盤豆

熙熙穰穰利名窟，踽踽凉凉仁義途。自笑區區何爲者，趁凉日日五更初。
隱隱林廬古道傍，人云此店半閿鄉。家家鷄犬睡方熟，我乃怱怱趁曉凉。

高持正山水卷　原注中山吴巨濟筆也

六合雲同雪欲飛，一襟清興浩然歸。還山此後休輕出，徒有紛紛捷徑譏。

題蘇君政山水卷

倦游客子思洗腆，樂山妙筆通真靈。秋風一夕故山夢，明發馬首秦東亭。

劉宣慰背瘡後爲壽

古來五福數康寧，甚喜聞君藥已停。病裏移心應得法，定從好德享脩齡。

或以待詔見呼者

僻性難裁苦厭喧，故携書冊讀荒村。鉛黄本擬分魚魯，我自無心金馬門。

同字韻和飛卿兄

如君古拙未多逢，點檢賓朋只我同。不向商巖尋四皓，定應奔迫一生中〔二〕。

張希賢别業

季鷹小築便幽奇，乘興而來足自怡。兄弟交游半天下，祇應無壁寫新詩。

〔二〕 定應奔迫一生中：「奔」，文淵閣本作「崩」。

奉答伯克

子母錢多負友朋，夙宵漸恨苦相仍。從知詩債愆尤小，庶望寬慈與免徵。
皇穹命我爲人者，斲喪於今僅幾存。況此雲山公共物，敢容小智著籬藩。

即事

疊巘葱籠橫爽氣，嬌鶯圓滑弄清音。道人不著閒聲色，底事寧須却入心。

雪江歸棹

高人興盡有餘清，舟子凌兢噤不鳴。想得到家過夜半，一樽濁酒肯同傾。原注歡同憂不能同樂者〔二〕。

題何仲器靜安堂

童稚相看到白頭，知君無我最爲尤。衡門晝掩南窗坐，除却題詩百不求。

〔二〕 原注歡同憂不能同樂者：「歡」，文淵閣本作「嘆」。

潁川貞女

弱女娟娟未有行，室家不足竟忘生。三山傳此豈徒爾，士子首途當作程。
男子才良女子貞，天經地義聖賢明。三山作傳寧無意，要使人人此道行。

有感

壞牆鬪鼠氣如牛，熏灌停機自作讎。食我囷倉不嗔汝，壞人圖籍最堪憂。
鳳麟未省知生處，蟣蝨何嘗見死時。造物相違每如此，區區人力果何施？

以桄榔杖爲子誠壽

多節烏頭勝裹金，文章可玩力堪任。不如往作吾兄壽，免動炎荒食麵心。原注是歲艱食。

瑞麥

休因瑞麥鬪詩工，指有枝駢理亦同。聖代災祥都不論，只憑人瑞作年豐。

講晝寢章因以自警

古以晏安方酖毒，痛懲陰濁易施行。果憑雷烈風飛勇，赤日中天萬國明。

有懷寬甫

翠竹黄花過小園，碧山江樹正當門。虚庭鏡静苔花滿，唯欠幽人屐齒痕。

劉參政生日避于蒙溪

春來多雨困衰疾，河魚蹇膝相因仍。無由往爲君侯祝，五福應隨德日增。

纔過清明霽景遲，壽星光彩照蒙溪。誰能得似君難老，直見仙人跨紫霓。

求鹿脯寄李侯

鷄豬魚鴨苦生風，牛禁方嚴羊熱中。也爲病妻求鹿脯，要知豈願學顔公。

劉蕡祠

斷刻縱横古木陰，趨庭再拜涕霑襟。後王肯鑑前車覆，猶慰千年九死心。

别後

休隨事勢嘆淪淪，明理元來即要津。我自有頭回轉得，不應索異待他人。

讀莊子

含哺而游鼓腹熙，斯言本只説無爲。豈知引起無窮欲，直到肉林並酒池。

壽宜堂

北堂壽母君能養，孫子室家無不宜。一探本原爲善頌，奈何人笑合題詩。

送李經歷赴江東憲司

長安憲幙忽三年，沈靜詳明萬口傳。好去宣城攄素藴，又逢同氣又資遷。

東風花柳正清明，忍見慈親送子行。煙水迢迢二千里，望雲回首不勝情。

江東凋瘵已還舒，道路豺狼即漸除。堂上若聞應更喜，便須勇敢莫躊躇。

默齋

德行民乎可不言，事親爲學豈當然？苟非審問兼明辨，安得躬行免厥愆？

題鄧士要行齋

懇懇前脩説踐形，人生所貴不虛生。直施超海挾山力，躍出功名富貴坑。

塵務經營負夙心，誤君千里辱相尋。躬行别後多新得，爲警疎愚寄好音。

題白君悼硯

推君及物古人能〔二〕，薄俗紛紛未省曾。今日因君吟悼硯，使人多愧剡溪藤。
君家石友研磨久，快筆如風不可當。已破何須留故事，乞來吾欲礪干將。
卷首文奇足自賢，卷中詩好總堪傳。憑君莫歎吟窗硯，失手風雲最可憐。

題楊無己字說

爲學先須識大同，若爲殊别萬無窮。見賢能察相懸處，此是思齊第一功。
義利昭然作兩途，深知篤好半賢愚。其間相去不容髪，舍己從人四字符。

耆英圖爲監憲容齋公賦

繆政堅持諫輔愁，西師淪覆慟宸旒。圖形妙覺諸元老，有酒應銷爲國憂。

〔二〕推君及物古人能：「君」，文淵閣本作「仁」。

題山水圖

岱宗一覽小天下，川上形容道體深。聖學何嘗廢山水，披圖頓覺啓靈襟。

題清音圖

百折流泉萬疊山，宛然琴意在冰紈。古音不入秦箏耳，歸去巖阿和考槃。
谷谷鳴鳩綠樹中，喚晴喚雨日無空。誰云此鳥生來拙，却是於人大有功。

寬甫亭中[一]

今年多陰菊事晚，相對共懷遲暮傷。只有幽人初不爾，待渠開日是重陽。

耿老賙恤詩卷

博施難周聖未怡，人人能恤庶無遺。忽思去歲東州道，糴米晨炊嘆不時。

[一] 寬甫亭中：「亭」，文淵閣本作「庭」。

二月梅花

塵封吟硯動經時，百紫千紅不入思。可是萬堆濃綠裏，嬌黄幾點費人詩。
只道濃春醉海棠，也來閒處發幽光。常年虐雪饕風裏，今對輕雲暖日香。
微香澹澹日遲遲，冶蝶游蜂總不知。畢竟爲花那用爾，幽人相對儘相宜。
苦雨顛風夜夜寒，此花原自耐摧殘。世間萬事乘除裏，妨却騎牛醉牡丹。

忠宣公葬後大雪呈嗣侯彦瞻

輀軒至止旱塵昏，斬版俄驚玉海翻。應是天心表清白，故將縞素裹郊原。
生有勳庸没有知，爲霖真合似當時。只應田父謳歌處，重感君侯罔極思。

春雪

曉看萬象變瓊瑶，回首風吹日炙銷。可是青紅太相迫，不容潔白暫終朝。

送彭丈東歸

驚風已折鶺鴒枝，又到諸郎埋玉時。忽憶西河尊酒夜，龍鍾東去淚如絲。

送張祐臣

得得清篇爲起予，飄飄高氣在雲衢。錦囊又有游梁賦，爲問舟軒安穩無？

送楊仁卿

病中時幸數相過，晤語常慳醉語多。又爾怱怱成遠别，經旬作惡奈余何？
阡表刊来衆已推，聖門語孝有成規。顯揚直待傳千古，他日重看第二碑。
舍生取義豈論貧，一士能令氣必伸。敢歎悠悠非族類，如君尚有白頭新。

送從善

龍尾由來不世資，選鋒危及困支離。暮年方寸羣疑塞，衹領微言復幾時？

送王叔衡

阿衡我愧未論交，籍籍親如衆口褒。且道躬耕官滿日，去人何啻九牛毛。

謝竹

荒齋觸目但蓬蒿，能致此君非俗交。合着新詩答清貺，一軒晴日看風梢。

簡飛卿從善

桑如翠葆葚如錫，大麥生仁豆角成。秣馬仍多花苜蓿，肯來相對話平生。

簡何淵甫

曾約終南最上層，重陽携酒泛金英。比年屬有期功慘，今歲能無續舊盟？
漫道途中曳尾龜，不堪多病忍長饑。何侯有粟無從貸，憑仗新詩往問之。

秋江送客圖

憂雨憂風亦等閒，若爲沙岸久盤桓。關情別有無聲句，憶着分明下筆難。

生朝有感

歲歲今朝誨諭深，一回記憶一霑襟。人情底是真誠處，只有耶娘愛子心。
全家語笑記喧闐，應爲雙親有所憐。昔是嬌兒今白首，此生無復似當年。
光陰最好悔空過，歲晚徒成感痛多。安得此身常幼稚？却教翁媪久婆娑。
人年老大忌童心，我獨哀吟孺慕深。生死有常安得諱，兒從父母喜何任？
都爲當時歡愛極，而今哀苦却無窮。迂疎何以慰泉下，只有臨深履薄功。
奉告娱親七字符，趨時竭力莫求餘。當知父母看兒喜，妻子孫曾總不如。

自警

天道生生日日新，何嘗事外役精神。遽廬一託都能幾，兩字將迎老却人。

晨起

連年昏嫁苦相尋，想見蕭蕭雪滿簪。身世相忘吾豈敢？老來看鏡自無心。

四皓圖

漢興四海悉來臣，所不能招獨四人。平昔若無高仰義，憑誰救得斁彝倫。

草蟲

鳴暑號寒猶有取，穿花點水復何功？齧桑害物尤爲甚，大化都均長養中。

哭殤女

褦襶經旬始出城，怪來問我哭丁寧。匆匆五日冥然臥，便隔終天不復形。

日來侍食省衣裳，一月俄成七月殤。嬌小未能知自愛，枉將性命托耶孃。

攻虛邪勝莫如何，災怪從生理則那。應是剛柔成反易，百年漸痛淚滂沱。

兄弟由來手足情，弟號兄哭不堪聽。哭聲有盡哀無盡，我亦神游到九冥。

團頭弟妹哭無休，洶洶情瀾不我由。起欲撫摩云得得，浩然聲淚莫能收。

藹焉哭罷似忘形，恍見窗間自寫名。莫道情鍾惟我輩，何人父子不鍾情？

至性能憂病母孱，煮湯合藥戒多餐。誰期老樹翻全活，橫着風霜殞穉蘭。

讀得班姬女戒篇，略通一二未精研。小心長恐爺孃怒，不待知書自可憐。

鍼艾無痕耳未穿，却應唯汝得歸全。恩深責重寧無謂，不枉兢兢十四年。

爲絺爲綌豈曾厭？治繭治絲察米鹽。世上芬華都未識，敢論富壽得雙兼？

畏儉慈祥慧且和，歲時助奠益無譌。若爲不得終天命，應是耶孃積釁多。

精神灼灼鏡奩邊，風骨亭亭只眼前。不記黃壚成異物，猶期白日結飛煙。原注吴王小女事，見白傅詩自注。

年來多病不禁愁，何物人間是帝休？覽鏡忽焉成太息，潸然涕淚應時流。原注帝休，木名，主不愁，見本草。

人云相業與醫方，能致生民不夭傷。自悔半生工畫餅，不知精力事炎黃。

堂前手植射干花，著子盈房汝已化。平。來歲花開應更大，繞叢準擬百長嗟。

秋雨琅琅玉線垂，忘情看雨復深思。數漚起滅隨潢潦，亦有委蛇得許時。

哭劉參政

去秋臥疾再經時，豈料俄成永別期？不見迎門笑相迓，人間寧有石腸兒。

詞

鵲橋仙　壽詞

萬金寶劑，三山僊島，祝康寧壽考，似君全福幾人能。真不是，天公草草。　綵衣膝下，清歌雪杪，莫厭金荷倒，祇應龜鶴羡長年。八千歲，靈椿未老。

太常引　壽詞

天家崇德報元功，稽盛典極追。隆美謚亞三公，更大國，新開魏封。　夫人配德，淵深玉粹，麟趾見清風，恰恰壽筵逢，想醉德多於酒醲。

浣溪紗　張詳議八十壽

紅藥香中廠壽筵〔二〕，一叢蘭玉拜尊前，曾孫繞膝愛高年〔三〕。　白髮弟兄真樂事，雪溪孝友即家傳，人生佳處只君全。

〔二〕紅藥香中廠壽筵：「廠」，文淵閣本作「敞」。

〔三〕曾孫繞膝愛高年：「愛」，文淵閣本作「慶」。

望月婆羅門引　叔經宣慰壽

城南佳處，問誰人得數登臨〔一〕。看公鐘鼎何心，鳳味東邊小築。桃李作高林，道詩書教子，絕勝黃金。千年尚禽，肯隨世，漫浮沉。好在傳家棠樹，培壅清陰。年高德劭，似一日，春光一日深。青鏡裏，白髮休侵。

〔一〕城南佳處，問誰人得數登臨：「城南佳處，問」，底本缺，據文淵閣本補。

楽庵集

[元]同恕　著

榘庵集序〔一〕

古之君子，道積於躬，行修於家，稱一鄉之善士者，固有之矣。及其至也，稱於一國焉，又稱於天下焉。其沒於世，則善言懿德行，忍使湮晦而弗傳歟？天爵早歲居於京師，凡四方之士，文學節行著於州閭者，未始不聞其名焉。若故集賢學士蕭貞敏公、太子贊善同文貞公，則尤士君子所喜稱道者也。夫二公生逢國家之治平，親承文獻之緒餘，深居而簡出，諒行而慎言〔二〕，處於家庭則肅然以莊，接於鄉黨則薰然以和。遠近學者之及門也，則授之以經。臺省名公之造其家也，則交之以禮。故小大敬服，而聲聞日以彰矣。

自昔關輔風土厚完，人材樸茂。洪惟世祖皇帝始以潛藩分地，請命故相廉文正王爲宣撫使，乃辟覃懷許公爲之提學，以興庠序，以育賢材，以美風化，其規模宏遠矣。當時儒宿，磊落相望。至大德、延祐之際，則有若貞敏、文貞二公者出焉。風采凛然，傾動海內。於時朝廷方興文治，登用老成，屢以尊官顯爵即其家徵起之，間嘗一至京師，深欲推明其學。未久，移書廟堂，辭疾而歸。雍容乎道義之盛，審度乎出處之宜，是豈遺世絕人、索隱行怪者之流歟？

至正四年春，天爵來官於秦，方將考求諸老言行而表章之，俾多士以爲矜式。會御史觀音保〔三〕、潘惟梓以文貞遺文來上請刊布於江淮郡學。天爵再三誦讀，愛其詞淳而義正，信乎有德者之有言。

嗚呼，邇年以來，中原耆舊，相繼淪逝，流風餘韻，日遠日亡，獨賴其語言文字尚能稽其一二。善哉！御史之有是請

〔一〕榘庵集序：此標題底本無，爲校者所加。
〔二〕諒行而慎言：「諒」，李夢生校勘本作「惇」。
〔三〕會御史觀音保：「保」，中華書局一九九七年蘇天爵著滋溪文稿作「寶」。

也，豈惟使關輔之士，企其風節學行，而有所興起已夫。至於貞敏之文，散逸無幾，將與文貞之孫再思等采而輯之，共廣其傳焉。中奉大夫、陝西諸道行御史臺侍御史趙郡蘇天爵序。

椝庵集卷一

表

賀正旦表

伏以璣衡齊七政，曆開四氣之元；玉帛朝萬邦，儀具九賓之盛。慶流宸極，驩溢寰區。中賀欽惟陛下，以德行仁，對時育物。穆穆中和之教，溫溫寬大之書。登一世於春臺，寒有衣而飢有食；納八荒於壽域，彼無界而此無疆。如日之昇，配天其永。臣等幸逢熙洽，阻會清明。玉戚朱干，莫備右階之舞；青旂鸞路，第勤左个之瞻。

伏以王正謹始，春秋大一統之書；天命惟新，臣子上萬年之壽。兩儀交泰，庶績咸熙。中賀欽惟陛下，有道元良，太平真主。朝慈宸以致德孝，格文祖以燕詒謀。卹鰥寡而釋滯冤，克廣好生之德；時蒐苗而謹牧圉，益恢發育之仁。化日舒徐，惠風溥暢。流頌聲於四海，集景命於三朝。臣等心切中馳，職叨外寄。青陽左个，儲神穆穆之居；嵩嶽中峯，接響綿綿之祝。

伏以正次王，王次春，一統大書於魯史；寅改丑，丑改子，三代實行乎夏時。玉燭調開闢之原，寶運際治熙之盛。中賀恭惟陛下，孳孳舜善，蕩蕩堯仁。安祖宗而樂神祇，參天地而贊化育。恩則時普，協澤潤之始和；德惟日新，配陽明之

方永。時萬時億，宜民宜人。臣等外寄叨持，中班阻箑。合宫在望，仰瑞彩於慶霄；崧獄傳呼，接歡聲於華旦。

伏以元氣兩儀之運，雖本自然；太和四序之春，實基有道。惠風溥暢，化日舒長。中賀恭惟陛下，德則好生，心維不忍。綱紀四方而勉勉，發育萬物以洋洋。志以道寧，政由俗革。無一事不師於古，有所慮必在乎民。茂迎玉燭之和，翕受青陽之福。臣等幸逢華旦，阻會清班。六幣九儀，一人萬壽。想元會彝章之盛，頌太平景貺之新。

賀登寶位表

伏以歷數在躬，於赫惟新之命；乾坤助順，載綿有永之圖。萬姓歡呼，百神悦豫。中賀恭惟陛下，聰明不世，勇智自天。威武奮揚，久著撫軍之盛烈；溫恭允蹈，益彰嗣位之誠謙。沛皇澤以由舊章，隆親名而致德孝。仁政之規模方始，太平之景象有加〔二〕。臣等外憲叨持，中班阻箑。仰龍飛之造，引領層霄；效獸舞之誠，鞠躬下土。

伏以天命惟新，歷數膺在躬之福；聖人有作，邦家開利見之祥。乾清坤夷，民熙物洽。中賀恭惟陛下，略不世出，德大有爲。撫軍著神武之功，問寢彰愛恭之孝。雝雝肅肅，久係億兆人之心；蕩蕩巍巍，丕承萬千歲之統。民風於變，祖訓有光。臣等逖想朝儀，猥叨郡寄。遙望非煙之色，恭效三呼；仰瞻赫日之明，欣同萬國。

伏以一德克享天心，於赫惟新之命；萬年既受帝祉，以篤無疆之休。溫詔誕頒，歡聲普洽。中賀欽惟陛下，乾坤再

〔二〕太平之景象有加：「景」，李夢生校勘本作「氣」。

造，日月重明。審安定之算於一朝，流恭讓之美於百世。念茲皇祖，敬所尊而愛所親；立我烝民，厚其生而正其德。豈漢唐規模，可得而髣髴；雖堯舜事業，未足以形容。端凝南面之君，旋繞北辰之拱。臣等幸逢盛際〔一〕，叨寄雄藩。聽九奏之簫韶，阻綴清班於紫禁；祝三峯之仙掌，永扶景運於皇元。

伏以天與民歸，誕撫龍飛之景運；父傳子受，於昭燕翼之詒謀。綿慶祚於方昌，壯丕基於永固。瑞纏五色，歡溢萬方。中賀恭惟陛下，仁孝性成，聰明夙賦。念茲皇祖，事其事而心其心；立我烝民，憂其憂而樂其樂。以農桑學校爲當務之急，以珍玩奇貨爲侈用之先。勉勉自修根本無爲之治，孜孜求助股肱在位之臣。信此萬年，見於一日。臣等躬逢盛際〔二〕，遡聽鴻儀。歌「如日如月」之詩，用遵周雅；監「惟精惟一」之義，願上虞書。

天壽節賀表

伏以文明協帝，祥瞻鳳舞之期；濬哲生商，瑞際虹流之旦。騰歡聲於率土，靄嘉氣於層霄。中賀恭惟陛下，總集妙勛，光照全業。惇典庸禮，淳風還治古之隆；善政養民，德澤浸綿區之廣。九族親而四門穆，五辰撫而庶績凝。茲迓福於和平，宜增年於逸樂。臣等羈縻官守，踴躍恩華。漢殿阻趨，莫預嵩呼之列；堯階馳望，但輸華祝之勤。

〔一〕臣等幸逢盛際：「逄」，李夢生校勘本作「逢」。
〔二〕臣等躬逢盛際：「躬」，李夢生校勘本作「恭」；「逄」，李夢生校勘本作「逢」。

伏以帝德難名，方謳歌於見舜；天休滋至，適際會於生商。四海同聲，三呼效祝。中賀欽惟陛下，穆穆盈成之守〔二〕，乾乾繼述之修。以順民爲心〔三〕，故亟省循之使；以得賢爲治，故嚴黜陟之官。洞明照於六幽，憺英威於八表。宜百神之助順，總萬福以登年。臣等幸際光華，猥叨恩遇。願聖人壽如天地之久長，爲天下君邁典謨之渾灝。

伏以日照月臨，咸仰帝暉之赫；天清地肅，有開誕節之祥。來百靈於九圍，效三呼於一旦。中賀欽惟陛下，勤儉如禹，聰明類堯。黜幽陟明，以廣我庶功，知人則同乎虞舜；發政施仁，必先斯四者，視民何異於周文。對揚開後之睿謨，潤色無前之至治。奉令承教，羣臣但仰於陶成；浸義涵仁，四海孰窺於運用。磐石乎宗盟之固，泰山乎國勢之尊。宜增逸樂之年，以介太平之福。臣等濫膺職守，阻綴賀班。正乾位以長尊，徒切北辰之拱；握壽符而難老，方欣南極之瞻。

賀改元表

伏以體元居正，有開泰定之先；累洽重熙，載紀致和之盛。渙汗大號，洋溢歡聲。中賀欽惟陛下，德合乾坤，明並日月。講信修睦，宗盟革睽異之心；納欵輸誠，荒服致來同之貢。兢兢業業，以警天戒；皇皇汲汲，以圖民安。惠澤旁流，時雍於變。臣等濫叨委寄，幸際光華。自天降康，四序休徵之備若；惟辟作福，萬年鴻休之特書。

〔二〕穆穆盈成之守：「盈」，清翰林院抄本作「盛」。
〔三〕以順民爲心：「順」，李夢生校勘本作「愛」。

賀皇太后表

伏以聖治誕敷，爰侈九重之孝；坤慈廣被，聿開萬歲之祥。禮備宮闈，歡同宇宙。中賀恭惟皇太后殿下，聰明恭儉，光大含宏。勸相人倫，躬虞嬪之至德；址基王化，邁周母之徽音。璇宮正南面之尊，長樂篤東朝之慶。臣等濫叨職守，遥致賀忱。百辟庭班，莫接呼嵩之武；萬夫營列，徒傾就日之心。

賀皇太后上尊號表

伏以聖主當陽，德莫先於孝治；母君正位，禮孰重於尊稱？溫詔一頒，歡聲四洽。中賀恭惟殿下，坤厚而順，恒久而貞。太一之端一誠莊〔一〕，篤生明聖；后妃之憂勤恭儉，成化和平。膺寶冊之煥文，享璇宮之至養。臣等逖聞慶典，幸際昌期。想像清班，奉玉巵而上壽；形容善頌，瞻金闕以馳誠。

〔一〕太一之端一誠莊：「一」，李夢生校勘本作「任」。

箋

賀皇太子正旦箋

伏以東風解凍，俶頒鳳歷之新；春日載陽，遹覩龍樓之麗。元良以慶，萬國爲貞。中賀敬惟殿下，懿問蘭馨〔一〕，淵姿玉潤。溫文孝友，兩宮皆得其歡心；治理忠勤，二府咸熙於庶績。宜益膺於渥命，以順履乎休辰。臣等幸際昌期，阻陪大禮。仰齊賢於啓誦，新以又新；願等壽於喬松，朔而復朔。

策問

策問四道

問：國家養才以致用，學者藏器以待時。不致於用，養之何爲？不待其時，行之何能？恭惟祖宗以真履實踐之學，訓迪多士，澤厚且久矣。主上丕繩祖武，厲精圖治，取昔所議行而有待者，設爲科目，延聘諸君，諸君可謂得其時矣。伏覩明詔有曰：「經明行修，庶得真儒之用。風移俗易，益臻至治之隆。」大哉淵乎，聖人之爲心也！夫自明德親民之學不

〔一〕懿問蘭馨：「問」，清翰林院抄本作「聞」。

講〔一〕，法術功利之說勝，儒者甘於「博而寡要，勞而少功」之譏，莫知自奮。歷世之治，可以比隆乎古昔者，亦寥寥也。伊欲使道德一，風俗同，化治民心，刑措不用，真儒之效，得以復見，豈無其說乎？諸君從事於致用之學，蓋將有是責而不可辭者。乃若端本澄源之用，大綱小紀之施，孰爲古之可法？孰爲今之可行？其究陳之，有司得以寓目焉。

問：「大學之道在明明德，在新民，在止於至善。」唐、虞、三代之盛，上以是教而取之，下以是學而行之。故當其時，治無異學，教化行而風俗美，協氣流而瑞應昭。粵自功利法術之說興，雜霸辭藝之業作，歷數十世，雖以一時之所立，僅致小康，而所謂明德新民之休烈，則蔑乎其未有聞也。主上御極之初，銳情繼述，興學養才，思啓聖治於無窮，首取帝王選士之法，講而行之。諸君涵濡大學之教，爲日已久，是固深惟其義而力行其知矣。敢問明德者何？而吾又何以明之？民之所以新？至善之所以得而止之？是必有其說矣。有司願詳聞之，以觀諸君所以副今選擇之意。

問：孔子沒，能傳聖人之學者，孟子一人而已。著書七篇，先儒以爲則。象於論語，旨意合同，而孟子亦嘗自言所願學孔子。至於篇終，歷敍羣聖之統，直謂孔子至今世未遠，鄒魯相去居又近，其自任以繼聖傳者，豈不昭然見於辭氣之間哉？是宜一言一行，與孔子若合符節，然後可以使人無疑。今以二書考之，此矛彼盾，蓋亦不少。孔子稱管仲九合之功，許之曰：「如其仁。」孟子則曰：「管仲，曾西之所不爲。」「功烈如彼其卑也。」孔子謂子產有「君子之道」，且數其養民惠，使民義矣；孟子則曰「惠而不知爲政」。言之不同有如此者。孔子於公山佛肸之召，猶且欲往；孟子則不見諸侯，召之而不往。孔子去衛，明日遂行；孟子去齊，三宿而後出晝。行之不同有如此者，豈以聖賢之用，不必皆同，而聖賢之學，固無不同耶？不然何以謂之孔孟？諸君潛心二書，爲日久矣。微辭奧旨，蓋已精思而熟講之，其詳著於篇，以袪所惑。

〔一〕夫自明德親民之學不講：「親」，李夢生校勘本作「新」。

問：天灾流行，四方代有。堯、湯之世，九年之水，七年之旱，蓋所不免。然晁錯謂國無損瘠者[一]，以蓄積多而備先具也。乃者自去秋不雨，至於今六月，旱乾爲虐，纔一歲耳。廬井嶅嶅，十室九空，民之流離顛沛，已不知所以爲計矣。夫善爲國者，當憂其未憂，而不憂其已憂。蓄積之備既曰失之於前，而所以善其後者，可不熟講而亟圖之耶？矧今禱祀之禮、救荒之政，載在典冊，可舉而可行者有幾[二]？願條陳件列，以觀他日學優而仕之用。

[一] 然晁錯謂國無損瘠者：「損」，李夢生校勘本作「捐」。
[二] 可舉而可行者有幾：「而」，底本缺，據李夢生校勘本補。

榘庵集卷二

序

送雷季正序

至元辛巳之秋，季正以父兄之命，赴雲中理家事。且行，謂余曰：「吾與子居同里，學同席，講肄諷誦，自幼至長，未始一日不同業。今茲有數千里之别，子其謂我何？」

僕於是俛而思，仰而嘆，作而言曰：「吾兄之行，某固不容默。然自痛苦以來，不親筆硯久矣。思荒語澀，將何以爲獻？抑嘗聞之：士之生世，不越乎出處兩者而已。出則有君長之事，處則有父兄之事，惟其所在，則致死焉，固非袖手癡坐，張頤待哺，便己之安爲得計也。吾兄家事頗劇，令尊丈行年七十，介兄晨夕矻矻，措畫經理，具有條貫。吾子今日學術聞望，卓然爲一世之傑者，不無所自。門戶風霜之任，蓋有所不得辭也。體父兄付畀之心，念所在致死之義，則凡世俗所謂『遊觀逸豫，奪時日而妨事功』者〔一〕，自有所不暇矣。某也冥頑悖謬，子而不子，天地所不容，尚忍爲吾兄言此耶！然不敢諱己之惡，併以欺吾兄也。勉之，勉之。」

〔一〕 奪時日而妨事功者：「事」，清翰林院抄本作「時」。

送艾伯充序

大德辛丑之冬，奉政艾公之子伯充甫者，與予遊，一再月，奉政公以天子之命，總管峽州，伯充當侍行。且行，徵言爲別，予謂伯充生長名門，得諸家庭觀感者，有餘師矣。予之謬妄，何裨萬一？然感其意之勤，而惜其別之遽也，迺誦所知以爲獻。

昔人言公卿家子有賓客親黨之助，略識文章章句〔一〕，名稱籍籍，因以致大位，寒士何敢與較重輕？嗚呼！是特以地望峻顯，獵取虛聲之易爲夸。以是存心，疑非克負荷者。若光昭世德之寔，其難殆相千萬也。韋布之家，能讀父兄書，不得罪於鄉黨州閭，已足爲佳子弟。稍秀而異，一登仕版，顯親揚名之譽，斯歸之矣。公卿云者，如是而道德，如是而才術，如是而勳勞，有目者能識，有口者能誦也。爲之子者，少不是似，慙卿之譏，隨踵而至。不幸而又出其下焉，月旦不評矣。蓋必有其位，有其設施，而後人以爲有子。苟無其位，禮法之榮，仁義之貴，可以師鏡一世，始爲不失舊物者。

然則視寒士爲易耶？爲難耶？請以伯充言之。其以身許國，不避禍難，歿有餘忠者，非伯充之祖與？提綱紀爲良憲長，課轉輸爲才運使，今雖勞以民社而公望攸屬者，非伯充之父與？不獨此也，有若河南僉省嘉議公，是爲外王父。有若雲南廉訪承直公，是爲舅氏。文學政事之懿，太史有作，當登簡冊無疑。舉內外兩家堂構之任，隆隆奕奕，其大如此，伯充宜何如而爲力也？鈞斤之物，夫人而能勝之；斡鼎盪舟，烏獲猶致慎焉，是可以易心期之耶？雖然，伯充有淵敏莊厚之姿，堅愨篤寔之志，又能潛心洙泗博約之傳，以潤其身，以妙其用，昌黎伯所謂「翠竹碧梧、鸞鵠停峙，真能守其業者〔二〕。」

〔一〕略識文章章句：第一個「章」字，李夢生校勘本作「書」。

〔二〕真能守其業者：「真」，韓愈殿中少監馬君墓誌無「真」。

世德之昭，在伯充，難者易矣。

予今猶言之，有初者慮或鮮終，進鋭者戒或退速，無變今日之所守，無染後日之所誘，篤其慶而永其休，則人將枚數之曰：「顔氏之清臣、柳氏之諭蒙、艾氏之伯充也。」伯充豈無意乎？勉矣，晨昏神相其孝。

送彭元亮序

至治改元夏，建寧秀學彭炳元亮以束脩之贄來見，余視其貌恭，聽其言從，心竊異之，進而問曰：「子建寧人，邑居何在？」曰：「家故崇安，考亭朱夫子，鄉先賢也。」余益驚難[一]。「魯無君子，斯焉取斯？」誠哉是言！及與之講誦，神明開爽，研深極微。求聖賢立言之本，以克夫日就月將之寔。閲再寒暑，勤勉如始至。余方賴以相長，而歸覲其親，義不可遏，迺請於余：「願賜之言，炳得朝夕如對顔色。」遂告曰：

考亭夫子，鄒孟氏復生也。發洙泗之宗傳，振關洛之墜緒，疏瀹六經，輔翼五典，使堯、舜、周、孔之道已晦而復明，堯、舜、周、孔之學已絶而復續，天下後世不迷所趨。厥功之大，比於孟氏，爲有光焉。今國家設科取士，明經修行，一以考亭之説爲準。四方學者家有其書，人習其讀，況元亮生長鄉邦，風聲氣習，他人所不能得，而元亮獨得之，顧不爲尤幸與？定省餘暇，以子之强敏，取所著述，循環課程[二]，若荀子所謂「誦數以貫之，思索以通之」。可以獨善其身，可以兼善天下，不待他求而有餘師矣。異時東南之士，倚爲考亭之柱石者，必吾元亮也夫！

[一] 余益驚難：「難」，李夢生校勘本作「歎」。

[二] 循環課程：「課程」，李夢生校勘本作「程課」。

党仲安周急詩序

予讀張子西銘：「民吾同胞，物吾與也。凡天下疲癃殘疾、鰥寡孤獨，皆吾兄弟之顛連而無告者。」嗚呼，至哉斯言！乾父坤母，均氣同體，厚薄之分雖殊，生生之理則一。人靈於物而可贊化育，獨是心之異耳。是心者何？仁義之心也。有是仁義之心，則凡均氣同體而不得其所者，其忍坐視而不爲之卹乎？周禮大司徒以三物教民，而卹爲六行之一。說者謂卹振於憂貧。戴禮稱「積而能散」，爲開卷第一條。吾夫子以周急戒冉有，以粟與鄰里鄉黨告原思。聖人一貫之仁，視天地萬物皆吾度內，其用心爲何如也。三代而下，俗不古若，雖厚己者衆，推恩者寡，然史策所載，推財樂施未嘗不與其賢，瘠人肥己亦未嘗不著其覆敗也。

府城之東党君仲安，天資信厚，謹敏有才幹，先世恆產雖曰完美，增修之力能勤有繼，真保家之主也。好仁樂義，德自性成。視親戚交舊猶吾一家，時其寡乏輒傾囷倒廩，使不至飢餓。或歲分，或月給，如是者餘二十年。厥今恃仲安爲家者，指數殆十人，仲安其賢矣哉。噫！使仲安若昔之素侯對君，亦非難事；伏臘纔有餘爾，惻隱之發真切如此，其爲難能也，不既萬萬乎？耆老郭用之輩來謂予曰：「仲安素行，人舉知之。有善弗彰，是謂蔽賢。以德報德，亦聖人所許。鄉黨士夫賢仲安者，欲播之詩歌，以爲世勸，幸先生倡其端。」予惟君子善善之速，用之所言，與予聞者合，於是乎書。至治壬戌五月吉日同恕序。

謝翁八十詩序

真定謝良輔公弼致書西臺御史王公克紹曰：「公，吾鄉人也。知吾父者，宜莫如公。今年登八十，公弼將展慶初度，

欲求當世士大夫雅辭妙詠，侈喜奉觴。贊善同先生素願馳謁，儻御史公賜言於卷首，公弼之幸，孰與爲大？」御史乃謂予曰：「謝翁字成之，淳靜淵懿，斂藏知略，篤其用於家，既完既美，慨然以宗族鄉黨之憂爲己憂。紓勞振乏，藥疾賻喪。歲一不登，散緡錢以助薪米之不給者，動以千計。大夫之賢仕於其邦，或不幸無以歸葬，必推濟之。好賢達善，勸禮勸義，故人無貴賤老幼，皆歸仁於翁。享有壽祺，聰明強健，望隆鄉里，人亦莫不歸榮於翁。公弼嘗從先世父承旨韓山公學，讀書事親，蔚有賢稱。仕爲真定等處管民副提舉，以翁故也，能遠致孝懇如是，先生其無讓。」

予惟箕疇序福〔二〕，曰壽、曰富、曰康寧、曰攸好德。人受形天地，厚薄之賦，萬無一同，然必集是數者，而後謂之備福。得此而失彼，亦未足以議爲也。理數之間，氣機之內，林林總總，能是者無幾。先儒釋經則曰：「德者，總福之主。」夫德命於理，福原於氣。氣不足而理有餘，不害爲美祥。理不足而氣有餘，美轉而惡矣。何者？壽而不德爲罔生，爲害世；富而不德爲怨府，爲禍階；而康寧之不德，則亦沈湎嗜欲而長戚戚，其何安之能有？然則好德者果維持是福而培植是生也，合二厚於斯世，茲非至難極盛之事乎？翁今既備此矣，而又有令子令孫左右先後，以適起居，婉愉洞屬，以承志意。今茲之慶纔下壽耳，引而中上，直分內事。詩歌之作，殆將與三百篇相爲少多也。泰定改元二月初吉，奉元同恕序。

李承直八十壽詩序

天下有達尊三：曰爵，曰齒，曰德。三者有其一，足以取重於一世。三有焉，人之所以瞻仰而歸依者，又何如也？然嘗思之：爵、齒必資乎德而後可以成其尊。德一之尊，非爵而爵，非壽而壽，初無慊於三有者。故孟子謂之「良貴」，又謂之「尊爵」。孔子則曰「仁者壽」，曰「大德者，必得其壽。」蓋齒、爵係乎天，德係乎人。能者修己以全天，不能者敗天以縱

〔二〕予惟箕疇序福：「予」，清翰林院抄本作「乎」，則屬上段末句。

己。爵或興怨於不敢言，壽或使人曰罔之生。非天與其尊，而人自失之與？於此有人焉：壽躋三老之域，德居四哲之科，爵雖晚榮而天發其慶，方源源也，舉一世而尊親之，非此之歸〔二〕，其將孰歸乎！若我雲山先生李公承直是已。

先生肅恭淵寔，和易安詳。自幼至老，凡言與行，無纖瑕微纇。爲子盡孝，爲弟盡敬。兄年八十有六，每五日一候起居，必再拜之，驩然粲然，恩義孚洽〔三〕，人謂司馬溫公與其兄伯康友愛之風，復見今日。蚤仕軍府爲幕長，籌機畫變，動中事宜，上下敬信之。既則嘆曰：「昔人有言：『與其富貴屈於人，寧貧賤肆志哉？』」乃斂跡宦途，求遂其初，時年猶未艾也。

課童奴耕織，教子讀書，從容交舊間，人莫得而親疎之。自號雲山閒叟，間作詩歌，蕭散沖澹，皆性情之發，不事乎文而文自可愛。村居詩云：「團芳高結竹軒開，滿意嵐光入座來。從識終南真面目，等閒花柳厭栽培。」又云：「陰晴雲氣何曾定，今古山光依舊青。爲愛雲山心已悟，動多成敗靜安寧。」胸懷本趣，隱然見於言外，所謂有德者必有言也。今年登八十，耳聰目明，鬚髮尚烏，步趨進止，如六十許人。

嗚呼！有齒有德如先生者，尚可一二見之耶！立孝弟之極於前，儲詩書之慶於後。四子三孫，聯芳疊秀，又以見先生之能教。伯子秉彝，奉元醴泉縣尹。仲子秉中，内臺監察御史。叔子秉義，掾隴北道肅政司。季子秉新，給事鞏昌帥府。朝廷以仲子能於其職，貴及榮親，封先生承直郎、國子監丞。然則三者之尊，萃於一身，諸子之愛，惟日不足。天其彰先生之德以是二者，今日所至爲之端耳。詩不云乎：「如川之方至，以莫不增。」

季夏六月望日始生令辰也，御史兄弟將奉觴上壽，鼓舞莫大之喜，思得賢士大夫善頌善禱之辭，以侑其孝，俾某也敘以倡之。某惟鄭商人乘韋之儀以賤先貴，故不敢辭。泰定甲子五月丁未，同恕序。

〔二〕非此之歸：「非」，底本缺，據李夢生校勘本補。

〔三〕恩義孚洽：「義」，李夢生校勘本作「之」。

壽吉太夫人八十詩序

魯由始封，十九世至僖公，諸侯之賢者莫此爲盛。魯人尊之，作爲樂歌，以調詠其美。孔子刪詩，列諸三頌，昭示來世。最後閟宫之亂，乃曰：「魯侯燕喜，令妻壽母。」是則俯仰之間，雖貴爲公侯，而人子之所甚樂，其他不能以髣髴者，非吾親之有年乎？故孟子以父母俱存爲「三樂」之首也。

西臺監察御史吉君天弼母于夫人蚤服姆訓，毓德柔貞，歸爲贈嘉議大夫、禮部尚書、馮翊郡侯妻。吉氏名門，族最蕃衍。夫人仰事俯接，無一不宜。有子七人，聯輝叠燿，以長子天英，中奉大夫、湖南廉訪、淮東宣慰使貴，晉封馮翊郡太夫人。次天益，奉議大夫、知延安綏德州。御史君，其第五子也。孫省，大都寶坻縣尹。夫人平日恭順儉勤，以相郡侯，詩書忠孝，以勉諸子。雖一言一行之微，皆可著録，以範閨閫。夫人所以自壽者，蓋如此。御史昆弟用世衮衮，以令聞廣譽，娱悦其耳；愛日孜孜，以婉容愉色，將順其心，諸子所以壽其心者，又如此。夫人之慶，殆將與貞松勁栢相爲終始〔二〕，世俗所謂上壽者，不可爲數矣。

今年夏月上旬日之四，御史昆弟以夫人年開八袠，將率族人展慶初度，願得名公碩人形諸詠歌，以侑奉觴之喜，而俾某也道其所以然者，爲之先云。泰定二年三月吉，奉元同恕序。

〔二〕 殆將與貞松勁栢相爲終始：「將」，李夢生校勘本作「捋」。

党奉議改封二親詩序〔一〕

泰定三年冬，奉議大夫、陝西等處行中書省左右司都事党侯若濟改封父母，制曰：「党若濟父英從仕郎、冀寧路汾州判官，可封奉議大夫、晉寧路總管府治中、驍騎尉、臨汾縣子。母張氏宜人，可封臨汾縣君。」璽書煌煌，震耀縉紳，闔府皆榮賀焉。於是侯請告大臣，將躬致上恩二親河東，且願得士夫讚善之辭，以侑奉觴，懇序於僕。

僕謂今茲慶幸，在侯独爲非常之遇，蓋古今所希有。孟子謂：「君子有三樂，王天下不與存焉。」以父母俱存爲樂之首。國家湛恩中外，臣庶品秩，預慶典者不爲不多，榮及雙親〔二〕，幾何人哉！侯之兩親年皆八十有七，鶴髮鳩杖，安享一堂，此今人所希有。求諸載記，老萊子行年七十，孝奉二親，製爲五色斑斕之衣，娛悦目前。侯今命服襜如，趨翼膝下，此古人所希有。

嗚呼！誰無父母？誰無子孫？上下總福，各如願欲，乃獨於党氏見之，豈培基根本〔三〕，深資孝引，固有人所不及知者耶？侯其益勉忠孝，開國之封，自今以始。

〔一〕党奉議改封二親詩序：「二」，底本缺，據李夢生校勘本補。
〔二〕榮及雙親：「雙」，李夢生校勘本作「偏」。
〔三〕豈培基根本：「根」，李夢生校勘本作「植」。

送張克禮序

國家取人非一途，由儒學既設經明行修科以極選舉之公，又令得察貢各道憲司試補掾屬，蓋欲使習知政體，以權衡百司，故凡得踐是途者，謂之清流。歲積月累，大以成大，小以成小，器無乏用，而庶職交舉。嗚呼，休哉！

三原龍橋鎮張氏子克禮，早授學今右司魯公子翬之門，既又從予講讀。惇謹秀慧，嗜學不厭。子弟之寔著於家庭者，鄉黨無間言。又能以餘力博求遠訪，增益見聞。於是揚州憲司歲貢之籍，次第名及。戒行有日，予告之曰：

子之家世有善評在鄉之月旦，季父元卿僉廣東廉訪司事，聲跡卓卓，流聞一時。今雲南行省員外郎傅公彥升又子之外舅也。內外美如是，濟以賦厚之資，踐寔之學，其得預是選也固宜。雖然百年養不足，一日毀有餘。昔賢之誨，昭揭於前，況今百里一步之始乎？夙興夜寐之無忝，言出行發之樞機，勉之敬之，以無負國家儲材待用之美意。予雖老憊，尚及見振鷺於西雝也夫！

送呂元彬序

國家開設學校，長育人材，凡以建民極之中庸，躋至治之馨香也。若縣若州若府，庠序遍洽於四裔。其求諸人也，由孝弟忠信以達於成己成物，有事其實，無事其華，是雖三代之隆，作新斯民，何以加此？故士之職於教者，必其純誠博雅，道藝交舉，然後爲稱，此吾呂文質元彬所以命教於鞏昌也。元彬且行，丐言爲別，乃告之曰：

鞏昌爲雍之巨藩，控州二十有四，異時繇武衛所奮，將相之臣便宜開府。民俗尚氣概，崇勇毅，敦重質直，不事浮靡，則固於今之所求者，思過半矣。元彬開之以明善誠身、爲忠爲孝之寔學，殆見浡然興起，勇往不難，吾是以爲元彬賀。若元彬

內則守約翁之冢孫，外則鹿溪先生之高弟，家法師法，所謂尚有典刑者，而方沉酣詩書，澡瀹禮法，勉勉循循，有進無止，吾是以爲學者賀。繼自今鞏之奇才秀民，以其賢者能者論而上之府無虚歲，吾又以賀元彬之果有進於成己成物矣。嗚呼，元彬其勉之哉！

送王君冕序

孔子嘗言：「忠信如某者有焉，不如某之好學。」說者謂「美質易得，至道難聞」。夫以聖人清明純粹之稟，退然不以自居，好古敏求，老至不厭，其能出類拔萃，獨盛於生民以來者，可但諉曰天分乎？有是質而無是學，猶爲棄井，況質學之兩病，又何議也？

蓋嘗以是求之朋遊中，得吾王弁君冕。年甚少，志甚健，受業南陽魯君子翬之門，傳得其宗。視其外則恭而有禮，察其中則剛而能柔。湛乎淵如，温乎玉如。父母得之爲孝子，交遊得之爲良朋。此其全於付畀者，固已百千而無一二矣。迺能沉潛乎六經四子之文，以究本原之所自，以策進修之不逮。孜孜矻矻，窮晝極夜。發爲辭章，理精而事達，語老而意新。如是而不止，安知其不至於極耶？

今將觀光京師，京師人文所基，宏深博大之士肩摩武接，樂於成美，君冕歷登其門而敬納焉，必得聞所未聞，見所未見，以助日新。九仞之山，不難爲也。行乎慎之，歸其有以語我。

送權御史序

祖宗深仁厚澤，涵浸幾百年。中和所致，美祥靈瑞，仰而星虹雲露，俯而草木鳥獸，殆未暇數。其絕異殊尤，鐘爲人才，

以待我國家用者，前蹤後跡，袞袞相繼。故凡中外百司，綱舉目張，配虞朝之績熙，邁周官之業廣，非培植之久，舉錯之精，能爲盛如此乎！若御史臺、翰林院，主法之所守，王言之所出，兩塗雄峻華邃，東西府猶榮視之。雖尊卑秩敍之有差，一獲踐焉，其爲真賢碩能，不問可知。顧有出彼入此如吾權公伯庸者〔一〕，又可一二數耶！

公昔以廉明惠利，歷試民庸，有聲循吏矣。皇上更化之初，即以清風勁節置之六察，俾糾繩外臺。剛正之譽，精允之評，流聞乎西土者，遠邇如一。今年春，復以雄深雅健之文待制翰林。使召之日，士大夫知伯庸者莫不歆嗟愛樂，且謂公嚮於用矣。嗚呼！使吾君隨用隨得，而無頗牧之思，非祥瑞之絕異殊尤者乎！於是相與作爲歌詩，以宜其行，俾某也道所以然。某非敢先也，執負弩之役也。

送張宣撫序

元卿宣撫以忠信篤敬之行、通明果斷之才，當朝廷軫念遐氓，西南衛藩尤要且劇，擇可寄威惠之任者，無問内外，不次拔擢，故元卿兩以虎符宣撫松、潘、容、叠、威、茂六州。嘗試與語土地要害，俗尚異同，與夫利病之所自，設施之所宜，究極詳盡，使人聳聽。嗚呼，綰符職使者皆若是，民其無憂乎！内艱去職，專力問學，儒生士大夫靡不造謁。雖以予之衰晚迷謬，亦不鄙遺。

今茲于邁京師，過門道別，且曰：「願有贈也。」

予謂元卿孝弟行家，忠順移國，古人爲学大端，固已神會心得。方且參稽前言往行，以求充夫所受之良貴，而不搖奪於人貴，蓋千百不可一二數，予尚何言？抑元卿日所從事者，四代書也、真公衍義也、陸公奏議也。書以立其心，衍義以開其

〔一〕顧有出彼入此如吾權公伯庸者：「顧」，李夢生校勘本作「願」。

學，奏議以發其用。精之熟之，循序而體之，則自今日引而爲公爲卿，將不外是，而有餘師矣。元卿其盡心哉！霜風凜然，强飯自愛。

送張憲副序

公卿大夫能世其家，以「幸哉有子」稱願於國人者，非謂其高車駟馬，震耀相襲也；立身行道之榮，令聞廣譽之貴，有光於前，無忝於後，是之取爾。故雖名位之不侔，不害爲善繼，否則三命踰父兄幾何，其不爲辱先之資乎？若我奉訓大夫、河西隴北道廉訪副使張君子高，真其家之象賢也。繇祖都運公以宿德雅望，表儀縉紳。若父恭敏公、若叔宣撫公資兼文武，有勞於國，有愛於民，史筆班班，流芳無窮矣。奉訓生有令姿，周旋懿範，以純明剛正之才，篤孝慈友悌之行，經史以博其用，禮法以嚴其防。試之縣治，即頌遺愛。爲御史、爲僉憲，霜清月白，西、南兩臺，倚以持平。故今命下之日，識與不識皆欣欣相告，臺府不可不用斯人，而斯人不得不爲臺府之用。嗚呼，若是者稱其爲張氏子矣。

王事有程，戒途在邇，某告之曰：恭敏公雄才大略，爲時名臣。中外之職、繁難之任，他人捄過不暇者，皆投機中會，不失毫分，于以簡是，其垂裕後昆，體正而法周矣。世皇之知，獨公輔之期。世所同惜，天其或者將貽之奉訓耶！奉訓其益邁仁勇，以濟世美，以報國恩，使未究於前者獲伸於後，則夫所謂立身行道之榮、令聞廣譽之貴不在此，其將焉在？某也蓋有所試矣。

送智德融序

智昱德融，參議得齋先生之孫，成伯隱君子之仲子也。其兄德明受業勤翁之門，文行卓越，士譽籍籍，不幸蚤世。德融

嘗從予遊，溫恭謹敏，得諸天者既厚，詩承禮接，出諸戶庭者趨向又正，故其學知用心於內，日新之功方勉勉也。

今年春，行省檄正華學，徵言爲別。予謂古昔聖賢制爲教法，以成萬世之人，宏綱纖目，不一而足。德融固已習熟見聞，舉而措之於吾身矣。成己者所以成物，而明德者，新民之本也，豈外此而爲術哉？亦曰以吾之德進進學者之德，以吾之業修修學者之業耳。孝、弟、忠、信以端其本，詩、書、禮、樂以達其用，莊敬以先之，詳勉以啓之，循序而進，積久而成，士風之興將不患其不美矣！國家以經明行修設科取士，真儒之用期底隆平。小大學校，任其職者，可易視哉！記有之：「學然後知不足，教然後知困。知不足然後能自反也，知困然後能自強也。故曰教學相長也。」願爲德融誦之。

送李正德序

河東山西道肅政移書陝西漢中道：「所部有儒士李秉中者，名儲曹史甲乙籍，可輟以遺我。」凡四請。由近制避道，故不得已遣之。

秉中字正德，諸遊從之良相與嘉賀，既又來言曰：「正德其行乎？」予曰：「行也。古人學貴有用，有用非他，入則用家，出則用國，二者而已。未知出之用，當於入之用者觀焉。正德端良和厚，誠實敏爽，尊老倚之以爲安，長幼資之以爲序，而凡信於鄉黨朋友者，不外是以爲道也。禮經文緯蔚然秩然，故日章之聲由近及遠，其出而獲乎上也，豈獨吾謂之然？若是，則求之亟者不爲貪，而應之緩者不爲靳也。雖然，風紀之司至大也，曹史之選至要也，以曹史較堂上，尊卑固懸絕矣。環數千里軍府州縣，貴而帥守，賤而令長，凡鞠躬屏氣伺候聲色爲進退者，其勢均也。蓋堂上總其綱，曹史職其目，是非可否，常先曹史而後堂上，夫孰爲要於此？玉不以至寶廢琢磨，竹不以直幹廢羽栝。子夏所謂學而仕，仕而學，非兩事也。感乎上者莫若誠信，信乎下者莫若潔己。不逢迎媚悅以取寵，不陰險深刻以持文。守之以中正，行之以敬畏。舉吾所以悅乎親而信乎友者，措之於此，使堂上有得士之稱，數千里無失法之議。今日之用雖曰近小，則夫所謂遠且大者，又可以必其

然於後日也。」

語未竟，正德來造別，遂書以爲贈。

送楊景淵序

楊友景淵，予家交再世矣。學富而才良，行修而名立，得外祖龍溪公之傳，有志於聖賢之所志者，今將教授肅州，過予言別，曰：「願有告也。」

予謂國家盛治復古之日，庠序遍天下。景淵文行兩至，求以表率學者，莫子爲宜。若其教之本末先後，二帝三王良法美意，具在方册〔二〕，班班可考。大儒碩師，崛起於鄒魯，微絕之後，推闡究索，至精至密，幾無餘藴。景淵平日講習切磋，積之吾躬者，皆是物也，夫何妄庸敢措一辭哉？抑予聞人之言：肅州距京師六千餘里，爲遠且外，俗尚勇武，教化漸摩，恐未可以歲月言者。是殆不然。人唯勇也，故能見善必爲。唯武也，故能見惡必去。厥今王政，一視同仁，純任德教，盡洗後世空言無實之弊，上還古先惇典庸禮之舊，使人因吾心之固有曰仁也、義也、禮也、智也、信也；爲己事之當然曰父子親也，君臣義也，夫婦别也，長幼序也，朋友信也。由如是之俗，服如是之化，興起之易，風行草偃矣。任是職者，深體乎此，不教以言而教以身，不教以身而教以心，優而柔之，饜而飫之，匡直輔翼而振德之，異時爲孝爲忠，爲正直爲節義〔三〕，升之朝廷，列之庶位，未必近地之可班也。景淵其勉之！斯文修途，兆於此矣。

景淵故字夢臣，繇先世諱，改今字云。

〔二〕具在方册：「具」，李夢生校勘本作「布」。

〔三〕爲正直爲節義：清翰林院抄本作「爲正、爲直、爲節、爲義」。

送楊教授序

易良州同知焦灌臣從予遊者舊矣，每爲予道其妻兄楊君和卿之賢，孝友慈良，篤實詳慎，且曰：「此紫陽翁族孫也。譜牒具在，嘗從釣臺韓徵君學，迺能以其餘力究知陰陽五行之說，過而問者咸服精妙。今將教澧州路，欲得子一言以助觀省，何如？」

予學人事而不得其要，天道之遠，敢與知哉？雖然，不有驗於人者乎？人之生也，得陰陽五行之氣以成形，得健順五常之理以成性。氣也者，所以使人吉凶壽夭貴賤貧富，萬變而不常，非人力之能爲也。理也者，所以使人行乎吉凶壽夭貴賤貧富，一定而不易，人之所當用力也。用力於其所當爲，則爲順天。僥倖於其所不可爲，則爲逆天。順天者存，逆天者亡，不易之道也。古稱善其事者莫如嚴君平，與人子言依於孝，與人弟言依於順，與人臣言依於忠，君平其有真見者與？和卿，儒裔之良，學君平之學者也。言之凡近，不予厭也。

送孔提舉序

國家注意學校垂百年，凡以人才出治之本，莫此爲急。近自京師，遠雖荒裔，若路、若州、若縣，曰教授、曰學正、學録、學諭，大小相維，彼此相資，莫不設官分職，俾修教事，以登濟濟多士之美。既猶恐德意之未孚、長育之未洽也，又逐行省所在，闢儒學提舉司，以程善誘，規模宏遠，於斯爲盛，視前代蓋萬萬也。提舉之職，其重若此。提舉之選，故在朝廷爲甚難。自有此司垂三十年，陝西儒學僅得三人，始則集賢學士勤齋蕭公，再則國子博士虛舟王公，今也聖師五十四代孫孔君弘道實來。

弘道方內而圓外，博古而通今，孜孜其職，以身爲教，西州後學與凡獲際風望者，皆曰中庸門戶之衣冠，當自不同於庶姓耳。且景星鳳凰，人爭睹之爲快，豈不以非常之瑞得見爲幸？況吾人於聖師，日誦其詩，讀其書，而論其世，乃獲睹脉絡之同、儀形之肖，其爲快何但星鳳之瑞乎！歲未兩周，弘道遽起歸與之歎。去就久速，在弘道固自有準，而竊計其來，上距虛舟蓋已十年，得之如此其難，去之如此其易，西州學者失宗之恨，何時已耶？此予所以深惜其去，而不敢遽聞命也。弘道其強飯自愛，東郊之迓，或可再乎？

送殷良輔序

御史臺，國家寓法之司，百僚取法之地，故凡職於此者，非名門世德之英髦，必博古通今之良吏，蓋其仁足以有守而無權度之失中，知足以有別而無好惡之徇情，勇足以有爲而無理義之不顧。有是三德，翕受敷施，上可以撫五辰，下可以凝庶績，朝廷於是乎得人，聲教於是乎四達矣。繇憲府擇任難慎若此，非惟一世之法有所屹立而不傾，而激厲羣品，儲育衆才，雖百世之用可以左右而逢原也。嗚呼，休哉！

陝西行臺經歷殷公良輔，若祖若父，帷幄舊臣，顯有勞烈。良輔讀書由禮，嘗宿衛仁廟，以小心無過，深聞睿知。首拜監察御史，迭居西、南兩臺，出僉河南北道肅政司事。入爲裏院御史，再僉燕南道肅政。及今長幕議，六任幾二十年，爲執法所專有，他署亦不得而借焉[一]。蓋臺評不可無良輔[二]，而澄清之具，在良輔亦不得而自晦也。有一其心，萬變不渝，奪生於死，禦存於亡，其仁爲何如？功無過褒，罪無濫貶，是是非非，行所無事，其知爲何如？國蠹則直斥而盡言，衮闕則有犯

[一] 他署亦不得而借焉：李夢生校勘本無「亦」字。
[二] 蓋臺評不可無良輔：「臺」，底本缺，據李夢生校勘本補。

而無隱，其爲勇又何如？具是達德，用纔十之一二，持此求退〔二〕，良輔能之乎？愚知朝廷求人得人，何惜名爵？殆閔關輔之民獲罪於天，無所從禱，不屬之良輔，其將焉屬？選報之聞，洗耳以待。

〔二〕持此求退：「持」，清翰林院抄本作「特」。

榘庵集卷三

記

奉元王賀公家廟記

大德十一年夏六月辛亥，故光禄大夫、平章政事、商議陝西等處行中書省事賀公薨，贈恭勤竭力功臣、儀同三司、太保，封雍國公，謚忠貞。延祐皇帝軫懷宿德，謂公爵未嘗稱，加贈推誠宣力翊運功臣、太師、開府儀同三司、上柱國，追封奉元王，仍謚忠貞。

後八年，泰定丁卯，王夫人鄭遣其婿開成路同知韓慶，介興平縣尹鄭思義致詞于某，曰：「先太師小心恭恪，服勞王家，始終五十六年，遇知四朝，榮生蓋不敢言，哀死之典，十餘年間，綸命再下。超踰五爵，進號王封，異姓之臣能此者幾？間自惟念國家於太師湛恩猶然，而吾私家乃無一椽之屋以棲託神靈，非大闕事歟？於是相方居第之前，面勢嚴正，創廟三間，左庫右厨，前爲大門，繚以周垣。凡皆于歸時資裝餘財，賀氏不一錢費。今既告成矣，不有紀述昭示厥初，何以飭承祀於永久？敢謁辭記之。」某謝再三，不獲命，則喟然曰：

禮家言：古先哲王制爲宗廟之禮，以教孝天下。自天子、諸侯至卿、大夫、士，亦皆得以等殺立廟其家。五三二一之

數，黝堊蒼黈之飾，貴有常席〔二〕，賤有常準，雖曰不下庶人，祭寢之文亦列于後，此其尊祖敬宗之義爲如何？秦氏焚滅舊典，先王良法美意一掃無遺。歷漢及唐，耳目之習久曠，雖或時有論説，公私之制終不古復。唐之名臣如王珪者，猶以不營家廟爲有司所劾。宋韓忠獻王尚即寢行事，文潞公始立廟河南。寥寥千數百年，公卿家知以是爲先者，蓋寡矣。夫人長慮及此，序詩者謂「夫人可以奉祭祀，則不失職矣。」信知言哉！

粵若太師繇結髮入侍世皇，險阻艱難，從容閒宴，無不與俱，而忠敬淵實，明練庶故，簡在帝心，爲歲已久，故上都留鑰之寄，無以易之。自正議大夫、上都留守、開平府尹進資德大夫兼虎賁親軍都指揮使，獨任餘二十年，豈無他勳貴從欲以治？克當上心者，太師一人。遂登宰席，榮禄大夫、中書右丞、光禄大夫、平章政事榮歸老也。積行累功，爲國寶臣。顯親揚名，爲家孝子。神道之碑，王封之銘，班馬所述，皆出上命。揚休當世，昭訓後來者，日星垂而江河流，是宜有廟，以奉烝嘗，如古諸侯之制，非夸也。禮曰：「始封之君，爲百世不遷之祖。」太祖於賀氏是已。國家動遵先憲，安知他日不有以此獻議者乎？冢子平章政事、上都留守勝卒于延祐庚申矣，仲子最〔三〕，夫人所生者，亦蚤世。今其孫某又將踐世職，作召公考，銘孔氏鼎，其在斯人歟？

夫人，聖武從征醫使龍崗先生之孫，劉文貞公所謂「一語立活萬家命者」。端靜淑明，勉勉内政。太師存也，能以順事；其歿也，能以禮成。君子是以知夫人好學有素，又以知太師修身之效著於家者，蓋如此云。泰定四年六月吉日記。

〔二〕貴有常席：「席」，李夢生校勘本作「度」。

〔三〕仲子最：「最」，李夢生校勘本作「勗」。

萱堂記

臨原老人惠君顯卿，儒而隱於醫者也。端謹和厚，事母盡孝。榜所居曰「萱堂」，于以致敬樂朝夕之助。鄉先生鄧平湖子孝本原其實，記而發之，一時名賢若孟龍谿、郭太華、郭遺安、李寓菴爲銘爲詩，贊能頌美，燦然卷軸，臨原之孝遂專美於前史矣。逮今蓋七十年，珠零玉落，無復存者。其孫世英元輔乃於故篋敗楮中求得副墨，平湖之記殆去其半。悼先德之弗彰，念斯文之失守，創屋三楹，扁以故號，且將揭銘詩於前楣，以爲歲時族聚瞻依之所，庶幾如見婉容愉色而聽柔聲順息也。於是介程甥恭持其副，求敍所以。

伏讀再三，及先君玉山翁之詩，不覺涕下，蓋自恨昔者冥頑之不子也，乃告之曰：「子孫之於祖考，求諸其跡，不若求諸其心。成壞於歲年有數者，跡也。始終於天地無窮者，心也。子之視父母，今何殊於昔？溫恭朝夕之容，左右服勤之事，毫髮日用靡不是似，雖歷萬子孫，祖考猶在也。堂何爲哉？昧人受之中，忘子生之愛。孟子所謂世俗不孝者五而一有焉，祖考之遺風餘韻掃地盡矣。是陳跡者不徒爲興嗟之地乎？中庸曰：『夫孝者，善繼人之志，善述人之事者也。』雖然臨原之心，元輔能爲心矣。臨原之跡，元輔其能不復之耶？吾知臨原之精爽洋洋乎如在左右，其必曰：『孝孫有慶。』世元輔而守之者，尚知勉哉！」至治改元九月望日記。

明善堂記

涿郡姜汝楫濟川之子煒過予而言曰：「先君平日好賢樂善，受知太子諭德勤齋蕭公。家構一堂，爲燕休之所，請名於

公，公署以『明善名』〔一〕。嘗言求記於先生，以達訓義。不幸先君就世，煒惟先君陪從門下有年数矣，志所未竟，非煒之責與？敢犯是不韙，冒昧以請，幸先生卒成之。」

予俯而思，仰而歎曰：斯人其可得而復見邪？曩自得友李君仲和，間聞濟川德譽之美〔二〕，接欸既久，益信仲和爲知言，而喜善人之得見，不予欺也〔三〕。當安西王胙土秦雍〔四〕，姜氏以織工選分簿室，濟川年甫十歲，即能代其父偕叔仲來關中。時執技者號藩邸私人，數十爲曹，恣橫閭井，有司莫敢誰何，濟川足跡未嘗一出作戶，爲叔仲憂。已命肄業吳氏，堅勤不異寒暑，吳氏察其殊常子弟，以女女焉，經始立家室。公事私業，如期而集。每以精巧中程度，獲譽考工，售諸人者，無不意滿，謂工當其直也。母氏既亡，迎養其父殆十年，愛敬之誠，風動鄰類。其歿也，度不能返葬，買地府之南而安厝焉。數厚饋其弟，求致母喪。合葬之日，啓視父墓，有若藤葛之蔓者，周繞其棺〔五〕，牢不可解，衆咸嗟異，卜師曰：「此休徵，其孝感歟！」爲人惇謹淵實，謙恭和易，賦予既厚，而保守無失，能知義取，能遠利嫌。自幼至老，外酧內應，無一言之妄、一事之苟。是其於五品之遜，有不待教而神會心得。茲所謂善人者，非耶？勤齋先生舉子思、孟子相傳之要以示濟川，豈不曰「可與言而言」？其知濟川亦深矣。惟皇上帝降衷於下民，所謂善也，精微之蘊，其凡有五，曰：「仁義禮智信。」本於信而根於心，經五典而緯萬事。明之則知，昏之則愚。聖賢之教，首以格物致知，欲人曉然，知天衷所畀，決不可不爲而爲之，必用其極，則是善也，真爲吾物矣。十室之邑，雖曰必有忠信，而學之不講，亦安能必他歧之不窘吾步耶？勤齋以聖賢之學期濟川，朋友切磋，不復可得而有矣。嗚呼，惜哉！

〔一〕公署以『明善名』：「名」，永樂大典作「居」。

〔二〕間聞濟川德譽之美：「間」，底本缺，據永樂大典補。

〔三〕不予欺也：「欺」，永樂大典作「歎」。

〔四〕當安西王胙土秦雍：「當」，永樂大典作「由□望子」。

〔五〕周繞其棺：「繞」，李夢生校勘本作「紹」。

然詩之言曰：「教誨爾子，式穀似之。」濟川以羈旅之童，不階分寸，爲起家始祖，有田可耕，有屋可居，其艱甚矣。好德之譽，流聞鄉黨，儒先長者樂告以善，垂裕厥後者爲何如耶？繼今以往，登明善之堂，人將曰：「父作之，子述之。」濟川爲不亡，且煒與其兄煜融融怡怡，盡歡北堂。播構之任，有引無替。匪進而與之，蓋試而知之也。至治改元十月朔旦記。

關侯廟記

天地以盛大流行之氣化生萬物，而人爲最靈，故人之忠魂義魄、雄健勇烈，首出羣倫者，其取天地之氣尤多。生而威震一時，歿而惠及百世，理有固然，無足疑者。

蜀漢前將軍忠義侯關雲長羽〔一〕，計距今千數百年〔二〕，世雖有易，而人心之歸無改也。上焉有國莫不崇，以王封〔三〕，廟之爲義勇、爲顯烈。下焉郡邑鄉井，繪而爲圖，衆以時享，繪而爲像，宇以常尊，至僧廛道聚，亦皆寓以香火，蓋侯之奇功偉烈載諸信史者，固不能以遽數，而精忠大義炳如日星。雖曹操姦雄詭祕，挾天子以令諸侯之勢，甘誘百至，卒不能毫髮移其心於事昭烈者，艱難險阻，竟以戰死，此其剛明正大之氣得諸天地者若是其多，則其遺靈餘響助發人心於無窮，豈容與尋常隨起隨滅者一概論哉！肸蠁幽莫，有感必通，此所以祠宇獨遍九區，而非他神專食一方之可比也。

鞏昌府仁壽山有廟在焉，相傳金大定間，西兵潛寇，城幾不守，乃五月二十有三日見若武安狀者率兵由此山出，賊駭異退走，遂即其地廟而祀之。今他郡皆祀以十三日，獨此邦用是日，答神貺也。皇元戊午，汪忠烈公神交千載，慨遺構毁撤，

〔一〕蜀漢前將軍忠義侯關雲長羽：「羽」，底本缺，據李夢生校勘本補。

〔二〕計距今千數百年：李夢生校勘本無「計」字。

〔三〕上焉有國莫不崇，以王封：此句李夢生校勘本作「上焉有國，封之爲武安王」。

首營正殿，于後授兵告伐，應捷如響。貞肅公敬成先志，有嚴像設，躬薦蘋藻。文貞公又繪東西序。令中丞監郡曰〔二〕，偕都總帥某、同知總帥祁永昌、總管蒲某捐俸，益加樸斵，擇修潔有道之士若周道廣、譚守明、楊應琪、李混然、楊荀然先後以主廟祀。混然由父故，出私財夾建兩廡，市地拓廟垣，遠近爭附益之。伏羌令席珍、大使王某別創拜殿，又以餘鏹置田百畝，俾永給廟費。

泰定二年，混然乃門其前，而廟之壯觀始備矣。中丞以書來言曰：「盍爲我記之？」

伏惟侯之食此土也，雖曰有素，然「神之格思，不可度思」。凡今羣民水旱疾疫、盜賊凶害，無所於訴者，必侯焉依，侯其私此土乎？易曰：「神而明之，存乎其人。」忠烈公世授雄傑，出入將相，實與侯氣誼相頡頏，精誠所達，固足以收亡合散。是役也，始之終之，不懈益虔〔三〕。嚴翼顯敞，實稱神棲。侯之雲車風馬，翺翔上下，所以久此而福羣民者，孰謂其不是致哉？嗟爾羣民，神不福淫，毋謟毋怠。

輂石以斵碑者，道士馬元正也。泰定二年十一月望日記。

西亭記

天曆二年秋，滑臺宋公以嘉議大夫來爲陝西諸道行御史臺治書侍御史。時適丁氣數之變，饑饉疾疫，民之流離死傷者十已七八。公居不安，食不飽，凜凜焉如救焚拯溺，凡可以迓續民命者，慮無不周。力陳數事，皆振恤大計，民亦以是有望復生。

〔二〕令中丞監郡曰：「令」，李夢生校勘本作「今」。
〔三〕不懈益虔：「虔」，李夢生校勘本作「處」。

一日，過予言曰：「僕以非才，誤列周行。中外任使，奔走經營。雖無分寸功能裨國助民，然亦不敢擇事難易以爲趨避。由先父耋老，左右無就養者，恩命屢下，則亦屢辭。暨乎免喪，積痾在躬，不復有如昔時矣。今茲之來，中臺遣人趣行者五，畏天命而悲人窮，不敢自爲謀也。滑臺所居之西築亭，以備燕休，因命之曰「西亭」。金堤在其東，龍門出其南，西列太行之秀，北峙黎陽大坯之雄。雙潭逕流，以膏乳原隰。每周覽其上，朝輝暮采，景變不同，而同於夷曠，蓋已十有三年矣。子能爲我記之乎？」

予俯而思，仰而歎，曰：「公方以正直剛大之氣，主張國是，慈祥豈弟之政，勤恤民隱。上得所託，下不失望。西亭之築，乃在十有三年之前，得不爲太早計乎？樂吾之樂而忘與人同憂之憂，昔賢嘗有是議矣。抑荷擔者思息肩，行遠者思稅駕，此人之常情，事之必至者，又何遲速之云？若韓魏公、伊、周當世，身任安危，乃有羨於樂天，作堂私第，扁曰『醉白』，亦以見其夙心也。」

其年冬，公果由勞勩宿疾是蠲，移書東歸。明年，至順改元，詔以中奉大夫進位侍御史，蓋不許其終辭也。予固謂公畏懼盛滿，勇於易退，世亦豈容遽舍公乎？然予聞公晨起登西亭，非敢自安，足不入內戶。讀書接賓客，終日端坐，儼然若有所思。蓋以此寓端本澄源之習。爲子思所以事親，爲臣思所以事君，期吾分內事，表裏俱盡，不使一毫私累得以乘間，爲此心天理之病，豈直以遐觀廣覽如欲快翫物適情者之爲之也。嗚呼！有公之忠孝，則西亭者神持鬼護於無窮。如曰室邇人遠，則開奇發勝，不知其幾西亭也，亦焉能爲有，焉能爲亡邪？

公名崇禄，字壽卿云。閏七月望日，榘庵同恕記。

經歷司題名記

凡官寺必置幕職，所以輔翼長貳，總攝掾曹，相成一官之治，使無曠天工也。故長貳禮敬之曰賓，不敢以吾屬待之。朝

廷簡修進良之選，莫此爲慎，況陝西行臺體貌如此之重，臨制如此之廣，吏治得失，民俗汙隆，陽舒陰慘，一資幕議，自非真賢實能、素允人望，胡可處此？

天歷二年，以燕南肅政僉事織巴勒良輔爲經歷〔一〕，西臺監察御史李守仁爲都事〔二〕。廉整淵實，明練博達，所謂真賢實能、素允人望者。關中遭罹天孽，民輾轉溝壑，幾於周之「靡有孑遺」，庶政之艱，什百異時。兩賢次第輔成臺治，施實德於民，以冀悔禍，正法守於上，以謹官箴，可謂余不負丞矣。

間者，都事君致臺端之命，以題名記見屬，且曰：「題名有石，其來舊矣。今不準堂義而爲之，是無勇也。幕記敢併以請。然時絀舉贏，人謂斯何？」余既不得辭，乃告之曰：「不遇盤根錯節，不別利器。當艱棘迫迮之秋，補整暇未爲之典，非識深慮遠者不能。是非之心人皆有，此石一立，後之來者指其名氏，詢其用世，人將曰：『是誾誾侃侃，能上說下教者；是容容唯唯，能逢迎詭隨者；是廉靖有守，爲上所信者；是嬌僞無常，爲下所病者。』一寓目之頃，良心感悟，去彼取此，其有益於政事之書，顧不多乎？當務之急，孰先於此？」十二月望日記。

服善堂記

中奉大夫、陝西行省參知政事青社王公仲懌，名其所居之室曰「服善」〔三〕，蓋取顏子「擇乎中庸，得一善，則拳拳服膺而勿失」以自警省。至矣哉，公之爲心也！乃者求記於予。

〔一〕以燕南肅政僉事織巴勒良輔爲經歷：「織」，李夢生校勘本作「善」。

〔二〕西臺監察御史李守仁爲都事：「西」，底本缺，據李夢生校勘本補。

〔三〕名其所居之室曰「服善」：「室」，永樂大典作「堂」。

予聞命，且喜且愧。其喜也，聖賢爲己之學，泯泯乎無傳也久矣，公獨聞而知之。其愧也，竊亦願爲焉〔一〕，老死不能以寸〔二〕，何辭以復公？姑舉論語二十篇，聖人所以稱顔子者，爲公誦之。淵淵乎，此顔子之極功，作聖人之能事。蓋顔子於聖門，始乎視、聽、言、動之「請事斯語」，以極乎高堅。前後喟然之歎，未嘗一念不以聖人博文約禮、循循之誘爲己任。「擇乎中庸」，博文也。「得一善則服膺勿失」，約禮也。其曰「語之而不惰」者，不惰此也。其曰「吾見其進也」，進乎此也。曰「如愚。」，曰「非助我者。」，曰「好學。」，曰「賢哉！賢哉！」雖辭有抑揚，要皆喜顔子之能擇能守，實有是中庸之德也。茲不曰作聖人之能事乎〔三〕？或有疑顔子「明明德」以尚之，新民之功其如不見何？顧不思聖人既許以用舍行藏，惟與我有，而於爲邦之問，獨以「損益四代之制」告之，使其進爲於世，皋陶、伊、周、召之所至，將不能乎？抑斯言也，論語所不載，子思亦以爲中庸之標的，豈一時門人未之有聞，而子思得之於過庭歟？

今公既有事於此矣，予亦以是得公之心。及公之用，由削牘省部，聲實卓然，已推令器。漕司失官，舉以運判，計度周而防禁密。海舟如期輪瀉，以石計者三百五十餘萬。自有此司，數無與比，大臣嘉獎之。領山東監運〔四〕，民惡勿施，吏姦必去，均齊竈戶之勞，差次富商之售，法行而課溢，此則公有猷有爲，不解于位也。擢居戶侍，主經費經用〔五〕。今昔出入之議，謂賦入數倍於前，不可復加；費出之夥，歲無紀極。今民窮財匱，什百往時，當節用以愛民，更張以善後，具撙裁振拯之方冊，上之參議；樞庭邊將大小久沉版授者數百員，議當改秩，以璽書敕書寵光之，可勸盡力；廣海軍守觸瘴死者甚衆，請增衣糧鹽菜之給，以厚其生。奏皆可。此則公忠誠惻怛，不隱於爲言也。若聖上登極，以戶部尚書整辦供億，事體重大，應

〔一〕竊亦願爲焉：「爲」，李夢生校勘本作「學」。
〔二〕老死不能以寸：「寸」，疑當爲「守」。
〔三〕茲不曰作聖人之能事乎：「人」，底本缺，據清翰林院抄本補。
〔四〕領山東監運：「監」，李夢生校勘本作「鹽」。
〔五〕主經費經用：「費」，永樂大典作「賦」。

變如響，始完而終洽，置諸太僖宗禋院，俾視一世皇原廟祠享，蓋異數也。遂踐宰席，親承玉音：「陜西民務之大，今以付汝。」其簡聖知爲何如！蓋公以英偉明亮之姿、忠信篤敬之行，推吾服膺之善，不惰而進焉，以造於極〔一〕。

嗚呼，顔子舍之而藏者也，公則用之而行者也。「希顔之人，亦顔之徒。」異時弼致中和，位天地育萬物之功，當有光於先正矣。至順改元冬十月乙丑記。

明軒記

天地之間，陰陽之運，爲晝爲夜，爲明爲晦，無非教也。明而爲晝，萬象呈露，形開氣豁，欣欣乎其向生也。晦而爲夜，跬步無見，聲沉影沒，杳杳乎其趨死也。聖人作易，遂以陽明爲君子，陰暗爲小人。夫君子之所以爲君子，曰忠，曰孝，曰信，曰義，惟恐行之不著，人之不我同也。小人之所以爲小人，神姦鬼秘，兔狡狐妖，惟恐藏之不密，人之或我知也。然則我將奚從？將明而爲君子乎？將暗而爲小人乎？故大學孔氏之教，首以「明明德」爲言。蓋吾此德得之於天，虛靈洞徹，萬理咸備，初無一塵之污，一毫之翳，使其日用之間酬酢庶務，輕重短長，如尺度權衡，錙銖分寸皆得其平。天之所以爵斯人者，不既尊且貴乎？一或以物我相形之私穢涅其間，日引月長，向之所謂虛靈者，變而爲昏塞矣；向之所謂皆得其平者，不失之輕短，則失之重長，而各倚於一偏矣，是自昧其天也。然出幽則入明，其幾在我，間不容髮，可不精以察之，一以守之乎？

陜西行臺經歷張君子安扁其所居之屋曰「明軒」，參政李公仲淵爲之頌，發揮其義，無餘藴矣。乃復以記見屬。予惟經歷君顒顒卬卬，如圭如璋，憲府之用，著績中外者歷年多矣。廓然大公，物來順應，此心之鑑，懸照炯然，妍醜之來，物各

〔一〕以造於極：永樂大典作「以濟登茲」。

付物，而我無與焉。人皆服其明，而不知君潛雖伏矣，亦孔之昭。所以保吾所有者，乃在於人不及知我獨知之地，其真得孔氏之傳者與？君子哉若人！尚德哉若人！敬爲君誦之。至順改元十月己未，榘庵同恕記。

榘庵集卷四

書

上儲君書

延祐七年正月某日，奉議大夫、太子左贊善臣同恕謹齋沐裁書〔一〕，百拜獻於皇子殿下：

臣性識愚闇，僻處遐方，幼承師師之教〔二〕，粗涉經訓，但求遠罪，以不輕抵國憲，非有奇材異能可知於人。加以積年目病，數尺之內不辨物色，以故跧伏窮巷〔三〕，甘守愚分，不謂虛名上瀆朝聽〔四〕，致使殿下正位青宮之日，愼簡僚屬，下及愚賤。聞命驚惶，罔知所措。私自計度，君命再至，猶以審分爲辭，廢義之罪，不既大乎？若其真見朽木糞牆之實，亦將不雕朽矣。是以冒昧此來，欲一仰望清光，瀝臣愚懇，必不使玷污華班，以貽宮府之辱。然臣思所以報殿下者，固不容嘿也，是用摭取古義，敢獻其愚。伏惟赦其狂妄，少賜省覽。

臣聞古者立元嗣之教，行元嗣之法，載于禮記文王世子篇，詳備無遺矣。後代因時著義，隨事納諫者，亦不出此。是篇

〔一〕太子左贊善臣同恕謹齋沐裁書：李夢生校勘本無「臣」字。
〔二〕幼承師師之教：「師」，李夢生校勘本作「父」。
〔三〕以故跧伏窮巷：「跧」，李夢生校勘本作「踡」。
〔四〕不謂虛名上瀆朝聽：「瀆」，李夢生校勘本作「黷」。

首言：「文王之爲世子，朝於王季日三。鷄初鳴而衣服，至于寢門外，問内豎之御者曰：『今日安否何如？』内豎曰：『安[一]。』文王乃喜。日中及暮，亦如之。」「食上，必在視寒煖之節。食下，問所膳。」蓋爲子止于孝，論德者以是爲先，脩德者以是爲本。此問安視膳，所以爲太子之職也，况今殿下始被恩旨，參總萬幾，聖上以社稷人民教殿下矣。事體之重，孰有加于此者！固宜朝夕過宫，問安之餘，和色柔聲，具事之可否利害，詳問熟稟，期于至當，則聖情可得而親見，聖語可得而親聞，慈孝之和洋溢中外，嫌疑何自而生？間言何自而入？孔子所謂「愛敬盡于事親，而德教加于百姓，刑于四海。」政此時矣。此臣所欲獻者一。

禮記又言：「三王之教世子，必以禮樂。」是故其成也，懌恭敬而温文。夫太子，天下之本，王業之基，其素教預養，俾慎脩於始者，不容不如是也。而慎修之道推其極，不過曰恭敬而已。恭敬者何？非法不言之謂也，非禮不動之謂也。蓋恭敬則心收斂，收斂則日進於明，明則萬理得矣。不恭敬則心放肆，放肆則日入於昏[二]，昏則萬事失矣。殿下睿德天成，動中矩度，方機政之與聞，乃勞神之伊始。人之誠僞至難知也，事之得失至難審也，宜進宫臣之忠實，聽話言之裨益，使吾視聽言動一循乎禮，好惡取舍不違乎天，則上可以慰悦聖心，下可以允愜民望，百司庶府不嚴而治矣。先儒言「敬」之一字，聖學所以成始而成終，堯、舜、禹、湯、文、武所謂傳恭者，蓋如此也。此臣所欲獻者二。

臣又聞作和羹者須鹽、梅，作酒醴者須麴蘖，而左右羽翼者，君德之所以成也。今殿下仁孝明哲之姿、恭敬温文之德，至性自然，不假勉諭。天下之人聞而知之，孰不懽忻愛戴，謂上天所以錫我皇元永永無疆之福者如此其大，吾屬益安樂矣。此可見殿下盛德之感、人心之應也。抑臣之愚，謂殿下金精玉粹，固可必其終始如一，然左右前後將順其美者，或不盡其方，亦恐德之孤立也。竊願殿下得貴戚勳舊之臣敦厚忠謹者，日以聖祖神宗大訓大政誦讀開曉殿下，知祖宗所以維持天

[一] 安：李夢生校勘本無。
[二] 放肆則日入於昏：「日」，底本缺，據李夢生校勘本補。

下，能守其家法也。又得端良博古之士，於世祖所賜裕皇諸經及今殿下受聖上所賜尚書、政要等書，或三日，或五日，講説其義，殿下知言行有法，鑑於先王成憲也。善乎賈誼之言曰：「太子生而見正事，聞正言，行正道，左右前後皆正人。夫習與正人居之，不能無正，猶生長于齊，不能不齊言也。習與不正人居之，不能無不正，猶生長于楚，不能不楚言也。」此其潛扶默助、積濡累潤者所繫，豈不重且要歟？此臣所欲獻者三。

夫孝也，敬也，所以脩之於内也。左右羽翼，所以脩之於外也。内外交脩，聖功之成不難矣。殿下得歡心于兩宫，播令譽於萬姓。重離之光增華宗社，豈特愚臣之願，實天下之至願也。螻蟻纖微，感激恩遇，干瀆威崇，罪當萬死，下情不勝戰汗隕越之至。臣恕謹獻。

答王茂先經歷論喪服書

一别逾年，曷勝嚮仰！伏聞太夫人奄棄榮養，執事奔走還家，不得遠致弔慰，徒有悵惋，爲罪，爲罪。今弟來承手教，墜問喪服變除之節。非誠孝所發，安有用心至此者？但某於禮學甚疎，闕於詳考。晦庵家禮亦只以温公書儀爲據，小祥條内注云：「禮，既虞卒哭，則有受服。」今人無受服及練服，故家禮亦不言練服制度。今士大夫家一遵家禮小祥，但以稍細熟布改爲一冠，去首絰，衰服則去負版、辟領、衰，如此而已。首絰一除，無服再用。蓋去古已遠，豈能一一盡如禮經？晦庵亦酌古今之宜而用之耳。鄙見如此，幸更詳之。執事孝心無窮，而禮制有限，今小祥矣。惟痛自裁抑，節哀順變，以繼述之大自念。

跋

跋周益公辭翰

「勳業文章各致身，精神未易寫丹青。八朝二百年間事，付與承明著作廷。」此軸距今一百一十四年，藏憲僉郝君和甫家。偶讀益公集，見此詩題下注云：「乙卯三月三日。」是又後誠齋一歲矣。當世題識所亡失者，計不止此。惜哉！謹録而歸之。大德辛丑五月朔日書。

跋勤齋祭雷孝述文後

雷遹孝述，故太傅府經歷君之孫，今仲介父之子，嘗以後其世父伯靜先生者也。先生講道家庭，德譽流播，士大夫許以今之程伯子。時恕以里中諸生，且辱與先生季弟季正父游，間亦獲坐席末，見孝述方六七歲，危坐先生側，誦書歷落如成人，心竊奇之。季正又謂予：「是兒未能言，家兄試以『之』、『曰』等十餘字教之，他日復問，皆指示不忘。」其後從勤齋蕭公學。先生歿矣，勤齋每愛其端慧，且歸城南別業，猶切切言遹生，使人不能忘懷，時年甫成童也。孝述自是侍學季父，間就予論説經義，嘗賦雁詩：「沙磧冰霜信，江鄉稻黍謀。數行雲外影，孤響月中愁。細蓼霞翻渚，柔蘆雪滿洲。年年南北路，日日網羅憂。」予喜問孝述：「亦嘗習此乎？」孝述曰：「父師以學未知方，不令操筆。私心亦欲稍知文字從違，竊試課之。」予益歎孝述資禀美異，積學勤篤，斯致遠之器也。方是期之，孝述不幸死矣。每道恨惜，以勵兒輩學。

後十五年，仲介出其先經歷君手書孝述十六歲時詩，并勤齋公跋語祭文，泣請敍其右，予因悟先雁詩之歲已用心如此，

益深孝述不幸之惜也。廼備述始末，而告之曰：「戴天履地，人不可數計也，其類則有君子小人之分。君子而夭，人曰不幸；小人而壽，人曰幸免。是氣無一之或齊，理則萬世不易也。」今孝述生有懿質，方駸駸乎聖賢軌轍，斯君子矣。又得當世師儒若勤齋公者樂教其生，痛哭其死，則今日之不幸，視昔賢之不幸類也。其視汎然而生，汎然而死，無益於多寡之數者，不既壽矣乎？則仲介父又奚以悲爲也。抑經歷君之書此末，又詳識歲月，蓋不惟喜其能道此語，亦欲使爲孝述弟若子者時一奉玩[一]。恨年齡之既往，慚世業之莫脩，警省憤發，有以自勉云。大德庚子八月既望，同恕識。

跋畢御史贊詩後

秦城畢君廷傑，性孝天至，由親及疎無間言。國家恢弘孝治，既已表厥宅里，即授官忠翊，起監洋州，于以風示天下之爲子者，皆得如忠翊也。而忠翊在職，果能移所以事親者事君。青天白日之爲心，和風甘雨之爲政。興元尹山木公贊而詩之，殆袁安之異魯公[二]、梁統之禮孔奮歟？韓文公有言：「愈少從事于文學，見有忠于君、孝于親者，雖在千百年之前，猶敬而慕之，況親逢乎？」是謂先得我心之所同然者。皇慶改元春二月既望，同恕謹題。

跋聖哲圖後

此弟子從夫子陳蔡時也。聖門高弟若十人者，自得之優，固爲拔萃。然史所記弟子三千，身通六藝者七十二人，則宜

[一] 亦欲使爲孝述弟若子者時一奉玩：「奉」，李夢生校勘本作「棒」。

[二] 殆袁安之異魯公：「公」，李夢生校勘本作「恭」。

以哲稱者不猶多乎？故明道程氏謂：「曾子傳道而不與十哲，世俗論也。」雪谿之爲此，首貌曾子於聖人之後，豈亦以斯言爲然歟？延祐己未九月二十七日，同恕盥手再拜，敬識其後。

跋南士蘇明德詩後

詩言志。盛治之世，教化洽，人心正，形於言者，類皆敦厚和平，理精義密。所以培植彝倫，綱紀風俗，功用不淺。此律一變，興、觀、羣、怨之旨，披沙揀金矣。今觀明德諸作，山程水驛，雲瞻月睹，無一念不在父母桑梓，可謂得情性之正。使其辭未達，固將取之以勸善，況有典有則如此哉！明德深醇端亮，學有本原，清廟生民進，吾往也。至治三年清明，同恕書。

跋蕭勤齋贈學者詩後

「昔人年德位俱優，淇澳賓筵苦自脩。學至百年寧有厭？勉哉三十六春秋。」此勤齋先生書以示學者之詩。所授何人？今不可知。閿鄉士子何原大本嘗受業魯齋書院，得之於知識間，軸爲寶玩，不以廢惰，可謂能自得師矣。嗚呼，先生以睿聖武公之所事期後學，人心之用爲何如也〔二〕！大本其敬守之。至治三年六月十八日，同恕拜手書。

〔二〕人心之用爲何如也：「人」，李夢生校勘本作「仁」。

跋王山木辭翰

山木老人清新俊逸之言，沉着痛快之筆，可以追蹤古人，遺範後學，寶而藏之，宜矣哉！至治癸亥秋七月吉日，同恕書。

跋李仲淵所譔劉簡州墓銘

唐元魯山墓碑，李華製文，顏真卿書，李陽冰篆額，時號「四絶」。若簡州瓌奇卓偉之跡，肅政雄深、雅健之文，事辭彬彬，于以信今而行後無疑也，不謂之「二絶」而何哉？泰定三年春二月望日〔二〕，同恕識。

跋劉參政登岱華二詩後

參政濼源先生道醇德懿，措諸事業，有體有用，既已追配前脩，而辭學之妙，清雄典重，若三代彝器，見者知爲宗廟自然之寶，殆非世俗匠手可得而巧拙也。頃蒙不鄙，示以岱華兩嶽古律詩。捧讀再三，使人如對越峻極，毛髮森聳，恨不得攝衣以從其後。于以見公包含弘大之量焉，于以見公虔恭寅畏之心焉，于以見公經營四方之力焉，于以見公憂國願年之忠焉。聖人謂：「詩可以興，可以觀。」信矣哉！泰定丙寅秋七月吉日，同恕敬題。

〔二〕 泰定三年春二月望日：「泰」，底本缺，據李夢生校勘本補。

跋射雁圖後

予讀鄉射禮言，見古先哲王思深慮遠，其於人材豫培素養，使其賢足以立德行道，能足以應務適變，有用於世，無愧於生。法數品節之周，至於如此。故射雖六藝之一，而與禮樂相資以成始，相待以成終者，獨取重於此焉。自其始生，懸以弧矣〔一〕，蓋曰：「男子當有事於天地四方也。」成童則教以射，貢士則試射。至其擇祭〔二〕，則又以中之多少進退之。爲諸侯、爲卿、爲大夫，皆前日之數與於祭者。射乎！射乎！可易視乎？是藝也，必莊敬以立其志，專精以致其功，君子而仁者然後能之。孔子嘗曰：「不肖之人，彼將安能以中？」謂可以觀德者信矣〔三〕。國家文武並用，弓矢之教，同符古先，人才偉特，優於用世，庸流常品，殆不敢議其彷彿也。

友人憲僉薛侯君英持此圖相示，乃今西臺監察御史鼎新劉公居河東憲司照磨日，會遊獵休假，公以一矢墮蜚雁二，衆讙呼駭異，謂公巧力俱全，心手冥合，世所未有。相與圖其所見，以爲游藝者之勸。

嗚呼，但見公之外而不察其內，得公之文而不詢其本。蓋公以玉淵珠穴之秀，悦周公、仲尼之學，存心以仁，制事以義，成德君子也。跡其設施，公平正大之體，剛柔緩急之用，毫釐分寸無一不中其節，雖古名御史莫之或先，省括于度，特以見公之克勤小物，豈與夫甘生養叔輩較短量長哉！爲侯爲卿，仁義以籌，庶政步武間耳。致和改元夏四月乙卯，題在左方。

〔一〕懸以弧矣：「矣」，疑當爲「矢」。
〔二〕至其擇祭：「擇」，李夢生校勘本作「釋」。
〔三〕謂可以觀德者信矣：「者」，底本缺，據李夢生校勘本補。

跋止軒先生辭翰

恕年十六七時，先生來關中，寓几杖元都觀，恕往拜之，先生以故人子諭誨勤懇，至再至三，授以清暉亭賦草、長安懷樂府，書於方丈壁間，仍命讀之，爲説字音變例，恍然如對祥雲麗日也。俯仰之間，六十年矣。今觀此卷賦及樂府，皆在墨妙中。先生東歸，道出覃懷時所書也。朱文公言：「半山老人詞旨筆勢，直有跨越古今、開闔宇宙之氣。」先生游藝灑落如此，見之者謂斯言當屬之誰邪？胡君之子叔亨固求跋語。小子愚鄙，何足以知？感念疇昔，豈勝慨嘆？敢拜手稽首，爲識諸別紙云。至順改元冬至日，同恕書。

榘庵集卷五

説

伯順御史松壑説

盈天地之間者，萬物也，其類有四，曰飛、潛、動、植。四者之中，各有天地英秀之氣，間植以成形，故其精神相流動相感通，有不期然而然者，類殊而生同也。植物有松，所謂間氣之值，而非衆木所可班。蓋春榮、夏茂、秋實、冬枯，木之常也。或資腴壤以厚其培，或託沮洳以豐其澤，遠不數十年，而枝摧幹裂，人已興薪櫍之念矣，何顧惜之足云？松則異於是，不根於原隰衍沃之間，而危峯絶壑之是踞，沈浸乎風雲，厭飫乎霜雪，其取之天地浩然者，不既多矣乎？磊磊落落，挺百尋而直上；蒼蒼鬱鬱，貫千歲而不改。貞心勁質，長材大器，王者之堂不構則已，構則其舍諸？是以聖如孔子，稱之曰：「歲寒，然後知松栢之後彫。」達如蒙莊氏，亦曰：「受命之地，唯松栢獨也，在冬夏青青。」歷世以來，豪雋邁往之士，莫不樹爲表儀，發爲歌詠，以著其觀瞻愛悦之意，此豈松所能爲哉？生之所同然者也。

伯順御史公寓名「松壑」，豈亦氣機之動於中歟？公生長名門，服習忠孝，剛方而達事，通朗而好學。試之民庸，則已興歌別駕矣。朝廷謂不可小知也，擢置六察，以肅西臺。風矩之嚴，言議之正，凜凜乎縉紳，觀聽者三年于兹，得賦之異如此，固宜神會物理，以涵其用。異時登材具瞻，使國威增重，泰山四維，真能言之棟楹也。松，一物耳，其所負荷顧可同日語耶？人將曰：「公不負松，而松負公。」至治壬戌六月辛巳，同恕書。

銘

力本齋銘

木則有根，水則有源。由性之善，受名曰人。封之植之，月異歲新。疏之濬之，毋俾汩湮。譬如農夫，是播是耘。崇墉之獲，以封其勤。澡智浴義，帶禮依仁。循循勉勉，顔樂可臻。正父名齋，以警惰昏。勇貴能用，先民有云。

行狀

竇周臣先生行狀

先生姓竇氏，諱繼祖，字周臣，世家京兆。高王父興、曾王父公明皆滅跡藏用。王父璋，金明昌間自進士登高第，調主邠州新平簿，遷蘭州龕谷令、鄜州節度判官，入爲尚書戶部管勾，加奉直大夫，德氣粹然，鄉邦畏慕。皇考王，力學有聞，娶李氏，生二子，先生其伯也，以泰和三年二月十六日生。

幼時讀書，即知向嗜。少長從鄉先生張國寶學，堅苦自勵，既猶以爲未至，於是歷走當代名公之門，如浩然王先生、郎中蘇先生，奉事彌謹。二公嘉其篤實，樂爲啓迪，故先生之學問視他人爲有得也。

正大末，京兆浩穰，迫徙洛陽。居歲餘，京城不守，先生乃狥衆出降，渠帥盡驅以北。過太行，先生紿以採拾，遂脱身南走。至平陽，隱居教授者且數年。癸卯春，太傅耶律公行省陝右道過，先生以儒者見，與語悦之，遂拉西還，仍授館，請教諸

子，以故復得名於鄉邑。

先生資稟純直，寡言笑。諸經靡所不讀，尤潛心於書。雖家事叢脞，未嘗一日去手。教諸子嚴而有法，盛寒大暑，諸子夜誦，必身莅之，率至三鼓。平生居處服用，聞者苦之，而先生終身坦夷，略不介意。嘗曰：「願吾子孫勤力經史，悉心孝弟，天之福我也，亦厚矣。富貴貧賤蓋有命焉，豈智力之可移哉？」其安分寡欲，落落如此。

不幸感風疾，且病時召諸子，具衣冠，戒以雍睦，末曰：「吾家世爲儒，異端之學絕所不道，汝等誠有愛親之心，大事其一從禮。」良久乃卒，年七十有六，至元戊寅正月十有四日也。娶朱氏，先亡。再娶尹氏，亦亡。俱無子〔一〕。其今處室者爲逮氏〔二〕。生六子：汝賢、汝良、汝舟、汝楫、汝霖、汝礪。良、舟皆先卒。孫男十人，女三人。

汝賢等將以三月五日窆先生於長安縣七家里先塋之北，泣謂友人同某曰：「汝賢與子所謂世契者〔三〕，先君行事之實，子其悉知，盍爲汝賢狀之，以匄銘於當世賢者，非故爲張大以求知於人，姑以識汝賢等追思之情耳。」某竊惟先生與大人居同里閈，學同研席，相愛之心，老而彌篤。某之朴魯，亦嘗蒙提耳之誨，其何敢辭？姑次第其修己之大經，惟高明擇焉。至元十五年正月二十五日狀。

雷經歷行狀

謹案：雷氏繇經歷君而上，六世祖諱彰，自馮翊中雷村婿於河中府河東縣陶邑鄉東張尹姚氏，始爲河東人。嘗謂子

〔一〕俱無子：底本缺，據李夢生校勘本補。

〔二〕其今處室者爲逮氏：李夢生校勘本無「其」字。

〔三〕與子所謂世契者：「者」，底本缺，據李夢生校勘本補。

孫曰：「遠祖自豫章徙馮翊，碩學長德，聲烈書於信史。若曹其識之。」及病且終，遺令曰：「生不及養親，死不獲祔先塋，有遺憾於九泉矣。葬我必西首，無易吾意。」今塋兆南向西首，從治命也。五世祖愿、高祖信、曾祖豫。祖時饒於財，樂賑人之窮急，不惑方術言。嘗築後垣，人以歲君所直，禍不可測，不聽，功半而摧，言者譁然。因踞胡牀於下，躬視役作，終堵乃罷，後亦無他。父諱思齊，字希賢，邃儒學，篤於踐履，化行於鄉，訟者往往求質，或未至而返。治家以樸素率下，冬一紙帳，夏坐大樹下，課子弟耕鉏讀書，唯知有恩禮，不較利多寡，故族里內外舉欣欣也。歲饑，麥將熟，率童僕行田，見竊刈者數輩，乃趣還避之〔一〕，人問其故，曰：「彼皆良家子，以饑甚，不顧盜竊之名，以求生也。未能食之，忍辱之乎？」所爲文，兵後散失，今存者塔墓石刻數篇而已。

妣張氏，生二子，長震威，次即經歷府君，諱震通，字伯達，以金明昌四年癸丑歲二月十七日丑時生。生十六年而孤，服闋。娶同郡胡氏長女。未幾，調南北兵，使者發卒河中急甚，其兄與君爭往，曰：「弟幼，爲老母所憐，且以次，某當行。」君曰：「某愚，不能生產作業，兄往，則誰使養母〔二〕？某足能從事。」議久不決，使者始未信，既則疑，詗左右得其情，乃謂諸君曰：「吾視少者居行皆不可，即奪長者，此媼必無全理，吾欲姑置之而請於上，汝曹將謂我私此家也，奈何？」皆曰：「此家令聞有素，公若釋之，誰忍爲異言者？」使者委之而去，竟獲免。

明年，其兄震威卒。時蝗旱，餓殍滿野，壯者死鋒鏑，老弱困轉輸，堡壁晝閉，墟無炊煙。君外應繇役，內奉老母，保護鄉閭，皆賴以安。

己卯六月，丁母夫人憂。天兵南下，與衆入峪南西堡避兵，或給之，曰：「府中吏民盡走關西，不我顧矣。」衆大懼，相謂曰：「我等烏合於此，不有統屬，何以集事？」共推君爲都統，得軍三百餘，謹教條，蓄財穀，完吏農，力諭富室出粟佐

〔一〕 乃趣還避之：「乃」，李夢生校勘本作「輒」。
〔二〕 則誰使養母：「母」，底本缺，據李夢生校勘本補。

軍，募貧者給其衣食爲遊兵，伺非常。居數月，一卒扣壁門，曰：「我邑人某，先降者，來語若輩，明旦大軍且至，能以壺漿相迓，保無虞也。」衆視不敵，各分散逃匿，君與族里數十人伏地室中。俄數百騎至，詗知有伏，積薪其上，呼曰：「不出且著火。」趣之甚急，衆恐見誅，議出降。未幾，斷事官耶律公辟授經歷。公即濮公猶子，濮公嘗子之者。後奉使陝西，驛過河中，拜掃先塋，經界田宅，置親戚守衛之。

至長安。初壬辰之破許州也，君俘獲王生，善遇之。生有疾，使二兵輦以行，至懷，病不可與俱，留於旅，分囊金而去。後絕不相聞者十年。至是，行省田公節鎮陝西，公置酒大會，起捧觴，言曰：「吾客有王生者，善琴律，頗涉書史，吾且友之。生常言往在軍困死者數矣，爲君所俘，生死肉骨，深恩久未報，奈何？君能釋，請以數人贖之。」因呼生出拜，君驚喜曰：「與生久不相聞，吾以爲託非其人，不能全生也，豈期復遇於此耶？」生感泣，君亦泣，顧謂田公曰：「王生僕故人，處公門，勝在僕多矣，奚以人易爲哉？政可著儒籍中耳。」樂飲而罷。王生後以琴進朝列官，數子亦宦達云。

西還至臨晉，始遇其姑表姊於兵後，適疽發於背，試諸方不驗，其一僕素名知醫，云：「某能療之。」投之藥，輒效，乃留其僕而去。從耶律公北覲，因命公大較天下錢穀，開府燕都。公奏與君俱，君辭，公強之不得，欲奏之，君曰：「今欲某行，非以觀美，求集事也。苟言不見從，雖行何益？」公問其故，對曰：「今典章未備，豪族悍將不蹈軌轍，朘民膏血，賂權倖以自安。聞此舉爭竭力而求，若能自刻礪脩潔，他日或可自明。不然，雖使某殞越軀命，無益明公之傾危也。」公矍然曰：「吾能爲之。」遂偕至京師，諸侯藩將率僚吏，輦圖籍金帛不可勝紀。公視事之日，懸示紀綱，諭以刑賞。謁拜於邸第者，皆辭不見。秋毫莫取，內外肅然。官給廩餼，悉以還之，出私帑以給僚屬，不足則立券以稱貸於人。掾吏畏之，莫不自勵。未幾，憲宗皇帝即位，鄉之居官奉使越職貪殘者〔一〕，皆坐誅。怨家以飛語誣公，召詣行在所考覈，罪無所得，尋貫出之，公由是益親信君。

〔一〕 鄉之居官奉使越職貪殘者：「鄉」，李夢生校勘本作「曏」。

明年壬子八月疾，輒不食，盥沐衣冠，問：「何时矣？」安坐而逝，享年六十，時二十六日也。配胡氏，卒。再娶高氏。子三人。長守義，前太傅府知事，次守禮，皆胡氏出。次守信，江西行省掾，高出也。女四人，適賀欽、楊某、劉某、楊某。孫男七人，復、介、世忠、恒、益、觀、天澤，女適安謐。中統二年某月日，知事君護柩還葬於河中先塋之西南。

君神觀脩整，辭氣樂易，讀書不事章句，尤篤於倫理。嘗遠回，知事君時幼，當戶而嬉，君抱持之，拜其母於堂上，母怒不食，曰：「別久方還，抱兒而後拜母乎？」跪謝良久，乃免。

嘗小忤於族兄，銜之。一日君自外歸，拜於牀下，其兄忽袖出巨杖擊之。後陰雨即臂痛，終身無怨懟意。其兄早世，一子甫一歲，君取鞠養，崎嶇兵中，適於所生，人不知爲姪也。

居處清肅，妻子若見嚴君，終身未嘗同几案食。嘗令知事君他適，及暮歸，大雪，反命門外，語未畢，聞君鼻息聲，不去，君久乃寤，問曰：「汝尚在耶？」其嚴如此。

公退，常有胥史輩來習法令書數，所親或謂之曰：「君子孫秀敏者多，獨不可以此教之乎？」君慨然曰：「吾所以爲此者，負初心，勉爲之耳。使兒輩力田學書足矣。」

其愛人利物之心猶饑渴之於飲食，常自誓以聚親戚活人爲心。兵興，親知之相失者皆籍其姓名以自隨。所至推訪，將死者活之，逃者追之，俘者贖之。北還，時薦饑大疫，斗米白金十八兩，君與之共起居甘苦，視藥餌，皆免於難。既而以時昏聘，爲殖產業〔一〕，其子孫迄今賴之。嘗閱其籍曰：「得者過半矣。」手澤今存焉。君之父昆季七人，兵後皆散失，求訪得六族，其一無聞。近知事君聞其後裔爲太原右族所俘，亟命其子親往，求得之，與之緡錢，贖於太原民家。

君從軍，多奇策，論功未嘗出諸口，賞賜悉與士卒。居官清儉勤敏，始終如一。常徒步視事公府，值雨或披蓑以歸。數筦財用，謹出納，簿籍歷歷明甚，故兩公益愛厚之。御下嚴而不苛，寬而不弛，隨材任使，得其所長，故其生也敬之如神明，

〔一〕爲殖產業：「殖」，李夢生校勘本作「植」。

其沒也喪之如父母。今幾何年矣，逮事者語及，猶欷歔流涕，愈久而不忘也。君嘗曰：「吾自癸卯展轉兵間四十餘年，跋涉數萬里，冒矢石，歷險阻饑凍，無俘獲玉帛以傳於後，但得骨肉近百口，他活者以千萬計，所以保殘軀家，累於兵荒之餘者，皆祖宗德澤深厚，餘波之所及也。子孫其毋忘之！」

初，知事君從君西征，徙家關中，以先塋限大河之險，恐後日子孫不能反葬其處，曰：「吾家故京兆人也。」乃別卜咸寧縣白鹿鄉平里，卒，遂葬之。

某獲從君諸孫游，皆才識卓越，讀書克家，師表關輔，其季則列官顯要矣。知事君無恙時，入耳皆好音，舉足爲樂地。歲時上壽，秀眉丹頰，偉然神仙中人，燕歌趙舞之娛，鸞脯豹胎之養，子孫王謝，姻戚崔盧，雍雍肅肅，四氣之和，備集其家，監司郡守踵門謁賀，而聞者莫不咨嗟歎賞，謂近世鍾慶所未有也。今仲介求次君行實，夷考始終，乃知積善所自，傳言非在其身，在其子孫，信乎？某輒不自揆，謹撰次族系、壽年、居家事上，以備立言。君子之採擇云。大德二年七月望日狀。

墓表

中書左右司郎中李公新阡表

延祐二年乙卯，晉寧李用介吾友陰陽教授元君仁卿再拜懇言：「用來安西二十有八年矣。歲舍癸丑，始克相地咸寧縣洪固鄉鐵爐坳之原，遷奉祖考雪谿府君而下，凡再世十八喪，葬以四月庚申。伏念先祖脫死兵凶，載名祿籍，艱勤所就，以覆露我後人者，不慨表見，垂示永久，烏用有孫焉？矧今宅兆爲西遷始祖，尤不可無徵於後。私門重事，孰加此者？誠願託筆執事，執事儻憐而許之，用之責其塞矣乎？」則又拜，予迫於禮之恭、辭之確，不得以不文謝，乃受所持家記一篇，按

而述之。

公諱庭秀，字君實，世爲太原文水人。系出唐司徒忠烈公憕，雖昭穆失譜，遠有承傳。曾大父言、大父順、父寬皆葬其縣神交鄉韓村，至公始數名晉寧。母張氏生二子，公其伯也。六歲而孤，警敏異常兒。母氏課讀書，日熟數千言。八歲，中金經童選。明年，母卒。公痛二親棄之早也，思以立身揚名爲報，乃棄家，依道宮，專力舉業。貞祐兵作，河東諸郡鞠爲榛莽，公亦轉徙南北，以紓旦夕之命。及再家平陽，年踰冠矣。益從事文史，以堅夙志。帥府聞其才，辟主軍書。從征累歲，主帥由公言，活俘獲無萬數。以勞擢陞經歷，尋兼詳議左司，勤審明練，一府倚重。中書胡氏繇侍從行相府河東，素熟公能，即版授參議、左右司郎中，佩金符，歲辛卯也。時官制未立，皆從宜一切。壬辰，以公見行闕，奏改行中書省左右司郎中，佩金符仍初。悉心佐治，機務之重，同列有不得與者，獨委公區畫，始終凡三見寵訓。丁酉，兼權本路徵收課稅副官。戊戌，陞郎中，提控左右司，時公方四十，已興懷止足。

後二年，宣差提領諸路課稅所，以公廉悉著，特授監推平陽路徵收課稅官，即謝歸。屏處閭里，日與高人勝士爲道腴義悦之交，賦詩酌酒，更號吟醉散人，見者莫測其際，鄉先生李明之、張子顯爲著畫贊。

歲乙卯九月二十有九日疾終正寢，壽五十有七。配尉氏、樊氏、赫舍哩氏。子男七人，思聰；思敬，揚州録事判官；思忠；思溫；思明；思義，用之考也；思問。女六人。長適雜造局宣差郝某，次適副使喬某，次適高某，次適汪君澤，次早卒，次適張秀。孫男十二，女五，曾孫男女十五。

公通敏脩潔，慈良信厚，鐘秀五行。耽嗜載籍，不輟寒暑。使其當大寧之世，優柔厭飫，極所欲爲〔二〕。雖與古君子方駕並馳，不多讓也。遭罹變故，奪生萬死，而能返吾初服，推心力之餘以顯其親。急流勇退，遺安後人，斯亦可謂加於人一等矣。始，公自爲傳，有曰：「無所屈於人，足以爲貴；無所求於人，足以爲富。」又曰：「成人者，自成也；毁人者，自毁

〔二〕極所欲爲：「所欲」，李夢生校勘本作「欲所」。

也。」嗚呼，此非苟於爲言，亦可以見公之胸懷本趣矣。傳曰：「德遠而後興。」宜乎有耀白他。孝孫起家，首營松楸以厚本基。天其或者殆將復其始也邪〔二〕？予故論次之如此，俾揭諸墓左，以爲永永奉嘗者之鑑云。

從仕郎李君墓表

君諱德玉，字仲德，姓李氏，其先鄜州人。祖諱某，妣趙氏，徙居晉寧。父澤潤夫，妣王氏。再世潛光，至君始家奉元。築别墅于城南草場坡南宫村，面勢軒豁，迺即其地，規卜新塋，遷奉祖考妣、考妣四喪，合葬如禮。弟思溫，婦劉、趙以序陪列。門垣翼翼，柏檜森森，過者聳瞻。

君生資强明，遇事破竹，儀度瓌偉，人謂冠玉。初爲泰州豐利鹽場管勾，陞從仕郎、解鹽司判官，以故官轉懷安州鹽司判官，三仕皆有聲稱〔三〕。年三十六，遂收跡宦途，從事丘園之樂。日與耆年宿德談笑相遇，間從方外之士遊。人有緩急，輒圖拯之。親戚貧乏，月給薪米費，獲免流離者數家。草場坡通途，歲久岐而爲三，高下洒削，阪側不可行，覆車前後相望，人甚苦之。君捐金募民相治，南北爲步六百餘，迄成坦途。又嘗募民塞城關孔道爲霖潦積壞者凡三所，率數十工，役十餘日，積歲十有三作，車馬往來，爲利不貲。嗚呼，使君得究所用，推濟人利物之心，豈止如是而已哉！

延祐二年十月十二日，以疾卒于正寢，享年六十五。妻孫氏，前卒，再娶孫氏。側室汲氏，亦卒。一女，年十三而夭。卜以其年十月二十八日葬南宫新塋，孫氏、汲氏祔焉。

惟君剛毅正直，善者好之，惡者不畏，交游推誠相與，力扶其危，面折其非，人頗嚴憚之。練達世務，議論多可採。其才

〔二〕 天其或者殆將復其始也邪：「天」，李夢生校勘本作「矣」，從上句。
〔三〕 三仕皆有聲稱：「仕」，李夢生校勘本作「任」。

有用而其志不屑屑于貴勢。盛年勇退，玆其爲難能者非耶？斂藏智略，以入家政。祭祀豐潔，賓宴華盛。一門之内，訢訢肅肅，恩威兼盡。每歲生朝，感念劬勞，即墓所，脩祀事，未嘗置酒爲樂。給鰥寡孤獨錢五百緡，疾病約諸子：錢，家能還者，止受其母，貧則輒爲燬券。其輕財重義類如此。

僕與君有姻族之好，居又連牆。嘗推屋地丈餘以相壽。蓋棺之託，其忍辭諸？乃爲敍次如右云。

彭氏新塋石表

泰定二年秋八月，建士彭炳元亮不遠六千里，再來訪予。素冠素衣，形悴色慘。予驚問其故，元亮拜且泣曰：「往歲炳受命先君，求學關輔，先生不鄙其愚，收而教之。及歸覲省，時先君棄養已三年矣。遺言示炳，計蓋離膝下纔兩月耳。惡逆如此，天地所不容。然不敢即死，猶忍毒須臾者，兵亂以來，四世之喪未葬，炳實受其責。僶俛謀地崇安縣南十里龍岡之南庵。用至治三年秋九月丙午，舉曾大父武夷翁、妣江氏、大父好古先生、妣徐氏、世父柳溪先生、父里仁府君、從兄弟柳溪之伯子、季子，八喪六封，左昭右穆，如中州法族葬之。蓋先君治命也。賴祖考之靈，僅畢營奉，則又惟念獲罪於前，既不可贖，我祖考積仁累義，澤覆子孫者，使泯泯無聞於後，豈不重有罪邪？是用歷時涉月，冒昧來此，幸先生哀憐，賜以石表之辭，俾展省斯塋者，永以爲勸。」即出家世履行之狀授之。予以元亮脩潔善學，孝思無窮，固知先德垂統之令可標示久遠，託諸老詩，得非誤乎？然不敢終辭也，爲掇其語而序之。

按：彭氏五代時自光州徙居建寧之崇安，家牒燬于兵，莫詳所始。武夷翁諱康叟，生好古先生。好古諱九萬，字子遠[一]，文學氣節偉望一時。有子五人，長柳溪先生諱桂子，字達觀，聰敏絕人，幼時從其父在太學讀書，強記，一過輒不

[一] 字子遠：「予」，李夢生校勘本作「子」。

忘。文行名庠序，忠信稱鄉黨。次里仁府君諱似孫，字子如，炳之考也，天性孝友，事其兄柳溪如事好古，推仁擴義，無間險夷。宋亡之變，人爭逃死山谷間，鄰母屢墜險，里仁屢負出之，母曰：「子無以我故受禍。」終不忍棄去。歲大疫，至親猶不相過，閭巷有盡室呻吟者，里仁日至其家，視粥藥所宜，人得免死，疾亦不相及。蓋惻隱之發根乎純心，其遇事而見者，類皆衆人所不肯爲。嗚呼，異哉！享年六十有四，以延祐七年十二月二十二日卒。初娶吳氏，有子善，善甫三歲，俱失兵間。再娶嚴氏，生三男，長即炳也，次祥，讀書力家。次夭。女三人。嚴氏勤明莊整，里仁再家，內職居多，嘗誡其子曰：「而家世爲士，號稱盛族，淪謝之餘，獨汝兄弟與兄公之孫三人者在，而不種學樹德以振起而家，吾何汝望哉？」斯亦可謂能母矣。且彭氏有家崇安，歷數百年，先世往往以賢德著鄉評。讀書力學，踐脩人倫日用之實，而蓄休儲美，以敷遺後人者至矣。遭罹兵變，里仁脫身百死，克還舊貫，收亡合散，使彭氏之祀再傳，教子義方，使彭氏之學不墜，非所謂源之深者，其流長耶？遭元亮佩嚴範于前，服慈訓于後。松楸事大，既已成先志矣。立身行道以顯其親，不在此，其將焉在？予故論次之，使表其墓如此。

好古最少子名立孫，往後族祖氏，里仁同母弟也。三子名昌，四子名安，皆自變亂中淪跡異教，里仁異母弟也。柳溪二子曰熺，曰同。今惟熺之子堅與元亮兄弟同居云。三年二月清明日述。

贈奉議大夫奉元路總管府治中李君墓表

泰定二年，三原縣龍橋鎮李善繼以奉議大夫、知延安路鄜州事，當進封其父子懋，子懋之言曰：「子孫生世，凡皆先澤所遺。今以不肖之身，竊榮寵典，而吾親弗與，其如報德何？」朝廷許其孝誠，乃贈祖定奉議大夫、奉元路總管府治中、驍騎尉，追封三原縣子，祖母左氏，三原縣君。命下之日，老幼感懼，隕拜禮告。既卒事，子懋之兄子敬相與謀曰：「先人奪生於死，劬躬壽後，茲德罔極。吾聞先美弗彰，是謂不孝。禮分或踰，是謂不遜。茲者蒙被國家不貲之恩，褒賁泉壤矣。脩身

齊家所以覆露我後人者，不紀之石，將何以示來裔？」乃具行世始末，謁辭於予。予與子敬兄弟游且久，雖未嘗瞻望儀範，然即其子之樂善不倦，而其善所自出，益可知已。既不得以老誖辭，勉爲次第之。

君諱定，字叔靜，其先隴西成紀人，後徙奉元雲陽縣海青村〔一〕，遂爲其縣人。族聚有家者至四十餘。曾祖諱建。祖諱欽。考諱吉，謹敏好學，有文稱，金季鄉貢進士，妣程氏。

君生貞祐庚午三月十有三日。舉止端重，不類常兒。七歲遭時板蕩，艱難顛沛中，已能知避就，不殆長者憂。逮與衆歸義，年甫冠矣。隸大帥色卜岱戲下，從東征者又數歲。關輔初集，君亦得還。羣從聲沉影滅，獨兩叔在，君於瓦礫榛莽中求得故產，經營盡瘁，唯力是視。既又感奮出門，爲頫拾仰取之計。東涉淮濟，西歷絕徼諸城，周旋四達者餘二十年〔二〕。貨儲饒裕，舊觀浸還，則喟然歎曰：「吾昧先人清白之傳，自棄於逐末，恐無以濟禍亂，使李氏不聞於世耳。」乃定居三原龍橋鎮。謂藥物功在濟人，爲術亦不苟。命諸子以藥爲業，必擇所出精良者售人。鄉黨因疾〔三〕，一不取直。烏蘭濟達之嗣先帥也，版君管民總把。時兵猶未戢，生意方漸，君撫以恩信。賦役之煩，輒出私帑爲代輸之，民于今猶頌德。潛心時用，應務有餘，國言之習、騎射之能，皆過絕人。至陰陽占卜之學，亦深造自得。嚴毅敦實，濟以詳明。家事鉅細，有倫有要。教育子孫，首格驕惰。耆舊交際，閭里往來，過中過厚，無一毫校計彼我之私，故人皆不疾其有而樂其德我將。詩所謂：「在彼無惡，在此無斁。」君其庶幾焉。

元貞改元八月十一日疾卒正寢，享年八十有六。配陳氏、左氏。子男三人：子明，卒元祐丙辰；子敬，宣授進義校尉、烏蘭濟達投下管民匠官；子懋，賜官承事郎。兄弟孝友勤恭，勇於爲義。由親及疎，昏喪不能以時者，身任其成。振

〔一〕後徙奉元雲陽縣海青村：「後」，李夢生校勘本作「從」。
〔二〕周旋四達者餘二十年：「達」，李夢生校勘本作「遠」。
〔三〕鄉黨因疾：「因」，李夢生校勘本作「困」。

寡逮鰥，已責紓逋，一遵前軌。創三皇廟於鎮之西，使人知所歸仰。闢學古書院以教成遠近來學者，兩區規模，無愧大府。蓋糜錢二十萬緡，廪食不計也。仁者之勇爲何如？朝廷嘉之，表其門曰「義士」。女三人，長適龍泉縣尹田茂，次適馮天佑，次適萊文進。孫男八人：曰英；曰秀，宣授烏蘭濟達投下汴梁民匠總管〔一〕；曰善繼，即奉議也；曰善述；曰善淵；曰善道；曰善可；曰善禮。孫女十人，俱婚良士。曾孫男三：純，承事郎；及稊倉使企；移住。玄孫男二。三年五月二日〔二〕，葬三原縣清豐原雒村，陳、左兩夫人祔。後三十有五年，乃樹石墓道而表以辭曰：

嗚呼，志力弗強，必不能自拔於患難。驕吝弗克，必不能無毁於滿盈。有若治中君奮起於洪荒昏墊之日〔三〕，而致謹乎宴安鴆毒之秋，豈惟模範於一家？固可以師鏡鄉邦矣。栽者培之，天不可信邪？善始善終，福總于前。令子令孫，光照於後。存殁無憾者，惟君之獨也。況善繼恪慎克孝，有列膴仕。滋至之休，可立而待。敢敬表其墓而爲之兆云。至順改元冬十月朔旦述。

〔一〕 宣授烏蘭濟達投下汴梁民匠總管：「梁」，李夢生校勘本作「渠」。
〔二〕 三年五月二日：「三」，李夢生校勘本作「二」。
〔三〕 有若治中君奮起於洪荒昏墊之日：「荒」，李夢生校勘本作「流」。

榘庵集卷六

碑銘

贈嘉議大夫禮部尚書郭公神道碑銘

聖元德教醇深，涵濡滋久，人才所就，楩楠杞梓，隨用隨得。入可以儀朝著，出可以殿藩服，才名卓卓，以孝作忠者蓋不乏人。

亞中大夫、平江路總管兼管内勸農事郭侯鴻漸，諱鵬翼，天資高朗，博學多聞，嫻於國言，大臣許其詳辯，有助敷奏。玉音召對，以字不以名。持心忠謹，事無大小，爲之必盡其方[一]。初命中書直省舍人。仁宗登極，郊廟大祭，首預執事選。不數月，以副江西行省理問決獄廣東，獲俠賊贛州，正贓吏掩覆罪。風望峻整，行省行臺露章交薦。延祐四年，入爲中書兵部員外郎，督受海運糧二百四十萬斛，防禁周悉，不失圭撮，賞錦衣一。覈實諸監院，託以興造，横費縣官錢二萬餘錠[二]，貴近爲之屏氣。六年，拜監察御史，登美黜惡，其言皆大政所關。是年冬，慎簡東宫僚屬，擢太子家丞。七年三月，再入中書兵部，爲郎中，柄臣怒嘗言己，必欲以事中傷，卒無所得。明年，至治改元，僉河南道肅政廉訪司事，糾劾吏惰，詢察民勞，不旬日，決積滯六百餘事。河南士民鼓舞，記遺政于石。南陽復古陂堰三，溉田之利不可畝計，民皆即其地刻石頌德。二年，加

〔一〕 爲之必盡其方：「方」，清翰林院抄本作「力」。

〔二〕 横費縣官錢二萬餘錠：「二」，李夢生校勘本作「三」。

湖廣等處行省郎中，其冬復入爲中書工部侍郎，董鑄內府金銀，以錠計者一萬三千有奇，錙銖中程，數詔賜金帛二兩。泰定元年，遂拜今命，均徭齊賦以裕民，嚴程謹法以束吏，勸力農桑，篤意學校，踰年風化改觀。行省移書，獎勞最優。敭歷迨茲，十有六年，八被璽書，再受敕書。若省若臺，爭舉競用。類曰：「是才行卓偉，政事明練者。斯可謂能以孝移忠矣。」侯惟奔走南北，不獲致孝松楸，爲歲已久，乃懇告來歸。一日，持其先大夫嘉議公行狀，造某所，拜請曰：「鵬翼不孝，蒙賴先訓，叨位三品，恒念無以報罔極。國家鴻恩，追榮祖考。既已致綸[二]，告於墓下矣。神道之碑亦法所許，願先生銘之，以信來者。」

謹按：公諱德，字彥德，其先太原嵐州人。祖諱壽，妣曾氏，始徙晉寧之絳。父諱福，贈亞中大夫、懷慶路總管、輕車都尉、太原郡侯；母李氏，贈太原郡夫人，皆葬絳之橫渠。

公敦厚謹重，在童幼，嶷然如成人。讀書略通大義，尤精六藝之數。始爲樞密院宣使，受知左山商公[三]，及左山來相安西王開府，以光監支納千斯倉，廩庾維溢，民不譏多取。關中饑，委公告糴晉寧，不踰月，粟輓畢集。陞安西鳳翔抽分羊馬官。已乃不樂進取，買田咸寧縣鳳棲原北留村，治生教子，優遊自適。與人一以誠敬。子弟有過，未嘗厲聲色，溫言開諭，使其自改。憂人之憂，不計有無。鄉里合辭，推爲長者。享年七十有五，以大德四年十二月十有四日卒。配李氏，贈太原郡夫人，勤儉莊整，嘉議創業，內治居多，前公一年卒。子男二，伯惟欽，仲侯也。女三，長適劉氏，次白氏、董氏。孫男三，忱、恒、忻。忱力學，蚤世。女八，趙郁、白某、盧某、李某、魯齋書院山長王遹、趙某、趙允，其婿也，一在室。曾孫男六女三。葬以其月二十日，地則北留也。

嗚呼，公以仁厚篤實之基培之於前，聰明特達之用開之於後。天有顯道，厥類惟彰矣。矧今三被恩典，累爵郡侯，有子

[二] 既已致綸：「綸」，李夢生校勘本作「論」。

[三] 受知左山商公：「商」，李夢生校勘本作「商」。

之慶，如公方將，是敢概見侯之用也，以爲神榮焉。銘曰：

木蟠於根，有材矗雲。水畜於源，有流成川。緊慶之多，來善之遠。孰晦於昔〔一〕，而不今顯。猗歟嘉議，我車既堅。脩途幾時，六轡是旋。休休其中，翼翼其外。乃室乃家，春風卒歲。是生令子，振鷺西雝。民有遺愛，國有雋功。追爵九原，侯封載啓。永言孝思，令聞不已。北留之阡，喬木蒼煙。其固其安，其千萬年。

少中大夫嘉定路總管趙公神道碑銘

書言：「惟孝友于兄弟，克施有政。」西周盛時，良臣顯輔，有辭永世，如君陳者，本其充積之懿，則以令德孝恭爲稱首。孔子亦曰：「居家理，故治可移於官。」信哉！若今少中大夫、嘉定路總管趙公，以得賦之厚著移孝之忠，殆所謂本深者歟！

公諱玉，國言別諱穆爾齊，其先女真人。祖林仕金，以金紫光禄大夫守積石川〔二〕。天兵南伐，度義來歸，詔爲軍民元帥，即鎮其州。妣夫人李氏、尚氏。考文顯，膽略絕人，襲元帥職，仍賜金虎符。屢以戰功獲袍帶弓矢之賞，加昭勇大將軍，西寧、漢陽等處都達嚕噶齊。妣夫人郭氏。公昆弟十人，於次爲二。至性孝友，讀書善騎射，父母鍾愛之。早以世胄入給宿衛。至元九年，安西王分國關中，擇良慎者侍王邸教，以公爲鄂囉齊，典府藏也。已而從王北征，立功絕域。十六年，奏授朝列大夫、慶陽府達嚕噶齊兼管本府諸軍鄂勒，勸農事，爲政本於德惠，利無不興，害無不去，法行而民信之，教立而民安之，治聲蔚然。二十二年，以故官移監徽州。漢人居是官，故事所不許。二十八年，復以朝列大夫知慶陽府事，公再撫吏民

〔一〕 孰晦於昔：「孰」，李夢生校勘本作「敦」。
〔二〕 以金紫光禄大夫守積石川：「川」，李夢生校勘本作「州」。

最十八年，益嚴自守，仁洽義浹，民阜而俗厚，盜息而刑清，隴西諸郡獨是爲樂土矣。至大元年，陞少中大夫、嘉定路總管兼本路諸軍鄂勒，管內勸農事。啓行之日，慶陽民無老幼泣送，道路遮不得行。居治四年，寬以綏衆，明以察下。令不便民、事不適義，必改而更張之。建御書樓，敬教勸學，謠頌以興。辭疾還慶陽，越二年，終命正寢，實延祐二年六月十五日也，享年六十有六。三夫人：石氏、田氏、路氏。子男三，延璧前卒[一]，次允忠、允寧。女二，長適中議大夫、貴直屯田鷹房打捕總管阿樂納，次許嫁未行。始，公祖考皆葬積石州來去城，至是以公遺愛在慶陽，得卜於合水縣漢城社，以某年八月二十六日合葬公及石夫人焉。

公器度宏遠，寬厚自將，長身脩髯，音吐洪暢。事父母愛敬兩盡，與弟武列將軍志、忠顯校尉義輩，如塤如篪，有恩有文。居官以利民爲心，奉法爲職。同僚無違言，下吏不忍欺。嗚呼，斯所謂淑人君子者非邪？使得究其澤施所及，顧不遠且博乎？是可惜已[二]。

公歿之明年，其子允忠持寧州學正趙庭瑞墓誌文，介商州判官成君玉、行臺察院吏張才卿求銘表隧之碑[三]。辭不得命，迺掇取誌述，敍而銘之曰：

英英少中，克若帝衷。子以吾孝，臣以吾恭。坦坦休休，一其初終。不懈于位，不汙其躬。既踐世美，亦奏民庸。廿年慶陽，杜母召翁。嘉陵之頌，穆如清風。漢城南岡，享祀惟公。

[一] 延璧前卒：「璧」，李夢生校勘本作「壁」，清翰林院抄本作「辟」。

[二] 是可惜已：「已」，李夢生校勘本作「也」。

[三] 行臺察院吏張才卿求銘表隧之碑：「吏」，李夢生校勘本作「史」。

段思溫先生墓誌銘

段氏世縣晉寧之稷山，以儒學爲顯姓。先生諱思溫，字叔恭，金贈中奉大夫、護軍、武威郡侯。諱矩者，五世祖也。矩生鏞，鏞生汝舟，汝舟生恒，皆以文行推重當世。恒生克己、成己、脩己。克己號遯庵，與弟成己號菊軒同登金正大七年進士第，世謂「河東二段」。初未奏名，既謁禮部趙公某，使誦所業賦，公嗟愕久之，起書「雙飛」二大字以贈。後榜出，果皆中高第，自是段氏耿光尤著盛。遯庵生三子。長思永，爲時耆儒以終。次思誠，偉譽籍籍，河中儒學教授。先生其季也。母梁，繼樊。先生及教授兄出自樊。

孝友慈祥，由性而成。年十二，遯庵君卒，哀毁如成人，弔者增慟。時甫脫兵變，先生侍母夫人佐兩兄服勤朝夕。萬戶晉寧李侯迎菊軒闢館授徒，學者四集。先生雖已能讀書通大義，恒恐世學不嗣，感激或至泣下，欲從菊軒卒業，重違溫凊。母夫人察其意，勉以「好學爲段氏福。」菊軒亦嘉其志，樂以啓告。先生遂肆力於學，至忘寢食。經史要義必手籍之，始猶攻辭藝，至是盡棄去，求古聖賢問學之本，究關、洛、考亭之傳，聚精會微，以潤厥身。菊軒深器之，嘗曰：「是能世吾家者。」年二十一，受室河中魯氏，因遂居焉。聚徒受業，懇懇不倦，一以成就後學爲心。諸生貧而可進者，尤勸綏引翼，束脩之薄不受也。以故士爭趨風，成才者衆。家素貧，先生損衣節食，市書至萬餘卷。嘗顧而樂之謂：「以此遺子孫，足矣。」嗚呼，先生識慮之遠，視安畎畝者，風斯在下矣。

平居於書無所不讀，尤邃易、春秋。郡侯張某素名學易，請質所聞，先生乃言：「聖人作易，畫以成卦，卦以立象，所以明天地之理，盡事物之情，使人趨吉避凶。然其道必本之人心，盡其心，斯知易矣。近世惟程子、朱子之學爲能得之，不必

他求也。」張侯拱而嘆曰：「先生真知易者！」詩文溫厚平正，粹然一根於理，讀者知爲仁義之人。素位而行，不願乎外。皇子安西王撫封於秦，開府之初，慎簡僚佐，管記之選爲尤重，於是遣左常侍、今陝西漢中道肅政廉訪使劉公某以記室參軍驛召先生，辭疾不赴。廉靜寡欲，一介不妄取。有以麥三十斛佐廪費者，卒謝却之。四川轉運使王某送二男僕以給薪水，先生還其僕，爲書以謝，轉運嘆曰：「廉士乃如此！」至元十五年丁樊夫人憂，號泣摧慕，終喪如初。後四年，菊軒君卒，喪之如遯庵先生，於享祀斟酌禮經，致誠致慤，器用必親拭，牲牢必手薦，嘗語其子曰：「祭祀所以報本也。罔極之恩，庸可報乎？禮廢久矣，世俗苟簡，士大夫而忽此，甚不可也。且不知敬其先，何名爲人？」聞者心動，率觀法焉。二十五年春三月某日疾終正寢，享年四十有九，以某年某月某日葬於某塋。妻魯氏，淑慎之德，克配君子。子男三人。長某，行臺監察御史。次某，河東宣慰司掾。次某，鳴沙州儒學。其一女，適河津劉氏子。孫男一，德雄，女五，皆幼。

先生貌恭言從，心平氣和，道德薰襲，遠近傾慕。士大夫道河中者，賓接無虛日。談經訂史，情義傾倒，語及時政，則謝不敢知。外雖恂恂，中實有守。義所不可，奪以狥人，毫髮不能也。族姻鄉黨，吉凶慶弔，禮意周洽。稱人之善，覆護所短，故人皆歡喜尊奉，語必稱先生，不敢字。或小犯義，必秘自愧悔[一]：「先生得無知乎？」下至市井傭販亦能目以好人。卒之日，闔城赴弔，市爲之罷。送葬者執紼及千人[二]，爲位而哭者相屬於塗。嗚呼，「以德服人者，中心悦而誠服。」今於先生見之矣。使其達而行義，兼善天下，固非難事。天不假年，識者惜之，而御史以才行致身，方興未艾，天其或者以是壽先生乎？

御史辱與予游，乃者奉先生善狀，請追銘窆石。紀德之任，大懼弗稱。然不敢終辭也，謹述所載，系之以銘。銘曰：

遯庵之高，菊軒之奥。言緯行經，一世則傚。先生嗣興，于光有耀。翼翼其心，卓卓其操。涣涣其文，循循其教。既洽

[一] 必秘自愧悔：「秘」，李夢生校勘本作「私」。
[二] 送葬者執紼及千人：「及」，李夢生校勘本作「近」。

善良，亦馴桀驁。胡德之忻，胡年之悼！天於先生，將厚其報。是生賢子，臺閣騰趠。以顯以揚，以誌厥道。

鷹房民匠總管毛公墓誌銘

自予有心目之疾，凡親舊慶弔往來絕不與者久矣。今年夏，毛甥時敏絰杖纍然踵門，拜且泣曰：「先君葬有期日，人子爲親深長之慮，賁幽堂者，銘不可無。渭陽雖疾，敢以死請。」予亦攬涕，慨念從姊不幸蚤世，總管公情好有加，既不得撫衾一慟，以訣終天，於甥之情，其忍固辭？乃爲敍次如左。

公諱翼，字飛卿，世爲長安人。祖文炳，妣皇氏。父彪，以勤力起家，教授孟公表其墓，妣鞏氏，癸巳歲三月九日生公河中，避金亂也。三歲還鄉里，及家殷盛，無他昆弟姊妹，獨公一人，鍾愛無比。公昏定晨省，出告反面，循循子道，無一豪富家郎驕寵之習，人謂：「有子如此，毛氏安得不昌？」逮壯室強仕，孝謹不少替。服喪哀疚，三年如一日，蓋其至性，非勉爲也。初以貲行選爲安西路稅使，歲課日增。滿考，難其代，漕檄再任。至元十年，受安西王命，總管安西、平陽、河南等路行捕鷹房民匠。未幾，兼安西、慶陽拘榷解鹽使。時年未五十〔二〕，遂絕意名宦，優游家居，享有備福餘二十年。以大德二年四月十五日疾終正寢，壽六十有六，卜以後月庚寅葬公咸寧縣洪固鄉三爻村先塋。妻同氏，予從叔女也，聰明靜順，佐公事親，得其懽心，先二十八年卒。殯之日，姑鞏慟哭過市，觀者莫不流涕，至是乃合祔。生二子：時敏，力學而賢，襲總管職；時晦，蚤卒。一女，適同誼，於姊爲四從姪。再娶宋氏，一子，時可；一女，許嫁未行。孫女四人，婿齊哩克昆總管石孟瑛〔三〕，餘幼。

〔二〕 時年未五十：「時年」，底本缺，據李夢生校勘本補。

〔三〕 婿齊哩克昆總管石孟瑛：「昆」，李夢生校勘本作「琨」。

公身長六尺，儀觀脩偉，性簡曠質實，無毫髮機穽。師事退庵張公國寶，藏書會友，講學冬夜無虚歲。交子弟以禮〔二〕，交友以忠，急人之憂，樂人之善，出於至誠，故人以是愛公，不以忌公也。南士蘇桂高奴鬻於市，捐金贖之，俾隸儒籍。翰林學士柳城姚公誦以詩曰：「一善長安已戶歌，士林華衮定如何？當時不裂千金券，利與今名問孰多？」僮僕幾二百口，庭無怨言。出其嘗侍父母有勞者數十輩爲平民，不一錢取也。銘曰：

洪範九疇，福曰嚮用。無以篤之，其嚮焉動？猗與毛公，德潤在躬。天命不僭，保其初終。先藏之卜，有鬱者木。永寧一坵，子孫是矚。

白君寶墓誌銘

君寶姓白氏，諱珪，蜀之普州人，世爲儒家，幼罹變故，王父而上不譜也〔三〕。父震起，有官於宋，母文，母馮，兄景翰，嘗第進士。君寶，馮出也，今家京兆長安縣。年未冠，雅意方藥，得事名先輩，力學無晝夜。出入古法，盡得機要，遂兼世之疾醫、瘍醫，而瘍醫尤號善治。關輔生聚殷繁，遠近貴賤病瘍者，皆欲得注君藥，日不暇食餘二十年。

天資信厚，濟以詳慎，疾雖不可爲，猶必宛轉求治，庶幾以生。尤切切於貧且賤者，以故人益愛敬之。醫師屢舉職教事，竟辭不就。與朋輩遊，退然若無能，短長不出諸口。御家甚嚴，諸子皆紹業有聞，門內肅如。年七十八，以大德癸卯冬十二月十六日卒，聞者莫不咨惜。明年正月癸酉，葬長安縣苑西鄉大倉社。配李氏卒，再娶刑氏。子男五人：從禮，安西

〔二〕交子弟以禮：「交」，李夢生校勘本作「教」。

〔三〕王父而上不譜也：「上」，李夢生校勘本作「止」。

路官醫提領，李出也；思敬，乾州醫學正；思溫、思忠、思恭〔一〕。從禮、思恭，皆前死。女四人，俱適著姓。孫男七女四。

君自流離頓挫中堅苦就學，復侍戎幕，顛陷絕域，百計脱歸，以至於有家，傳子若孫。嗚呼，艱哉！思敬請銘，某辱禮接，不敢終辭。乃爲銘曰：

猗歟白君，篤實慈祥。奮起艱難，志專力強。不儒之逢，乃醫之良。斂彼呻吟，躋此壽康。人矜而爭，我晦而彰。有傳于家，有愛于鄉。八十三年〔二〕，歸安斯藏。嗚呼後來，視此銘章。

興元路行用庫使張君墓誌銘

世或以矯情飾貌，取譽於鄉黨宗族，暫可能也。今有人焉，慈祥忠信，溫然慤然，無戚疎小大，均稱之爲善人，自始至終無異辭，此豈聲音笑貌所能得哉？有諸己而信諸人，理不誣也。其人爲誰？張君仲濟是已。

君諱楫，仲濟，字也。先世邠之三水縣第六里人。曾祖某，祖賓，皆不仕。父浩，仕金爲敦武校尉，母程生三子，君序居二。自少任家事，孝友恭慎，和易寬平，蓋自性成。敦武嘗病，憂勞忘寢食，百方求愈，至刲股以進。母病，又如之。喪祭哀誠兩盡。事兄韓城令翼如事敦武，接弟昭恩則兄〔三〕，而文則友也。鄰里姻舊，吉凶慶弔，厚薄中禮，而情意周洽。居常怡怡然，雖甚忤，詞色不少異。與人言，唯恐傷之。樂聞人善，必再三咨美。或毁此譏彼，則漠若不吾與者。家庭肅然，教子學業慈而不敗，故皆以卓越蚤致名位，禄養雍愉。人以是榮君，又以是知善積之果獲報也。

〔一〕思恭：底本缺，按白珪子五人，從下句，知此處脱「思恭」。
〔二〕八十三年：與前「年七十八」相矛盾。不知何處爲是？
〔三〕接弟昭恩則兄：「昭」，清翰林院抄本作「銘」。

君會計精審，嘗歷安西路千斯倉副使、轉運司豐濟庫副使、興元路行用庫使。中歲則優遊自適，日與耆年宿德相過從，如韓令彦寶，年幾八十，尤不易與人交，得君驩甚，朝談暮語，無往不偕，其爲達尊慕悦如此。

大德八年六月己丑，以疾不起，親賓來者皆哭盡哀，享年六十有七。娶高氏，婦順妻柔，克配君子。生五男：長煒，登仕佐郎、延安路鄜州判官；次煜，承直郎、甘肅等處行中書省左右司員外郎；次炫，次炳，次焞。炫、焞皆蚤世，炳亦孝謹能家。二女，長適陝西行省宣使周璟，次適成章。孫五人，四男，一女適安西邸承應臺判石仲瑜。初，敦武徙居長安，遂葬咸寧縣龍首鄉春明門東原，煒等卜以九月癸酉窆君，泣奉行實之狀，謁銘於某。某與君里居分南北，君每忘年禮接，佩義深矣。登仕昆仲哀懇復如此，顧維淺拙，不得辭也。乃按其狀，參以鄉論，敍而銘之。銘曰：

德輶如毛，民鮮克舉。如其舉之，不曰賢矣。維張仲君，嗚呼洵美。克弟克兄，克父克子。兢兢其容，坦坦其裏。六十七年，有譽無毁。好還者天，其聽甚邇。有子而才，鸞鵠並起。親名載榮，積慶之始。辭以告幽，魂兮安只！

張節婦墓誌銘

節婦張君，故馬天祥吉父之妻，諱珍國寶之母也，京兆人，父立，母李氏，金興定辛巳三月五日生。年十有六歸馬氏，時甫脱兵變，民生甚艱，君晝夜勤劬，以婦職自勵。上事君子，下撫穉弱，巢棲未輯，而吉父殁矣。迺悉力喪祭，脂澤事不復意萌，嘗自奮曰：「吾爲人婦，使馬氏無家，何用生爲？」子珍方十餘歲，殺損服食，資學鄉校，賦家人職業，勸勤懲惰，纖悉有法，小大信畏，爭以功相多。珍亦服君之訓，孝而能家，遂階完美之亨，爲鄉里著姓。君之志亦賢矣哉！不幸珍不得終養，時年已七十，人皆以悲傷致疾，爲馬氏憂。君能達理委命，教育孤孫如其子昔時。綜理繁細，精明不衰。大德辛丑，有司上其節行，樹表門閭。後四年乙巳，詔賜高年帛，君復拜榮。又明年，乃以疾卒，實丙午十二月二十三日也，壽八十有六。生子，珍也。二女，長適葭州同知惠承事之子懷濟，次許嫁張珪，皆蚤世。孫男一，孝謙。孫女二，鄭思恭、索天祐其婿也。

鄭氏婦亦卒。曾孫男一，齩齩。

君性嚴明，濟以惠愛，壼治可法。孝其母李，迎養者十餘年，歿爲買地，合其父葬之，歲時祀焉。睦隣里，善婣族，周困窮，恤患難，鄉黨爲內評者許有士行。初，吉父葬咸寧縣白華村，君以其地卑洳，改卜同縣龍首鄉廟坡東原，至是孫孝謙舉其祖柩，合葬君父，珍從窆。用丁未二月庚申，從吉日也。

馬氏與某再世通家，居又隣並，每升堂拜君，撫視如子。孝謙來謁銘，其何可辭？銘曰：

丈夫立家，舉不一二。彼婦人兮，敢以此議。於戲節君，金石其志！既殖既封，既茂既遂。子雖不年，孫也能嗣。壽祉載膺，榮名斯萃。合葬於防，奚憾奚愧？里人作詩，以永厥懿。

監納翟君墓誌銘

至大庚戌冬十有一月，靖遠王邸管民提領翟從政介予知舊韓德卿、任允中，泣拜而請曰：「從政不天，母氏生七十有三，以六月十二日卒，從政奉其喪於長安縣崇化坊親任鄉王化村先塋之昭，乃者九月己卯，父君又棄養，蓋長母氏一歲矣。將合葬防墓，謀諸卜筮，得此月二十有七日庚午吉。從政罪深禍酷，忍死痛念，生既不能爲孝，歿又無以圖永，烏用子爲？幸哀而賜之銘，以賁慰泉下也。」予拙於爲言，重以目恙，三辭不獲，迺即行述，敍而銘之。

君諱玉，字潤之，世爲京兆長安縣人。考與，妣鄭氏，生君丁酉九月七日。六歲失所怙，時家用寡乏，母鄭勤劬紝績，以資學業。君亦蚤自植立，精九章數法。服勤家務，卒能振大前業，見稱鄉邦。至元甲午，有司以謹敏選監永興庫，及行貨燕都，泉府院知能信可任，授母錢，俾專貿易，始終無毫髮私，人由是益知君不苟得也。歲晚，優游里社，以疾終寢。配劉氏，端靜淑惠。

君勤孝起家，中外輯睦，相成之力爲多。生男二。長從善，得君計學，能自立法爲書，早卒。次即從政。孫十人，男六，

某某，女四。王好仁、房德昌、高汝明其婿也，次未行。

君剛毅直實，而識微見敏，動合時變，故所如獲饒贏。雅好翰墨，草書爲時所賞。資其孫瓛讀書，蔚有士風。姻戚交友，咸愛重之。嗚呼，斯亦難能者矣。銘曰：

艱難起家，志力之雄。遠近有聞，信義之充。有妻偕老，有子慎終。馬鬣一封，寧矣其崇！

毛長官墓誌銘

毛甥彦脩，諱時敏，世家安西。曾祖文炳、祖彪以勤敏致富。考翼，常爲安西[一]、平陽、河南等路打捕鷹房民匠長官，安西、慶陽拘榷解鹽使。襟宇夷曠，好賢樂善。母同氏，予再從女兄也，今繼母宋氏。

彦脩生而端慧凝重，言笑有時，祖父母鍾愛。七八歲間，晨起入鄉校，得金釵於路，持俟其主以還，衆皆驚異，奔告其家及鄉先生。祖母翬臥疾，不去左右，以衣寢者旬餘。先父玉山翁謂：「吾家奇外孫。」長知嗜學，記誦過人，作詩句律不凡。關輔佳士如王文振、李友仁皆呼彦脩爲敬友。既由公舉，敕襲父長官職，時已爲隣舍延燒，驚惶得心疾。初，猶獲藥喜，後遂寢劇，不復能如昔者之事事矣。乃屏居長坂別業，時節尚能集賓友爲講會。至大四年正月七日，風淫暴作，一夕而卒，年五十有七。娶田氏，行省公之孫。三女，長適齊哩克琨總管石孟瑛，次適田某，次適田某。卜以其月二十五日葬咸寧縣洪固鄉三爻村先塋。

嗚呼彦脩！得賦於天，而成之在己者，方力使其中，不以疾廢，必將登名禮法之場、簉跡施爲之會，乃今止此而又無傳，是可痛已！予既誌其墓，則哭之以辭曰：

[一] 常爲安西：「常」，疑當爲「嘗」。

謂天薄於子耶，胡畀以純明之秀，而享以完美之華？謂天厚於子耶，胡疾廢於方昌，而又有不後之嗟？祖力之勤、父德之嘉，其承如是，而其終不可必者，乃爾之嗟[一]。嗚呼！奈何？

耿伯祥墓誌銘

君諱復亨，字伯祥，世居京兆。考諱舜，妣王氏。生金正大甲申四月十二日。孝慈寬謹，由性而成。展轉兵間，醫傳不墜。迨歸鄉里，兩親怡熙順適，安享色養，壽考而終。接姻舊以誠，教諸子以學，年五十九卒於家，實至元壬午十一月三日也。妻王氏，前卒。再娶尚氏。子四人。男三：長廷秀，武功縣税使，王出也；次廷望，承事郎、陝西等處行中書省管勾、承發架閣庫；次廷輝，延安路塞門巡檢。女一，適趙震。孫男三人，女二人。

後三十年，當至大辛亥六月戊辰，尚君卒，承事兄弟乃卜地咸寧縣龍首鄉孟村之原，將以八月乙酉，位祖封於中，兩母祔，君葬穴之昭。時衰服持狀，謁銘於某，拜而言曰：「廷望上世皆葬縣之東陵鄉賈村，年祀悠邈，且兆域密邇，不可再祔。先祖遺命改卜，廷望兄弟不忍違也。惟先父之孝之德，所以垂裕我後人者鬱而不昭，將何以報罔極之恩乎？幸吾子哀而賜之銘。」固辭不獲，乃按其狀，得君之孝尤著者。

方二親挾君在河南圍城中，時纔八歲。城陷之日，大帥忿其不即下，無老幼，悉命誅之。次及君父母，君故坐其下，即躍上，指謂使者曰：「是兒父母也。寧獨殺兒，無殺兒父母。」主者驚曰：「是兒不怖死白刃，能祈活父母，真孝子也。」白大帥，并釋之。嗚呼！當横尸無萬之際，獨耿氏父母與子不鬼幽而人活者，非孝誠格天，能有此邪？是不可無傳也。銘曰：

[一] 乃爾之嗟：「嗟」，李夢生校勘本作「差」。

惟孝於人，百行之始。猗嗟耿君，篤于碻齒。知有吾親，寧知有死。夫誰使然？曰愛之理。汪汪其源，洋洋其委。傳不云乎，在其孫子。孟村之原，龜兮告祉。越千萬年，無壞傷只。

渠庵集卷七

誌銘

扶風縣尹李君墓誌銘

皇慶元年六月一日，故扶風縣尹李君夫人張氏卒，其子思恭、思溫將以八月二十七日偕縣尹君之柩葬咸寧縣龍首鄉先塋，泣謂其游同某曰：「先君歿扶風官舍，墓石時未具，今願以銘屬子，幸無讓。」某生晚辭拙，先德之懿將不辱歟？思溫請益堅，則敬敍之。

君名克忠，因以爲字，先世京兆人。生數歲而孤，母楊氏撫育教飭，嚴以濟慈，課君誦六經、論、孟諸書，日千餘言。君亦秀慧警敏，率十數過，輒記不忘。九歲中金童子科。其後大兵起，饑荒，君負母流亡，脫死萬一。轉客楨州。州守才君，倚監税務，歲課益故常。大姓張公某妻以其子。既又徙河中，籍名學宮〔一〕，子孫因家焉。歲癸丑，忠肅楊公宣撫陝右，道出境上，君贄以詩，忠肅大異之。及設禮案，首召君給使事官，制未行。州縣令長由分閫辟置。中統建元，川陝等路宣撫司檄君渭南縣尹，兼軍民彈壓。至元元年，改行中書省，申擬前職。二年，敕尹故縣，丁母楊氏夫人憂。服除，更華陰、長安、扶風三政。推誠與人，專以德理，不任刑罰，吏民樂爲用，未嘗以不及事得罪州府。奉法循義，期盡吾職。不爲赫赫事以求知

〔一〕 籍名學宮：「宮」，李夢生校勘本作「官」。

於人，而人亦以是知君也。壽六十有二，以至元十三年六月十七日卒。

君寬慈和厚，矜謹自將。養母至孝，流離艱棘中，左右順適，不忍少違志意。才具通朗。始至河中，謝師謂君可專對〔一〕，令往來北地，國言便習，殆若性成。嗜學，老而益力。公退，讀書如童子時。作詩清婉可愛。常戒諸子曰：「吾家世儒者，慎勿隕先業，以爲父祖恨。」張夫人柔良端靜，竭力成家，事君姑爲孝婦，相夫子爲賢妻，年九十有四。集享備福，鄉人莫不稱羨焉。男四，思敬、思聰、思恭、思溫，皆讀書有聞。敬、聰前卒。女二，長適從仕郎、德陽縣尹王世英，次適姚天翼，亦俱歿。孫男女十二人，曾孫男女七人。銘曰：

肅於外兮坦于中，才之備兮德之充。如有用我博以宏，吁此澤施止一同。驥垂兩耳駑爲龍，隨所控制吾何恫？于其子孫不于躬，尚篤斯慶流無窮。

族兄欽夫墓誌銘

兄諱搢，字欽夫，其先出自晉大夫伯子同氏，家太原之文水，繇高祖而上，徙爲京兆人。曾祖諱安，妣傅氏。祖諱寧，妣馮氏。考諱景先，妣李氏。以丁酉歲八月三日生。兄性強明，心計有餘，而綜理周密。年十五六，考府君即委以家事，與其弟拯協心一力，不懈寒暑，資用饒給，考妣養安終壽。兄弟怡怡，老而彌篤。親族屬，接賓友，恩禮無爽，日與游好，樽俎爲笑樂。皇慶癸丑三月二十七日晨起，既衣冠，疾作，不移時而逝，享年七十有三。配楊氏，金進士商州防禦判官侯慶長外孫，恭順慈良，宜於族姻，生四十九而卒，蓋前二十七年也。子六人。四男：長戩，克幹父蠱；次鶚，讀書有聞，掾甘肅省；次海，駒，死中殤。女二，適張受祖、楊文行。孫男一女四。

〔一〕謝師謂君可專對：「師」，李夢生校勘本作「帥」。

戩等卜以明月十四日葬咸寧縣洪固鄉三趙村先塋，族弟恕爲其銘曰：

惟劬惟勤，以安其親。惟優惟游，以壽其身。萬生芸芸，孰是齊均？永寧一邱，式燕後人。

承直郎成都路判官王君墓誌銘

君姓王氏，世家奉元之同州。曾祖侃。祖成，金進士出身，晚以名德辟京兆總府講議官。父才，京兆酒使，絅齋先生李公諮議爲誌其墓。母趙氏，生三子，君其長也。諱舟，字六彝。方直通朗，讀書有治才，西蜀四川道提刑按察司選主史書，歷四川南道宣慰司掾，四川等處行中書省掾。元貞二年，敕授承事郎、同知成都路漢州事，轉同知雲陽州。秩滿，改承直郎、成都路總管府判官。皇慶二年，疾終官舍，八月初一日也，得年六十有六。予堂兄與酒使游甚習，且可君俊敏，遂以婿其第四子。淑慎恭柔，克相夫賢，從掾蜀而卒，蓋前二十年矣。生女有四，俱適良士。再娶陳氏，亦前卒，皆權厝漢州廣漢鄉。一男曰恪。

君自幼爲兒童開爽，絕出倫比，庠序師賞其樂學。既長，有志世務，遇事不苟。其在簿領，未嘗以私撓公，長上率器倚之。兩倅州治，吏之黠者易爲循慎，民之戚者易爲懽愉。毗府不數月，遽失輿望。嗚呼，惜哉！

延祐乙卯，季弟長安縣尹疊由秦之蜀，護三喪歸，卜以八月十有四日庚寅合葬咸寧縣洪固鄉孟村先塋。前事，以姪恪來速銘，乃哀而銘之。銘曰：

太阿之利，不剸犀兕，株橛是試。赤驥之良，頓轡八荒，出入尋常。吁嗟承直，百用而一，已足有立。如彼流泉，尚濬吾源，無遏其川。

陳君墓誌銘

魯齋書院直學陳遜手其祖事狀一通，泣拜而言曰：「祖父歿二十有六年矣，稿殯僧舍。今茲不天，祖母任即世，合葬有期，敢以銘爲請。其幸賜之。」乃按其狀，君慷慨，能推己，以義自勝者也。癸巳之變，生纔九歲，父母哭二姊相失鋒鏑間，流離瑣屑〔一〕，阽於九死，既依里師於平陽〔二〕，籍織工於太原，復被徙哈喇和卓十有五年。迨有居京兆咸寧，以亡國之末裔爲起家之始祖，手拮据而口卒瘏者爲不少矣。嗚呼，艱哉！

君諱福，世家河南鄭州密縣，祖仕金，爲密令。父千夫長。生以正大乙酉，卒以至元庚寅五月十一日，享年六十有六。元配李氏，繼室任氏，克脩內職，以佐君子。子男七：林、達、榮，次早卒；思、溫、良、英。女一，適李氏。孫男十三，詳、弘、德、讓、遜，前爲肅州文學掾，餘未名。女九，四適人。曾孫男女七。李前三十二年卒，年三十。任氏歿於延祐乙卯五月己巳，壽七十有七。卜以是歲十二月二十二日丙申，合葬咸寧縣洪固鄉黃渠東原之塋。銘曰：

嗟崐岡之火炎兮，紛玉石乎焚而。萬有一其不俱燼兮，夫或有以相之。巋茲邱之四尺兮，實百世焉所基。

輔君明之墓誌銘

輔本晉大夫智氏，由智果策智伯必滅宗，更其姓爲輔氏。雖歷世綿遠，不知昭穆何別，蓋其苗裔也。

〔一〕流離瑣屑：「屑」，李夢生校勘本作「尾」。

〔二〕既依里師於平陽：「師」，李夢生校勘本作「帥」。

君諱昌，字明之。先祖仕金，嘗官于秦〔二〕，因爲秦人。生泰和庚辰某月某日。族屬衆盛，星散兵間，今爲居任城者，或通譜焉。君既涉變故，斂藏智略，施之家政，教子治生，翦翦有法，鄉里推爲信義。君享年七十三〔三〕，以至元庚辰某月某日卒。元配于氏，生一女，嫁劉德禄。繼室上官氏，柔明淑慎，笄而歸君，積勤累儉，佐理家事。君歿，撫育諸子，雖極慈愛而教切之義有加無替。妻道母道，兩克舉之。後君三十五年，當延祐乙卯十月某日卒，壽八十有八。生四子：長世安；次世榮，大寧倉使；次忠，皆前歿；次仁，奉直大夫、宣徽院都事。一女，適楊某。孫男五人，孫女二。

初，君與于氏葬長安縣槐衙里先塋，至是卜遠日，得丙辰三月庚申吉，奉直將舉其柩合而葬焉，其子公佐以奉直命來速銘。銘曰：

智燭之圓，炳乎幾先，世胄嬋嫣兮。志力之堅，輔佐之賢，家以載延兮。子譽日宣，飛騰俊躔，有煒其傳兮。襟山帶川，松檟陰煙，輔氏之阡兮。

奉議大夫甘肅省理問瓜爾佳公墓誌銘

公氏瓜爾佳，諱安仁，仲寧其字。萬戶招討使、贈龍虎衛上將軍、定襄郡貞敏公之曾孫，行省、贈榮禄大夫、沔國忠靖公之孫，右丞、贈榮禄大夫、平章政事、沔國宣惠公之第三子。妣曰沔國夫人耶律氏。

生而端慧，稱其家望，宣惠公鍾愛之。既長，善騎射，穎悟絶人，國言與文嫻習若夙成。勵志讀書，語、孟則尤所悉力，若欲自得於己者。書學慕王會稽，楞嚴馬公謂其便能似之。故家之耆年茂德皆樂與游。至元二十六年，大農以才辟掌國

〔二〕 嘗官于秦：「官」，永樂大典作「觀」。

〔三〕 君享年七十三：「享」，永樂大典作「子」，屬上句。

文，時猶未冠也。明年，奏以承事郎，令廣濟署。三十一年，陞同知德安等處軍民屯田總管府事。稼政以修，公私兩足。大德二年，改同知陝西等處屯田總管府事。首以歲荒民困，力請蠲租額三萬斛。先是，有監州席勢縱其下牧馬秋稼，且誣以故牧地，強辨莫能屈。民相率訴廉府，廉府以公明信可倚〔一〕，俾竟其事。公按籍非牧地，乃詰之曰：「地則有籍，蹂稼則有法，法而不畏，何如？且此國計，寧不知耶？」監州辭服，即正其經界，杖其奴，計畝償所損。民歡呼嗟感，廉使謂其真能世其家者。三年，宣惠公薨，服喪過哀，自是家居者十餘年。

皇上登極，遷奉直大夫、四川等處行中書省理問所相副官。公悉心營職，蜀省無滯訟。有所議，反覆情法，期於平允，雖宰執不苟從。讞獄重慶，直萬戶郝某之冤，渝士皆師之。延祐改元，轉奉議大夫、甘肅等處行中書省理問所官。平章、榮禄公賢而禮之。由儲侍會議陝省，且爲宣惠樹碑神道。三年正月十有四日，以疾卒清和里第之正寢，年纔四十五矣。遠近弔者皆哭失聲。夫人蒙古氏，無子，後以弟仁實子徵。女四人，皆幼。以其月三十日葬咸寧縣鳳棲原唐貴冑里沔公墓側。

公長身玉立，風度凝遠，瞻者起敬，而慈祥信厚，藹然仁義人也。爲子弟，以孝謹稱。宣惠出典巨藩，入贊大政，賢勞靡暇而退食無門内之虞者，以公能順適晨昏，彌康健故也。與人交，久而後知其爲敬友。好賢樂善，屈己下士，無一毫世禄家氣習。再爲理官，持心公恕，法行而人不冤。間語治體，若緩若急，秩秩有序。使其引而見于施爲尊主庇民之業，足以光前而裕後，孰謂天不可信，而竟止於此邪！是可悲矣！公嘗遺徵從予學，徵以銘爲請，其忍辭諸？銘曰：

嗚呼，天之生才，其有意邪？其無意邪？以爲無意，斯門也而有斯人也，則固畀之以用世，彼其盡美而全懿，茲不曰宗廟之器？以爲有意，峩峩之舟方將鼓枻，而禍因觸石，乃敗浮天之攸濟，顧錯糅之不齊，何至是乎繆盭？此予所以痛惜乎才難，不獨世閥之不繼也。嗚呼！

〔一〕廉府以公明信可倚：「府」，李夢生校勘本作「使」。

王君輔先生墓誌銘

延祐三年之春王，乾州學事王君受正介友生宇文鐸垂謁，款語移日。其貌恭言從，擇術甚正，余固疑其詩承禮接，不特器識之卓異也。于後拜致族系里居之録，求銘先藏，乃知果儒家子，善爲箕裘，信矣哉！

謹按：先生姓王氏，諱輔，字君輔，其先蔡州確山人。考諱郁，徙家德安，嘗職教其府。妣李氏。先生生于癸未歲四月十有六日，年十三已能讀書屬文。遭難流亡，父子相失，道遇楊忠肅公，愛其應對敏給，輟後騎載之。依舅氏許昌，轉客秦鞏，已乃家乾州。隱居教授，澹若與世相忘者[一]。年五十四，以至元丙子二月九日卒。配儀氏，柔順端謹，克勤内職，後先生十七年歿，至元癸巳十一月十一日也，壽五十有九。子男三：椿卒大德八年；栢即受正也；桂。女二，朱榮、張顯其婿也。孫男八，徵、敏、孜、斆，餘幼，女三。葬其州孝節鄉西小張村之北原。銘曰：

猗兩間之有生兮，衆固不可以萬計也。顧獨以士爲名兮，乃首出乎四類也。雖道命不與人謀兮，蓋有曰懷奇而抱異也。矧濟美之克世兮，其又奚憾于下地也。

倉使冉晦卿墓誌銘

鞏昌通渭縣主簿兼尉冉擇言將葬其父千斯倉使晦卿，以兄伯仁之命，來請曰：「伯仁等不孝，永痛是罹，今遠日得卜矣，敢以銘問門下？」哀懇之情，有不獲辭者。及視所録，則曰：「晦卿質厚而信，節儉而勤，治家訓子，咸有倫要。以貲

〔一〕澹若與世相忘者：「世」，李夢生校勘本作「甘」。

行選主奉元轂藏，出納之當，不失合龠。通陰陽占繇學，晚以恬澹寡欲自養，勢利紛華不動其心。噫，斯亦可謂好修之士矣。」

晦卿諱瑛，其先夔之梁山人。考德清，妣胡氏。始自秦州徙家奉元。晦卿生己酉七月二十日，享年六十有八。配于氏。生六子一女。長伯仁，承事郎、鳳翔府扶風縣尹；次思義；次則擇言；擇善，肅州路儒學教授；次擇行，甘肅行省檢校書吏；次擇禮。女嫁侯居禮。男孫四，女孫九。其卒以延祐三年三月二十九日，其葬以五月十有九日，其兆則咸寧縣神鹿原先塋也。銘曰：

信以與人人以宜，勤以立家家以肥。生男袞袞衣綠緋，六十八年蜕而歸。嗚呼，無憾其庶幾！

臨潼縣尉雷君墓誌銘

雷氏世爲耀州同官縣雷平川人，後徙高陵之毗沙鎮，子孫蕃衍，遂爲盛族。君諱禎，字彦禎，以至元丙寅二月丁亥生。兄弟六人，君最幼。溫厚謹敏，早歲如成人。讀書晝夜不倦。奉侍親側，得其歡心。友五兄，敬而順。交游姻戚恩相愛，而文相接。其治生也勤，其教子也義，其御僮使也嚴而不苛。豐於賓祭，儉於自奉。親仁就德，救災恤貧。此君之居家也。

至元己丑，四川西道宣慰司辟爲奏差。甲午，陝西行省授平涼等處屯田提領。勸課有方，官民兩足。大德戊申，陞延安克戎巡檢。壬寅，改美原。盜賊畏威遠遁，兩司爲之肅然。至大辛亥，敕授今職。至即中明約束，謹巡扞，嚴督捕，闔境安寢，無草竊之虞。縣當會府之衝，冠蓋往來相屬于途。君嘗攝縣政，供億送迎，禮無違者，率皆歡愛焉。禁戢豪横，扶掖善良，尤悉心刑罪，獄無冤繫，同僚相與誾誾如也。卒之日，吏民皆慟哭。此君之居官也。

曾祖遠，妣曹氏。祖定，妣楊氏。考貴，累主四縣簿，妣傅氏、杜氏。兄，鎮江等處新民人匠大使祐、高陵税使祥，皆前歿；三原縣尹禧，安定縣尹裕，其五祚也。妻劉，繼張。子德詮；德諟，成紀儒學諭。女一適王澤，一在室。孫女一人。

姪男女三十六人，孫男女一十七人。此君之父兄子姪也。

卒以延祐丙辰十一月乙巳，葬以明年丁巳，地以鎮北隅原慶安鄉之先塋，祔以劉氏。此君之送終也。

德諟嘗從予受業，至是以銘爲請，義不得辭也。銘曰：

出有譽於忠順，入無疵於孝敬。斯往行所難兼，猗若君兮力盛。壽宜遐而中身，禄宜豐而一命。終天道者好還，綿嗣葉之流慶。

陰陽舉焦君墓誌銘

中庸有言：「至誠之道可以前知。」又言：「至誠如神。」夫惟天道真實無妄，故人之真實無妄者始可與議化育之妙，而禹範於卜筮必曰：「擇人而建立之。」蓋其學問之功自明而誠，無一毫私僞留於心目，乃能合鬼神而一之，彰往察來，洞見朕兆，非偶然也，是豈口耳授受，誕謾無實者所可得而云云哉！求今師學，得吾陰陽教授焦君潤之，殆所謂誠者歟？

君諱榮，溫純朴茂，讀其父管勾公書，一以至誠爲力行之本，易經而下，歷世爲五行言者，累數十百家，閎衍浩博，皆出入貫穿，抉擇去取，所以爲資藉者益深且廣矣。尤致力星禽書，占百事，以觀來物，於人之靜作從逆、榮瘁利鈍，無一不中其會。以故聲望四馳，遠近延訪，應接不暇。王相左山公嘉其信而有徵，大書所居曰「覺齋」。一時名公鉅人如平章何公聰山、太子賓客王公山木、翰林承旨姚公牧庵、集賢學士宋公抑庵皆情交義接，賁以詩文，而集賢大學士方齋郭公既爲次第世譜，又序衍星以贈行，斯可概其爲人矣。

初，君擢安西、延安、興元、鳳翔、鞏昌等處陰陽都提領，由左山公薦安西主教〔二〕，提舉陝西四川等處陰陽學。既罷提

〔二〕 由左山公薦安西主教：「主」，李夢生校勘本作「王」。

舉，置教授員，敕授安西路陰陽教授。精勤舉職，學者爭願出其門。晚以疾辭，著三元書二十卷板行之。延祐四年夏五月十有六日召諸子，戒以脩身，無墜先業，遂不起疾，享年七十。配杜氏，淑慎儀閨門。四子：澤，輝州稅使；溉，將仕郎、臨安宣慰司都事；渥，鞏昌路陰陽教授；河，延安路陰陽教授。一女，側室吳出也，嫁百夫長郭良。男孫九，女孫八。

君博通儒學，且熟醫說。孝義慈厚，非出勉力。事管勾及妣胡曲極順適，家事無劇易，惟身任之，兩親優游逸豫，享有令終。始其戶隸軍籍，管勾嘗苦之。至元甲戌，詔遣使擇通儒術者不事征役，君一試中等，遂釋遠憂。遇其弟，一以誠愛，始雖不恭，終以怡怡。與朋友以信，和鄉黨以謙。廩其饑而藥其疾，矜其長而覆其短。故人無貴賤長少皆愛而樂之。雖未嘗相識者，聞人稱道姓名，亦必曰：「是覺齋君邪？」嗚呼，此可謂有道之士矣！

澤等卜以其年八月九日葬咸寧縣龍首鄉司天社先塋。前事，手君善狀一通，泣拜請銘其墓，且曰：「先人故交，惟先生爲知己。」予義不得辭，乃摭其學行之懿可信，今以傳後者，敍而銘之。若族世爵里之詳，見於管勾公誌者，茲不具。銘曰：

至微者神，至精者理。稽疑之用，脗合爲美。嗚呼先生，洗心以誠。觀變玩占，實紹天明。曰吉曰凶，如指諸掌。靜者知歸，作者知往。若昔蜀嚴，積豐取廉。忠孝之勸，乃今是瞻。子也衣纓，孫兮詩禮。餘慶所鐘，無窮伊始。鄉曰龍首，社曰司天。馬鬣一封，其千萬年。

提舉梁君墓誌銘

延祐五年春二月十有四日，提舉梁君益之卒，卜以明月十有二日葬咸寧縣苑東鄉安家莊先塋。季弟大成暨子婿姜煒持甥婿王文所書行實，再拜請銘，且曰：「先兄有遺言，誌墓之辭必以屬吾寬甫，幸先生哀而賜之。」恭維先君與其父義嘗通財，提舉復尋盟舊好，垂絕之託，其忍以不文爲辭？

謹按辭：君名大用，字益之，世爲乾州奉天人。高祖斌，曾祖均，祖順。考楝材，由艱難起家，徙居長安城中，退庵張先生爲誌其墓。妣魏氏。

君自幼卓立，不類常兒。入鄉校，師逸而功倍，父母鍾愛之。既長，佐理家務，益得歡心。恪勤子職，不懈寒暑，飲食必嘗進，出入必面告。喪葬盡禮[一]，祭祀盡誠。苑東新阡實自君塋卜。事杜氏姊尤極弟敬，有所爲，必咨決之。愛二弟大有、大成，人不知爲異母也。與人交，不苟合，以義爲主。居常正衣冠，無惰容戲笑。家人惴惴，威於鞭朴。至元十九年，行中書省以謹信有材幹，檄爲安西王掌膳局大使。王知可任委下教，陞同提舉，尋爲正。君悉心職事始終二十年，遇有絲髮得退，即堅守素分，無復進用意。至大四年，詹事院奏爲人匠總管府經歷。命未下，牒趣就職。君益以年老往辭，不赴矣。優游里居者餘十年，既疾病，處置家事精明不亂。出其僮使，嘗有勞者十數輩爲民，仍俾近塋田，俾奉祭事。語畢而逝[二]，得年七十有二。君凡五娶，無子。元配劉氏卒，繼以王、李、王、任，前王及任亦先卒，今皆合葬焉。三女，李出也，長夭，次適西錦院提舉姜煒，亦卒，次許嫁楊孝思。

君天資剛嚴，不借人言色。然質直無機穽，見世之工爲柔佞以說人者，疾之如讎。或以私害公，輒面數其非，再三申戒。故人雖内積不堪，外實畏憚。持顛扶危，惟力是視。勢家以奴陷平民，輒理出之。嘗善黄冠師，且死，以其徒甲嗣事囑君。乙懷媢嫉，誣以盜馬，欲規奪之，君卒直其冤，以信吾諾。尊德樂義，敦本務實，崇禮讓，貴廉恥，殆所謂剛而塞，強而義者，非邪？是可銘已。銘曰：

虞書九德，強義剛塞。人一見之，皋陶曰吉。維提舉君，氣養以直。是是非非，義形於色。行豈不同？正途是即。量豈不容？視惡如疾。在家能家，在職舉職。七十二年，其儀不忒。葬從先人，既安既適。曷永厥存，尚考斯石。

[一] 喪葬盡禮：「禮」，李夢生校勘本作「理」。

[二] 語畢而逝：疑缺臨終遺言。

榘庵集卷八

誌銘

王府君墓誌銘

延祐五年四月二十有三日，承德郎、乾州知州濟南王珺母夫人趙氏卒，將護柩歸松楸，卜以某年七月二十日，與其考府君合葬鄒平縣仁義鄉之北岡，迺録府君世次壽年求銘窆石。余惟承德累仕關輔，治行卓偉，禮交義接，積有歲年，有不得而終辭者，謹爲敍次如左。

君諱禎，字國祥，世爲濟南人。高祖淮，金懷遠大將軍、濟南路州軍民千戶。力濟時艱，一方之民獨安田里。曾祖彰，金中大夫、棣州厭次令。出私積，活荒歲民。妣蘇氏、鹿氏。祖通，讀書樂施，妣高氏。父孝友，妣左氏。府君以庚子歲八月十有三日生。至性孝友，宗戚隣里，樂其樂，憂其憂。篤志問學，無絲粟榮利計，鄉閭子弟爭遣受學。至元十四年五月二十有六日得疾，遂不起，壽止三十八。夫人趙氏，金滿州千戶忠惠之女。溫婉恭慎，事舅姑得歡心，接族姻無違禮。府君既歿，即屏去脂澤，約身縮用，力其子於學。承德以是出典郡縣，入贊臺憲，才猷風節，照映搢紳。夫人鶴髮方瞳，雍容禄養，見者咨美。今年七十有九，微疾而逝。子男二：長承德也；次珪，甘肅等處行尚書省譯史，前歿。女一，適都目李惟洪。孫男三：魯、兗、鄒。女五。曾孫女二。

嗚呼，府君儲休積美，維啇享于躬，顯揚之傳方興未艾。夫人苦節于其始而燕于其終。天之報施善人，又可謂無信

邪？銘曰：
孰御陰陽，變化無常。一世之短，百世之長。非此其身，府君是傷。在其子孫，府君不亡。婉婉令配，閫儀壼章。同穴之信，皦日其光。

將仕郎趙君墓誌銘

將仕趙君諱元諒，字良卿，其先兖之鄆城人。祖諱義，妣翟氏，徙家隰州，又徙家奉元，故今爲奉元人。考諱吉，字伯祥，妣晉氏。君以乙卯歲五月二十日生。天資純謹，經史通大義。出掾開成宣慰司，繇積閲，敕主鳳翔扶風縣簿，歷安西涇陽縣〔二〕，官將仕佐郎、延安總管府知事、陝西都轉運鹽使司知事、臨洮府司獄，轉將仕郎、奉元路司獄。爲簿能抑暴，使以負重苦，傳騎伸冤獄之罪死者。佐運幕能使監丁盡力〔三〕，歲科倍常數。其見於用者如此。事親孝，從兄順。御下則恩義兼盡，處家則勤儉有方。利不苟取，勢不苟合。其本諸身者又如此。以延祐己未正月十有六日卒，壽六十有五，卜以三月二十有七日葬長安縣華林鄉高陽原。君凡四娶，兩孺人，晉氏，舅女，從姊也，李氏，皆合祔焉。今孺人邵氏，佐君有賢稱。子男三：寅、容、宏。女二，長適雲南臨安路蒙古字教授苗彬，次在室。邵孺人，予里中故家也，遣其子寅以進士王弁狀來乞銘。銘曰：

有用以及乎人，有本以誠乎身。不究於前者用之屯，可裕乎後者本之真。巋四天之斧墳，尚永永其不泯。

〔二〕 歷安西涇陽縣：「涇」，李夢生校勘本作「徑」。
〔三〕 佐運幕能使監丁盡力：「監」，李夢生校勘本作「鹽」。

任正卿妻曹節君墓誌銘

延祐七年九月辛卯，京兆故任直諒正卿之妻曰曹節君，疾終內寢，享年八十有二。親疏聞者，咨嗟驚嘆，謂：「節君由震風凌雨之變，而圖夏屋帡幪之安，天助其順，人與其能，以濟成任氏者三世矣，不易爲力哉！」

節君父諱用，母王氏，世河中人。生十六而嫁，時舅姑甫自亂離歸鄉里，正卿與弟直忠年尚弱，經始立門戶，百用闕如。節君以柔順恭恪事舅姑，勤儉端一從夫子，上下咸宜之。十餘年間，既喪舅姑，正卿、直忠相繼淪謝，子謙纔七歲，兩房五女，襟前裾後，族黨憂不能濟。節君屏去脂澤，衣粗食淡，資其子以學。撫視諸女，慈愛教督，均一無間。家事巨細，不以委勞于娣氏。娣氏亦友敬信順，寢食必偕，塤倡篪和，至于白首。人信其姊妹，不知其爲娣姒也。始自謀曰：「農桑，衣食之原。無田以給口衆，非久計也。」盡斥奩具，買田南山下，課童婢耕蠶，甘苦共之，寒暑不少懈，歲入既贏。子謙亦長大，孝謹有鄉譽。伏臘之計，十百於疇昔矣。人方歆慕，不幸謙屬疾，遂曠定省。諸孫皆幼稚，節君年已七十，吞聲飲泣，益自奮，曰：「兒曹承世祀者[一]，不使知學，是由我敗之。」闢館于隣，延士教之。男今受室，女亦有歸。歲時柔愿，列侍左右。初，大德間，有司上其行，宜享旌表，省檄既下，節君辭曰：「婦人守義，分內事爾，何異焉！」至大辛亥，通議大夫河南任公總管奉元也，謂朝廷旌別淑慝，所以美化移俗，二母之行若此，久聽其辭，如盛典何？趣有司樹表于門。集賢學士勤齋蕭公題其上曰：「姒曹娣索貞節。」嗚呼，惟良顯哉！一子，謙也，字敬叔。三女，皆嫁良士，曰李思溫，曰從仕郎、王府照磨劉元，曰醫効郎、惠民局提點嚴有恆。娣女二，長適董思溫，蚤世；次適司竹監使鄭思溫，先六月而歿。孫男三：惟義、惟

[一] 兒曹承世祀者：「世」，李夢生校勘本作「氏」。

一、惟聰。女二，嫁王灼者亦前歿，次許嫁鄭氏。曾孫男一，班巴爾。〔一〕

節君天性嚴重，言笑有常度，閨門之內，大小肅穆。識深慮遠，有補陰教。矜容衒巧之習，不入于家，故女之事人者皆勤內職，而子婦蚤寡誓志秉節，耳濡目染之力歟！自奉甚約，至周人之急，略無顧惜。嫁娣女，資裝厚于己女。其哭娣氏也，哀不能勝，其後竟以鄭女亡，悲傷得疾。御下慈祥，自司閫政，未嘗笞捶一人，有過則累日不與之語，恐懼謝罪乃已。凡此視昔，著于彤史者，優劣何如也？

至是，惟義輩卜以十月庚午祔節君柩于咸寧縣龍首鄉永泰橋正卿之墓，泣拜請銘，某惟毅子備館教者累年〔二〕，禮遇之厚，嘗竊愧焉。今茲德述，非某言之私，鄉評之公也，不敢略，亦不敢誣。曾孫男一，班巴爾。〔三〕銘曰：

於維節君，得秀自天。三世夫門，力起其顛。霜不逾清，玉不逾堅。婉婉娣姒，光綴華聯。生有聞於百年，死無愧于九泉。吁嗟乎婦賢！吁嗟乎母賢！

太醫常惟一墓誌銘

君諱中，字惟一，其先太原人。曾祖明，避亂徙陳州，再徙中山。祖慶祚，以良醫待詔御藥。至元十一年，皇子安西王分土關中，太醫院奏侍藩邸，官醫愈郎，陝西、四川、中興等路醫藥提點使司判官，終王府醫藥提舉，今遂家奉元。父謙，承

〔一〕「曾孫男一，班巴爾。」，從後文移此。

〔二〕某惟毅子備館教者累年：「毅」，李夢生校勘本作「義」。

〔三〕「曾孫男一，班巴爾。」，移前，此處當删。

事郎、陝西興元等路齊哩克昆長官〔二〕，妣夫人杜氏。

君天資秀朗，家學淵奥，濟以心得之妙，針藥所施，効應神捷。人無貴賤，日爭迎謁，遂以眼科名世。入爲御藥，居京師者十年。延祐改元，試中第一人。扈從往來，著績爲多。王公貴人，無不稱善，蓋術業精專而仁遜不矜故也。至治元年二月十八日疾卒寓舍，年甫四十有一，以其年十月十五日歸葬奉元咸寧縣龍首鄉北原之塋。娶王氏，再娶陳氏，承務郎、龍興路推官某之子。一女，纔滿歲，後五月亦歿。嗚呼，痛哉！

自予得友承事公而熟君及弟沖之賢，每謂承事：「天壤間能是福者幾家？積善餘慶，信而有徵，矧君濟世美，勞王事，命服歸榮，匪朝伊夕，孰謂其遽至此也？天不可信，有如是邪？」沖來請銘，其何可辭？銘曰：

靈芝無根，醴泉無源。竭枯一朝，世猶瑞冤。鐘秀在人，源深本蓄。不濬而培，天乎何言？以物爲形，生雖有垠。以瑞爲名，永永其存。

郭君秉彝墓誌銘

延祐七年，陝西行省行臺擇可魯齋書院主訓導者，僉曰：「郭君秉彝文行純懿，倦游閒成，真其人也。」於是遣邑吏走書幣以請，三往返，然後至。既舍菜，升講座，樂育之和，盎溢几席間。執經而問、約禮而言者，昧昧以進，昭昭以退。兩府謂得其賢，學者謂得其師，士林謂得其友。甫三數月，庠舍不能容矣。至治改元之春，瘍疾爲虐，竟不起，二月十二日也。嗚呼，天果欲窮吾道邪？何奪斯人之遽也！使前日相慶者皆相弔，来哭之慟，自復及殯聲相屬。弟彪時方以命省家開

〔二〕陝西興元等路齊哩克昆長官：「昆」，李夢生校勘本作「琨」。

成，友人王總管廷彥[一]、傅推官彥升經紀喪用，衣衾棺斂，必誠必信。浹旬，彪以其嫂王氏謀所以葬君者，則持教授孫忠符狀，乞銘于予。予雖拙於爲言，無以振發潛懿，義不得辭也，乃受而申之。

君諱好德，自號鳩庵[二]，世居京兆華陰，爲儒家，再徙咸寧。考厚載之，陝西等處打捕鷹房提舉，妣王氏。君生而穎悟，蚤從蒙齋孟先生學，能自淬礪。讀書爲文，捷出時輩，故人皆期以致遠。大德戊戌，開成路同知方君薦爲安西王府說書。會王受命北征，開成貴家爭延訓子弟，故君留居者餘二十年。懃懃懇懇，務以成就人材，一方翕然，得所矜式。貧而願學者，約己資之。康生繼昌居門下五年，義則師教，恩則骨肉，故今繼昌喪之如父。君蚤孤，事母篤孝，迎養致樂，未嘗少違顏色。侍疾四旬，衣不解帶。喪祭一遵禮制，不忍以俗尚薄其親。徒步千里，護柩歸葬。素雖不困酒，母遺言敗德，終身止飲。兄弟間無違言忤色。朋從友好，信義尤著。素善渭南曹顯道立，聞其妻有娠，約通婚姻。既產，曹男而己女，歷十有八年，顯道夫婦死已久矣，君曰：「吾可失信於故友邪？」乃資其女歸曹氏。庭彥之總管開成也，以師禮遇君。丙辰之變，庭彥既被執，守者露刃，脅以必從，闔府吏卒奔散無一人。君易衣冠，伺間隙，獨往省視，庭彥曰：「吾分當死，人殺如自殺何？」君勉之曰：「公知守大義，當聽命於天。無益之死，不可爲也。」庭彥每語人，深感其義。仁心周流，終始無間。嘗晨起，有遺楮在門，視之皆金帛，其直不貲。君求其人，盡畀之。六盤地寒，日暮聞河側有悲哭不能爲聲者，君往視之，拾薪兒凍幾死矣，舁救於家，明旦還其父母。蓋全吾降衷者類如此。妻王，舅氏女也。側室梁氏。三女一男。長婿吳用貴，次即顯道子宗顏，季尚幼。男復，方一歲。季女及男，梁出也。享年五十三，卜以三月九日葬咸寧縣芙蓉園之先塋。

君稽古務學，履真踐實，其積也若是之豐，其取也乃若是之嗇邪？是可哀已。銘曰：

古稱仁者，宜位而富。位富未能，必得其壽。如何郭君，三無一焉。陽錯陰揉，匪昔之天。嗚呼秉彝，扶善斯世。籌德

[一] 友人王總管廷彥：「廷」，李夢生校勘本作「庭」。

[二] 君諱好德，自號鳩庵：疑缺「字秉彝」。

度功，是亦有位。含英咀華，諸子百家。淵淵其蓄，用則孔多。豈弟君子，同聲萬口。以是爲年，庶幾顔友。玄房有石，琢此銘章。嗚呼秉彝，可謂不亡！

朝列大夫僉漢中道廉訪司事傅公墓誌銘〔一〕

公諱昱，字彦晦，京兆華原縣人。曾高而上，世有隱德，稱孝義家。祖汝礪，陝西都轉運司經歷，妣李氏。考巖起，中順大夫，江東建康道肅政廉訪使，號擴齋，集賢學士勤齋蕭某誌其墓。妣，咸陽太君張氏，以公貴贈也。生二子。公與弟承直郎、奉元路總管府推官杲，俱以醇正守家法，有聲搢紳間。

公自冠歲辟陝西漢中道廉訪司書吏。大德改元，以貢掾工部。二年，轉樞密院令史，既擢中書省掾。端敏詳慎，無絲髮過，兩府爭延譽之。滿歲，敕官承務郎、工部主事。綜藝課功，冬卿倚信焉。至大元年，陞奉訓大夫、陝西等處行尚書省左右司都事。未幾，改行中書省都事。蓋翺翔京秩者二十年，展用鄉邦，人甚榮之。公益自澡濯，期光前武。究心曹務，詳整爲百司倡。上信下服，御史司臺尋以「清望可肅風紀」奏，加奉直、江南諸道行御史臺監察御史，按行廣東。雖窮荒瘴毒之地，身皆歷之，無所顧避。一善必登，一惡必黜，風威肅然。行臺以舉職薦，即拜都事。延祐二年，超朝列大夫，居今職。明練治體，正身率下，不事苛細，吏民稱頌焉。歲除，移疾還家，屏棄餘務，專精醫藥。疾已時，與親賓談笑，道舊故爲樂，人皆期公旦暮當復用世。至治辛酉夏四月九日，忽感疾，須臾而逝，享年六十八，鄉士大夫來弔者哭必盡哀，卜以其月三十日葬長安縣義陽鄉槐衙先塋。先夫人楊氏祔，贈太子少保、濬齋文公之女，懿德宜家。今夫人耶律氏，中書左丞埒克之孫，克盡婦道，封咸陽縣君。二男，曰順、曰鐵牛，耶律氏出也。二女，長適刑部掾馬榮祖，次適劉克敬。

〔一〕朝列大夫僉漢中道廉訪司事傅公墓誌銘：「事」，底本缺，據李夢生校勘本補。

公天資端靜，寡言笑，好學力行，務見實用。於書無不讀，尤嗜易學。又以餘力考求法律本末，使不誤於操縱。中順將終遺言：「孝弟忠信，揚名顯親爲能子。」公敬服不怠。居家治官，見諸日用者皆是物也。事宋夫人能得懽心，人不知其爲繼母。叔父客死廣東，還自南臺，護柩返葬，簿録遺財，歸其家。初，公疾既瘳，適弟杲亦滿秩，日集外齋，講論經史，商略古今。課子姪讀書，驩然粲然，恩文兩盡[一]。取友必端，無泛交雜游。清約自怡，有無不恤也。嗚呼，善繼善述有如此者，真不負「能子」之託矣！而位不滿能，年不補德[二]，惜哉！

承直以予游公兄弟間，手府學正王瓚狀來請誌其墓[三]，謹第録如右，而系之以銘曰：

底法之基，不難乎前。堂構是期，難乎令傳。猗歟朝列，規方矩圓。擴齋堂堂，允爲象賢。孰參省幕？孰箎臺聯？朝議頡頏，舍公孰先？宦學既昭，家聲亦宣。天於斯人，胡不百年？槐衙之阡，草露林煙。銘紀諸幽，以告邈綿。

耿彥清墓誌銘

至治元年七月，承德郎、肅州路府判耿君彥清以疾還奉元之里第，浹旬，遂不起，二十一日也。既殯，舅氏尚君彥誠導其孤某乞銘于予，曰：「前幸銘其父矣，敢以是并累子？」既不得辭，則敍之曰：

君諱廷望，彥清字也。世爲奉元人。祖諱舜，妣王氏。考諱復亨，贈承務郎，妣尚氏，贈恭人。君生至元甲子三月十二日，於次爲仲。早自植立，從吏師之廉而平者習文法，濟以勤敏，聲稱右儕輩。陝西行尚書省選副掌儀局，後二年，以能舉

[一] 恩文兩盡：「恩」，李夢生校勘本作「思」。

[二] 年不補德：「補」，李夢生校勘本作「輔」。

[三] 手府學正王瓚狀來請誌其墓：「王」，李夢生校勘本作「玉」。

職，受安西王教，既擢掾。行尚書省改中書省，辟掾陞提控。大德八年，敕從仕郎、尹延安延川縣，歷承事郎陝西行省管勾兼架閣庫，承務郎、甘肅行省管勾兼架閣庫。延祐五年，加承德，受今職。享年五十有八。元配蔣氏，前君三十三年卒。繼室李氏，贈恭人，卒今七年矣。再娶劉氏，封恭人。子男三，曰某。女二，長適高陵縣尉王欽，亦前歿，次尚幼。卜以其年九月十五日葬君咸寧縣龍首鄉孟村先塋，蔣氏、李氏祔。

君少孤，自力于學，事母能得其懽心。天資強明，遇事審慎，操筆行省者首尾餘十年，有譽無疵。其爲縣也，惠利必興，刑罰必當。民有訴其夫赴兄之招，數月不歸者，同僚或疑之，君獨燭婦冤，捕治具服，蓋杯酒失意，毆死而井其尸。其在肅州，治行尤著。他事糾紛不能決者，上官委辦，前後沓至。此君已試之大凡也。即其所已試而知其未試者，尚富有也。嗚呼，惜哉！銘曰：

志行之卓，才識之強。左右吾用，允曰吏良。維後有裕，前亦有光。孰匪九原，奚憾斯藏。勿替而引，善繼之望。

李君文卿墓誌銘

至治元年冬十二月五日，乾士宇文鐸振之來謂予曰：「武功李文卿先生以十一月十五日疾卒于家，鐸友其子叔謙，則往弔焉。既致慰矣，叔謙又哭拜稽顙，跪而言曰：『先君卜以十二月二十一日葬周鄉五渠磑先塋。先君之友，今惟同贊善公在。誌墓之辭，舍公其孰歸？叔謙罪逆餘喘，忍死朝夕，不能遽違殯次，匍匐往請，振之能爲致此懇乎？』鐸既許諾，是以來也。」予聞而驚呼，爲之泣曰：「前年文卿來，留止三數日，握手道舊故，爲笑樂，鬚髮猶白黑相半，神氣清徹，顔如渥丹。予謂文卿福壽未艾也，孰謂此爲終天之別耶？嗚呼，悲乎！」

文卿諱斐，其先鳳翔人。祖諱義，妣杜氏，始家京兆之長安。考諱秀，妣王氏、張氏。再徙武功。昆弟五人，文卿居長。慈祥孝友，出於天性。事母張氏，不知其爲繼也。勤以幹蠱，儉以自奉。其聞善也，汲汲如不及；其接物也，休休如有容，

以故親疎貴賤皆愛重之。敏而嗜學，不懈寒暑。六經史傳，歷歷成誦。閒爲辭章，清婉可愛。無泛交雜游，一以誠敬爲主。在長安日，獨與竇隱君長卿、雷都司季正及予相往來，文史之娛，迨老不厭。

至元中，陝西行省察其廉慎有心計，兩檄領興元、鳳翔稅司。大德三年，又檄領司竹監。課集如期，非所好也。享年七十。妻文氏，柔順恭恪，克相夫子。子男五，叔謙，餘皆前卒。女二，長亦卒，次適張璞。孫男二：衍、衡。女四，周德、趙思弼其婿也，餘幼。銘曰：

知圓義方，仁愛禮恭，均由性有，匪賢曷充？猗嗟文卿，盛美在躬！勉勉循循，一其初終。七十爲年，壽非不融。有子有孫，吉非不逢。相彼周原，泉深土豐。有斧其邱，德人之宫。

儒林郎馮君墓誌銘

至治元年辛酉，封儒林郎馮君義年八十四，以十月九日卒。二年壬戌，其妻恭人秦氏年八十四，以正月七日卒。蓋生同戊戌而爲夫婦者六十有八年。壽祺之享，恭人雖差延一歲，由辛酉之十迨壬戌之正，纔三月耳，立春猶後四日，是死亦同辛酉也。長子翼霄時爲樞密院經歷，聞喪來奔，甫及門而母氏卒。卜以二月十有一日葬奉元咸寧縣春明門先塋。同穴之期，日不再吉。嗚呼，此可謂同生復同死矣。天壤間，生民不爲不多，富而貴者不爲不衆，若儒林夫婦結髮偕老，生順死安，幾何人哉！借曰天作之合，而能者養之以福，固非偶然也。經歷辱與予游，泣拜以墓銘爲請。辭不獲命，乃按事述而敍之。

君諱義，其先慶陽人。祖某。父秀，儀觀雄偉，金末從軍，以挽强爲衆所推。其後轉徙平陽，亂定西歸，始家奉元，乃輦父喪慶陽，葬今春明門之塋，爲始祖焉。妣馬氏。生四男，君爲仲子。天性孝友，竭力以養父母，不使知其勞。兄貴窘乏，輒振業之，公賦雜擾，不以相及，歿則與其嫂合葬焉。二弟頤、慶，幼以成學，長以成室，皆己力。頤今爲南漳縣尹。恭人家

素貧，君爲買屋，迎養其祖父母，歿又營葬。禮洽鄉鄰〔二〕，信乎朋友。蚤業商賈，剛直好義，凡利交者有取無怨。行旅往來，不能以歸，必贐遺之。故人無遠近親疎，皆愛重焉。敬恭神祇，朝夕熏修，迨老如一日。恭人早孤，母郭氏年十有七歸儒林，淑慎端潔，事舅姑以孝謹，相夫子以勤儉。衣服飲食之須，蠶桑織績之務，躬自劬瘁，不以委人。儒林得以專理外事，獲愛於宗族鄉黨者，恭人之助，與爲多焉。叔慶生乏乳飲，恭人乳之。撫有二子，慈不失義，督之就學，至斥奩具以奉師儒，故今卓卓有以見於世者如此〔三〕，恭人之教也。生子四。男二：翼霄，承德郎、樞密院經歷；翼雲，陝西漢中道肅政廉訪司書吏。女二，務使姚信、咸寧尉吏田榮其婿也。孫男五，某某。女二，長適太平路教授劉惟孝，次在室。

延祐乙卯，朝廷推恩臣下，以勸忠孝，文武内外官皆許褒封父母，經歷以中左司都事，於是有儒林、恭人之命。及來爲陝西行省幕長，二老人者拜恩家庭，龐眉鶴髮，夫前婦後，及門賀者，上而省臺，下而鄉里，搢紳韋布之士肩摩踵接，莫不咨賞歎息，願有子如經歷，有父母如儒林、恭人也。嗚呼！積孝累義，克有令子。殊恩異數，增華耋年，考終厥命，二壽同歸，世所願欲，一無憾矣！是宜銘。銘曰：

良人者何？曰和而義。柔而能正，婦德之懿。嘉耦曰配，古難其逢。儒林恭人，斯媪斯翁。天賜賢子，鵷聯鷺簉。遂都榮名，以燕眉壽。樂哉九原，二壽同藏！勸善有銘，無窮是彰。

封奉議大夫張君墓誌銘

君諱德明，字彦明，世爲耀之三原人。祖順，妣馬氏。考貴，魁偉好義，有稱族黨間，壽八十四以終，太子諭德勤齋蕭公

〔二〕禮洽鄉鄰：「洽」，李夢生校勘本作「治」。

〔三〕故今卓卓有以見於世者如此：「有以」，李夢生校勘本作「以有」。

爲碣其墓，凡三配：孟氏；楊氏，君之母；白氏，壽亦八十八。

君淳誠靖厚，早知讀書，遵軌度，篤於愛親，不忍暫去左右。名宦所趨，未嘗萌念。及代家政，輕財重義，先人後己，曰：「此吾父宿昔所事，不敢忘也。」宗族鄉黨均憂共樂。張某家貧，嫁娶仍數，積負久而爲數夥，一不責償。縣人李巴子、雲陽李二皆僕隸事人，謀欲民成其家，聞君之風，往請焉，即以楮錢萬有千緡畀之，且爲經紀生業，豈特出濟人利物之本心而然歟？亦無改於父之道，爲孟莊子孝也。

又其大者，謂師道不崇，無以裨教化、善風俗，乃捐金倡縣侯買地龍橋鎮東南，爲畝若干，創夫子廟，締搆像設之費，出己力者又十之五。遠近觀感，爭遣子弟讀書。庠聲序音相聞，蔚有士習。茲非由君能仁，有以發之耶？

治家勤而有節，儉而中禮。祭祀致孝，燕享致豐。誠以與人，敬以持己。鄉邦無賢愚，皆推爲長者。名公鉅人，蓋嘗紀贊其行。教飭諸子，擇賢師友與之游處，使知古人修身之學，故四子皆植植有立，而季子世榮尤允物望，僉海北廣東道肅政廉訪司事，君由是得封奉議大夫、信州路鉛山州知州、驍騎尉、涇陽縣子〔一〕。受封之日，親疎遠近莫不榮賀，謂天道雖曰好還而享有備福，蓋千百而不一二得也。

至治二年二月二十有七日疾終正寢，壽七十有九。配李氏，贈涇陽縣君。笄年歸奉議，柔順恭恪，克修內事，前十二年卒。子男四：世英，同知鐵州軍民事；世昌，敦武校尉、禮店文州蒙古漢軍西蕃軍民千戶所副千戶；世傑，承務郎、同知松、潘、客、疊、威、茂等處軍民安撫使〔二〕；世榮，承務郎，僉憲也。女二，長適王某，次適朱安仁。孫男五：信、儼、俊、徹、燕。孫女十。曾孫男二，女二。

〔一〕涇陽縣子：張德明世爲耀之三原人，而得封涇陽縣子？其配李氏贈涇陽縣君？爲什么不是三原縣子、三原縣君？

〔二〕同知松、潘、客、疊、威、茂等處軍民安撫使：「客」，榘庵集卷二送張宣撫序作「容」。

世英等將以是年五月九日，與其母涇陽縣君合葬於縣之常平鄉悌友村祖塋之次，俾世昌子儆來請銘〔二〕。奉議長予十歲，辱以禮接，歲時遣子若孫相問勞，絡繹不絕，此意厚矣。其敢以蕪陋辭。銘曰：

乾父坤母，孰非其子？疾痛在躬，曷問彼己？維奉議君，洞識天畀。推吾是心，以濟前美。誦聲洋洋，我鄉我里。德風一行，庶善草靡。四孝聯飛，家聲日起。夫誰使然，神監昭只。既服榮名，亦膺壽祉。不亡者存，百世令軌。

〔二〕俾世昌子儆來請銘：「請」，李夢生校勘本作「謁」。

榘庵集卷九

誌銘

司竹監提領鄭君墓誌銘

君姓鄭氏，諱思溫，字彦容，世家京兆。曾祖安仁，妣李氏。祖珍，妣吕氏。生三子，長曰鈞，平陽路拘榷解鹽副使，君之考也。妣曹氏。生而淳靖端謹，不妄言笑，祖父母鍾愛之，常曰：「能世吾家者，必此兒也。」既就學，日受業必精熟然後已。同硯席者戲笑於其側，若不聞知。或犯之，亦不與校，鄉先生每舉以厲不率教者。年甫及冠，家事巨細，即能以身任，不勞其父。篤實勤敏，綜理周密，故祖父母樂有其後，而拘榷君安享終身焉。蓋君資受殊常，生長富驕而恭儉自將，不踐舊跡而動皆中禮。事繼母趙，宗族稱孝。異母弟思恭不安序教，君一接以友愛，進之宦學，供應備至。其卒也，哭之如同生。内而宗親，外而姻戚，與凡鄉黨鄰里之交，情文孚洽，微我有咎。行省察其有鄉譽，可任使也，檄爲京兆路解鹽倉使，歷總庫副使者再，司行鹽使領者再，皆以集辦稱。至治二年七月十有二日，疾卒長安縣之居第，享年六十有七。初娶王氏，同州判官鑄之女，生男一，曰耀，女一，嫁張珍，皆先歿。再娶任氏，前二年卒，生男二，曰巽，曰兑。孫男二，女一。巽以其年十月初六日庚午，葬君咸寧縣白鹿鄉白鹿原宋莊新塋，王氏、任氏祔。以予與君嘗同遊頤齋張先生之門，泣拜請銘。義不可辭，迺爲銘曰：

播搆兢兢，祖武是繩。孝友蒸蒸，家道以寧。鄉無疵議，宗有賢稱。展如彦容，可曰德成。相彼鹿原，山環水縈。四尺

之封，尚固千齡。

李登仕墓誌銘

君諱餘慶，字某，其先威寧人。曾祖英，金天成縣尹。祖資禄，壬申歲偕劉忠順公歸義，太祖皇帝詔爲四川征行千戶，佩銀符，遂來關中，占籍奉元。有子八人，祖妣闞氏，生二子，長義，襲職千戶，次祥，君之考也。義死王事，以祥世其職，沈勇好謀，數戰有功，賞換金符。兄子世昌既成長，讓職家居，優游終老，年八十七以卒，妣毛氏。

君生而純秀，練達時務。安西王胙土於秦，辟相府使臣。至元十七年，詔王相李忠宣公赴思、播，分黃平、鎮遠田，以君從行。至則詔攜懷遠，君亦與有力勞，敕將仕佐郎，主安西富平縣簿十九年也，再主郃陽縣簿，歷録事司判官，轉登仕佐郎、興元路金州判官。年四十八，以大德四年六月十五日卒。

君天性孝慈，寬裕有容。在官以勤慎篤實爲主，本明悟先覺，人亦莫之能欺，故上官信任不疑，而民之被其惠利者久而後益知其不可復得也。輕財重義，一諾之許，千金不移。嗚呼！才用未周，天遽奪之，得不爲良士惜乎！妻張氏，柔賢宜家，有稱媦族，後君廿二年，當至治二年八月廿五日卒，壽七十有二。子男四：長泰，將仕郎、涇州判官；次萃，早世；次革，寶儀庫大使；次昇，秦州豐積庫大使，前母氏一月卒。女一，適曹季文。孫男八，女五。

惟李氏先塋在咸寧縣宣平坊，兆域迫隘，不可復祔，將仕乃卜地於龍首鄉神谷子別業，以至治二年十一月廿八日徙其祖考妣爲新塋始祖，考登仕洎母張氏之喪合葬焉。前事，介吾友安君士寧來乞銘，乃爲銘曰：

李氏之先，世以勞顯。維登仕君，篋跡吏選。其心休休，其躬勉勉。上信下懷，官議無貶。謂曰千里，驥足是展。纔佐一州，遽誦知免。龍首新阡，葬從父窆。咨爾後人，遺休之衍。

封承直郎國子監丞李公墓誌銘

泰定三年秋八月十有四日，承直郎、國子監丞李公卒，年八十有二。遠近聞者，莫不驚惋嘆息，謂老成云亡，安所矜式。蓋善信之美，積躬者厚；儀形之瞻，服德者深也。

公諱禎，字善之，其先上京黄龍曲江人，由其祖税使君自河南寶豐徙家安西。爵世名行，具慵齋先生楊君教授誌墓之言。考諱珪，安西府軍器庫大使，妣史氏，生二子，公其仲也。

端謹溫厚，由性而然。自幼學至冠昏，未嘗有子弟過，以貽父母憂。孝友純至，父母既殁，事其兄如事其父。兄長公六歲，迨今率三五日一往候之，敬順有加。高曾而下，皆以勇略著名當世。税使君嘗中金武舉，至公獨儒雅自將，雖詩書家子孫，皆自以爲不及。神秀内裕，遇事明審。吏學應務有餘，起家將仕佐郎、陝西五路蒙古鄂勒總管府經歷，非所好也。至元戊子，興元有囚，罪當死，朝廷遣使臨決，行省檄公偕往。至則公具得其情，蓋因毆妻誤傷主母，非故也。獄辭再上，刑部卒論減死。用心忠敬，舉此可見。

秩滿，即營治別業，極力教子，爲終老計，時年未五十。作亭面南山，竹樹環拱，日讀書其中，自號雲中閒叟。當其適意時，輒有詩歌陶寫襟靈，未嘗出以示人。人或得之，意必高人勝士、天機醇深者之言，初不知爲公筆也。時居城中，賓禮交舊，杖屨往來，言笑衎衎，略無老人倦勤意。度進止益恭，儉而有禮，以持其家，嚴而有恩，以御其下，内外之治，整如肅如。諸子競爽，方昌於用。泰定甲子，以仲子貴，享有是封。歲時列侍，左右命服上壽，中和之氣，薰然一堂。箕疇五福，公獨多焉。「豈弟君子，福禄攸降。」信哉斯言！至是得微疾，遂以不起。元配劉氏，贈恭人，淑慎婉德，先三十四年卒。繼室茹氏，封恭人，亦前二年卒。子男五：秉彝，從仕郎、奉元路醴泉縣尹；秉中，承直郎、内臺監察御史、僉陝西漢中道肅政廉訪司事；秉義，河西隴北道肅政廉訪司掾；秉元，篤學，蚤世，集賢大學士方齋郭公爲作哀辭；秉新，鞏昌總帥府奏差。

女一，適張德。皆劉出也。孫男五：溫、良、恭、挺、保，溫、恭亦蚤世。女三，二適良族，一尚幼。曾孫男二：八十、實實。從仕兄弟卜以其年九月廿日，葬公長安縣義陽鄉北里先塋，恭人劉、茹祔焉。前事，衰絰踵門，拜且泣曰：「先人墓石不可無辭，知先人者莫若先生，幸哀而賜之銘。」某辱公忘年禮接，獲預交遊之末，迺不敢終辭，敬爲銘曰：

天維顯思，日監在茲。栽者培之，夫豈吾私？維承直公，金良玉美。惴惴名場，恂恂鄉里。詩書詠歌，我性我情。禮義綢繆，我友我朋。安享褒封，有賢諸子。禄食雍容，紆朱曳紫。八十二年，百順斯全。葬從其先，夫何憾焉？

耶律濮國威愍公墓誌銘

公，遼人，諱蒙古岱〔一〕，太傅、濮國公諱珠格之孫，太傅、濮國公諱寶童之家嗣。妣夫人聶赫氏，以庚戌歲九月二十日生公京兆治九耀里。沈雄有膽略，才稱一世。中統元年，公徙居蜀第。未冠，拜懷遠大將軍、管軍萬戶。時朝廷方有事西南，蜀城猶未盡下。公奮武出奇，下重慶、瀘州諸城，戰勞居多。至元二十一年，遷雲南都元帥，引兵萬人，攻緬夷，轉鬭深入，殺擄諸種幾盡。二十四年，浮海攻交趾，大破其軍，奪戰艦千艘，夷卒水死者十六七，鎮南王賞金幣副緞，以旌其能。大德四年，超鎮國大將軍、大理金齒等處宣慰使都元帥，以功獲上賜白金五十兩、金幣副緞一、金鞍一。九年，將兵二萬，征普安、臨安諸蠻，晝夜不解甲，一日之間，合戰者九，破軍殺帥，不可數計，賊勢遂不復振。十年，授驃騎衛上將軍〔二〕，遙授行中書省左丞、行大理金齒等處宣慰使都元帥。上嘉其服勞勤遠，又獲賜金幣副緞二。公久居瘴地〔三〕，感觸成疾，遂以十一年

〔一〕諱蒙古岱：「古」，李夢生校勘本作「固」。
〔二〕授驃騎衛上將軍：「授」，李夢生校勘本作「援」。
〔三〕公久居瘴地：「地」，李夢生校勘本作「也」。

四月八日卒於軍，享年五十有八，其地則雲南大吉州也。

公結髮從軍，爲年四十，嚴部伍，謹訓練。信賞必罰，識機知變。休兵則愛克厥威，臨敵則威克厥愛。以故士卒精白一心，樂與輸力，戰勝攻取，未嘗挫衄。上有以暢皇威，下有以光祖烈，斯所謂忠孝兩盡者，非耶？

皇慶二年，贈公龍虎衛上將軍、行省平章政事、濮國公，謚威愍。先夫人梁氏，四川千戶某之女，無子。夫人王氏，咨議英之長女，封濮國太夫人，勤明淑慎，習訓儒家。威愍既許身殉國，不遑問家事，日用益窘。夫人冒寒暑，躬先婢使，紡績織紝，以佐寡乏。又時遣人送鞍馬給邊費，使威愍無内顧之憂。延師教子，禮族接賓，無一不得其宜。嗚呼，賢哉！後公八年，當延祐二年六月二十六日卒成都居第之内寢，壽六十有四。生子二人：長和尼齊〔一〕，宣武將軍、船橋萬戶府達嚕噶齊；次旺扎勒布哈，懷遠大將軍、雲南諸路軍馬右副都元帥，蚤卒。孫男二。

宣武將以泰定四年閏九月二十一日葬公咸寧縣洪固鄉韋曲村太傅墓次，梁夫人、王夫人祔焉。先事，拜懇請銘，某不得辭也，謹爲次第之。銘曰：

鳳不產雉，麟不生羊。烈烈威愍，太傅之光。髧彼兩髦，奮跡戎行。首事西蜀，我武惟揚。緬趾兩安，此界爾疆。白羽一麾，藩撤籬亡。寵錫便蕃，奏功廟堂。熊旗旆旆，虎節煌煌。如何昊天，奪我將良！三軍縞素，霧慘雲傷。篤哉孝嗣，歸骨先藏。琢詩玄石，奕葉垂芳。

李君和甫墓誌銘

君諱用，字和甫，姓李氏，其先太原文水人。由其祖雪谿公兵後徙籍晉寧，至和甫，始家奉元。高祖順。曾祖寬。祖庭

〔一〕長和尼齊：「和尼齊」，全元文作「火你赤」。

秀，河東行中書省左右司郎中，號雪谿，有子八，和甫之考思義行第七，妣劉氏，蚤卒。

和甫明敏謙慎，臨事不苟，自幼而然。年方踰冠，悼其家運中衰，諸父伯季死亡幾盡，其父又轉客潭州，不得以時歸，輒感憤，掇拾遺餘，服賈西來。關中土壤深厚，水泉甘美，慨然有再家之志，遂輦致妻子，當涉湖湘，以迎親爲事。至則口累頗衆，親意重遷，而道里之費無所於取，謂和甫曰：「我思見而婦而子輩，然後同歸何如？」和甫恐傷親意，再挈妻子，就養於潭。閲年六七，航海歷交趾諸國，貨入優裕，私自慶曰：「有以資吾父矣！」持還上之，得侍以歸。恭敬子職，十餘年間，日之晨昏，時之寒暑，不使其親意有小不得者。其歿也，買地咸寧縣龍首鄉鐵爐坳西原。喪葬之具，必誠必信。又竭其力，徙晉寧之藏雪谿而下十八喪，與其父族葬之，此其爲孝何如也！

與人交以忠信，不欺爲主，寧人負我，無我負人。故凡與共事者，久而益相敬愛。在潭州日，知鬻茶可爲業，率數歲一往返。茶戶夏南鄉以茶數百引委和甫，并售奉元，約曰：「明年，我當往受直。」閲再歲，不果來。聞其人已死，和甫謂：「人以信士待我，我以信士報之。」悉槖緡錢，送至其家。其守義不回類如此。鄰里鄉黨，均憂共樂。

享年六十，以泰定四年冬十月二十一日疾卒於家。妻張氏，淑慎能孝，克相夫賢。子男三，長德輝，次某、某。女四，長適徐敬，次偕蚤世〔二〕。

德輝將以其年十二月三日葬君鐵爐原墓次。前事，來請銘，泣拜言曰：「先君之葬曾祖也，嘗匄言門下以表墓道。先君艱難創業，積功累善，先生實知之。不勤諸石以慰泉壤，德輝不孝之中又不孝焉，何名爲子？先生其哀之。」予素奇和甫爲人，事行可書者非一，姑掇其大者著而論之曰：

孟子有言：「事孰爲大？事親爲大。守孰爲大？守身爲大。」嗟哉和甫，弱歲毅然，志在立家。跋涉萬里，悉智畢力，而能卒歸其親，娛養終身，收亡合散，使祖魂宗魄永安乎深厚薈蔚之地，可謂能事親矣。仁義忠信，以實其內。謙卑巽

〔二〕次偕蚤世：「偕」，李夢生校勘本作「皆」。

順，以華其外。不諂不瀆，無怨無惡。蓋棺之日，主鄉論者謂：「百年之生，獨和甫爲完人。」可謂能守矣。獨其年之不贏，若可憾者。蓋二五錯綜，誰實司之？在和甫則無憾焉。是爲銘。

故張君彥諶墓誌銘〔一〕

至元丙子，王師問罪江南，大州小邑，四民子弟無少長悉爲人所俘獲，流離播遷之餘，可矜可哀，蓋不勝道〔二〕。能卒完其身於素患難者，千百不一二見，況能以亡國之末裔爲起家之始祖，有田有廬，復修祀事於日月光華之世，如吾張君彥諶者，可兩有乎？孟子謂：「人之有德慧術智者，恒存乎疢疾。」揆諸彥諶，信矣哉！

君諱誠，字彥諶，以「彥卿」行，襲譌故也。信州上饒焦石里人。高祖五十六公。曾祖小二公。祖省二公。考省十六公，妣陳氏。君孩提失父，獨依母居。年十三，遭亂來闕中，母子由是不相聞知。恪謹小心，服勤鉅家，鉅家愛之如子弟。機警敏悟，周知四方物土美惡，觀時取予，不失毫分，遂致饒用。每言及母，未嘗不流涕。上饒距闕中七千餘里，行商往來，率數歲一至，必厚禮哀懇，俾詗母存亡。大德初，君既得自便，葉姓兄弟至，知母陳在家臥疾，聞有子信，感極遂不起。君號慟者累日，輒奔往，以其喪祔焦石十六公之墓。益重先塋，不敢以兩親之柩北徙。其得禮哉！族喪在殯，皆爲葬之。從弟福四，過時不婚，禮娶良家。田廬爲他姓有者悉購得之，規爲祭田。終喪三年然後歸，買田下邽，爲子孫遠業。田租取鄉例之半，凶年饑歲，緩責紓逋。嚴於教子，資其讀書，籍員國學。閨門之內，以身爲準。賓祭慶弔，品節得宜，豐儉中禮。尊賢敬老，道過餘杭日，國中耆儒孫敬禮之子伯明遠遊不能歸，告乏於君，君念此老無他子姓備養，分橐鏹千五百緡，畀之迄終

〔一〕故張君彥諶墓誌銘：「墓」，底本缺，據李夢生校勘本補。
〔二〕蓋不勝道：「蓋」，李夢生校勘本作「益」。

養，不責償。年踰五十，慨然嘆曰：「人壽幾何，乃終役於物邪？」即以家事付其子，優游自適，士大夫亦樂與之交。致和改元五月十一日，疾終肅清里之居第，享年六十有五，以其年七月二十有四日葬咸寧縣洪固鄉樂遊園新塋。妻朱氏。子男四：淳遵、遺訓、瀜，蚤夭；冲，力學有聞，兩預鄉薦。女二，長適耶律諒，亦前逝，次適石克禮。君天資淵實，濟以明亮，文史醫卜之用亦領其要。雖善心計，未嘗以得失爲累。始有居積，爲里中兒盜去，君初若不知，既出其物以市，衆謂宜訟之官，君曰：「慢藏誨盜，我之過也。」其性度如此。

至是，冲由刑部掾來奔喪，録君行實，求銘於予。予辱君禮接，嘗與冲從事於講習間，所不得辭也。銘曰：

飄風振林，本揭枝顛。有栽者培，天心可觀。猗嗟張君，奮由艱難。人一己百，惟力是殫。我父我母，松楸祔安。我子我孫，桑梓計完。孝無遺悔，慈有令傳。求若爲生，誰今百年？樂遊之塋，肇自我先。龜吉筮良，之慶之延。

承務郎西和州同知雷君墓誌銘

明道先生有言：「一命之士，苟存心於愛物，於人必有所濟。進而上之，其濟衆矣。」夫以仁存心，然後愛物。跡其職分，觀其設施，則人之仁不仁可知已。若今之爲吏，能仁其職，以厭衆心者，雷君是也。初爲司獄，守以廉勤，行以公恕。囚有冤繫者，君得其情，必反覆白府，屬俾申正之。夏則洒掃囹圄，冬則繕完稿籍，守卒不敢肆爲陵暴。始終十年如一日。囚既受罰，無輕重，必致拜於前，以謝矜愍。省臺咨賞焉。一正縣務，再佐州事。急於撫字，緩於催科。勸農桑以厚民生，崇教化以正民俗。扞掫無草竊之姦，簿領無舞文之吏。善類氣伸，不仁者遠。憲司才其能而潔其行，他訟之疑誤積滯[一]，不能以時決者，必委君裁處。悉心窮審，皆得情要，最四十餘事。嗚呼，使任卿大夫之責，達其道於四方，何所事而不濟乎？

〔一〕 他訟之疑誤積滯：「他」，李夢生校勘本作「它」。

其子德諃手君行實，且致遺命，來請銘。敢質諸見聞，敘而論之，用世本末，第録如左。

君諱裕，字順理，耀州同官縣雷平川人。曾祖遠徙居高陵之毗沙鎮。祖定。考貴，卒鄜州洛川簿，潛齋楊文康公爲之銘，妣杜氏。兄弟六人，君序居四。明敏信厚，生有淑質。讀書力行，志尚修遠。至元甲申，陝漢道宣慰司辟爲奏差，再擢四川等處行中書省宣使。大德辛丑，敕進義副尉、安西路司獄。皇慶癸丑，改忠翊校尉、成州判官。延祐丙辰，陞承事郎、延安安定縣尹。承務郎、同知西和州事〔二〕，泰定甲子也。致和改元，以年及致仕。秋九月十有七日疾卒於家，十一月三日葬鎮北慶安鄉先塋。妻路氏，蚤卒，繼張、繼李。子男八人：德諃、德譓、德諄、德議、德謂、德諧、安定、八兒。女二人，長適本位下總管李秀，次適王文忠。孫：男九、女四。

君族盛而蕃，兄弟皆載名仕版。孝友雍睦，聞於鄉邦。君在安西時，味之嘉必遺至母所。弟臨潼尉禎嘗病疫，君即往省視，又護居寓舍，躬親粥藥，如是者累月。鄉黨朋友，禮周義洽，救災卹患。出處如此，是可銘已。銘曰：

古之君子，學道愛人。史氏褒善，筆之曰循。賢哉承務，路義宅仁。幽草亦知，時有陽春。於縣於州，民氣以振。余不負丞，士論所均。慶安之原，有族其墳。斯銘斯藏，允無愧文。

承事郎常謙墓誌銘

三代以降，取人者類以奇偉豪俊爲稱，求之詩書，但曰：「吉士、良士、常人、善人。」蓋是四者，名異而實同。彼其慈祥豈弟，溫厚和平，天機固已不淺，及究其用，如菽粟布帛，世可一日而無哉？自予得友常君敬甫，始終幾三十年，備五性之衷，達五品之遜，内外無一不宜者。每竊幸歎古所謂良士、吉士，其可貴蓋如此。皎皎其行以取聞，直道之世所不與也。

〔二〕同知西和州事：「和」，底本缺，據該文標題補。

壽享今七十有三，當天曆二年二月二日卒藍田居寢之正，仲子沖卜其年三月十有六日葬咸寧縣洪固鄉新開門北原先塋，以刑部掾張沖叔靜狀來請銘。

君諱謙，敬甫字也，其先河内人。曾祖榮祖繇太原徙中山。祖晦邃於醫，考慶祚盡得父學，以目醫名世，供奉太醫院。至元十一年，有旨侍皇子安西王邸，官醫愈郎、王府醫藥提舉，始徙家關中，妣楊氏。

君生有淑質，讀書穎悟過人，能用先法。提舉公以母老就養，王教即擬君襲職。大德元年，擢從仕郎、開成路總管府判官。皇慶二年，改承事郎、華陽新津民匠長官，疾辭不赴。延祐四年，以故官授陝西興元長官，滿歲即謝事，歸老玉山別業。衣勤食力，休休自將，若不預世故者，如是十有餘年。配杜氏，淑慎恭儉，有美族姻，前君十一年卒，今合葬焉。子男二：長曰中，爽邁善學[一]，御藥試中第一人，仁廟嘗賞其能，將被命服而歿，識者痛惜之；次曰沖，有行有文，縉紳推重，三辟魯齋書院山長。女一，適趙氏子育。孫男二：規、矩，女三，長許嫁裴氏，餘在室。

君易直有容，言由心出，己未嘗負人，亦未嘗虞人欺己。鍼藥之功，貴賤如一。主於救患，不以媒利。遠近交際，皆推爲信厚長者。至性孝友，兩親年皆耄老，先意承志，動中所欲。在開成日，聞提舉公有微疾，輒棄官歸家。飲食藥餌必親嘗，拜葬祭祀必如禮。篤愛弟謀，恩文曲盡。教子力學，慈不掩義。善遇僮使，未嘗輕肆怒駡，曰：「均是人也。土芥視之，不已甚乎？」其原於此心者類若是。議者謂：「君積之甚豐，取之甚嗇。造物之用，不幾於儉乎？」然永錫祚胤，有賢以昌厥後，其福善固不淺矣。銘曰：

仰事俯育，孝而慈，居官守職公滅私。以友則信弟則怡，琴瑟靜好家室宜。父書能讀傳奧微，王邸籍籍聲四馳。平生所履觀若斯，謂之吉士非君誰？

[一] 爽邁善學：「爽」，李夢生校勘本作「夾」。

奉訓大夫致仕雷君墓誌銘

天歷三年二月九日，奉訓大夫、耀州知州致仕雷君卒，其子德誼等卜以三月十二日葬本縣慶安鄉堣原先塋，持君行實，來致哀懇曰：「兩叔父之葬，得先生銘，有以昭諸幽矣。先君之銘，舍先生其誰託？」予與君兄弟義識有素，其何辭？

君諱禧，字致福，其先家耀州同官縣雷平川。曾大父遠，徙高陵縣毗沙鎮。大父定，金末逃難，亂定來歸。父貴，筮仕至元初，歷主四縣簿尉，有聲稱，潛齋楊文康公誌其墓。以君致仕，恩贈奉訓大夫、華州知州、飛騎尉，高陵縣男，母杜氏，高陵縣君。君以甲寅歲八月二十日生，兄弟六人，君次居三。

在幼勤敏，嶷然如成人。受學潛齋公之門，朝程暮課，不廢寒暑。至元十九年，王相府辟典藏司史。二十五年，敕奉天縣主簿兼尉。三十一年，調渭南縣。大德四年，官將仕佐郎、主鄜縣簿。九年，改登仕佐郎、主長安縣簿。歷職四縣，清整有加。井聚撤守望之嚴，犴獄無呻吟之繫，縣政益精明，而令長得毗助矣。至大元年，陞從仕郎，藍田縣尹。皇慶二年，轉承事郎，尹三原縣。君既正縣治，首以裕民爲務。教養科條，井井有法。勸農桑，使民有儲蓄而無水旱之憂。謹庠序，使民知禮義而無法禁之冒。崇奬善良，扶掖貧弱，有古賢令之風。行省、行臺列上薦牘。至治二年進承務郎、同知金州事。年及告老，綸命超榮，致仕恩數，泰定三年也。

君天資溫厚，勤整治，尚安靜，務使實惠及民，不挾術而干譽，故民皆愛戴。既去，懷思愈久而愈不忘。吏亦感誨諭之誠，不忍輕犯約束也。謝事家居，猶嗜書不倦，間與親賓談笑，道舊故爲樂。待族黨恩義尤篤，憂喜同之。享年七十有七。娶羅氏，贈高陵縣君，淑慎端靜，克相夫賢，前君五年卒。子八人，男三：長德誼，中部縣尉；次德詢；次德謙，承務郎、寧遠縣尹。女五。鄂勒千戶羅某、馬某、楊某、劉某、張某，其婿也。君兄弟子姪蕃衍，秀茂藹藹，著譽鄉評，言積善者必以高陵雷氏爲口實。銘曰：

爲官擇人，若稽前代。曰守曰令，其難其最。邦之安危，民之否泰。毋曰徒勞，任孰與大？奉訓恂恂，唯其所在。政簡刑清，仁涵義溉。鸞枳曰棲，製錦者再。來形暮歌，去有遺愛。纔佐一州，我日斯邁。位不滿能，時所同慨。七十七年，無怨無懟〔二〕。誰傳吏循？我銘其概。

〔二〕無怨無懟：「懟」，李夢生校勘本作「憝」。

榘庵集卷十

頌

臨潼縣尹馬君去思頌

邑有劇易，吏有能否，生民慘舒之繫，莫令爲急。京兆屬縣十二，治稱難者有四：曰咸寧、曰長安、咸寧之東曰臨潼、長安之西曰咸陽。咸、長左右，大府百爲所資，令或日不暇食，然壓之以尊官，令行禁止，壯之以版籍，賦散役分，苟有勤上恤下之心，勢若不難爲者。咸陽之與臨潼，雖均當東西孔道，往來者之所出入，咸陽去府爲里四十，軺傳所經，不過一飯之頃輒去，獨渭渡爲須臾之擾耳。乃若臨潼，適行者一舍之中，由朝廷故，總司使出道東者十常七八，且又故唐離宮、華清溫泉所在，侯王將相、監司郡守，東而西、西而東者，沐浴焉、遊觀焉，事嚴且更日，稍緩則信宿，其送往迎來，日無虛時，大則爲安西邸朝覲齋祓之所，然則供億之須、力役之用，視咸陽則曹、鄶，視咸、長則魯、衛矣。欲民之舒，不尤難乎？城郭市聚，大邑一丘樊耳。人不完衣，居不完屋，往往久於騷繹，散之他土〔二〕，以故令之得是邑者，勉勉自持，不以罪去爲幸。其能使上觀下洽〔三〕，吏戢民恬，取有制而用有節，刑不煩而訟不作，官則心服，去則惠懷，進義馬君百福一人也。

君以世族，克自樹立，受知左山商公。一亞工事，再倅州治矣。以至元癸未六月實來，首剗政之蠹民者。異時經用，官

〔二〕散之他土：「他」，李夢生校勘本作「地」。

〔三〕其能使上觀下洽：「觀」，李夢生校勘本作「歡」。

給緡錢，三可支一，餘悉賦之民，仍不授符以避劾。吏旁緣爲姦，脅持取巧，闔境無寧家。君慮賦之則民傷，不賦則官蹙，乃隱覈滲漏及吏卒贖過金爲市畜種，給豪戶有牧地者，歲約取字育之半，人不病而反利矣。謬醴之酤，帳御之備，下逮芻稿，色色有法，吏不得私。時王相開府，冠蓋雲合，往來無間言，而民安如故。

沈毅端審，望之人畏，吏毫髮不敢欺。租賦必差戶之強弱，徵役必均力之衆寡。號令一出，翕然無異辭。尤精折獄，囚無久繫，或決之馬下，皆含笑受罰。上官奇其才，疑獄輒屬君按訊，輕重情得。邑民劉某，利女氏貨，誘使歸寧，殺之中路，沈其屍於河，反誣舅姑爲虐其婦，使失所在。有司以父必不賊子，欲致舅姑法，辯久不決。君聽其辭，察其色，即指曰：「而殺而女。」斥取榜具，遂欵服無他。觀者駭愕，咸以神目君。退食蕭然，門無雜客。或病其寡乏，弗敢餉也。勞農勸學〔二〕，旌善別惡。飾公宇以壯觀聽，崇禮殿以本教化，民皆有父之尊，有母之親。總司以治績薦擢本郡推官，吏民奔餞，肴酒盈路，瞻望車塵，皆號哭不忍歸。

嘗觀爲政者，他事或可術致，民心必不可倖得，整暇或可有爲，肯綮必不能游刃。法自心成，功隨事著。若公其能吏哉！今令馬敦武某、主簿楊某仰止高山，光昭前德，合辭俾某篆石〔三〕。某謂：「進義之徽蹤，兩賢之樂善，是皆宜書，以勸來者。」屬筆於某，其如不稱何？主簿君，妹婿也。終不得以蕪陋辭，乃採輿言爲作頌曰：

先聖有言，不患無位。視所以立，位則不愧。表表進義，粹美所鍾。奮由紈綺，矩步規蹤。尹我潼民，三年一日。曷植而生？曷藥而疾？迺究迺度，迺紀迺綱。迺牛我田，迺蠶我桑。如是而徭，如是而賦。定我章程，吏或敢侮。罪兮斯得，枉兮斯申。狴犴幽陰，欻兮陽春。弦歌載路，百里之土。雨暘無愆，百里之天。湛乎淵澄，溫乎玉瑩。我思古人，卓魯其並。驪山蒼蒼，溫流湯湯。清風穆如，嗚呼不忘！

〔二〕勞農勸學：「勸」，李夢生校勘本作「觀」。
〔三〕合辭俾某篆石：「某」，李夢生校勘本作「其」。

房母畫像贊

處爲孝女，出爲孝婦。求之閨門，不一二有。此淑慎其身者，所以爲德之茂。五子愉愉，扶前持後。孫曾卅人，頡頏左右。思永範於厥家，象柔儀於繪副。庶歲時之致嚴，如瞻對乎壽母。

張嘉議畫像贊

鬱鬱乎挺拔於歲寒者，此松栢後凋之氣，人得以見其形儀也。淵淵乎渟滀於澤深者，此川流不息之用，人莫能測其心思也。豈弟君子，麟鳳其祥，龍虎其威。雖知周萬物，道濟天下，未極乎股肱耳目之資，而憂民之憂，樂民之樂，邁跡乎神明慈惠之師。我思古人，將孰與夷？謂漢之趙、張、三王，公則姑舍而不爲。若周之方叔、召虎，謂伯仲之間見公者，公亦不得而辭之也。嗚呼！

李平章秋谷贊

於穆聖心，全體太極。好善忘勢，前無古昔。矧我師臣，蚤侍經席。眷注綢繆，宜莫與匹。迺濡瑞毫，象儀是飾。迺運

寶鋒，號扃斯勒。天巧焜煌，山人説懌。對勷顯休，臣敢不力。維此山人，孔門之特。道行與行，無身有國。昔也龍淵，以羽以翼。今焉鳳池，伊契伊稷。培植太平，仁膏義澤。在谷滿谷，孰匪秋獲。猗歟盛明，得丄之吉。莘莘萋萋，以頌無斁。

雷季正畫像贊

愉愉乎其不敢惰者，事親之經也。侃侃乎其不可撓者，與人之方也。觀於此而有所得也，亦足以想像其輝光也。若夫學問之淵，而黽勉如不及。持守之固，而奮迅以自強，則他日之所著見〔二〕，所謂粹然盎然者〔三〕，又豈鄙薄之所可量耶？嘻〔三〕！

韋國器畫像贊〔四〕

孝弟以端其本，謹信以達其行，斯可欲之謂善。孰若君有鄉評，偉圖形之得妙，對言笑於平生。曰鶴壽兮千歲，鐘陰秀而陽清。

〔二〕則他日之所著見：李夢生校勘本無「所」字。
〔三〕所謂粹然盎然者：李夢生校勘本無「所謂」二字。
〔三〕嘻：李夢生校勘本無。
〔四〕韋國器畫像贊：李夢生校勘本無此文。

祈雨文

維元貞二年，某官等致祭于五臺[一]，曰：靈山巨區，能興雲致雨，所以相有司福生民者也[二]。有司之不職，罰有餘責矣。今也自春徂夏，雨不時若，耕夫力作，土壤深細，束手仰視，以待播種。神於此時，尚不加恤，民將何依乎？走祠致誠，祈賜矜憫，澤我饑民。更後旬時，不惟秋種失望，夏麥之成亦無及矣。神終無意於斯民乎？惟神其念之。尚饗[三]。

西嶽祈雨文

維大元致和元年七月二十二日，某官敢昭告于西嶽金天大利順聖帝：維天地以雄尊浩大之氣，結而爲山，分鎮五方。神之所分，乃在西土。是天以水旱、豐凶、疾疫、災祥之變，付之神嶽，使通融消息，以陰隲此下民也。陝西行省所統，近在眉睫之間，几席之下，尤神所易見也。三四年來，旱魃爲虐，有夏無秋，有秋無夏，饑吻嗸嗸，蓋不勝苦。今年之旱勢益酷烈，粦麥之入，僅具斗升。自四月至于今七月，雲雨之興，曾不一二時。赫日炎炎，如焚如燎，黍稷之苗，十死八九。是無夏又無秋也，民將何以爲命乎？麥秋之期，近在旦夕，看此氣象，敢有準擬，民今扶老攜幼，流離播散，縣邑爲之一空。某受

[一] 維元貞二年，某官等致祭于五臺：李夢生校勘本無。
[二] 所以相有司福生民者也：李夢生校勘本無「者」字。
[三] 尚饗：李夢生校勘本無。

聖天子之命，撫治行省，失政之罪，其又奚言！夙夜戰兢，不敢寧處。齋祓一心，遍禱羣祀，兩月之久，未獲昭答。雲暫合而復開，風隨怒而疾作，豈上天之意未欲悔禍，抑忱誠之感有所未至歟？竊獨惟念嶽神之靈，實主此邦，控訴煩瀆，不專於是，得不爲昧其所乎？是用奔走，俯伏廟庭，重言累語〔二〕，瀝此危苦，神其哀憫，爲衆請命。納恒暘於六幽，出伏陰於九地，使千里之土浸淫澍澤，垂死之民再萌生意，則豈惟眇末之責，庶幾少緩，而神受天地之職以相吾君者，亦可以盡其分矣。謹告！

祭文

祭王文振文

維至元二十八年，同某謹奉香酒時菓之奠，告于亡友嘉興府録事判官文振王兄之靈曰：

嗚呼！乾坤儲秀，賦予不羣。鳥得爲鳳，獸得爲麟。百千年所，一二其人。下而頡顥，上而淵參。珪璋雖異，良玉是均。我兄之出，孕厥精真。爰自童丱，克好人倫。擇足而蹈，擇口而云。左經右史，宵誦達晨。迨知取舍，非聖不遵。波騰衆議，萬仞嶙峋。或圖于壁，或揭于門。毫觀縷察，明善誠身。內腴磅礴，酬酢如春。嘉陽小試，民用以新。于臺于府，交口稱珍。皤然歸養，絕足搢紳。益紬舊學，以究未醇。惟我與兄，蚤同硯席。兄步十尋，我不能尺。不我是遺，情好日密。目眚爲苛，呻吟一室。枉駕來抒，握手歎息。示我新篇，副以鄧菊。毅子誦旁，炎煩頓釋。喟彼簞瓢，絕塵莫及。三復斯

〔二〕是用奔走，俯伏廟庭，重言累語：「奔走，俯伏廟庭，重言累」，底本缺，據李夢生校勘本補。

言，可驗學力。曾幾何時，遽聞臥疾。奮坐驚呼，遺問是亟。天不可忱，奇禍竟即。

嗚呼痛哉！德也何豐？壽也何嗇？曾是蕙蘭，不如茨棘。幾世幾年，此氣復集。

嗚呼痛哉！問不覘形，哭不撫簀。頃刻衡茅，終天永隔。我罪何言？我情何極？酹觴几筵，雷號雨泣。靈兮昭昭，克監予臆。尚饗。

告廟祭文

維至大四年八月日，孝孫恕敢昭告于高、曾、祖、考府君，高、曾、祖妣夫人：

恕以二十二日蒙恩，授儒林郎、國子司業。恕不孝，不能蚤自植立，以承先訓。無學無才，叨被寵命。微先德而敷祐之，豈宜有此？奉受之初，追念罔極，不勝痛感！謹以清酌庶羞，用伸虔告。伏惟尚饗。

顯考改主祭文

維年月日，孝子恕敢昭告于顯考玉山先生、顯妣張氏夫人：

奉四月日制書，贈顯考亞中大夫、集賢直學士、輕車都尉，追封京兆郡侯；顯妣京兆夫人。恕不孝罪深，不能奉承先訓，蚤自樹立，以備一日之祿養。晚叨召命，備員春宮。適遇國家霈恩幽顯，以勸忠孝。有此褒贈，義教所賴也，德蔭所及也。永惟惡逆，不如無生。嗚呼痛哉！謹白〔二〕。

〔二〕謹白：「白」，李夢生校勘本作「匄」。

亡妻改主祭文

維年月日，夫恕敢昭告于顯嬪朱氏夫人：

奉四月日制書，追封汝京兆郡夫人。恕以延祐六年祗奉召命，備位宫臣。國家恩及幽漠，有此褒贈。生同其艱，而不得同其慶，哀可言邪！ 謹告。

渠庵集卷十一

五言古詩

焦潤之覺齋

民生天地間，厥初靡不一。二五相盪摩，厚薄迺陰隲。巧智覬非分，良心遂淪失。憂勞迷所安，性命推甲乙。焦卿何許來？袖有五禽術。一剖禍福源，恍若起沈疾。堂堂左山公，龍虎掞巨筆。扁榜豈漫然？深衷待君述。

讀考亭遺文

孔孟不可作，誰哉繼其蹤？寥寥千載餘，梗芥嗟途窮〔一〕。善端根人心，寒暑互始終。於惟皇上帝，篤生紫陽翁。君父止仁慈，臣子盡孝忠。民彝涣星日，諒不下禹功。班班列言論，萬古開盲聾。茲焉儻可議，嗚呼其孰從？

〔一〕梗芥嗟途窮：「芥」，李夢生校勘本作「莽」。

皇甫固道允懷齋

玄運晝夜間，九十餘萬里。瞬息無停機，神功妙資始。聖學貴日新，亹亹同不已。千載一寸心，窮達均衆美。冰淵保令終，斯亦列星比。寄謝齋中人，師傅儻如此。

淵明歸來圖

嗚呼靖節翁，後世忠武侯。出處雖事殊，抱負同天游。雲鶴斂奇翼，還我松菊秋。南山日在眼，琴書可消憂。千年長沙孫，眉宇生氣浮。朗詠停雲篇，邈矣追風流。

虎溪圖

遠公廬阜居，心境兩超絕。紛紛任去留，法眼概一閱。平生方外交，陶陸人中傑。高標脱世羈，晤言契真悅。相逢若無期〔一〕，相送那遽別。區區虎溪巖，不爲兩公設。舉手一逌然，長風振林樾。

〔一〕 相逢若無期：「若」，李夢生校勘本作「苦」。

送蕭勤齋歸别業　並序

維斗先生近營朱張邨别業，以遂幽棲之志。某也朴魯，實賴提撕，今遽舍之而去，殊深悵惘。謹綴俚言，攀餞行李。非敢爲詩，特以攄情素耳。

世有萬里行，舉杯載云别。夫子即幽棲，道路幾周折。塊坐一念之，中心忽如噎。賢人出處間，吾道從可決。曷此數年來，神理遂將絶。没者永無望，存者猶尩羸。顧我蠢陋資，學問復荒滅。常時幸摳衣，刮目際餘烈。每恨聚散期，倏若風花瞥。況今成遠違，相看動踰節。死草乏吹嘘，寧能久霜雪。百挽不得留，踟躕五情熱。再拜慎起居，惟神相明哲。他時策馬來，龍門訪遺轍。

東郭

東郭月初上，静院開暝色。幽人淡無夢，孤坐琴在膝。露下氣更涼，香逗心亦寂。徘徊白雲意，度此清景夕。虧成諒奚有，物我俱自適。曲終已忘形，殘河渺窮碧。

秋江晚霽圖

迢迢江上山，渺渺天際浪。晴霞散餘輝，彩翠迷上下。劃然林谷開，灑落得物象。秋風吹乾坤，水石固異狀。兩舟何許人？超摇在清漾。江山如此中，發揮信高尚。有懷宿昔深，感激生悄愴。胡爲塵土腥，耳目隔欣曠。

遺安堂

安者人所趨，危者人所避。攘攘穹宇間〔一〕，趨避每相戾。君看伐冰家，厮役猶深麗。一朝位望傾，往往無噍類。天工豈禍人？驕淫理必至。何如畎畝身，俯仰頗自遂。春桑足裯襦，秋禾飽饔饎。墾糞雖蹔勞，子孫有長利。非堂名遺安，君諒識高義。誰知千載餘，復見襄陽來〔二〕。嗣守嗟古難，過庭皆令器。請哦淵冰詩，安危乃一致。

題李之順山水

山水含清暉，康樂詩言如。謂此能娱人，可以寄舒徐。秦中山水窟，清暉何時無？熙熙復攘攘，不暇相爲娱。畫史妙經營，尺素意有餘。撫卷一慨然，誰哉此茅廬？

題陳閎人馬圖

兩馬誰所爲？人言此陳閎。到今幅紙間，氣與八駿爭。絕藝不世有，見者爲嗟驚。因知苦心學，能留千載名。

〔一〕攘攘穹宇間：「攘攘」，李夢生校勘本作「壤壤」。
〔二〕復見襄陽來：「來」，李夢生校勘本作「末」。

送雷季正之燕

飛花滿長安，離情對罇酒[一]。持此鄭重杯，飲我平生友。夫子今名家，風流藹關右。翰墨灑芳馨，言論吐瓊玖。三年鴻都遊，英譽騰衆口。儲端重文儒，擢置在樞紐。請告覲慈幃，程嚴復東首。激揚吾弗能，贈言愧野醜。嗟哉方寸微，紛然應萬有。聲色蕩其前，貨利餌其後。毫釐失檢防，駸駸入驅誘。君實勇有餘，抗志麗辰斗。永歨精一傳，肯使纖翳垢。富貴非宿心，事業期不朽。慨彼莘野翁，幡然謝畎畝。

送劉民望尹安定 並序

鄉人劉君民望端厚秀敏，讀書爲吏，卓卓輩行間。削牘諸司，陞掾行省，蓋慎積致也。延祐紀號，敕承務郎、尹奉先郃陽縣。剛以摧姦，柔以撫順，百利具興，一害必去，民氣忻忻，如登春臺。歸還之日，士民遮送，至有涕泣者，縣之耆儒丘訥軒爲作去思頌。今年秋，以故官改延安之安定。吾知安定之民爭迎道左，又將如郃陽之送也。諸公賦詩以華其行，恕因敍而倡之。

爲吏居百職，能否隨用彰。峩峩進賢冠，獨得名循良。民實國之本，委寄尤慎詳。輕車就熟路，十倍君才長。外戶夜不閉，弦歌聲洋洋。卓魯亦人耳，可復同休光。

[一] 離情對罇酒：「罇」，李夢生校勘本作「樽」。

感懷

蹻跖迺有年，顔生痛夭折。氣數偶相遭，巧智莫能越。日食萬錢厨，下筯無可啜。鼓腹飯藜羹，囂囂心自悦。在彼寧有餘，顧我亦可缺。男兒生世間，要當勵名節。生與萬夫庸，死爲萬鬼列。此懷誰與言？臨風一長吷。

爲韓母題萱春堂

母德一世師，母年宜所獨。况乃晨昏間，愉愉溫蘭玉。盡挹天地春，永介北堂福。誰能弦且歌，南陔久無續。

秋宵步月圖

明月上東嶺，徘徊照巖扉。清興不可奈，起行信委蛇。玉色淨林壑，襟袖風披披。一笑指絕景，今夕當有詩。

送日者焦潤之

鴻鵠搏青霄，啁啾百鳥喧。至人不世出，誰與論乾坤？堂堂管公明，聲價動天門。忍作擕手別，愴怳將何言？

送王文振嘉定録判

悲風振高林，寒煙慘寥廓。行行重行行，送子出西郭。涕淚兒女情，執手感今昨。中懷千萬端，未言心已惡。仕有時爲貧，聖賢蓋所諾。僶俛敦夙好[二]，謀身諒非錯。幸此須臾間，相對且盡酌。拳拳慎愛惜，人情險於壑。

哭族姪周道

仁義久廢講，家門亦碌碌。謂天生斯人，微意殆有屬。云胡未強仕，百身不可贖。二者痛無望，淚珠劇困粟。

送雷季正

鱒魴泊陵阜，鴻雁于木棲。茲事免危困，千載吾誰稽。松楸雨露感，嚴命興晨鷄。懷哉陟岵歌，白日忽已西。

〔二〕 僶俛敦夙好：「僶」，李夢生校勘本作「俯」。

七言古诗

良夜

良夜沉沉天似水，萬籟無風聲不起。海上飛來白玉盤，乾坤都在冰壺裏。幽人雅志嗜絲桐，境勝心清興難已。琅然一曲發清商，門外踉蹌舞山鬼。夫君平日事絲綸，三絕韋編妙入神。欲攀天關守九虎，歸來甘作蓬蒿人。胸中老氣蟠不下，時託朱弦一陶寫。高山流水少知音，白雪陽春無和者。長安華屋填層城，綺筵日日鳴秦箏。淫哇聾盡衆人耳，正聲淡泊有誰聽？爭如袖却薰風手，雲壑爲家月爲友。可憐灑落卷中人，憔悴紅塵今白首。

喜雪和勤齋先生韻

夜窗蕭蕭風歷紙，漸覺清光射眸子。家僮遽報雪盈空，曷意窮年有茲喜。來牟槁伏黄埃間[一]，朝結微陰暮還已。城中噭噭十萬區，豈獨私憂嗟百指。朝廷邇日得賢相，大沛喜音澒舊滓[二]。天心還與聖心通，頓使黎元恩澤被。平明策試尺許深，簸蕩乾坤仍不止。怒張獵集恣憑陵[三]，凍雀求哀竟何恃。神龍變化應叵量，浩浩事同遠邇。虛齋坐久肩聳山，亦有微澌生硯底。徑呼歡伯爲解嘲，藜口莧腸今免死。雲章忽自九空墮，疾讀泠然欲冰齒。唱酬絕倒昌黎公，玉振金聲足條

[一] 來牟槁伏黄埃間：「牟」，李夢生校勘本作「年」。
[二] 大沛喜音澒舊滓：「喜」，李夢生校勘本作「嘉」。
[三] 怒張獵集恣憑陵：「集」，李夢生校勘本作「隼」。

理。追蹤騕褭良足歎，蹣跚之技止於此。

喜雪次郭方齋用東坡韻

陰風萬木無留葉，一夕乾坤灑清雪。培根養脉膏液濃，生意何嘗有中絕。瑞光眩轉迷四圍，大地渾沌平九折。豈惟入眼駭觀新，更喜燒腸飢火滅。取琴按曲弦不柔，呵筆書辭肘還裂。沙沙窗紙碎作聲，點點衣襟巧生纈。龍公胸次有此奇，人世囂塵宜不屑。比年旱疫兩成灾，性命忽如朝露瞥。太和元氣行復常，社老鄉翁聽渠説。嗚呼有司公且明，感應真如契磁鐵。

賀姊婿程子益生男

乾坤元氣相推遷，兒生乃在丁丑年。蘭湯浴出紅錦縛，英物自匪庸兒肩。頭顱嶢嶢峙寒玉，眼波湛湛澄秋泉。褰幃一笑萬事足，快取桑弧蓬矢懸。迺知積善有餘慶，聖神方冊非徒然。夫君門戶實天啓，勳名累葉皆人賢。卓哉河南二夫子，道統遠接洙泗傳。大經大法焕星日，爲我後學開冥玄。俟兒起能讀遺編，反躬厲行符若先。人生所以貴似續，政使不墜吾青氊。毋爲齷齪效爾外家阿兄輩，會須犂此南山田。

五言律诗

南詔殊俗圖

聖域無遐邇，恢恢共此天。殊音自宫羽，異服亦纁玄。五色占雲久，三方恐我先。從今更萬歲，臣節誓終全。

思述堂

先世堂堂葉〔一〕，孫曾罿罿思。勳名千載事，忠孝百年期。家慶栽培厚，人才輩出奇。須看孔悝氏，廟鼎勒名時。

邵周臣愈袁叔燦疾

術變由心得，天將壽此民。脈占微入髓，藥效捷通神。義不千金顧，仁迴四氣春。良醫傳有種，隨世在吾秦。

潘母家訓圖

夫子哀長世，孤雛濟大艱。此心天敢負，異日我何顔？舊族風流在，傳家素業還。死生兩無憾，高節照人間。

〔一〕 先世堂堂葉：「葉」，李夢生校勘本作「業」。

李氏洄溪作

見説洄溪好，幽居一付君。水聲千古月，山色四時雲。爭席漁樵話，投笻鷗鷺羣。百年真受用，有耳幾人聞。

挽孟孝卿郎中二首〔一〕

闤闠庠序日，鬱鬱桂林枝。文獻承家遠，才猷用世奇。清風留省幕，厚德著刑司。未究青雲業，空餘薤露悲。

再世通家好，平生託契深。別離纔境出，消息遂淵沈。談席從誰接，歡盟可重尋。長歌懷舊賦，淚下不成音。

房渭南移學

房簿今賢吏，儒宮見設施。改圖非得已，善治本於斯。構築勤三載，觀瞻聳一時。嗣音同好德，尚不廢成規。

王子宜八十

佳氣葱葱日，先生笑舉觴。衣冠瞻朴雅，步履羨康強。福禄培基厚，詩書種德香。十分纔一耳，彭壽慶方將。

〔一〕挽孟孝卿郎中二首：「二首」，底本缺，據李夢生校勘本補。

中秋對月

年年期此夜，霽月少逢圓。委照三更席，飛光萬里天。放歌聲激烈，狎坐語聯翩。遥憶緱山鶴，吹笙定有仙。

再賡前韻

今宵對佳月，恰是九分圓。露淨瓊瑤界，星稀紺碧天。桂香餘苒苒，風袂欲翩翩。樽酒從誰飲？吾將起謫仙。

送成學正

眉睫見吾子，勵齋吁此翁。性珠圓夜朗，德器妙春融。菽粟無奇味，參苓得久功。莫嗟今日用，試看百年中。

送季永言延安學正

學官開郡國，於職未爲卑。風動弦歌俗，功成俎豆師。通才如子少，遠業不吾遲。箕貌均知德，期將答聖時。

題穆郎中有慶堂

忠孝誰兼美，芬芳萃一身。冥冥唯自種，浩浩不私親。松栢慈幃壽，芝蘭子舍春。福川流更遠，稱願到秦民。

壽石仲彰母

風雨巢傾早，栖栖母子俱。人倫明大節，義教得良圖。丹桂雙枝好，青松百尺孤。今年眉壽酒，盛事説西都。

壽程甥忠

穎悟惟天畀，溫淳自性成。詩書新軌範，冠冕舊家聲。顧我非張舅，知郎必陸甥。進修當勉力，萬里看鵬程。

送王元膺

吳嶽鍾神秀，森然氣不羣。韜鈐東高閣，詩禮策奇勳。俛仰驚初見，周旋勝所聞。賦詩無傑思，聊以寫悁勤。

送薛君英管勾

才適清時用，名爲大相知。檄書搜外府，驛騎謁台司。古學心藏妙，今文舌吐奇。鵷雛毛羽好，更沐鳳凰池。

新月

雲淨西南角，冰痕印碧天。漸看疑鏡破，初上認鈎懸。雁底空成恨，梅梢更可憐。素娥還肯語，借問幾時圓。

雪次張彦清中丞韻

一色雲連日，空花作陣來。龍宫無寶藏，人世有瑶臺。沴氣潛消却，天和剩挽迴。閭閻笑相語，酒禁又須開。

挽張提舉 並序

保安張先生子載，延祐中知河中府幕事。陝西行臺聞其爲宿學也，假以掾史禄，敦請居臺中爲士屬講經，已乃薦爲儒學副提舉。先生既受命，悉心學政，一以長育人才爲務。不數月，弦音誦聲洋洋乎侯頖，教行有漸，而先生遽以疾終。嗚呼，惜哉！旅食不能即葬，遂稿殯近郊。其子某往返經營者屢矣，今年春，始克護柩東歸。不肖嘗辱禮接，感念疇昔，賦詩寫哀，又以歎先生之有子也。泰定改元春三月清明日書。

舊學推淵博，芹宮足表儀。鱣魚方兆慶，鵩鳥遽成悲。燕社魂歸日，秦關泣送時。有兒能大事，天理不吾欺。

博囉平章無欲齋

天德養純全，人情戒頗偏。振衣千仞表，邁跡萬夫前。玉栗中涵潤，金明外自堅。危微傳聖學，斯世有斯賢。

送高御史遼陽都事

臏欲征衣挽，才難自古然。借籌行省幕，來輟外臺賢。造父六飛策，由基百步弦。未容賓席暖，東閣聽招延。

挽汪左丞

惠澤均千里，威名蓋一時。雷霆新耳目，煙雨暗旌旗。黔首嗟誰福，皇天不慭遺〔二〕。寸心餘報國，終古使人悲。

送韓德卿 並序

韓君德卿，吾秦佳士也。篤志力學，守義循禮，受知勤齋先生，書法猶得其妙處，蓋駸駸乎雁行矣。今以夔府知事

〔二〕 皇天不慭遺：「慭」，李夢生校勘本作「憖」。

告別於某，敢賦小詩，以發途中一笑。

勤翁門下士，清廟器中珍。筆問蘭亭陣，徑尋槐市真。美材儲用久，健足發程新。坐笑夔州了，功成入幕賓。

送王德威

萬里斯文轍，堅車發軔初。從容成四教，勤苦出三餘。韋傳吾家學，楊侯外祖書。緣君能挾此〔一〕，賢網不應疎。

送趙彥卿

憲府三年吏，聲華莫與班。立談多士集，止水一心閒。急士方今日，能君久故山。惟應消息好，時得慰衰顏。

送李之晦

疏公名四海，令器許璠璵。騷雅胸中筆，波瀾口角書。薦庭金諾久，雲路玉梯初。努力加餐飯，平生學有餘。

〔一〕緣君能挾此：「緣」，李夢生校勘本作「録」。

送李凝仲縣尉

靈川古循吏，卓魯未爲優。仲氏承家德，初官佐縣侯。寡民無易視，多盜有深憂。黽勉栽培力，千年一日秋。

送王悦道同知

衡門能過我，眉睫見尊公。挺拔千林秀，驍騰萬馬空。英遊馳宿譽，閫寄策新功。滚滚雲霄路〔二〕，登車攬轡中。

送李季孚

文明開聖治，殷序接周庠。鄭重師儒選，丁寧俊造方。久知閑德義，且喜贍辭章。古學標三在，修途貴自强。

送李用中廉司掾

萬卷詩書業，青燈夜雨秋。下幃聯俊造，提筆篚英游。寶劍須真識，明珠不暗投。蜀森□栢府〔三〕，賓主盡風流。

〔二〕滚滚雲霄路：「滚滚」，李夢生校勘本作「衮衮」。
〔三〕蜀森□栢府：「森□」，李夢生校勘本作「霜森」。

送侯譯史之燕

師學傳天語，關西獨有君。乾坤新甲子，龍虎舊風雲。挺拔千林表，超騰萬馬羣。唯應好消息，鄉里得先聞。

贈臨潼李義士

福澤承家遠，仁心得賦多。萬人均若爾，一室獨豐何？不待朝廷勸，能迴邑里和。驪山千古地，高義與嵯峨。

贈王議卿義士

不作千金惜，推恩古亦難。饑寒多汝苦，飽煖獨吾安。原憲飲餘粟，黔婁死有棺。乾坤同父母，皎皎此心丹。

盆梅次張彥清中丞韻

生意分全地，寒梢玉蕾紅。林詩難著巧，黄筆易爲工。瓶水留春到，爐薰入夢同。從今吾不恨，長笛倚樓風。
渺渺江頭路，相思金玉音。故將盆裏種，要作眼前吟。瘦影依尊俎，清芬奪麝沈。歲寒真得友，無復嘆商參。

張氏園亭

艷艷春暉裏，夭夭寸草心。百年雙雪鬢，一刻萬黄金。水繞亭臺迥，花圍几杖深〔二〕。有兒能禄養，無厭數登臨。

送靳御史之官南臺

憲府人材録〔三〕，分司御史除。雪消羣枉日，霜立一賢初。袖底澄清轡，囊中慷慨書。平生顔魯郡，應有雨隨車。

送馮仲潛之官成都

治世人文朗，名家德種新。深心期濟物，正學本修身。列傳標循吏，卷阿詠吉人。潭潭徽政府，滄海集珠珍。

挽賈敏夫僉事

閩省才猷壯，秦臺譽望専。碁繞逢國手，琴遽絶朱弦。寫恨能無賦，招魂漫有篇。吁嗟清德在，不復畏人傳。

〔二〕水繞亭臺迥，花圍几杖深：「繞」，李夢生校勘本作「樂」；「圍」，李夢生校勘本作「雲」。

〔三〕憲府人材録：「録」，李夢生校勘本作「禄」。

壽張太君

壽母春暉裏，兒孫拜後先。能成一家福，尚友二南賢。秋水南陽菊，薰風玉井蓮。長生嘉頌在，百世儘芳傳。

題薊國公射虎圖

父老談奇偉，公乎凜若生。弓強山可破，獸猛葉如輕。户不春風閉，人今落日行。崔嵬北平石，終恨不成名。

題楊正臣廉使言章

表表人臣義，堂堂御史名。有言吾不敢，懷愧若爲情。蹔作浮雲蔽，難藏白日明。從來霜後柏，蒼翠有餘榮。

挽高用之總管

爽氣鐘殊秀〔一〕，長才富有爲。朱轓遺愛頌，丹扆盛名知。宿草迷高里〔二〕，寒煙翳柏祠。老成今已矣，拊事重嗟咨。

〔一〕爽氣鐘殊秀：「殊」，李夢生校勘本作「珠」。

〔二〕宿草迷高里：「高」，李夢生校勘本作「蒿」。

武縣尹士民悲送圖

絡繹道傍叟，相逢各淚垂。明君還棄我，慈父欲依誰？期月功能見，三年政可知。平生循吏傳，班馬不吾欺。

送族姪一飛

勤家念先叔，遺澤在諸孫。之子才尤美，興宗事可論。靜修名始立，卑牧道方尊。老眼期須見，高陽署里門。

送姪孫畿往衡湘

順安先伯父，麟鳳瑞吾宗。素業當誰託，曾孫乃汝逢。孳孳分善利，惴惴事溫恭。跬步無忘孝，天心人欲從。

送鄭器之雲南郎中

日南強聖域，方漢尚中州。省幕經營大，人賢擢用優。有才須幹國，無意只封侯。九折邛郲坂，還君叱馭秋。

題甘泉簿托音送行

三歲甘泉簿，誰令有去思？功繇勤力見，心以至誠知。今也誰專信？民焉不忍欺。霜松鬱柯葉，當與歲寒期。

壽雒翁八十 並序

涇水之陽有高年者，姓雒氏，世以善人稱於里中，今年八十有二矣。視明聽聰，神充氣飽，行不杖，坐不欹，如五六十許人。蓋自壯歲有以長生久視之術授之者，力行不懈，人多以是爲歸，予固疑其未盡也。及詢平生，爲子能孝，爲兄能友，兩親遺言，始生微物，猶襲藏不棄，篤實勤恭，能保所受，固有甚異於人者，呼吸吐納云乎哉？初度之朝，賀者集門，欲得予一言，以佐子孫奉觴之歡[一]。於是敍而詩之，既以美君，又以爲子孫之勸也云爾。

能事還能守，真無忝所生。松姿巖雪秀，鶴步海雲輕。宗族推純孝，鄉閭敬老成。如翁能幾見，想像紫芝萌。

挽樗巖馬廉訪

才臣中統舊，有子獨公推。學重宗藩選，名高憲府知。方欣仁者壽，遽哭哲人萎。不錫蒼生福，人終造物疑。

太息將何及，儒家失主盟。經帷傳奧學，文陣出奇兵。安得消蒙吝，猶期揖老成。乾坤何歲月，復此氣精英。

[一] 以佐子孫奉觴之歡：「歡」，李夢生校勘本作「勸」。

偶詠

中霄一片月，坐撫得齋琴。雲歌鳳山遠，海嘯龍波深。清風凜毛髮，零露霑衣襟。天地誰先後，悠然萬古心。

榘庵集卷十二

七言律詩

次耶律左丞元日早朝韻

香霧霏霏濕玉闌，五雲仙佩響璫環。春迴鳳竹參差裏，喜動龍顔咫尺間。壽域乾坤開六合，蓬萊宫殿壓三山。臚傳聲遠從天下，更覺唐虞日月閒。

紫陽故居

帝鄉渺渺白雲深，絲竹猶聞燕坐音。喜見舍人還白璧，忍令校尉摸黄金。淵源孔孟平生學，酬酢羲皇萬古心。聖代斯文有公議，合留華表映來今。

題劉伯珍竹軒

歷歷當軒數十叢[一]，氣分千畝渭川雄。歲寒於我有成約，一日如君不可同。疎影月來金破碎，寒聲風入玉玲瓏。作詩爲問丹陽尹，時楊叔作主醴泉簿[二]。談笑能過避俗翁。

登義谷有懷郝復禮雷季正

器宇眈眈未可涯，藹然風度足雄誇。論交久已心相許，講會應憐跡獨賒。雲斷水涵天影濶，樹分山帶岸谷斜。相思不盡徘徊意，一片歸心逐暮鴉。

贈張司馬

巖巖秦府殿西垂，山玉淵冰採不遺。人物已雄當世望，英華獨見士林推。龍旗虎帳奔趨地，貂羽金蟬顧問時。飲食易爲飢渴後，春風看染杏壇枝。

[一] 歷歷當軒數十叢：「叢」，李夢生校勘本作「莖」。
[二] 時楊叔作主醴泉簿：「作」，李夢生校勘本作「行」。

道遠兒生六七年矣七月逢閏

聚爲父子荷天恩，憶昔前裾復後襟。有子有孫承祀遠，聞詩聞禮發源深。相看彼此星星髮，一念晨昏耿耿心。初度願伊逢十閏，老夫勝備買書金〔二〕。

送萬御史雲南僉事

依依惟有戀行軒，老詩何人敢贈言？指下宮商能緩急，胸中涇渭了清渾。幾時上駟容凡馬，自古忠臣出孝門。旰食宵衣九重裏，天南天北盡元元。

偶成

天意人情不兩岐，禍淫福善更何疑。眼前事事須量力，身外悠悠枉費思。靜對詩書探道要，閒過朋友訂心期。百年憂患居多半，却恐光陰得幾時。

〔二〕　老夫勝備買書金：「勝」，李夢生校勘本作「賸」。

送文琸甫雲南幕長

玉壺寒露映簪紳，秦府潭潭入幕賓。九澤釀成胸次潤，五雲裁就筆頭春。便爲鰲禁登瀛客，且作邛郲叱馭人。後來相思渺何許？西山晴雪鬱嶙峋。

戒言

戶在圜樞弩在機，闗身寸舌莫相持。仁而不佞斯爲美，信有其徵乃可師。多寡屈游宜自省，詖淫邪遁會人知。九原可作吾誰與〔一〕，時措從容公叔枝。

送傅彦升雲南省幕

英烈江東信不忘，隱然眉睫見堂堂。佐州有愛形歌頌，議獄無寃著吉祥。綠水紅蓮開偉觀，黄金白璧發珍藏。幕中得士須如此，聖治何分遠近方。

〔一〕 九原可作吾誰與：「與」，底本缺，據李夢生校勘本補。

送雷季正都事

粲粲安榴花滿枝，西臺空幕送君時。謝安本爲蒼生起，賈誼元從年少知。下馬除書應得拜，登車攬轡不容辭。病身寂寞誰憐我？明日愁來獨詠詩。

送韓都事

西北藩垣控上游，望深黄屋不貽憂。政符分握調元手，賓榻頻居第一流。已向艱難知氣節，更從整暇得才猷。關河未信鄉書遠，幾日西風鴻雁秋。

寄雷季正都事

別來又是一年餘，每就行人得起居。潦倒粗疎無我似，聰明特達有卿如。九關虎豹青雲路，半世蟲魚汗簡書。爭道進賢相誤却，此心不忍頓抛渠。

蒙氏貞節

寒雲杳杳雁飛深[一]，三十年來百苦心。頭上無情空白首，眼中有淚鑄黄金。老人不乏兒能養，小子常如我見臨。華表清風一千載，鬼神呵守映來今。

送喬元朗運副

許國崢嶸自昔年，長才隨用合方圓。盛名已入策書例，餘事猶居翰墨先。補外暫須籌劇務，留中端合篷英躔。馬蹄三月桃花路，去去修門五色煙。

送龔子翶入蜀

夜雨青燈半世忙，五千文史飽撑腸。風流又倒中郎屣，人物曾登祭酒堂。匹馬蕭蕭雲棧雪，短歌混混渭城觴。浣花遺築應須到，爲摘江籬酌酒漿。

[一] 寒雲杳杳雁飛深：「寒」，李夢生校勘本作「塞」。

送王君冕赴試京師

筆端清氣灑秋泉，剩覺乾坤賦予偏。王者四靈纔紀瑞，日華五色果成篇。刃經錯節敢言利，玉入洪爐始信堅。孔氏不殊今古世，敬王事業要人傳。

又送王在中赴試京師

聖主憂勤圖治日，人才推擇輟耕年。久知德行符鄉譽，更喜詩書得士賢。分定果誰能巧拙，論功當自有媸妍。太平萬古吾儒策，明德新民第一篇。

和張巨濟總管韻

託跡堯民在邑廛，但求寡過敢求全。進修畢竟工夫淺，賦予何嘗造物偏。分死已停扶疾藥，忍飢不續賣書錢〔一〕。形骸自有天真在，只許鄒人會得仙。

〔一〕 忍飢不續賣書錢：「賣」，李夢生校勘本作「賈」。

賀任節君 並序

任氏二母淑德懿範，古之母師殆無以過，國家高其節行，樹表宅里，以爲民俗勸，其盛舉也。某密邇鄰居，聞風欣躍，敢以四韻奉賀。

華表峨峨起路傍，一門誰有兩共姜。蘭朝蕙夕爭芬馥，桂冷松寒共久長。地下機雲能飲德，筆頭遷固會傳芳。朝廷論治先風教，婦學於今得主張。

竇母訓導圖

長記升堂拜母時，春顔一掬剩溫慈。鄰芳何世無彤管，庭草誰家有玉芝。良治良弓千載事，如賓如友百年期。何當一過觀風使〔二〕，爲誦周南被化詩。

高燈

火齊龍宫不見收，海風吹上碧雲秋。光搖寶色三千界，影落珠明十二樓。陽燧半空留日鑑，飛黄一點失星毬。風流都入繁華手，誰念鄰牆把卷愁。

〔二〕 何當一過觀風使：「過」，李夢生校勘本作「遇」。

送鄭國華管勾

良世良才豈下沈？豫章劍氣九泉深。葱葱佳氣山含玉，炯炯明心日鑄金。往事何堪重迴首，殘年最苦是分襟。語君善養雲霄翮，再舉當遺萬里音。

送張知州 並序

夷簡節使葭州之政，無愧古人。來歸未幾，輒復南行。一子名以同祖，蓋欲託爲吾家諸甥，且有來秋聚首鄉社之約〔二〕。余惜其別之遽也，猥語見意，庶不盟寒乎？

五馬騑騑快作州，崙崑之水尚安流。一錢父老劉宗正，百騎兒童郭細侯。尊俎未成聯話榻，蓴鱸蚤似促行舟。祖兒弄舌如春鳥，洗眼明年大華秋〔三〕。

送劉善文雲内知州

孝子忠臣備一身，今誰能見古須聞。九秋不礙遼東翼，萬里應空冀北羣。又作風流前輩想，定知消息故園欣。兒童竹

〔二〕 且有來秋聚首鄉社之約：「聚」，李夢生校勘本作「渠」。

〔三〕 洗眼明年大華秋：「大」，李夢生校勘本作「太」。

馬城南路，還見吾家太守君。

送蒙郎中任濮州

如何省幕輟賢賓，守令朝廷注意頻。水旱連年多下戶，網羅無罪少平民。幾時卓魯虞臨制，此日龔黄得拊循。聞説兒童調竹馬，濮州花柳待迎春。

石榴

尚想猩紅點綠苔，墜枝佳實已枚枚。九秋清露含珠滿，一夜新霜裂錦開。丹鼎漫誇鉛汞就，金盤虚薦茘枝來。茂陵應爲文園渴，天上移根地下栽。

次韻酬程悦古先生

煙霞踪跡眇人羣，萬古詩書一小軒。紙上聖心懸白日，囊中神劑試黄昏。杏筵時雨留榮潤，芹俎春風薦德温。難老錫公天有意，何當重欵渭陽村。

壽樂堂爲賀平章賦

德劭年高五福全，姓名共説賀公賢。從容聖道無踰矩，嘯傲蓬壺別有天。閒裏久諳雲水趣，靜中獨養鶴龜年。儘誇萬石家聲好，傾覆栽培理固然。

壽雷先生八十

福翁八十更康強，兩眼人驚射眥光。喬木衣冠餘朴雅，化城日月自舒長。樽前磊落瑶池客，膝下參差玉筍郎。有德有年公物論，姓名爭與太丘香。

壽趙翁九十

正大天興事不遺，白閒春染黑絲絲。孝心元是百年福，淳德猶爲一世師。緑酒辦誰留此日，青山能我對當時。坐中況有蘭亭筆，爲譜堯民壽域辭。

壽張詳議八十

先生本自將家雄，又了長生久視功。玉色暈紅潮兩頰，神光點漆照雙瞳。時平不覓芝田友，境好方爲萊氏翁。仁者樂

山山與壽，一杯滿吸翠屏中。

送楊司業

聖主還須頌得賢，和風甘雨此何年？伯淳不識寧無罪，黃霸重臨信有緣。爽氣西山凌積雪，高標古柏樹參天。區區企華心猶在，老馬長途不任鞭。

送閻平章

地嚴綱紀選臣良，詔下人爭覩鳳凰。草木洪纖沾雨露，河山表裏入輝光。聖人再世逢堯舜，宰相於今有杜房。坐榻未溫還又去，秦民何止淚千行。

送董平章

清忠舊德簡深知，秦省藩宣顧莫宜。亹亹不遺經國力，愔愔獨有結民慈。九重俄下馳前詔，五府空餘去後思。試酌輿言歌馬首，一時淚墮送行巵。

爲劉氏題 並序

至大改元之夏，友人張公輔館於劉氏園亭。至則主人鎮撫公棄賓客者纔逾月，公輔爲予言，鎮撫養親教子，樂善不倦，所謂信厚之公子者，甚恨不及一際風度也。其子顯出，示山木先生爲作萱春堂詩，且請續貂其後。誦未再四，益信公之爲可慕，敬賦四韻，以追一時之盛云。

暎階萱草玉抽叢，人道忘憂是汝功。白髮兒能慰顔色，繡筵花鮮領春風。壺觴洩洩融融裏，几杖油油翼翼中。令德一門終壽考，舊家富貴見誰同。

送楊時雍學正

環堵蕭然不自貧，一窗朝暮聖賢春。才華久已傾多士，學術真無愧古人。藝苑高科真得雋，芹宫小試便還淳。風雲千載衣冠地，更覺鱣宫世業新。

送王虚舟提學

寶豐佳氣鬱葱葱，洗眼驚還玉潤中。心印的傳千古祕，筆花妙奪九春工。盛名久已歌京國，遺愛行當紀頖宫。歸去先生真得計，枕酣誰與發聾聰。

十月一日拜程子益几筵

音容髣髴在斯留，歷歷悲歡四十秋。天地無情空白首，江河有淚寄東流。寸心自擬酬知己，好願誰教不到頭。叫徹九泉應解聽，亦逢先姊問吾不？

謝袁景韓御史 並序

伏承御史相公降屈威重，辱臨蓬蓽，繼以府尹君侯墜致厚禮，俾某預聞郡學教事。某切自念性資駑劣[一]，行業荒毀。爰自早歲，兩目成疾，浸淫已三十年，暈翳赤腫，終無虚日[二]，五尺之間，不辨物色。屬此月餘，右耳失聽。造物所以處某者，斷可識矣。雖欲冒昧無恥，勉給使令，不惟無所裨益，遂使興學勸士之意由某而隳，某之獲罪固不足言，其爲盛舉之累，將何如也？反覆思，惟不敢聽命。閣下誨諭諄復，誠懇切至[三]，所以加惠某者，腐心不敢忘。謹以拙言見意，仰謝萬一。伏惟改議深思，期濟厥事，某得依托休光，安養殘廢，畢此餘年，惠莫大焉！望莫深焉！惟是抗命之罪，萬無所逃。繕録奉呈，不勝戰隕之至。

早歲曾聞賦遠遊，黑衣童子巧相讐。風銷日鑠長年苦，霧慘雲昏跬步愁。淺學無成生負責，虚名誤得死懷羞。匏瓜分

[一] 某切自念性資駑劣：「切」，李夢生校勘本作「窃」。
[二] 終無虚日：「終」，李夢生校勘本作「發」。
[三] 誠懇切至：「懇」，底本缺，據李夢生校勘本補。

繫東西壁，敢辱招延禮數優？

送郭幹卿侍御 並序

侍御相公借寇西臺，遽有歸歟之歎。感念人生會合爲難，輒賦小詩，以道情素，不自知其俗惡也。

西臺方喜得斯賢，遺愛誰知不滿年。玉爵金罍清廟器，高山流水伯牙弦。青宫論舊何如最，白髮相離可是偏。一水盈盈多幾許，好音無惜寄蟬聯。

答李時晦御史 並序

某啓御史先生閣下，違遠德範，忽已數月，遊川之思，靡日不東。兹辱教墨，知猶在渭南。老疾不能一往侍春風之席，以豁滯吝，悵惘曷勝？謹次來韻，奉答義厚萬一，且以代起居之問云。

怪逢閏九鵲聲頻，御史詩來恰上旬。白雪陽春聲外律，光風霽月眼中人。文章獨有次山老，學術誰如孟氏醇？咫尺相望便千里，舞雩從此不能春。

送袁景韓御史

手攜三尺到分司，公是公非兩不移。眼底真能見鵷鷺，草間不復有狐狸。清風肅肅纏霜柏，佳氣葱葱秀露芝。此日東亭一杯酒，知音多愧誤鍾期。

送李儼夫御史

賢綱清朝獵異才，西臺未幾又南臺。大公至正歸言議，細故繁文入剸裁。虎穴定須生虎子，龍閑元自有龍媒。君家再世能留愛，還報秦民能早迴。

送李慶長御史

九重圖治聖人心，耳目懸知寄托深。文綵春花雲冉冉，風標寒竹雪森森。一簪白筆知能事，千古朱弦足賞音。萬里雲霄在公等，願將福壽鑄黃金。

答郭幹卿侍御 並序[一]

伏承侍御相公寵示盛作，不勝欣感。某病中兩過清明，意緒無聊，思一見夷粹，以寫煩紆，而不可得，徒東嚮依依，浩歎而已。謹次高韻奉答，庶幾發静中一笑。

一病還添百倍慵，光陰多半枕屏中。同人自笑與人異，生世誰爲出世雄。好事九分還錯過，芳春幾日又成空。小軒贏

〔一〕並序：底本缺，據李夢生校勘本補。

得悠悠處〔一〕，翠影離離弄竹風。

送雷季正應奉

瀛洲自昔神仙地，凡骨塵腥可問途。八表神遊有卿在〔二〕，一揮立就況時須。已知鼓舞聞周誥，更喜鋪張記舜俞。弱水從今三萬里，日邊車騎望瓊都。

有懷李仲和

日日思君不見君，春愁藹藹疊春雲。行程屈指應須到，消息縈心尚未聞。鳴鳥藏枝鶯綠暗〔三〕，落花滿地惜紅紛。閉門睡過清明了，不飲長如酒半醺。

新春有懷雷季正

露井梧桐一葉驚，眼看新綠換陂陵。春風南郭聯鑣路，夜雨西齋對榻燈。別裏情懷元白惡，病來面目亦堪憎。帝城風

〔一〕小軒贏得悠悠處：「悠悠」，李夢生校勘本作「悠然」。
〔二〕八表神遊有卿在：「卿」，李夢生校勘本作「鄉」。
〔三〕鳴鳥藏枝鶯綠暗：「鳴」，李夢生校勘本作「啼」。

月無邊好，想與蘇州話我曾？

送王文蔚教授

西風嫋嫋促行裝，遊子心悲手線長。神聖豈容孤孝德？公評自合到賢良。胸中秋月三更白，筆底春雲五色香。學館姓名知不晚，好將勤苦慰高堂。

喜晴

東風一夜滿都城，萬物欣欣總向榮。多病已無當世念，惜春猶有少年情。酣眠座側貓依暖，誶語簷頭鳥弄晴。起喚吾兒理蕪穢，小園簪玉已抽萌。

寄韓尚書敬山

衮衮人歌用世才，月梁顔色照崔嵬。一聲孤鶴横江去，百里全山入枕來。滿地白雲隨意往，倚山青壁對吟開。幾時也踏悠颺路，當爲山林賀一杯。

挽鳳翔高嘉議

笑談劇鎮了文移，鳳里琴樽晚入思。天路驊騮人共惜，雲臺梁棟世猶期。才聞鼓吹還家樂，遽起龍蛇直歲悲。墓隧幾時磨琬琰，勒銘不屈蔡邕辭。

挽李忠宣公

秉笏垂紳誼匪躬，中朝元老獨推公。九重政切三臺望，萬里俄悲一鑑空。惠政洽民深胄髓，餘功覃遠泣蠻戎。堂堂不盡經綸業，怨入麒麟檜柏風。

謁亡友王文振墓

疇昔相從勝弟昆，白楊繫馬淚流巾。古人不必求三代，間氣元來畀一身。展也大成端有數，秀而不實果何因？朱黄留得詩書在，重恨傳家失阿麟。

挽孟元亨先生

文章傳業翰林公，筆到蒙齋力更雄。信矣垂名千載後，惜乎埋恨九原中。甘棠有蔭商於土，弱藻無芳魯頖宫。宇宙高

才日陵替，一聲長嘯古今同。

挽潛齋楊先生

文獻中原坐陸沈，先生崛起萬儒林。百年醇正精微學，一片公平廣大心。堯舜吾君空自惜，朱張斯道更誰今。絳紗淚盡諸生地，無復鐘撞大小音。

送王道鳴郎中

幾日霜臺御史名，郎官秦省倏聯英。人才有筆能清濁，公議無言得重輕。春水灘晴鸂鶒下，朝陽枝穩鳳凰鳴。西州此後瞻風采，太華峰下月色明。

送王郎中

臺府聲名冠近聯，得君何啻遇豐年。幕中未暖氍毹榻，袖底還揮騄駬鞭。裊裊清猿悲峽月，飛飛老鶴憶遼天。常時不那禁愁得，況把離觴駐道邊。

謝石仲温郎中

臺閣聲名冠近聯，得名由我相公賢。坐令西府增榮觀，長恐東都墜聘牋。曹史執經馴禮化，鄉豪懷牒避公詮。太平幸際人文盛，偃臥衡門信有天。

送鄭有文郎中

雲泥蹤跡每憐殊，取友何期亦到予。方寸感知雖獨厚，三年報禮愧全疎。心丹耿耿酬恩日，德玉温温積善餘。誰使斯民霑福澤，師門今看定何如？

送韓進道郎中

荆州面骨玉崢嶸，一見令人雙眼明。未要文辭推用晦，剩教名節數殷卿。寒衣餒食三年用，白璧黄金萬口評。久此賢勞知不可，高軒詠罷獨含情。

送穆郎中

公家了事有斯人，玉爵金罍世共珍。六品尚沉員外置，三年真得幕中賓。高堂娛侍何如樂，故里榮歸別是春。今日秦

民兩行淚，幾時却拜馬頭塵。

送曹侍郎仕開

眉宇方欣識紫芝，擘牋又賦送行詩[一]。人才果有唐虞盛，議論肯爲秦漢卑。陸駕川航嗟不器，秋霜春露見能時。柏臺幕下松千尺，氣奪紅蓮庾杲之。

自述

鬼神能我寸心明，故學班侯厭管城。下地固應歸汙濁，朽材但可事飲烹。孽由自作終難逭，運到乖違莫強行。如此頭顱過四十，區區憐汝太癡生。

送劉民望 並序

民望英契，兩爲縣侯，政平訟簡，民食其德，著譽縉紳間。朝廷重慎刑官，必擇廉正明晰[二]、忠厚慈良者職之，擢民望甘州路推官，蓋以地重事難，委任尤不可輕。於其行也，鄉人同某謂選舉得人，民無刑濫之苦，治道其庶幾乎？爲

[一] 擘牋又賦送行詩：「擘」，李夢生校勘本作「擘」。
[二] 必擇廉正明晰：「晰」，李夢生校勘本作「悉」。

賦小詩，以效古之贈言者。

徒法無人不自行，以人任法到刑清。五情既得須三覆，一死何從可再生。如玉如金王度在，有爲有守子成名。選才方爲公家賀，不用臨歧唱渭城。

次杜同知韻

結根九地豫章深，重負須堅脊骨任。良冶良弓千載事，難兄難弟百年心。舞雩始識歸來詠，流水還聞太古音。細味君家好詩句，一杯薦以洞庭金。

渠庵集卷十三

七言律詩

寄藍田李耀卿先生

耳目聰明八十餘，天教留在世師模。溫純如此古未有，中統以來今更無。暮水朝山歸道悅，春蘭秋菊入詩腴。龍門一欸三年最，清夢時時繞坐隅〔二〕。

書感寄郝復禮

當年萬事倚天公，歲月因循失舊容。足跡舉頭三乂路〔三〕，人心對面九疑峯。挽河滌禍嗟難辨，倒海除愁畏不供。珍重西源隱君子，一丘何計得相從？

〔二〕 清夢時時繞坐隅：「繞」，李夢生校勘本作「統」。
〔三〕 足跡舉頭三乂路：「乂」，李夢生校勘本作「叉」。

送史參政之鄂省

勳名後耀接前光，鄂省移參詔趣裝。直以忠臣期稷契〔二〕，不教治跡讓虞唐。馬蹄芳草馳情遠，鳥語飛花說恨長。後日西州頌遺愛，甘棠何止賦三章。

送張伯高參政 並序

參政相公位秦省者僅一歲，遽拜北京廉使之命。勉賦惡詩，録呈閣下，蓋不勝其依戀也。

緬思中統至元間，接武斯文有孟韓。老翅不歸華表鶴，韶音纔聽碧霄鸞。百年相業期司馬，五府蒼生屬謝安。相見幾時還又去，區區懷抱若爲寬。

送汪參政

黑頭閥閲數名臣，屈指中朝更幾人。儉節清風聞遠邇，忠言碩畫贊經綸。唐公不種私門樹，崔湜能吟上苑春。補衮熟知天下望，西州獨有幸歸民。

〔二〕 直以忠臣期稷契：「臣」，李夢生校勘本作「心」。

春山四友歸來圖

四翁一笑萬緣輕，白首能同里社情。三輔河山還舊觀，百年文物主齊盟。兒童解說衣冠盛，草木猶歸咳唾榮。鬼護神呵圖畫在，瑞光長映德星明。

哭劉元禮

方期孤鶚快秋空，雲翼何知向此窮。千里苦音來故國，百年幽恨閟玄宮。長才不見當時用，英概猶生後學風。慟哭寢門非我最，論心如子更誰同！

哭郝復禮

苦學如君見未曾，四更風雪短檠燈。胸中歷歷千年在，腳底騤騤萬里能。人事但知多不偶，天心誰謂果無憑。即今有話何從說，一日悲來幾拊膺。

自儆

算海誰能到底深，春冰虎尾政斯今。下愚蠢蠢無先見，上帝皇皇有赫臨。老稚街頭三尺喙，聖賢紙上七分心。此身莫

道吾能了，不入洪鑪不是金。

病中有感

曾慕秋雲萬里鴻，神駒未駕哭途窮。謀身本自無長算，造物何嘗有不公。膝弱毋須扶杖力〔二〕，目荒已廢讀書功。兩髀肉盡無餘幾，豈止衰如八十翁。

送趙子敬侍御移參浙省

西臺功最倚申卿，南省諮詢待魏徵。了事定須忠力可，知人獨有聖心能。民憂耿耿今華髮，道任拳拳早服膺。時雨時風又携去，鳳凰山好浙江澄。

病中夢竇長卿

一榻蕭然臥再朞，故人夢裏接芝眉。江湖魚入相忘地，星月烏啼未穩枝。白髮因循人易老，蒼天反覆事難知。歲寒只有青松好，却恨青山費買資。

〔二〕 膝弱毋須扶杖力：「毋」，李夢生校勘本作「每」。

夢

天地人心一理通，陽開陰闔自無窮。百年翻覆七情裏，萬境馳驅一枕中。軒后政須求力牧，仲尼端合見周公。覺時記取先賢語，可卜吾家學問功。

讀錢神論

伊昔英豪恥利言，即今萬善乃斯原。能令父子全慈孝，解使夫妻足義恩。愚富參商猶效順〔一〕，智貧骨肉尚生冤。懷清臺上西風淚，三月衣巾有漬痕。

秋懷

殘髮蕭蕭雪點蓬，衡門歲晚只衰翁。交情豈是不相念，貧病自知難與同。一逕古苔餘落葉，滿城寒雨又淒風。回頭三十年前事，可信浮生是夢中。

〔一〕 愚富參商猶效順：「富」，李夢生校勘本作「當」。

答周元舉

黯黯前途足駭機，蕙蘭真有不芳時。尋常紙上猶興嘆，邂逅眼中那免悲。雨葉風花朝暮局，霜松雪竹歲寒期。楚聲聽讀卜居好，會有人能譜此詩。

答鄰舍生

一硯塵窗四十過，黑衣童子巧相苛。大倫於世敢獨廢，薄命在天當奈何？數卷南華元過誕，兩編羲易會無譌。秋花不比春花好，隨分風光養太和。

答蒲城劉先生 並序

提學熟齋先生道崇德奥，智巧絶出，創爲鷄毛筆，書「葆光」二大字遺某，副以超然雄篇。感德之餘，愧無以爲謝，謹次嚴韻，録呈几下，庶發莞爾之笑云。

兔毫從此不能纖，何物囊中可敵尖〔一〕。左斡右旋仍健捷，順揮逆掃却安恬。八旬尚有力千斛，一字端須價百縑。蓬蓽雲生墨池潤，先生義浸與仁淹。

〔一〕何物囊中可敵尖：「中」，李夢生校勘本作「銛」。

書齋醉臥

餘醒未解困瞢騰[一]，小向書齋寄曲肱。風竹一時低舞葉，日窗幾點過飛蠅。猩猩對酒心先醉，燕燕營巢力不能。採藥靈源終有日，嘯歌猶得氣凴陵。

史參政頌德

政論陪榮外府聯，宸心妙揀得才全。明堂禮樂家成教，喬木衣冠世象賢。智燭有光能徹地，仁元無礙可通天。會須一正皐夔席，衮衮增華太史篇。

晉寧石彦明高義

要從鄒魯識吾鄉，富擬封君見未嘗。振寡逮鰥功不淺，達才成德慮何長。百年爲善知多福，再世能言信後昌。翠琰留教姓名在，學林終古照天光。

[一] 餘醒未解困瞢騰：「醒」，李夢生校勘本作「酲」。

二月十一日初得小雨

老薺陳根綠未萌，曉寒春半尚崢嶸。麥秋那有斗升望，禾種纔勤畎畝耕。霑足幾時三尺雨，死傷隨處萬人坑。茫茫真宰無從問，誰遣陰陽累好生？

崔參政禱雨有感〔二〕

饑吻嗷嗷沸海波，相君有力挽天和。山前馬到雲先合，廟下辭陳雨已多。坐使焦枯歸潤澤，盡迴咨怨入謳歌。臥龍不爲東山起，奈此蒼生歲月何！

王總管祈雨有感〔三〕

鰥寡無辜政此哀，忍令旱魃更爲災？寸香直喚龍淵起〔三〕，一雨還隨馬足來。疇昔臣忠由我祭，只今天孽爲誰開？左符參錯皆公輩，和氣當知遍九垓。

〔二〕崔參政禱雨有感：「感」，李夢生校勘本作「應」。
〔三〕王總管祈雨有感：「感」，李夢生校勘本作「應」。
〔三〕寸香直喚龍淵起：「直」，李夢生校勘本作「真」。

韓都事家竹生芝

瑞物生來積善家，天公幽意不人遐。翠枝褭褭扶霜節，靈草煌煌茁玉芽。半夜鬼工溥沆瀣，千秋神嶽孕精華。春蘭堂上慈親壽，堯叟堯咨共拜嘉。

送廉右丞拜集賢學士

堂堂魏國力扶天，有子如公實象賢。善治規模符遠略，敬王事業發真傳。正須陛下求多士，未許關中借一年。九里無窮河潤浹，不勝思後更思前。

射虎圖

過客常憂性命危，將軍除害有神機。雷號怒吻千山裂，血迸深瘡一箭飛。草樹淒淒空野色，旌旂獵獵捲風威。酒杯斫取頭顱用，載錦傳呼得儁歸。

壽李右丞

巴夔玉帳卷征塵，行省須勞借節頻。四海蒼生同正朔，三朝元老有經綸。丹青議入文章舊，羽翼功垂宇宙新。眉壽天

方錫純嘏，六星光映紫微春。

壽雷經歷

策杖南來記昔年，紅顔緑鬢尚依然。放懷宋玉陽春曲，得意堯夫擊壤編。畫閣靚深喧笑語，春風嬌軟雜歌弦。泰山如礪河如帶，好在鴻濛澤上仙。

几杖雍容里社間，眼中耆德更誰先？一門孝友知今最，五福休嘉見獨全。饋酳行當西序饗[一]，姓名不減洛圖傳。年來更覺方瞳力，妙墨晴窗日課千。

壽先生張彦明[二]

聖門荆棘鬱蒼蒼，夫子西來一破荒。經術向勞推董賈，詞源詎暇論班揚。學緣知本心彌篤，志爲無求老益剛。文物有歸天意朗，夜來南極燦華方。

[一] 饋酳行當西序饗：「饋」，李夢生校勘本作「饋」。

[二] 壽先生張彦明：「生」，李夢生校勘本作「師」。

壽汪中丞

將相天門世德家，孫曾衮衮發英華。幾經時雨蘇三輔，又見清風肅四遐。大雅政須歌召虎，周書不獨紀君牙。南山便作無疆頌，春酒思柔酌翠霞。

潁水蒼煙鬱老槐，相君直欲挽春迴。中天日月六經在，萬世綱維五教開。比屋可封還舊俗，朝廷隨用得良才。丹心報國心如此，合有穰穰福禄來。

壽楊和卿 並序

和卿鄉兄年已六十，乃有九十之母，耳目聰明，起居健勝，人生所未見也。敬賦小詩爲壽，蓋以致嘆仰不足之意云。

白髮康強九十親，斑衣萊子雪鬜新。世間樂事有今日，壼裏風光無此春。願對清樽瞻壽母，永令懿範表鄉人。如君境界方爲福，富貴元知福未真。

壽雷仲介 並序

大德二年戊戌，仲介契丈居第有嘉禾生，秦之長老奔赴往觀，或圖其象以傳者，皆曰：「是家夙著孝義，天其或者以是表之耶！不然，何瑞世之符近乃在几席間也。」唐開元中，楊炎三世以孝行聞，逮炎有紫芝白雀之祥，門累旌異，

至樹六闋。本風俗以化天下，先王之政也。若仲介兄弟競爽，世濟其美，視楊氏宜無少愧，嘉禾紫芝感應之妙，均矣。賞一以勸百，放諸四海準，國家之典、有司之事也。素巖貫公敍而發之，傳永無疑。里人同余擬其遺意〔二〕，敬賦四韻，嶽降之朝，奉以爲壽，亦以爲賀也。

露葉猗猗秀北堂，一枝五穗見禎祥。兄金弟玉門閭貴，祖蕙宗蘭譜牒芳。神理百年無爽鑑，鄉評此日有新光。君王著意移風俗，六闋何人舉舊章。

壽竇長卿

漁陽亹亹著家聲，人喜昆雲見老成。握手尚能追昔好，剩談每爲倒平生。向來忝與詩書席，晚歲當同鷗鷺盟。滿酌年年今日酒，柳梢春意恰相迎。

海變歸來記昔年，兩翁談笑更歡然。箕裘愧我殊無似，詩禮推君獨有傳。三尺堯階非遠到，一瓢顔巷足稱賢。東風又綠西城柳，管送春光入壽筵。

玉樹臨風列雁行，士林共許白眉長〔三〕。一經矻矻忘寒暑，萬事悠悠任短長。櫪下神駒非久伏，篋中良玉但深藏。忝予幸託通家舊，願採瑤英薦壽觴。

〔二〕 里人同余擬其遺意：「擬」，李夢生校勘本作「擬」。

〔三〕 士林共許白眉長：「長」，李夢生校勘本作「良」。

壽郝復禮

不隨流俗信浮沉，高義班班聳士林。皂蓋朱輪他日事，青燈黄卷半生心。感君今昔情如一，於我交游分最深。壽骨已應千歲法，春杯莫厭十分斟。

壽李仲和

寸心相許十年初，每愧先施義報疎。迷不知方無我似，老能務學有君如。筆鋒欲截西崑玉，眼力可窮東觀書。仙苑有根培雨露，子枝孫葉自春餘。

壽雷仲介

神丹忽挽笑顔迴，巷語隣逢亦樂哉！澤物不爲誇俗計，起家元有過人才。老親強健承顔日，諸弟懽愉上壽杯。天意屬君非草草，要令世道識栽培。

摘得梅花泛壽觴，梅花勝似去年香。斑衣舊日名萊子，拄杖而今字伯康。萬卷詩書崇德里，一襟風月舞雩鄉。優游人世三千歲，不待神仙却老方。

壽妹婿楊叔行

頤齋門下記同遊，俯仰驚看十五秋。情意不緣今日好，絲蘿重結百年儔。青天白日真無負，夕藿朝藜詎足羞。帝意寧知非大任，舉杯一笑渭陽舟。

壽大人玉山先生〔一〕

歲寒堂上壽慈親，玉立風標凜若神。學造精微功愈密，詩成談笑句尤新〔二〕。平生忠武田間事，此日淵明社裏人。白髮紅顏今日酒，坐看滄海會飛塵。

孝友堂前白髮親，鄉閭共指謂仁人。癡兒未辨尋常用，慈父長如九十春。盛德豈容豚犬述？真姿願與華嵩隣。梅花酒美年年日，底是人生樂事真〔三〕。

〔一〕壽大人玉山先生：「山」，李夢生校勘本作「生」。
〔二〕詩成談笑句尤新：「談」，底本缺，據李夢生校勘本補。
〔三〕底是人生樂事真：「事」，李夢生校勘本作「最」。

壽曾孫硯郎

老病相尋到九分，豈期今日壽曾孫？幸逢造物栽培力，感極先君覆露恩。一硯家傳無長物，六經關學有真源。看兒眉目生如此[一]，好讀吾書日鑑軒。

讀昌黎公傳

兩耳梟音世久聾，青霄鸞鳳協商宮。唐家翰墨有邊幅，孔學宗元無異同。出聖入神當健筆，刳肝瀝血想孤忠。潮陽萬里誰云貶？天意寧知是賞功。

次文都司喜雪韻

竇花吹墮五更風，和氣潛回太皡宮[二]。南畝寸根三尺潤，貧家一飽百憂空。聲酣老竹雲叢瘦，光溢寒梅玉頰豐。莫怪詩來清似水，冰壺世界納胸中。

[一] 看兒眉目生如此：「兒」，李夢生校勘本作「見」。

[二] 和氣潛回太皡宮：「皡」，李夢生校勘本作「皋」。

襲芳亭

幾回乘興問仙槎，香霧霏霏濕鬢華。翠玉颭風迎夏竹，錦雲烘日殿春花。歸來園裏纔三徑，安樂窩中第一家。誰主誰賓初不計，平生痼疾有煙霞。

讀朱子象刑說有感

三尺昭昭聖法平，幾時高下得人情。忍心誰謂無天理，遂惡方知據禮經。前度覆車真目擊，此來故轍却身行。十年徒有騶虞感，誰爲弦歌發古聲？

題樂閒亭

燕坐虛亭日又東，南山佳氣鬱葱葱。竹聲風碎琴中玉，花影雲搖酒面紅。人世猶呼瑞安令，仙家新署樂閒翁。往來誰識門前路，只許柴桑杖屨通。

送潘獻臣擢掾南臺

早歲龍門負雋聲，青氈還我故家卿。萬籤綺帙三冬足，百斛明珠一字輕。公論向來堪上選，人材今日有臺評。馬頭長

路平如砥，也得遐方見率更。

賞月

桂月流光萬里天，興來不減子猷船。霏霏墜露衣從濕，嬌嬌臨風意欲仙[一]。傾倒誰知有今夕，笑談重得是何年？若爲肯駐瑤臺影，一刻黄金不論千。

睡

挾矢張弓粟髮間，此身何地可謀安？試看元亮枕方穩，便覺羲皇到不難。一榻松風三伏暑，半窗梅月五更寒。是中大有真消息，胸次誰欺抵海寬。

寄族姪伯剛

味甘嚙雪與餐氈，纔有商量度厄年。性自理來那有惡，情隨欲動易成偏。儀秦都是幾人貴，顏閔終爲萬世賢。秋葉春花不須議，吾家素業要人傳。

[一] 嬌嬌臨風意欲仙：「臨」，李夢生校勘本作「凌」。

有感

草根切切語寒蛩，雲際翩翩響斷鴻。萬事回頭俱是錯，一年轉盼又成空。愚兒幸繼清修業，濁酒時澆磈礧胸。造物無心管人事，漫勞唇舌較窮通。

對菊有感

徂歲堂堂下坂輪，東籬又見菊花新。聲名已迫無閒地，疾病仍攻有限身。每愛古人能用短，可憐世態酷憎貧。一樽幸有人分似，雷仲介餉酒。且與肝腸作好春。

送景從周録判

兩袖春風上玉梯，幾年王邸姓名知。驊騮開道無千里，鴻鵠飛雲又一時。囊裏攜多經國論，卷中題遍送行詩。都門車騎如流水，人說西來定是誰？

夜思晝所聞者爲之淚下

吁嗟一旱酷如焚，禍入綱常不忍聞。暮鼎狼孫烹祖肉，朝砧頑父擢兒筋。平時善教無師帥，變裏腥風盡賊羣。天殺天

生云有理，陰符三百果誰文？

送魯同知

別駕南州寵數新，海沂歌罷到吾秦。月波一片藏心夜，雨潤三年濟物春。循吏古來聞有傳，明時今復見斯人。餘生溝壑誰留在？父老田頭語最真。

枕上偶成

幸有先人屋數間，一身臥起有餘寬。斯人不與吾誰與？行路昔難今更難。秋菊春蘭時嘯詠，冬裘夏葛適暄寒。也知方寸無多地，那著悲歡事萬端。

行

下深磅礴上崑崙，乞我形骸萬古春。紙上得來終覺淺，腳根到處始成真。有爲自可符玄德，中慮猶當輩逸民。約禮博文明訓在，永懷欲罷不能人。

送杜行簡縣尹

修修清譽動西臺〔一〕，煙暖藍溪玉有胎。學道愛人知素藴，剸繁治劇見長才。三年撫字懸深望，百里歌謠在暮來。只恐飛黄須逐日，不容花縣久徘徊。

送李廉副上都留守同知

藩府聲歌尚藹然〔二〕，春風更覺繡衣鮮。人從朗月壺中見，事向清霜簡上傳。良吏規模隨用足，明時衡鑑得才全。非公管鑰誰當付，又聽民歌少尹賢。

癸巳除夕書感

決去駒陰挽不留，燈前恰四十年休。一身能有幾日健，百疾都無半月瘳。日暮途窮空浩嘆〔三〕，人亡弦絶但深憂。陶鎔

〔一〕修修清譽動西臺：「修修」，李夢生校勘本作「篠篠」。
〔二〕藩府聲歌尚藹然：「歌」，李夢生校勘本作「猷」。
〔三〕日暮途窮空浩嘆：「窮」，李夢生校勘本作「遥」。

也費黔嬴手，九品難登下下流。一作「細思也費甄陶手[一]，合是人生第幾流。」

春分後書感

寒食清明次第催，春光恰似不曾回。塹空花木鶯無語，坼盡房廊燕不來。坐賈行商唯賣餅，前號後哭但求哀。百年名郡今如此，說是長安可惜哉！

己巳歲九月書感

佳節空令九日遭，飢腸雷火苦煎熬。敢言孤悶須杯酒，誰辦千金具一餻。老雁無聲寫情素，寒蛩入聽和哀勞[二]。黄華也負西風約，知汝東籬不姓陶。

送楊無妄

三年不見紫芝春，夢裏能成笑語頻。垢盡何妨還鑑舊，器虚方可受泉新。無情日月控摶幾，有分乾坤賦與均。老栢清霜凛然在，定知不作使君嗔。

[一] 細思也費甄陶手：「費」，李夢生校勘本作「廢」。

[二] 寒蛩入聽和哀勞：「入」，李夢生校勘本作「不」。

送盧景芳 並序

景芳茂異，吾友盧君達臣子，大參公孫也。好學有志，秀出多士，今治肅政〔一〕，檄赴汴梁，勉爲此贈。

白玉堂前白玉枝，風流還許見當時。經尋表裏春秋業，筆挽縱横月蝕詩。閥閱幾家能有子，雲霄此日更先誰？不然滿酌玻璃酒，聽誦離騷也自奇。

送白天民

邂逅秋風識紫芝，脱韝霜鶻不凡姿。掾曹應對奇三語，廉府吹噓絶一時。快句河山歸跌宕，浩歌杯酒入淋漓。病夫未展平生得，草草今朝又語誰？

送李正德

左看成矩右成規，手底辭毫五色奇。不見幾時如得疾，清言終日可忘飢。玉煙舊積兩峯潤，蘭露方深九畹滋。八座文昌天上府，人才自有鑑衡知。

〔一〕今治肅政：「治」，李夢生校勘本作「沿」。

送權季玉

義檄區區祇爲親，烈夫肝膽不羞貧。好將北闕聲華重，聊作南州草木春。有志不應無小試，挾才如此豈常屯？承明召對當非晚，傳語維揚陌上人。

送雷季正

把酒臨分滻水頭，一鞭星去望前騶。也知不作丁寧別，只恐空遺宛轉愁。淡淡月華歸路晚，蕭蕭風色去程秋。夢魂兩地今宵共，但道青燈對榻留。

送毛行簡

人道男兒志四方，我知前輩審行藏。吉凶悔吝皆由動，險阻艱難要備嘗。粗有良田供歲月，且無公政及門堂。池陽一片英魂在，悵望無依亦可傷。

送毛彥修

明珠在側每心驚，何物牢之亦見稱。有學有文寧易得，不驕不吝更難能。一函久鬱龍泉用，萬里今看腰裹騰。豈獨光

華賁名族，吾門猶待子門興。

送陳耕道二首〔一〕　并序

耕道賢友開朗不羣，受業勤翁之門，翁蓋許其善學，誠身之效，親悦友信矣。至治癸亥，江西憲司掌文簿〔二〕。行既有日，爲賦二首奉贈。

憲府巖巖握紀綱，東西曹務盡才良。行身優入詩書域，游藝爭先翰墨場。佳弟風流還子敬，難兄步武接元方。政須保此垂天翼，九萬扶揺本已張。

洗眼平生得子奇，華峯秋隼不凡姿。百年行遠升高學，跬步臨深履薄詩。原隰不禁霜露感，門閭難忘暮朝期。男兒能了家門事，膂力經營信有之〔三〕。

送段維則

伯蘭仲蕙藹芳聯，季也春風玉樹妍。昭世堂堂公選舉，名家衮衮富才賢。詩書義了五車讀，文采光新累紙傳。老眼增

〔一〕「二首」，底本缺，據李夢生校勘本補。
〔二〕江西憲司掌文簿：「文」，李夢生校勘本作「丈」。
〔三〕膂力經營信有之：「膂」，李夢生校勘本作「旅」。

明有今日，爲歌黄鵠覲方圜〔一〕。

送焦漑臣

一家三世業星經，闗輔人人識姓名。剩有通明傳乃父，不將勤劇讓諸兄。光搖湖水浮春碧，翠點君山對晚晴。此去知君富奇助，歸來吾欲問經行〔二〕。

送高鎮方

熊圃春風長養奇，擾雲秀出歲寒姿。獨提一筆來鄉國，快草萬言供主司。擇士政須先德行，設科況復值明時。修途萬里堅車在，躐險摧剛待駟馳。

送蕭勤齋先生

再遣重華起草廬〔三〕，釣竿未許拂珊瑚。本根事大勞明主，羽翼功深付老儒。殿下有言求見切，山中拜詔遇知殊。太平

〔一〕爲歌黄鵠覲方圜：「覲」，李夢生校勘本作「都」。
〔二〕歸來吾欲問經行：「吾」，李夢生校勘本作「君」。
〔三〕再遣重華起草廬：「重」，李夢生校勘本作「皇」。

萬古危微學，豈獨光華載典謨？

送侯伯正 並序

勵齋先生儒林師表，運使劉公請主解學，故賦以詩，以道别意。

古人精力絕到處，吾子從容追及之。白璧黄琮自然貴，麒麟鳳鳥豈無時？清風一榻詩書友，絳帳三年弟子師。後日解渠談故事〔二〕，客奇都自主人奇。

送王裕之 並序

裕之縣侯秩滿北上。侯昔掾江浙省日，朝廷訪求遺典，侯于福州得夾漈鄭先生通志書板上之，始終凡五年。天子甚加稱歎，于是乎有興文署丞之命。既以親老求補外，得縣於扈，最具能跡，蓋鄉評也。

皇元文治蔚垂休〔三〕，先哲遺書待發幽。祕府能令儲世寶，扆居曾此識風流。三年已策民功最，百里難爲驥足留。人物權衡有公議，九皋况聽鶴聲秋。

〔二〕 後日解渠談故事：「渠」，李夢生校勘本作「梁」。

〔三〕 皇元文治蔚垂休：「元」，李夢生校勘本作「延」。

送李凝仲 並序

凝仲茂異，才幹德美，蔚有父風，今爲富平縣侯，作此贈行，老謬不足爲詩，聊以識吾喜耳。

牛刀不讓武城先，琴奏和于單父弦。宰縣古來難稱職，朝廷今日政求賢。蛇頭蝎尾隄防密，蟬腹龜腸料理偏。謂飢民也。愷悌靈州古君子，生男如此豈非天？

榘庵集卷十四

五言絶句

任元方所藏畫虎行立坐卧四首

颯颯黄茆風，漠漠青林靄。前山時一來，恐有藜藿採。

奮身若欲前，佇視發深省。猛氣雖有餘，焉知無陷穽？

錦衣奪日明，巍然負巖阻。善幻雖妖狐，奔走敢予侮。

擇食一飽餘，當關横突兀。誰哉烈丈夫？怒須敢云觸。

田父暮歸圖

來鋤百畝雲，歸荷一肩月。永念遺安人，清風渺林樾。

七言絕句

方山樵隱圖

方山山下德人居，雲挽霞牽賦遂初。造物會將人料理，萬籤讀遍鄴侯書。佳處溪山信有神，等閒不屬結茆人。拾遺已作金華主，數到君家戶牖春。

許仲孚履齋〔一〕

脚底分明有坦途，枉將骸骨試崎嶇。呂梁千尺能飛度，末說渠儂是丈夫〔二〕。

徐尚書母善行

未饋中堂歲獻衣，女公孤幼得依歸。偏親更盡私門孝，莫說今賢古亦稀。好還天道信分明，有子能賢位列卿。綵袖春風舞眉壽，夫人真足慰平生。

〔一〕許仲孚履齋：「仲」，李夢生校勘本作「中」。

〔二〕末說渠儂是丈夫：「末」，李夢生校勘本作「未」。

送石瑞夫長官

馬蹄春草踏晴芳，又喜東川得望郎。若到金華煩與問，拾遺曾有讀書堂？
士林清譽藹翩翩，匠氏掄材杞梓先。公賦從今不難集，遠民纔識長官賢。

秋原夜寂圖

夜涼吞吐月華清，養得毫光鋒鋭成。炳焕六經垂萬世，留皮豹死愧虚名。

題繡菊兔圖

養成月窟千秋魄，種出霜園九日花。一寸鍼芒有元化，桃花詩裏更宜家。

題張總管歲寒堂

反哺恩深解組時，孝誠一念有天知。髑髏不識西河守，安用身前齧臂兒？

不盡紅塵滾滾忙〔二〕，幾時寸地有清涼？一尊好就東籬約，來吸歸翁晚茚香〔三〕。

行齋

勇義孳孳恐有聞，聖途無愧百年身。山河共説長安好，耳到何如腳到真。

題朱陳嫁娶圖

不教桃李失當年，隨分資裝有幾錢？只願無憂到黄屋，他村誰似兩家賢？錦烘繡錯爛盈門，一例公侯與庶人。草舍柴扉長兒女，不知婚嫁白頭新。

江亭曉望圖

平遠寒林主夏盟，輞川未暇入商評。此圖不使諸公見，可信前賢畏後生。

〔二〕不盡紅塵滾滾忙：「滾滾」，李夢生校勘本作「衮衮」。

〔三〕來吸歸翁晚茚香：「節」，底本缺，據李夢生校勘本補。

竹溪六逸圖

圜嶠方壺未即歸，人間風月暫遊嬉。多情却被舒州杓，留與徂徠賦好詩。

禹門變化圖

人道魚龍變化難，禹門千尺瀉驚湍。桃花過盡春多少，霖雨何當救旱乾。

溪山歸隱圖

結茅擬欲住溪山，青送浮嵐綠逺寒[一]。八九人生不如意，眼明只向畫圖看。

侯伯玉一齋

洛叟丁寧入德途，整齊嚴肅要工夫。長教一寸虛靈在，管此堂堂七尺軀。

[一] 青送浮嵐綠逺寒：「逺」，李夢生校勘本作「遠」。

送趙剛中歸福建二首〔一〕

馬首東風萬里家，北堂萱草玉抽芽〔二〕。阿孾淚後還成笑，怪見燈窗作夜花。

閩江路穩賦歸歟，器業多君發問初〔三〕。況是長沙門下客，治安應熟萬言書。

題雪逕驚風圖

三窟虛營狡獪名，轂中日月自多驚。餘糧棲畝都能幾，誰遣蒼黃雪裏行。

題萬壑松風圖

筇枝瀟洒洞陽仙，日月東西自一天。不著松風連萬壑，遺音誰與和朱弦？

〔一〕 送趙剛中歸福建二首：「二首」，底本缺，據李夢生校勘本補。

〔二〕 北堂萱草玉抽芽：「抽」，李夢生校勘本作「柚」。

〔三〕 器業多君發問初：「問」，李夢生校勘本作「聞」。

送杜良輔大理宣慰同知

芒芒玄土海西東，聖德如天覆幬同。手足人言壯心腹，計深慮遠屬才雄。

踈山閒步圖

東阡南陌無愁歎，暮序朝庠有誦聲。吏牘程寬公事少，踈山聊得抱琴行。

送方推官之江陵

六年州佐玉無瑕，馬首春風路不賒。已聽江陵獄中說，老槐能見有棲鴉。

李白待月圖

眼高四海若無人，豪氣崢嶸筆有神〔二〕。誰是知音可轟飲，仰天坐待轉冰輪〔三〕。

〔二〕 豪氣崢嶸筆有神：「神」，李夢生校勘本作「种」。

〔三〕 仰天坐待轉冰輪：「冰」，李夢生校勘本作「水」。

謫仙待月圖

澄波萬頃檥吾舟，樽酒何人與獻酬。明月神交最知己，飛來清駕不遲留。

吳彥文鐵硯

一硯相傳子與孫，清風三世讀書貧。直教穿破何妨在？政好殷勤遺後人。

送強顯卿吳堡令

澗崗危路渺翩翩，羸馬風霜堡令賢。王事有程誰敢後，白雲長在淚痕邊。
浩浩黃流帶在胠，十年無吏治文書。令君不幸居民幸，勞苦飢寒撫養初。
玉泉冰潔照西臺，盡道卿非百里才。治本清朝先郡縣，山公啓事莫多猜。
塵窗老硯信摧藏，誤愛如兄愧莫當。細數花陰多半別，又將消息問諸郎。

蓋彥澤孝義三首

元功季業兩難方，一賦猶爭日月光。衮衮醫林竟誰氏，傳家三世有名郎。

兩親蓬顆委他阡，肯爲宗盟費一錢。泉土永安千歲骨，人生惟有子孫賢。
先後霖霪窆日晴，天心應識孝心誠。一朝偶爾容渠説，還見休徵辨兩京。

贈卜者順理齋

父母乾坤受此形，存吾順事沒吾寧。嬌言擅説雖奇偉，有耳平生不敢聽。
來今往古世何窮，衮衮形骸萬變中。不有主張誰辨此，須知得處本無凶。

克紹齋

翩翩令德藹前聞，詩禮傳家子又孫。看取良苗費鋤治，不容他草穢芳根。

李鵬舉抱拙齋

萬古斯文仰日星，回愚參魯聖師評。無窮流惡人間世，盡是當年弄巧成。
功力兼全萬世師，後來孟氏獨能知。不思不勉從容妙，自有生民孰盛之？

題三友圖

高材直節真男子，玉色敷腴古德人。英秀所鍾均動植，眼明快見畫圖新。

題羣蟻分蝶圖

朝從蕙徑暮芳欄，若個光陰把玩難。一枕漆園無籍在，爭教惡夢到槐安。

題小圃秋容圖

老芥著花兼紫白，甘瓜垂蔓間青黄。登盤莫作熊魚想，此味齊民不可忘。

敬義齋

天君無物重虚靈，正路平平不窘行。尚父丹書凜然在，爲君大字作齋銘。

浩然南歸圖

前日襄陽孟浩然，灞陵風雪裊吟鞭。而今書劍南歸日，依舊飛花落絮天。

清溪暮歸

人家渾在半山中，垣屋雲林隔幾重。朝去暮來溪路熟，聯翩後跡踏前蹤。

少陵醉歸圖

烏帽斜欹兩鬢絲，相將驥子與熊兒。致君堯舜平生事，驢背誰知醉後思？

題風雨迴舟圖

乘興來時天似水，惱人歸去雨和風。百年行止真難料，一日陰晴尚不同。

牛挽水車圖

初解耕縻汗喘長，却來挽轉水車忙。西風穲稏三千頃，背上吳兒且莫狂。

王氏家譜

祖字親名已失傳，服猶緦免更茫然。尋源索本能如此，王氏從來有後賢。

羊舌先生木訥齋書

玄天無臭亦無聲，百物自生時自行。一寸心田有人種，功無穮蓘不秋成。
一元萬古貫無垠，惟有先生解力存。回也如愚參也魯，短喪予也號能言。

貧樂齋

陋巷顏回求志日，舞雩曾點詠歸時。溫泉寒暑四時事，造物何心乃我私。

資深亭二首

物華天寶寫沖融，妙意都歸觸目中。山叟溪翁問無恙，一樽時與酌春風。

揚州騎鶴更腰金，費盡人生幾許心。不到歸翁舒嘯地，那知春雨一犁深。

題趙翁樂壽亭

雲闔煙開萬景新，乾坤留我一亭春。傍人便道神仙是，只恐先生意小嗔。

戲嬰圖

畫屏開處午堂閒，盡看兒嬉博笑歡〔一〕。辛苦蓬窗窗下女，一梭寒雨夜將闌。

題春晴戲鷹圖

沙禽容與媚春晴，煙暖波平不自勝。吻血爪毛誰汝惜，馬前爭看解縧鷹。

〔一〕 盡看兒嬉博笑歡：「看」，李夢生校勘本作「着」。

幾善堂

性天萬世有希夷，一脈清初事却危。日用工夫敢輕議，火然泉達政斯時。

安善堂

求仁索義力孜孜，去盡吾心有爲私。脚底一條平直路，出門無日不由斯。

秋江待渡圖四首

船去船來幾渡秋，夕陽還見立沙頭。搖青蕩翠山如許，不作浮生半日留。

白浪浮天正渺瀰，船頭未轉欲何之？無情老雁西風底，又到沙頭佇立時。

錦面秋光萬里開[一]，片帆吾欲訪天台。篙師大似知人意，撥轉船頭急急來。

遠水長天一色秋，微茫草樹點煙洲。岸南岸北何時了？十箇行人九白頭。

〔一〕錦面秋光萬里開：「錦」，李夢生校勘本作「鏡」。

汾陽王蕃錫圖

畫筆殊恩一一精，太師真足慰平生。圖成九錫非無策，遺臭流芳可自評。

周曾捕魚圖

擬掣鯤鯨碧海中，阿任辨作可憐翁〔一〕。寸鱗尺尾能吾醉，一棹且乘前浦風〔二〕。

千里秋晴圖

人煙陸送川迎裏，樓閣霞紅靄翠間。灑落江山一千里，太平風景會追還。
千家山郭靜朝暉，來看無聲子美詩。李范有靈應絕倒，名家付與後來期。

〔一〕阿任辨作可憐翁：「辨」，李夢生校勘本作「辦」。
〔二〕一棹且乘前浦風：「乘」，李夢生校勘本作「秉」。

陳正叔西溪

山川何處無形勝，人傑方知有地靈。從此西溪與盤谷，太行千里獨青青。

思誠齋

萬世無愆斡化機，理非至寶詎能斯。聖門極效論參贊，須信工夫始不欺。
千載思輿授受心，一堂參倚信功深。薫然内外交孚地，妙用何嘗間古今。

錢舜舉畫梅

風月長憐限南北，玉梅不識夢中花。吳興有筆開江路，也到西湖處士家。

徐承旨寄李絅齋梅花圖

江東渭北兩詩仙，玉笑瓊談幾隔年。不遺西湖風月使，相思誰爲寫悁悁？
餘花顔色淺深間，月魄風魂摸索難。宣仲十年心獨苦，西湖絕景要人看。

淵明歸來圖

累葉高勳翼晉朝，身爲臣子敢辭勞？眼中九鼎誰扛去，一曲歸來擬楚騷。
夷叔而來有此翁，偶因圖畫見英雄。都將黄菊青松事，辦作乾坤底柱功。
天地無心浩浩初，歸來容膝有琴書。南山秋色人千載，髣髴摳衣問起居。

得雷季正書因成四絶

三年兀兀夢中身，粉首刳心痛未真。時有清談賴相慰，更堪去作玉京春。
雲錦華星落九天，開緘一讀轉凄然。羣疑滿腹無從釋，握手如何尚未緣。
故人咫尺雲天望，猥我煎熬兒女情。眼底一饑曾不療，敢言有策濟羣生。
兩眼昏花疾勢深，看朱成碧苦難禁。無端强借漚風便，淡墨斜行寄此心。

性善堂

太極分明造化根，人人靈府種深渾。聰明不是顔曾獨，自謂顔曾有力存。
聖門孟氏有深功，兩字光明日月同。不用茫茫尋下手，熊魚但味七篇中。

許由擲瓢圖

歲時伏臘不難謀，里接鄰逢笑語稠。頭上堯雲一千尺，無煩箕潁爲相留。
洗得先生兩耳醒，又隨東下一瓢傾。無窮人世無窮事，不辨當年潁水清。

病中有懷

紫芝眉宇臥龍才，霽月光風絕點埃。死恨不能趨席末。胸中茅塞幾時開。
頽然一室坐經旬，俯仰呻吟憶故人。應爲塵機紛擾擾，德音何事久湮淪？

送孫忠符教授犖昌

聖學重開日月明，弦歌是處魯諸生。釣臺一脈春泉碧，流作吳山山下聲。

送張教授

孟氏云亡學失真，詩書不暇善斯人。清風一榻槐陰裏，擬聽師生誦說新。

送程堯章教授

十年講學仲舒帷，潁水雍容喜得師。但使後生知俎豆，不爲無補聖明時。

送晏教授

一官休嘆廣文寒，學行如君古亦難。後日清風見鄒魯，諸生衮衮進賢冠。

送張教授

蜀州自昔富人言〔二〕，又向談間得子淵。儘有鳳雛松桂裏，羽毛五色待翩翩。

送馮抱甕之平江教授

山翁汲水抱圓缸，澆得東籬菜甲香。自喜一年生事了，看他鄰屋桔槔忙。

〔二〕蜀州自昔富人言：「言」，李夢生校勘本作「賢」。

瑞光

瑞光千丈日生東，萬象毫芒在眼中。一點空花生外翳，坐令五色眩青紅。

題陳參政止善堂

事業人生有聖賢，半塗未敢謂車堅。滄洲不發十年秘，闕里空留入德篇。

題郭氏修德堂

服膺勿失顏公善，任重要務曾子仁。往宙不同同此字[一]，寸田自有發生春。

益恭堂

聖德如堯録允恭，吝驕可使鄙周公。名堂疏義無嫌贅，好在臨深履薄中。

[一] 往宙不同同此字：「字」，李夢生校勘本作「宇」。

稽中堂

妙理權衡日用間，吾人何受受之天。洗開膠膝盤中眼，一點神光觸處圓。

明德堂

天爵人人貴自如，裂冠毁冕獨何愚？九原可作知言叟，共對春風詠舞雩。

肖德堂

每恨髯超後郄翁，賈門何慶有兒充。青青肖德堂前草，纔識春暉長養功。

卜者王雪舟

擾擾人生混兩儀，縱横岐路競奔馳。雪舟有夢清如許，爲有前途指險夷。

又贈卜者

化機萬變事難知，但愧行身昨日非。有智如君等蓍蔡，淵冰能我到全歸。

麥浪

滿川雲綠瀉油油，勢逐南薰浩欲流。苦海迴頭成陸海，濟人從此不須舟。

把氏公論墨跡

寶匣聲閒綠綺琴，沙中誰遺拾零金。無窮日月隨流水，只有壎箎一寸心。

山谷羅米真跡

元祐風流不可還，森森遺跡遍人間。平生談笑奇憂夢，何似親瞻令尹顔。

讀狄梁公傳

陽德猶虞入諫難，更堪乳虎卧天關。區區口舌爭唐祚，不是精忠豈得還？狼虎猶全父子仁，如何私欲滅天倫？千秋廟食無姑鬼，能悟君心有此臣。

智參政化盜傳

屋茅抱去口呼乾，白璧完歸可是難。人道偷兒心已死，先生元有返魂丹。

孫登長嘯圖

山入蘇門幾許深，時時聞有鳳凰音。粗疎可惜嵇中散，不領先生學易心。

榘庵集卷十五

七言絶句

贈劉仲深 並序

仲深劉君讀書孝友，兄弟競爽，觀勵齋先生贈言，可以得其爲人矣。勉賦小詩二章，續貂其後。

蘭兄桂弟藹鄉鄰，仲也誾誾玉更溫。爲孝爲忠初不異，須君高築里中門。

蜀山形勝馬蹄間，眉宇崢嶸照雪寒。若遇浣花溪上路，草堂何似試尋看。

贈張瑞之行義

堯舜人人信可爲，圭璋自碎不渠知。太平幸見時雍俗，起本張卿舉德詩。

祖券持來責負金，倒囊何計歲年深。有孫不識翁翁面，祇恐難明地下心。

贈曲端父義行

見義勇爲能萬一，無心責報更何人？皇天老眼分明在，有子人言進德新。

驟雨

雲如潑墨湧山前，急電奔雷去復還。擬看傾江洗煩暑，夕陽影裏雨斑斑。

獲麟圖

靈物天開瑞聖符，手中有筆紹唐虞。九原若對桓文説，淚更多於反袂圖。

詠左傳鉏麑觸槐

好惡人心有至公，情波一潰滅天衷。君看此士何爲者？義魄仁魂尚鬼雄。

雲巖

白雲解作此山春，時卷時舒也自珍。雨翠晴嵐一千里，知君不負百年身。

過潼關

馬蹄今日出潼關，一發終南是故山。天意若爲衰老計，明年應許得西還。

題二鼠圖

只知山果盡羣猿，鼠輩如何亦肆餐。饕餮貪婪幾時足？貧家一飽欲謀難。

夷齊首陽圖

畫裏依然見首陽，至今薇蕨滿山香。馬前不有磻溪老，西伯幾爲後世王。

赤壁圖

嘯歌容與月明舟，從此江山不姓劉。天下英雄果誰是？鄴雲無地可藴羞。

題桓伊三弄圖

老竹柯亭截玉堅，鳳凰聲徹九霄寒。使君慷慨不凡處，且就清溪約略看。

華陰驛夜别王君冕

處處離傷可奈何？明朝不是舊山河。長明燈裏三更話，别到商州淚更多。

瞽者青秤

福極陰持賞罰權，雜施善惡自何年？九疇得敍彝倫日，未省低昂有此偏。

善惡分明是兩岐，福從何作禍何爲？浮雲萬變無窮裏，好爲吾人語所之。

雙虎圖

老木清溪萬石根，兩雄文錦射朝暾。爪牙如此那休得？瑣瑣狐狸不足吞。

益齋

損己益人方是益，損人益己損還多。語君細翫皇羲畫，去盡私心養太和。

麥隴眠雲圖

玉杵玄霜夢已闌，褐衣不是雪衣斑。南薰浪卷東皐綠，且得棲身畎畝間。

趙醫省齋

今古高高厚厚間，人生皆可到曾顔。搯須解痛抓須癢，血肉原非木石頑。
倉華奇人奮士林，姓名飛入九重深。黄金須買無瑕玉，仰止高齋扁榜心。

河東韋先生省齋

雨腳前途阻且修，直須一步一迴頭。聖狂絕去同霄壤，分處還從一念不？

明皇友愛圖

華萼樓前春日遲，天恭天愛發舒時。風流只有開元盛，小雅誰歌棠棣詩？

宋駙馬都尉李瑋竹石圖

老竹霜餘抱節奇，新篁抽兩葉離離〔一〕。湖山佳致天留在，說與高人勝士知。

明皇吹簫圖

玉榻薰風晝漏遲，鳳簫一曲試拈吹。神心等是無爲樂，得似虞弦解愠時。

〔一〕新篁抽兩葉離離：「兩」，李夢生校勘本作「雨」。

秋巖

南山秋色兩嵯峨，人勝能留境勝多。朝暮雲霞是知己，飛來窗戶共婆娑。

曾畫史

朗澈神襟萬斛冰，筆端造化賦羣形。幾時摹我廬山本，六子風流仰日星。

題山水圖

畫筆森森有典型，斯文老學入題評。傳家故物能留在，子敬青氊浪得名。

水色山光日日新，一庵老我太平身。百年此分誰真有？容易休看畫裏人〔一〕。

古木寒泉圖

老栢輪囷閱世奇，冷泉一脈漱雲遲。我來笑拂蒼苔石，琴以淵明歸去辭。

〔一〕 容易休看畫裏人：「裏」，李夢生校勘本作「中」。

題晴江疊嶂圖

雲屏煙練霽光飛，翠影紅霞目一圍。開卷令人發深省，埋頭塵土是耶非？

山堂讀書圖

翠騰紫鶩朝昏裏，煙吐雲吞俯仰間。一榻松風對賢聖，判知無意到塵寰。

題李壽卿畫山水

幾家籬落枕江濆，江水澄澄日欲薰。人倚危欄娱景晚，眼隨歸棹没孤雲。
一榻塵埃兩膝穿，眼明快此覩江天。鬼工有識應嗔道，漏泄詩家句外禪。

題徽宗畫竹枝雙雀

樂意相關鳥語多，春風奈此竹枝何？紇干山遠終飛去，生處無人説與他。

題錢舜舉畫杏花金翅

遺山老子關情處，爭醉西園十日紅。酷是吳興有才思，不教春事惜匆匆[一]。

題趙子昂畫梅鶴

歲晚愔愔一室幽，玉壺冰雪洗窮愁。故應老鶴如人意，也爲清香盡日留。

煮茶

一甌春雪浪花深，慣戲龍髯聽午吟。欲火不攻今夕夢，十分助我歲寒心。

淵明小像

精衛虛勞塞海平，人間何事更關情？東籬不着黃花友，濁酒逢誰可一傾？

[一] 不教春事惜匆匆：「匆匆」，李夢生校勘本作「忽忽」。

寶繪堂

山色蘢葱接海隅，波光一碧浸東吳。若教寶繪堂中有，不作煙江疊嶂圖。

程女去後因成六絶

庭樹連朝鵲喜頻，歸寧消息十分真。團圞笑語能多少，留我春愁日日新。
別去匆匆拜我前〔一〕，老懷無語轉淒然。豈知南陌東阡日，翻作浮涇泛渭年。
大女移居不遂初，誰令汝亦去先廬。歲時只有三娘在，里數猶爲二十餘。
貧裏尤傷父子情，苦無尺寸佐勞生。孰知得罪皆由我，連坐猶當有重輕。
衰病相仍一世鰥，苟留殘喘在人間。公私無補毫分力，俯仰唯多有厚顔。
汝母云亡已八年，眼中風物尚依然。蕭蕭隻影寒窗底，誰遣歸程奪我先。

〔一〕 別去匆匆拜我前：「匆匆」，李夢生校勘本作「忽忽」。

寄女嚴三首

鸛崖魚窟路間關，旬月無由一往還。寒食歸寧見鄰女，舉家迴首望西山。鸛崖魚窟在內鄉往盧氏道中〔一〕。

添丁學語巧於弦，詩句無人爲口傳。竹馬幾時迎阿姊，五更教誦木蘭篇。

眼前兒女最關情，不見經年百感并。聞道全家解禪理，擬從香火問無生。

送張公輔提學

翩翩行李雁頭雲，泮水清風姓字新。堂上應占烏鵲喜，綵衣下拜有餘春。

曾孫硯郎百晬〔二〕

雙瞳剪水照衰翁，天許曾孫晬日逢。世世傳家惟一硯，春雲要見墨花濃〔三〕。

〔一〕鸛崖魚窟在內鄉往盧氏道中：「在」，李夢生校勘本作「莊」。
〔二〕曾孫硯郎百晬：「晬」，李夢生校勘本作「晬」。
〔三〕春雲要見墨花濃：「濃」，李夢生校勘本作「穠」。

敏政堂

枹鼓稀鳴百里間，强能知畏弱知歡。一堂後日人應說，未省從前有此安。

藍田韓尹存樂堂

黄髮雙親白髮兒，萬金一刻惜春時。清風百里弦歌地，儘有歌謠勸壽巵〔二〕。

樂佑堂

千丈春暉寸草心，恩光沐浴海波深。烹龍炮鳳玉爲酒，此日此生難重尋。

求放心堂

華構深扃百貨儲，主人終歲事馳驅。壞牆破戶羣偷入，活計歸來似昔無。

〔二〕 儘有歌謠勸壽巵：「歌」，李夢生校勘本作「歡」。

送王季恒豳州學正

鄉曲他時有令譽，校官此日得文儒。春風絳帳新平郡，童子人人仰範模。

西溪亭

獨占州中八景三，天施地設豈吾貪？一杯試酌東川水，不似西溪味最甘。

題孤秀軒〔一〕

尚想仙翁手植初，龍髯瑟瑟嘯霜腴。凌雲有筆同千尺，我道長春秀不孤。

六駝圖

兩駝齕草一駝鳴，𡽱嵬三駝臥不驚。沙水茫茫雲萬里，畫圖留在看昇平。

〔一〕題孤秀軒：「軒」，底本缺，據李夢生校勘本補。

題張總管歲寒堂

慈親婉婉千年秀，孝德溫溫四氣春。十萬城中纔有此，天教人識歲寒人。

康節婦

從一而終矢靡它，南山高節兩嵯峨。千年彤史流芳在，黄鵠纔聞第二歌。

劉氏母貞節

壽母康年八十餘〔一〕，凜然高節慰鄉閭。青袍更比斑衣好，眼底孤兒玉不如。

題桂軒

宛宛龍姿雨露新，小軒盡對四時春。誰濡胸次無塵筆，畫作西湖處士鄰。

〔一〕 壽母康年八十餘：「年」，李夢生校勘本作「寧」。

陳憲副家藏女史箴圖

人欲横流不可當，左圖右史費周防。閨門若有深長慮，合自能言教此章。
俯首榮名賊后朝，區區補闕亦徒勞。一箴似勸屠兒佛，歎息韋忠着眼高。

虎溪圖

八表先期汗漫遊，超超老鶴翅輪秋。九屏一息須臾爾，枉著區區物色求。

夾竹桃花

粉萼相含絳袂鮮，西風嬌淺不勝妍。武陵溪畔三生夢，清景蕭蕭亦可憐。

宋伯明致愛亭

先生一卧白雲深。魂魄猶應戀故林。不爲生兒得能孝，如何還足愛山心。

題韓尚書家藏米元章帖

當年集古入毫芒，誦頡而來孰短長？妙處都從苦心得，若爲口快說公狂。

郭先生集義齋

心無愧怍氣方充，要就斯時驗我躬。千萬人前見曾子，始知天下有英雄。

壽張詳議八十

斯德斯年福已奇，兄先弟後古今誰？椿津致位能臺鼎，史策終慙壽域碑。

煙江罷釣圖二首

勇退曾明筮仕初，踐言端的似君無。鏡機先識歸翁意，爲寫煙江罷釣圖。
落日澄江萬里秋，翩然一葉下吾舟[二]。玄真自解知時節，不爲多魚到絕鈎。

〔二〕翩然一葉下吾舟：「舟」，李夢生校勘本作「州」。

東陵

東陵自是神仙宅，壯觀斯樓在一湖。我欲憑闌問消息，回翁還肯再來無？

月明歸棹

衝煙去即比鄰共，載月歸時老稚迎。魚少水多生事了，一溪清碧有誰爭？

煙江歸棹圖

空濛林屋鎖煙扉，一棹春風興盡歸。安得從渠買鄰住，朝來暮往共晴暉。

竹塢鳴琴圖

膝上絲桐几上書，道人本自愛吾廬。青青種滿牆東竹，白鶴時來問起居。

趙氏先訓

頃刻無忘祖父言，袖中拈出見能傳。趙家世有賢孫子，滾滾方來福若川。

題郭節婦

信學閨門久失傳，幾人無愧蓋棺年。兩髦忽聽朱弦奏，合作房中雅樂先。

劉周卿夫婦孝節

玉色春容髣髴前，誰令吾學失參騫。手中一信同生死，重嘆先生有婦賢。

鞏氏貞節

夏侯令女全仁義，宇宙無窮有此人。燕雀豈知鴻鵠志？固應甘作草頭塵。

席氏遺訓

累牘翩翩筆不勞，丁寧行已付兒曹。泠然月白風清夜，誰有先生一着高？

李氏遺訓

湫潤含芳幅紙間，風流何幸接先賢？區區辨作兒孫計，誰有籯金四海傳。

寧縣尹並頭蓮

令君餘日寄拳挲，手種芙蓉艷綠波。不用甘棠説遺愛，江妃聯袂聽弦歌。

讀姚録事送行詩

閭閻不識催科擾，犴獄無聲捶楚冤。萬户春風有今日，鄉賢端的是知言。

偶書

兩腳侯門實畏登，一人誤愛十人憎。何如堅坐林間石，樵牧時時接話能。

馬圖

古人學問無遺力，名姓方爲後世傳。兩馬不緣留絕藝，久知一炬逐飛煙。
地上爲龍亦自奇，德稱信是出羣姿。食芳飲潔長年裏，主意殷勤知不知？
嬌嬌雲間八尺龍，誰留神駿筆花中。控銜不入金鞭用，已覺長驅萬里風。

内馬圖

天駟流光孕此奇，玉花如印尾如絲。已空十二閑中選，更看朝燕暮越時。

張長史家藏古笏

十字依然拜貺初，歲華苒苒易云徂。細旃廣廈平生地，尚記從容一語無？

哭雷孝述

一死休爲短世悲，直從初度到期頤。錦囊留得歌詩在，李氏於今尚有兒。

棣華堂

不負堂堂萬卷書，玉昆金友藹怡愉。化行可配時雍俗，莫作尋常見畫圖。

晚翠亭

橫嶺側峯常日晚，紛紅駭綠四時春。銅匜一炷悠然處，剩覺乾坤不負人。

韓氏瑞芝堂

貞潔堂前日月遲，壽帷依舊掩春怡。玄州暫赴麻姑約，來與兒孫種瑞芝。

程總管瑞桃

仙果何年得此株？老親歲歲壽驩虞。翰林有筆能模寫，便是君家瑞應圖。

蘭

猗猗綺石託芳根，一種幽香别是春。雲鎖霞扃藏不得，賞音隨世有靈均。

蠅拂

纚纚銀縷細梳風，烏几蕭然伴此翁。長恨青蠅驅不了，煩君一掃笑談中。

遺安老人家庭海棠

寄傲軒中一樹芳，風流十倍錦官粧。紅雲滿吸玻瓈酒，不用花香有德香。
天生尤物足移人，況是遺安庭户春。酒面紅雲搖不定，德香薰染夜來新。

五老堂

冠帔簪紳五老人，無窮宇宙一堂春。須臾起滅空蚊蚋，驚見鸞祥鶴瑞新。

壽王惠迪

出語兒時便老成，王家子弟不須驚。如今政要佳眠食，九萬雲鵬第一程。
甑山三載不窺園，門下清修得鮑宣。婦似少君真不惡，知人誰有此翁賢？
舊家情好不磷緇，風靡波隨又一奇。摘得梅花艷芳酒，歲寒心事有深期。

壽母卷

侍宴歸來北斗城，瑶池風路渺秋清。笑從方朔先生問，人世蟠桃也種成。

壽婿程仲允

賦予人生莫負天，寸陰好爲惜華年。兩翁伊洛堂堂業，後世能無嗣續賢？
長記當年生汝時，先君元有歲寒期。春風玉骨看如此，善繼不忘外祖詩。

壽妻弟朱彦守

久辱門闌照映中，隱然眉睫見尊公。傳家百畝蕙田好，子子孫孫用不窮。

筦庫區區暫屈君，在官恰勝在家勤。轅駒有足能千里[一]，直遇孫陽見不羣。

風骨巖巖洗露清，方瞳炯炯日爭明。絳人甲子何須問，五月元從嚮福生。

送蕭九萬

後凋松栢歲寒知，華衮誰能到聖師？鳳翼鸞枝可深惜，矗雲千尺看他時。

送趙信臣

兩年筆硯誤相從，淺陋殊無指引功。我與曾顔均覆載，莫教辜負百年中。

[一] 轅駒有足能千里：「駒」，李夢生校勘本作「車」。

送李周臣

生世榮名錫以人，靈犀一點識吾真。修途辨取追前轍〔二〕，顔孟如何便絶塵。

送陳嘉會

但使胸中貯古今，朱顔無用覓知音〔三〕。盡歡菽水晨昏事，一寸光陰一寸金。

送劉生

葱蘢草樹四翁山，青佩横經杳靄間。沂水春風一千古，擬從此地見追還。

送盧景芳四首

桂笋蘭芽種自香，更教言語妙君房。如今人物權衡地，不負尊公萬卷藏。

〔二〕 修途辨取追前轍：「辨」，李夢生校勘本作「辦」。

〔三〕 朱顔無用覓知音：「顔」，李夢生校勘本作「弦」。

離筵相對更情深，如子何憂不帶金。過眼浮雲無定態，慇懃留在短檠心。

衡嶽當年紀勝遊，朱張名跡故應留。憑君爲向山林問〔二〕，曾有人賢似此不？

桂笋蘭芽好弟昆，聯飛侍下樂昏晨。願公福壽如金石，散作家家父子春。

送焦溉臣易良州同知二首

聖世幅員自古無，海東直到海西隅。恩波儘是涵濡地，良吏經營正所須。

能仕如君信不疑，遠人今有樂生期。單車九折邛郲路，記取王尊叱馭時。

送焦天民

安飽吾身不暇圖〔三〕，早知嗜學有君如。崔嵬九仞何難事？看取而今一簣初。

送楊無妄二首

書社相從愛子賢，四更風雪短檠邊。苦心如此那休得，餘事猶當富五千。

〔二〕憑君爲向山林問：「林」，李夢生校勘本作「靈」。

〔三〕安飽吾身不暇圖：「圖」，李夢生校勘本作「謀」。

本根培養力須深，羣聖相傳只一心。馬健車良有今日，修途萬里看駸駸。
渭城煙柳葉飛黄，始信離歌解斷腸。兩字祝君須強飯，鬢毛容易又新霜。

送韓德卿

聲華靄靄集儒林，信有青雲一諾金。自是男兒少勤苦，百年行路不崎嶔。

送紀伯剛

卷中三復送行詩，忠孝爲心福爲基。雲表長材一千尺，便從拱把識瑰奇。

送程子達昆季

松櫝芊芊返故園，子平心事欲何言？鶺鴒原上孤生草，看到春風緑更繁。

次勤齋韻 並序

訪程悦古先生迴，夜濟涇河，大風雨，岸危不可上，遂宿舟中，戰慄之甚。勤齋公有詩，因次韻。

昏黑催人到渡頭，破船風雨壓驚流。路危莫上南來岸，蔽置舟中委纜浮。

憂來無語但垂頭，何意殘年罪入流。鼻息齁齁似雷轉，先生真與道沈浮。

挽蕭勤齋先生

南山龍去忽雲拏，榮潤誰生草木花。陰鬼陽神君不見，風情雨緒亂如麻。

詩餘

鵲橋仙　韋國器約賞梨花

鶯鶯燕燕，蜂蜂蝶蝶，酒債幾時還徹。韋郎又約醉梨花，對一對〔一〕、玲瓏香雪。　盈盈脈脈，翻翻折折，小雨朝來乍歇。一年最是好光陰，算只有、清明三月。

前調

香飛玉屑，光凝粉蝶，不比精神瑩徹。春風一樹倚東欄，還稱道、仙肌勝雪。　憑誰與說，容吾揀折，老區情緣未歇。

〔一〕　對一對：後一個「對」，李夢生校勘本作「樹」。

觥船一棹百分空，直喫到、花梢有月。

臨江仙　壽寶長卿

我友西溪上老耽，□書未省華顛〔二〕。春工醞釀一家天。花欄紅日染，柳岸綠風牽。有子有孫蘭映玉，可人不墜青氊。吟詩酌酒過年年。幅巾藜杖子，好個隱神仙〔三〕。

〔二〕□書未省華顛：「□」，底本缺，據李夢生校勘本補。
〔三〕好箇隱神仙：「好」，底本缺，據李夢生校勘本補。

榘庵集附録[一]

元故奉議大夫太子左贊善榘庵先生同公行狀

先生諱恕，字寬甫，姓同氏。系出晉大夫伯子同氏之後，遠祖居太原文水，世業儒。五世祖仕關中，遂家奉元。高祖清，貌魁偉，性忠孝，宋季以年逾八十，賜爵進義校尉。曾祖安善，讀書不仕。祖昇，孝行冠鄉里，宗族二百餘口，異世同居，庭無間言，顔其堂曰「孝友」，賢士大夫讚詠成軸。以先生貴，贈中順大夫、禮部侍郎、上騎都尉，追封京兆郡伯。考繼先，博極經史，潛心理學，詩文有法。金末避兵關東，李翰林庭訓奇其年少不凡，妻之以女。中統間，平章廉公希憲、參知政事左山商公挺宣撫陝右，辟京兆路交鈔庫使，號玉山老人，有玉山集，贈亞中大夫、集賢直學士、輕車都尉，追封京兆郡侯。妣張氏，溫柔淑惠，閨門雍肅，追封京兆郡夫人。

先生風度凝遠，總角如成人。從頤齋先生張彦明學，日記數千言，終不遺忘。同舍生秀拔者十餘輩，先生最幼。攻書義。學校提舉五峯張器玉、珠江李彦通二先生以「與人不求備，檢身若不及」爲題試諸生。考及先生卷，五峯先生批云：「義理詳明，文辭瀏亮，宜爲此會之魁。」時年十三，咸稱遠器，而同學者亦以爲弗如也。自是德進業修，聲譽日著。年未三十，辟禮部吏，不就。至元三十一年，咸寧王野仙公平章陝西行省事，以編纂世祖實録，辟爲掾。事畢辭退，隱居教授，不求人知。行省行臺交薦其賢，不啻百草。至大四年，仁皇御極，大徵天下耆德，以儒林郎、國子司業聘，使三至，不起。延祐改

〔一〕榘庵集附録：「榘庵集」，底本無，爲校者所加，以區別於其他「附録」。

元，奉旨領教魯齋書院，規矩載新，學校增重。時詔天下，設經明行修科以取士，偕勤齋先生蕭貞敏公㪷考試秋闈。三年秋，又爲考試官。前後取士，人服其公。六年，英宗在儲貳，重簡師傅，徵爲太子左贊善、官奉議大夫。既見春宫，慰問賜酒，已乃上書云云。又與賓客伯都、劉賡等共陳裨贊五事。仁皇賓天，以疾辭歸。致和元年六月，除集賢侍讀學士，使者奉中書平章趙公世延書，集賢直學士貢奎啓爲申朝廷意，重望其起，以年高致仕。

先生温粹安静，小心畏慎，非禮不動。於世味澹，無所好。非其道，一介弗取。義所當與，雖在窘迫，無絲髮吝。性整潔，雖衣布素，未嘗染纖垢，大暑亦不去冠帶。讀書端坐敬對，或埋有未得，終夜以思。事有未知，旁稽所自，必融通而後已。軌轍程朱，履真踐實，不爲浮靡習。

事親定省温清[一]，服用旨甘，分所得爲者，竭力盡誠，得其歡心。母夫人張早卒，事異母婁如所生，及卒哀戚，葬具與先夫人等。年二十七，遭父喪，一遵禮制而毁過焉，目因成疾。祀事齋戒精潔，致愛致慤，儼如神在，嘗曰：「養生有不備，事猶可復；奉先一有不誠，是無神也，罪可逃哉？」或疾故，不能親與，異日必申敬載拜以告。世父三教都提舉順安先生紹先疾革，會宗族遺屬舊塋在青家社，距城不五六里，慮後有城郭溝池之患，勢必當遷葬，父須以昭穆[二]。及考玉山先生卒，迺以遷塋事謀之諸父兄，率陳利害，或出怒言以沮之，從者蓋一二，竟以哀懇感而見允，改卜今咸寧縣洪固鄉三趙村之北，如順安先生命葬焉。族之人不畀市塋之直者，先生代償之。至是沮者見其土深禮具，悔諭族衆曰：「今而後知小五真孝子，汝輩當效之。」小五，先生之行第也。

異母婁生二女，姊適伊川程先生六世孫彦謙，先生敬之如母，與之語，未嘗敢坐。蚤卒。後數年，彦謙亦卒，惟遺一甥恭，先生憐其孤而賢其才，以女妻之。妹適同議京畿宣撫事松谿老人楊瑰子臨潼縣主簿順正，寡而無子，且失明，有宅一

[一] 事親定省温清：「清」，李夢生校勘本作「凊」。
[二] 父須以昭穆：「父」，李夢生校勘本作「次」。

區，俾歸主簿之猶子，迎養於家，殆二十年而卒，備禮合葬，祀其主至於今。族孫菑卒，穿壙塋中，得古石槨，雕琢工緻，其子行遷其骸，取其椁以葬其父，先生聞之愕曰：「昔之葬者亦猶汝葬其親，以圖安於永久也。今而奪之，心其忍乎？」亟命還其骸，斂以衾褥，窆椁元所，仍割牲爲文以祭之。

御子弟僮僕曲盡恩義，有過則導以善言，終無怒詈，而子弟僮僕各盡其分，畏而愛之。先生取與由義，里人有借騾而死者，償其直，不受，曰：「在家亦死，此物數也。」在京師館衛率府，見役卒鄭行易者，容止異常，召與語，果嘗讀書業醫，貧老無子孫，服役於此。先生憫而白於府，俾免其役，而隸醫籍焉。

先生家無儋石之儲，叢書幾萬卷，手不停披，怡然自適。詩文不苟於作，詩喜陸放翁，而文慕周益公，扁所居爲「榘庵」，又號其軒曰「日鑑」，期以自警。日以篤信好學，守死善道爲事。嘗誦古人「與其有求於人，何若無欲於己；與其使人可賤，不若以賤自安」之言，曰：「此先得我心之所同然者。」書警座右，且示子孫。其子穀學富有幹才，克承其志，素以先生前日之養玉山老人者養先生，率諸孫白首侍側，隨所意欲，且以盡歡。一堂之中，愉愉熙熙，不知夫貧窶之在身，珪組之可貴也。

接人則誠敬交盡，雍容謙抑，無所勉強，見之者如坐春風，飲醇酒，憮然心悅而誠服。貞敏公居南山下，德業爲四方所仰，與先生友善尤篤。入城府，必主先生家，士論所歸，以「蕭同」並稱。自赴詔而還，優游家居者十有三年，不妄出入。四方達官士夫素聞先生之名，過關中者必請見，一覿容儀而接道德之論，皆自以爲足願也。

先生教人，隨其才而高下，誘掖激勵，俾各盡其所欲學。有所未通，則曲爲開導，使皆有以得其趨向之正。有疑問，答之必盡其詳。嗜學而貧者，辭其束脩之禮。始終游先生之門者，竟以千數。服教感德，往往有如父子者。其成德達才，推於時用於世者，亦往往有焉。鄉里稱先生而不姓，皆知其爲榘庵，一若昔人之稱安定先生者。

至順二年二月二十一日，以疾終於羣賢坊寢第[二]，壽七十有八，有文集若干卷藏於家。將終，遺命子孫曰：「死生亦常事，喪具當稱有無，不可徒事觀美。汝等各務修省，以繼世業，無爲祖宗辱。」卒之日，識者無不弔，弔者無不慟。不識者無不驚怛而傷悼也。娶朱氏，京兆路同知搏霄之孫、講議官炳之女。慈惠恭順，言動有法，躬勤織績，佐先生禮事二親，於窮約中克執婦道，内外姻親皆法其賢，延祐六年七月二十三日卒，追封京兆郡夫人。或勸先生再娶，乃曰：「我今年老，所娶苟賢，猶非其宜，否則，爲禍我家。今兒子兒婦幸能事我，安用娶爲？」子男三：長即毅；次懃，先卒；次馨。女三：長適儒士王司貞；次即程恭；次講議孫朱矩，皆先卒。孫男六：再思以先生廕，受將仕郎、宜川縣主簿，辟行御史臺令史；次慎思、九思、若思、近思、繹思。女二。曾孫男三：寧孫、硯郎、盧郎。卜以是年三月九日葬三趙村新塋之穆。會葬者遠邇數百人，服弟子服者半之，皆哀哭執紼，送至墓所。孤子毅將謁文誌其墓，門人賈仁謹次第先生操履之概，以備采擇焉。至順二年三月望日，門生賈仁謹狀。

元故太子左贊善贈翰林直學士亞中大夫同文貞公神道碑銘 並序

集賢直學士朝請大夫兼國子祭酒富珠哩翀撰

仁皇踐祚，闕陝大儒同先生即其家拜國子司業，秩儒林郎，使三召，不起。陝西行御史臺侍御史趙世延請置魯齋書院於秦中，書奏先生領教事，制可，學益增重。延祐六年，以奉議大夫、太子左贊善召，入見東宫，賜酒慰問，退獻書，陳古誼，

[二] 以疾終於羣賢坊寢第：「寢第」，李夢生校勘本作「第寢」。

盡開悟涵養之道。明年春，英宗繼統，以疾歸。致和元年夏六月，拜集賢侍讀學士，使召，以年且疾辭。至順二年春二月廿有一日終正寢，享年七十有八，三月九日葬咸寧縣洪固鄉三趙村之原，兆序之穆。夏四月，其子毅以家載謁翀秦川傳邸〔一〕，徵銘神道之碑，泣曰：「子知先君，是以託。」昔翀客秦，以諸生見，先生禮欵猶等夷，今廿五六年矣，其敢以菲陋辭？

先生諱恕，字寬甫，姓氏出晉支屬，始家太原文水縣。始祖仕遷關中。高祖清，重大耋，賜爵進義校尉。曾祖安善，祖父昇，晦不仕，昇以先生貴，贈中順大夫、禮部侍郎、上騎都尉，追封京兆郡伯。考繼先，贈亞中大夫、集賢直學士、輕車都尉，追封京兆郡侯。同氏世儒素，篤忠孝。侍郎時，家族二百口，居無間言，名其堂「孝友」。集賢博學能文，故相廉恒陽王宣撫陝右，辟掌庫鑰，號玉山老人，有文集。妣夫人張氏生先生。

安靜端凝，總角如成人。從鄉先生學，穎出儕伍，日記千言不忘。會試於學，書義魁衆，時年十有三，知者以遠器期之。至元間，始分六部，丞相東平忠憲王命選名士，置吏屬，秦以先生貢禮曹，辭不行。三十有一年，國史修世祖帝紀，采事四方，陝西行省平章政事、咸寧王屈先生爲省史。典編録事已，即退居教授，名益聞。延祐開科，再主鄉試，人服其公。

先生温粹畏慎，動循禮度，雖大暑，不去冠帶，衣素未嘗垢。其學由程朱遡孔孟，務貫浹事理，以利於行。事親竭力致養，喪集賢，毁致目疾。時祀齋肅詳至，嘗曰：「養生有不備，事猶可復；追遠有不誠，是誣神也，可逭罪乎？」始舊塋逼城郭溝塗而紊昭穆，世父紹先，智士也，患之，謀卜遷合禮而未果。會疾革，聚族命之。集賢卒，先生始以世父遺言謀諸父兄，往往泥拘忌沮難之，以理哀感，允徙今塋。族有不畀市地直者，爲償之。既葬，皆悦曰：「土厚而禮備，今而後知吾小五真孝子也。」先生行五，族衆目之。

母張夫人卒，事異母妻如所生。妻氏女二。長適伊川程氏六世孫彦謙，次適主臨潼簿楊順。先生事程姊如母，應對不敢坐。夫婦卒，教育其孤恭，長而賢，以子妻之。順無子，妹嫠而有宅一區，先生畀其族了養妹以終。族有穿壙得古石椁

〔一〕其子毅以家載謁翀秦川傳邸：「傳」，李夢生校勘本作「傳」。

者，取之用葬其親，先生聞而駭曰：「昔葬者亦猶汝欲固汝親也，奪之忍虖？」亟令衾褥納故骸，其椁窆仍舊，割牲爲文祭之。鄭行易者，儒而醫，貧且老，爲衛率府卒。先生至京，館其府，目其容止，異之，與之語，知其然，爲白府長，免卒役。慈祥多類此。

平生非義不取，當與不吝。里人借騾而死，償直不受，曰：「物之數也，何以償爲？」家儲無儋石，書幾萬卷，手閱心惟，逌然自娛。扁其居曰「榘庵」，軒曰「日鑑」。稽古有言：「與其有求於人，何若無欲於己？與其使人可賤，不若以賤自安。」曰：「是先得我心之所同然。」書警座右。與人交，雖外無適莫，而中有繩尺。故集賢學士貞敏蕭公居南山，入城府，必主先生，士論稱曰「蕭同」。

自京還居十有三年，縉紳望之若景星麟鳳。然教人則各因其才，造之未達，則曲爲開導，使得趣向之正。貧有志，則簡其贄謝。先後来學殆千數。鄉里稱先生而不姓。將終，詔子若孫曰：「死生常事，喪稱有無，勿事觀美。務修省，繼世業，無忝祖宗。」終之日，識者無不弔，弔者無不慟。門人遠近畢集，祖送哀慕，如喪其親，雖行路莫不嗟悼。夫人朱氏，同知京兆路事搏霄之孫、講議官炳之女。克執婦道，中外師賢，前卒，追封京兆郡夫人。先生遂不娶。子男三人：毅、愨、馨。女三人，婿王司貞、程恭、朱矩[一]。孫男六人：再思蔭將仕郎，主宜川簿，辟史行臺；慎思、九思、若思、近思、繹思。女孫二人。曾孫男三人：寧孫、硯郎、盧郎。毅有學行，善承其家，孝慈篤志，不忍斯須違親左右，華髮婉容，帥衆子婦，侍杖履，問所欲，盡親之歡。先生康寧壽考，德望日隆，毅有相焉。

翀惟世皇淵潛，魯齋許文正公被教來秦，士風翕然趨於正。先生之徒相繼而出，形於文，藹然仁義之言，見於事，卓然仁義之行也。嗚呼，可尚已！其集若干卷藏於家，有味仁義者，將有采焉。於是秦省列先生之行以聞，制賜贈翰林直學士、亞中大夫、輕車都尉，追封京兆郡侯，謚文貞。銘曰：

〔一〕朱矩：「矩」，李夢生校勘本作「炬」。

瞻彼太華，終南蒼蒼。涇渭東注，洪河洋洋。高厚修遠〔一〕，風化所自。孰智與仁？川流嶽峙。昔許文正，來敎於秦。大雅繼出，斯阜儒珍。惟同氏宗，世衍文學。挺生榘庵，先我後覺。始以深造，終也自得。守道之閫，游理之域。孜孜其善，翼翼其恭。循循其度，穆穆其容。有蓄必施，由己及物。朋來林林，戶屨填溢〔二〕。進退出處，惟義之從。枕肱飲水，其樂融融。屢空益堅，雖老益篤。志不踰榘，榘庵是目。造次顛沛，誠以行之。衆莫不信，予用明之。今其逝矣，休聲赫然。河華同永，著銘新阡。

魯齋書院禮請司業同公先生主領師席疏

維昔京兆，迺世皇啓湯沐之邦，爰聘覃懷，命魯齋闡關洛之學。時熙元化，治洽周南。然燧改而情遷，在人存則政舉。今也闢一畝而建黌宇，立尸祝，以興四科，以收人才。高山仰止，盍重皐比之席，尚虛模範之師。伏維司業同公先生學蓄淵源，胸蟠今古。窮經佚老，咸稱孔穎達之多才；辭禄居高，退安楊巨源之晚節。聲聞於外，道積厥躬。茲欲修鹿洞之遺規，敬用屈安定之雅望。下爲郡國衍菁莪之澤，上爲邦家育豐芑之材。諒求氣而應聲，冀傳道而解惑。作新文命，式副崇臺勉勵之勤；驩動士林，願見正道講明之盛。幸毋多讓，佇竢惠來。謹疏。

〔一〕高厚修遠：「修」，李夢生校勘本作「攸」。
〔二〕戶屨填溢：「屨」，李夢生校勘本作「履」。

同文貞公謚議　太常博士王瓚撰

議曰：　明王在位，不惟廟堂股肱之臣，作新治道於其上，而尤賴夫巖穴嘉遯之士，扶持世教於其下。之二者，並行不倍，然後可以化成天下也。故太子左贊善同公，以高明奇特之資，濟之以聖賢體用之學，潛心講貫，篤守力行，其道義足以善俗，其文章足以華國。雲輕軒冕，芥視功名逾五十年。道積厥躬，聲聞於上。安車屢至，辭疾不行。延祐六年，英宗膺撫監寄，博徵天下碩儒〔一〕，以處春坊，起公爲賛善，乃一至京師。入見，極開悟之道，大概以爲太子之職，當朝夕君側，問安視膳，不宜遠處别宫，以曠定省。上嘉納之，識者以爲得輔導體。英皇嗣位，力請還山，教授於家，而道益增重。清風高節，邈不可及。嗚呼，其所以扶持世教，豈小補哉！　卹典所加，公爲不忝。謹按謚法：「道德博文曰文，名實不爽曰貞。」謚以文貞，公論惟允。謹議。

〔一〕　博徵天下碩儒：「碩儒」，李夢生校勘本作「儒碩」。

還山遺稿

[元]楊奐　著

還山遺稿序[一]

予家渭川竹林，自少遊筠溪、南溪、柳塘，累視石上紫陽楊先生詩律，清逸爽麗，敻邁羣輩。稽其名爲奐，字爲煥然，世爲奉天人，紫陽爲號。予甚賞慕，然祗目爲名騷墨。後閲元史列傳暨其墓狀，始知先生修家于金，仕國於元，造化關陝諸彥，爲後學蓍龜，乃近世真儒也。所著有還山集六十卷，他集仍百餘卷。予喜曰：「人不得而睹也，得睹其書，幸哉！」歷詢諸鄉先進，則皆曰：「滄桑已一變[二]，其書世或不有。」予憮然歎曰：「惜哉！元以及今，幾何日？文獻泯如也。」

今歲春，予偶漂泊南陽，太守宋西巖子，先生鄉士，館延予城南官舍。談暇，忽出書授予，云還山遺稿。予以爲全集也，驚喜曰：「幸哉！予終當饜嚼先生之腴。」而曰：「非也。實我旁求三十年，僅獲百一。所謂泰山既摧，片石是珍，而掬勺水於竭海者也，故云遺稿耳。」予乃長歎曰：「文獻果泯如耶，惜哉！」於是披書涉獵，至正統八例、東遊記內三告文、與姚仲茂論家廟遺制，而復自喜，尚得以窺夫先生光明浩博之學，足纘古大儒之緒。辭章自其枝葉，後人追紹厥風，即是可尋也。而復歎先生生長老死夷狄之代[三]，徒抱斯文，未或大罄厥施也。而又深喜夫宋子致志之勤，星金點玉，搜羅無失，字缺所疑，事注所在，俾先生之學卒不墜地，不減子弟於其父兄。且將命梓以嘉惠天下，厚之至也。而又深歎夫予之玩愒日月，視宋子尚友古人之篤，瞠乎其未及也。宋子斂容謝曰：「尚友惡乎敢？亦惟仰師焉而未能耳。」予曰：「體哉！謂尚友則近泰，謂仰師焉則恭。恭則虛，虛則弘，弘則永乎！」宋子名廷佐，字良弼。嘉靖元年二月十五日，終南山人王元凱堯

[一] 還山遺稿序：此標題底本無，爲校者所加。

[二] 滄桑已一變：「滄桑已一」，魏崇武點校本作「華夷大一」，適園叢書本、關隴叢書本、民國稽注本乾縣新誌作「華夷一大」。

[三] 而復歎先生生長老死夷狄之代：「生長老死夷狄之代」，底本缺，據魏崇武點校本補。

卿書。

還山遺稿考歲略〔二〕

金世宗大定二十六年丙午，公生。

丁未，二歲。

戊申，三歲。

己酉，四歲。

章宗明昌元年庚戌，五歲。

辛亥，六歲。

壬子，七歲。

癸丑，八歲。

甲寅，九歲。

乙卯，十歲。

承安元年丙辰，十一歲。

丁巳，十二歲，丁內艱。按程夫人墓碑云：「夫人卒於承安二年丁巳四月三日。」則公年十二，遺山謂：「十一丁內艱。」則元年之丙辰，非矣。

〔二〕還山遺稿考歲略：「還山遺稿」，魏崇武點校本作「楊文憲公」。

戊午，十三歲。

己未，十四歲。

庚申[一]，十五歲。秋試長安，中選。

泰和元年辛酉，十六歲。春試，復中優等。

壬戌，十七歲。

癸亥，十八歲。

甲子，十九歲。

乙丑，二十歲。秋試長安，中選。

丙寅，二十一歲。春，廷試萬寧宮，下第。

丁卯，二十二歲。

戊辰，二十三歲。

衛紹王大安元年己巳，二十四歲。

庚午，二十五歲。

辛未，二十六歲。

崇慶元年壬申[二]，二十七歲。

宣宗貞祐元年癸酉，二十八歲。

[一] 庚申：「申」，宋廷佐刻本作「辰」。

[二] 崇慶元年壬申：「慶」，魏崇武點校本作「寧」。

甲戌，二十九歲。

乙亥，三十歲。丁外艱，如洛。

丙子，三十一歲。

興定元年丁丑，三十二歲。

戊寅，三十三歲。

己卯，三十四歲。

庚辰，三十五歲。秋試長安，中選。

辛巳，三十六歲。春試，復以遺誤下第。

元光元年壬午，三十七歲。

癸未，三十八歲。

哀宗正大元年甲申，三十九歲。草萬言策，詣闕將上之。爲當國者所阻。乃西還，教授鄉里。〔一〕

乙酉，四十歲。在鄠。〔二〕

丙戌，四十一歲。在鄠。

丁亥，四十二歲。在鄠。

戊子，四十三歲。在鄠。〔三〕

〔一〕「草萬言策。」至「教授鄉里」：底本缺，據魏崇武點校本補。

〔二〕在鄠：底本缺，據魏崇武點校本補。

〔三〕在鄠：底本缺，據魏崇武點校本補。

己丑，四十四歲。乾州請爲講議、安撫司辟爲經歷官、京兆行尚書省以便宜署隴州，皆不就。再以參乾、恒二州軍事，始一應之。〔一〕

庚寅，四十五歲。以春試，授館於左丞張信甫。〔二〕

辛卯，四十六歲。在汴梁。〔三〕

天興元年壬辰，四十七歲。在汴梁。〔四〕

癸巳，四十八歲。汴梁陷，微服北渡。〔五〕

甲午，四十九歲。

元太宗七年乙未〔六〕，五十歲。

丙申，五十一歲。

丁酉，五十二歲。

戊戌，五十三歲。試東平，中收課稅所長。〔七〕

己亥，五十四歲。在洛。

〔一〕「乾州請爲講議」至「始一應之」：底本缺，據魏崇武點校本補。

〔二〕以春試，授館於左丞張信甫：底本缺，據魏崇武點校本補。

〔三〕在汴梁：底本缺，據魏崇武點校本補。

〔四〕在汴梁：底本缺，據魏崇武點校本補。

〔五〕汴梁陷，微服北渡：底本缺，據魏崇武點校本補。

〔六〕元太宗七年乙未：「元太宗七年」，底本缺，據魏崇武點校本補。

〔七〕試東平，中收課稅所長：「中，收課稅所長」，魏崇武點校本作「中賦、論第一，授河南路徵收課稅所長官兼廉訪使」。

庚子，五十五歲。在洛。
辛丑，五十六歲。在洛。
壬寅，五十七歲。在洛。
癸卯，五十八歲。在洛。
甲辰，五十九歲。在洛。
乙巳，六十歲。在洛。
元定宗元年丙午，六十一歲。在洛。
丁未，六十二歲。在洛。
戊申，六十三歲。在洛。
己酉，六十四歲。在洛。
庚戌，六十五歲。在洛。
憲宗元年辛亥，六十六歲。請老歸奉天〔二〕。
壬子，六十七歲。東遊，秋，王府驛召入關。
癸丑，六十八歲。春入關，被教參議京兆宣撫司事，累上書請閒，遂還鄉，築堂曰「歸來」。
甲寅，六十九歲。立宗人潤之子保童爲侍子。
乙卯，七十歲。公卒。

〔二〕 請老歸奉天：「奉天」，魏崇武點校本作「秦」。

先生享年七十，登仕者十有三年〔二〕，其事跡多不可考矣。今即其可考者，爲歲略如右。廷佐識。〔三〕

〔二〕登仕者十有三年：楊文憲公年譜云楊奐「由丙申至庚戌，在官十五年，官署在洛」。

〔三〕「甲寅，六十九歲。」至「廷佐識」：底本缺，據魏崇武點校本補。

還山遺稿卷上

文

臂僮記

余鬚髮未甚白，精神未甚頹，以年齒計之，六十有九，衰亦宜矣〔一〕。所幸者，日讀蠅頭細字如舉子時〔二〕。平生著述外，無他嗜好。其所以自得者，亦足以自樂也。兵火流離中，僅存還山前集八十一卷、後集二十卷、近鑑三十卷、韓子十卷、概言二十五篇、硯纂八卷、北見記三卷；正統書六十卷，蓋起於唐虞，訖於五代也。間歲憂患叢至〔三〕，自三國以降，規模已定，而點竄有所不暇。嘗憶度之〔四〕：滿百二十卷乃可爲完書，上下千數百載是是非非〔五〕，能免疑誤。經史插架，溉溉如蠶。二三僮子，備朝夕檢閱。奈何索甲而得乙，語東而應西，能盡如己意耶？夫器利則事善，固也，獨無知者乎？方皇皇

〔一〕衰亦宜矣：「宜」，乾州誌稿別録作「甚」。

〔二〕所幸者日讀蠅頭細字如舉子時：「日」，古香氏抄本、適園叢書本、關隴叢書本、民國稽注本乾縣新誌作「目」。

〔三〕間歲憂患叢至：「至」，乾州誌稿別録作「生」。

〔四〕嘗憶度之：「憶」，乾州誌稿別録作「臆」。

〔五〕上下千數百載是是非非：「千數」，乾州誌稿別録作「數千」。

間，會黃冠宋魯班誌明爲予創圓轉書廚，以便觀覽。其級也三，象三才也。其隙也六，象六虛也。頂末有樞紐，常居其所而不移，象極星也。擬諸體用之妙，則與「天行健」無異也。是以正襟危坐，聚所用書，圜而帙之。終日左探右取，循環而無端。既息呼叫之煩，又絕奔走之冗。或疾或徐，或作或止，不過一引臂而已，因命之曰「臂僮」。所謂用力少而見功多也。今而後，吾書其完乎？彼徒知惡其圓，曾知有無窮之方乎？彼徒知惡其動，曾知有無窮之靜乎？且以器爲器，止於斯矣！抑知以人爲器乎？惟其操乾旋坤幹之柄〔一〕，圖垂拱仰成之逸，不以手足耳目自役，急於得人而器使之。雖四海至遠，萬幾至繁，將何事之不濟，何功之不遂？孔子曰「無爲而治」者，此也。敢再拜以獻。甲寅清明日，奉天老民記。

此記得於內兄王平川，平川得於邑人靖川馬氏，敬録如右，寓仰止焉！廷佐識〔二〕。

汴故宮記

己亥春三月，按部至於汴，汴長史宴於廢宮之長生殿〔三〕，懼後世無以考，乃纂其大概云〔四〕。

皇城南外門曰南薰。南薰之北〔五〕，新城門曰豐宜，橋曰龍津。橋北曰丹鳳，而其門三。丹鳳北曰州橋，橋少北曰文武樓。遵御路而北，横街也。東曰太廟，西曰郊社。正北曰承天門，而其門五。雙闕前引，東曰登聞檢院，西曰登聞鼓院。檢院之東曰左掖門，門之南曰待漏院。鼓院之西曰右掖門，門之南曰都堂。承天之北曰大慶門，而日精門、左昇平門居其東，

〔一〕惟其操乾旋坤幹之柄：「幹」，魏崇武點校本作「斡」。

〔二〕按：文末宋廷佐跋語，乾縣新誌本移至標題下作雙行小注。

〔三〕汴長史宴於廢宮之長生殿：「史」，魏崇武點校本作「吏」。

〔四〕乃纂其大概云：「乃」，魏崇武點校本作「爲」。

〔五〕南薰之北：「薰」，輟耕録作「城」。

月華門，右昇平門居其西。正殿曰大慶殿，東廡曰嘉福樓，西廡曰嘉瑞樓。大慶之後曰德儀殿，德儀之東曰左昇龍門，西曰右昇龍門。正門曰隆德，曰蕭牆，曰丹墀，曰隆德殿。隆德之左曰東上閤門，右曰西上閤門，皆南嚮。東西二樓，鐘鼓之所在，鼓在東，鐘在西。隆德之次曰仁安門、仁安殿。東則内侍局，内侍之東曰近侍局，近侍之東曰嚴祇門〔一〕。宫中則曰撒合門。少南曰東樓，即授除樓也，西曰西樓。仁安之次曰純和殿，正寢也。純和西曰雪香亭。雪香之北，后妃位也，有樓。樓西曰瓊香亭，亭西曰涼位，有樓。樓北少西曰玉清殿。純和之次曰寧福殿，寧福之後曰苑門，由苑門而北曰仁智殿〔二〕，有二大石，左曰「毅錫神運萬歲峯〔三〕」，右曰「玉京獨秀太平巖」。殿曰山莊，山莊之西南曰翠微閣〔四〕。苑門東曰仙韶苑〔五〕，苑北曰湧翠峯〔六〕，峯之洞曰大滌。湧翠東連長生殿，殿東曰湧金殿，湧金之東曰蓬萊殿。長生西曰浮玉殿，浮玉之西曰瀛洲殿。長生之東北曰闗武殿〔七〕，闗武南曰内藏庫〔八〕。由嚴祇門東曰尚食局〔九〕，尚食東曰宣徽院，宣徽北曰御藥院，御藥北曰右藏庫，右藏之東曰左藏。宣徽東曰點檢司，點檢北曰祕書監，祕書北曰學士院，學士之北曰諫院，諫院之北曰武器署。點檢之南曰儀鸞局，儀鸞之南曰尚輦局。宣徽之南曰拱衛司，拱衛之南曰尚衣局，尚衣之南曰繁禧門，繁禧南曰安泰門。安泰西

〔一〕近侍之東曰嚴祇門：「祇」，魏崇武點校本作「祗」。
〔二〕寧福之後曰苑門，由苑門而北曰仁智殿：底本缺，據輟耕録、魏崇武點校本補。
〔三〕毅錫神運萬歲峯：「毅」，輟耕録、魏崇武點校本作「敷」。
〔四〕山莊之西南曰翠微閣：國朝文類、適園叢書本、闗隴叢書本、民國稽注本乾縣新誌本無「山」字。
〔五〕仙韶苑：「苑」，輟耕録、魏崇武點校本作「院」。
〔六〕苑北曰湧翠峯：「苑」，輟耕録、魏崇武點校本作「院」。
〔七〕長生之東北曰闗武殿：「東北」，宋廷佐刻本作「□南」，古香氏本作「西南」，輟耕録、魏崇武點校本作「南」；「闗」，魏崇武點校本作「閱」。
〔八〕闗武南曰内藏庫：「闗」，魏崇武點校本作「閱」。
〔九〕由嚴祇門東曰尚食局：「祇」，魏崇武點校本作「祗」。

與左昇龍門直，東則壽聖宮，兩宮太后位，本明俊殿試進士之所。宮北曰徽音殿，徽音之北曰燕壽殿，燕壽殿垣後少西曰震肅衛司，東曰中衛尉司。儀鸞之東曰小東華門，更漏在焉。中衛尉司東曰祇肅門〔一〕，祇肅門東少南曰將軍司〔二〕。徽音、聖壽之東曰太后苑，苑之殿曰慶春，慶春與燕壽並，小東華與正東華對。東華門内正北尚廄局，尚廄西北曰臨武殿。左掖門正北尚食局，局南曰宮苑司，宮苑司西北曰尚醖局〔三〕、湯藥局、侍儀司，少西曰符寶局、器物局，西則撒合門、嘉瑞樓。樓西曰三朝〔四〕，正殿曰德昌，東曰文昭殿，西曰光興殿，並南向。德昌之後，宣宗廟也。宮西門曰西華，與東華直，其北門曰安貞。二大石外，凡花石、臺榭、池亭之細，並不録。

觀其制度簡素，比土階茅茨則過矣，視漢之所謂「千門萬戶，珠壁華麗」之室〔五〕，則無有也。然後之人因其制度而損益之，以求其稱，斯可矣。文類〔六〕

射虎記

吾友隴東康楫來乞射虎記〔七〕，問其故，爲鄜尉曹侯設也。吁！人之所欲詳，誠吾之所欲略。子徒知其去虎之虎，焉知

〔一〕中衛尉司東曰祇肅門：「祇」，輟耕録、魏崇武點校本作「祗」。
〔二〕祇肅門東少南曰將軍司：「祇」，輟耕録、魏崇武點校本作「祗」。
〔三〕宮苑司西北曰尚醖局：「宮苑司」三字，底本缺，據輟耕録、魏崇武點校本補。
〔四〕樓西曰三朝：「朝」，輟耕録、魏崇武點校本作「廟」。
〔五〕視漢之所謂「千門萬戶，珠壁華麗」之室：「壁」，魏崇武點校本作「璧」；「室」，輟耕録、魏崇武點校本作「飾」。
〔六〕文類：底本缺，據魏崇武點校本補。
〔七〕吾友隴東康楫來乞射虎記：「楫」，金文最作「揖」。

其去非虎之虎衆且多乎哉〔一〕？夫虎之［虎］殺人也見於跡〔二〕，人猶得而避之，其害細。所謂非虎之虎殺人也，藏於心，使人不知其所避，必狎而就之〔三〕，其害巨。一擾之後，無地無之，奚獨鄜也哉？

若夫嘯兇嗥魄，伏晝伸夜〔四〕，禁緩則跳踉，勢窮則騰躑者，盜虎也。氣吞一邑，塊祝四鄉〔五〕，逞貪婪之欲，啗孤羸之利者，豪虎也。矇昏昧田〔六〕，誣下罔上，掉難折之舌，吐無證之辭者，訟虎也。假威官府，擇肉墟落，志在攫拏，情忘畏惕者，此吏虎也。爪牙爲名，意氣自若，倚事以下鄉，幸賍以中人者，此兵虎也。又若鈎距成性，搏擊充己，據案弄威，攘權護失者，同僚之虎也。公銜上檄，私爭己忿，擁妖抱妍，醉釀飽鮮者，過客之虎也。

人謂鄜有曹侯，則盜者遁，豪者懾，訟者弭，吏爲之縮手〔七〕，兵爲之斂跡，同僚服廉而退讓〔八〕，過客憚正而引避。綱而舉之，其政亦足知矣！宜乎邑之民途不掇遺，寢不闔戶，熙熙然，坦坦然，各保其性命。子以射虎爲虎〔九〕，則漢豈無李廣，唐豈無裴公？勇於政，斯可矣。裴、李，世聞其射，而未聞其政，如曹侯者〔一〇〕，可謂兩得之矣。然吾不以去虎之虎爲賢，而以

〔一〕焉知其去非虎之虎衆且多乎哉：「衆」，底本缺，據魏崇武點校本補。
〔二〕夫虎之虎殺人也見於跡：第二個「虎」，底本缺，據魏崇武點校本補。
〔三〕必狎而就之：「必」，據魏崇武點校本應刪。
〔四〕伏晝伸夜：「伸」，金文最、鄜縣誌作「神」。
〔五〕塊祝四鄉：「祝」，魏崇武點校本作「視」。
〔六〕矇昏昧田：「田」，金文最作「愚」，古香氏抄本、適園叢書本、關隴叢書本、乾縣新誌本作「由」。「昧田」，文淵閣四庫全書本作「冒昧」。
〔七〕吏爲之縮手：「手」，金文最、鄜縣誌作「首」。
〔八〕同僚服廉而退讓：「服廉而退」，金文最、鄜縣誌作「伏廉而更」。
〔九〕子以射虎爲虎：「虎」，魏崇武點校本作「勇」。
〔一〇〕如曹侯者：「者」，底本缺，據魏崇武點校本補。

去非虎之虎爲賢者，鄙意實在茲〔一〕。侯名大中〔二〕，字時正〔三〕，隆安人，家世、官職〔四〕，孔臨洮嘗載之，皆不書。子袖此以歸，其告鄘人：既去而思，當淚吾文！元光二年十月初四日，紫陽楊奐記〔五〕。鄘縣誌

跋趙太常擬試賦稿後

金大定中，君臣上下以淳德相尚，學校自京師達於郡國，專事經術教養，故士大夫之學少華而多實。明昌以後，朝野無事，侈靡成風，喜歌詩，故士大夫之學多華而少實。上病其然也，當泰和丙寅春三月二十五日〔六〕，萬寧宮試貢士，總兩科，無慮千二百輩。上躬命賦題曰：「日合天統」。侍臣初甚難之，而太常卿北京趙公適充御前讀卷官，獨以謂不難。即日奏賦，議乃定。既而中選者纔二十有八人。僕時甫冠，獲試廷下，而席屋偶居前列。朝隙，聞異香出殿櫺間，一紫衣人顧予起〔七〕，問題之難易及氏名〔八〕、里貫、年齒而去。少頃，復相慶曰：「適駕至耳〔九〕。」薄暮出宮，傳以爲希遇。嘗退而志之。

〔一〕鄙意實在茲：「意」，金文最、鄘縣誌作「志」。

〔二〕侯名大中：「名」，金文最、鄘縣誌作「諱」。

〔三〕字時正：「時」，金文最、鄘縣誌作「特」。

〔四〕官職：「職」，金文最、鄘縣誌作「秩」。

〔五〕元光二年十月初四日，紫陽楊奐記：底本缺，據魏崇武點校本補。按：鄘縣誌於此文之后著録：「右碑在縣東門外。」

〔六〕當泰和丙寅春三月二十五日：「三」，魏崇武點校本作「二」。

〔七〕一紫衣人顧予起：國朝文類無「人」字。

〔八〕問題之難易及氏名：「氏名」，國朝文類作「名氏」。

〔九〕適駕至耳：「耳」，魏崇武點校本作「矣」。

後四十五年，僕以河南漕長告老於燕，過太常之孫承祖家，得所擬賦，感念存歿，不能不惘然，爲敍其末，並以舊詩歸之，所謂：「月淡長楊曉色清，天題飛下寂無聲〔一〕。南山霧豹文章在，北海雲鵬羽翼成。玉檻玲瓏紅露重，金爐飄渺翠煙輕。誰言夜半曾前席〔二〕？白日君王問賈生」者，是詩，少作也。無可取，以其紀一時之事，庶附趙氏家傳，或見於後世云。文類

錦峯王先生墓表

先生姓王氏〔三〕，諱仲元，字清卿，家平陰，廣道先生之猶子，明道先生之子。世以儒道著，一時名公鉅人若党懷英、趙渢皆師尊之。先生舉進士有聲，承安五年，四舉推恩。資高雅清苦，寡言笑，無雜賓。嘗知阿干縣，憲司以簡靜聞。退食，擁琴書不出，正襟危坐，似與世相忘也。遇會心者，雖對談竟日，未嘗涉貴遊可喜事〔四〕，人信其爲古君子也。而書名尤重，小楷介歐、虞間，用薦者召應奉翰林文字，同進士，入玉堂，自先生始。改陝西東路轉運司鹽鐵判官，適書藍田山碑，飲玉漿，偶得疾，死於官舍，貞祐四年也。死之日，家無餘貲，稿葬城南雁塔之陰，隣永平王尚書擴墓。經兵，寺宇廢蕩，荆棘埋沒，迷所在。後三十八年，尚書子元卿至，審其在墓西十五步。初，元卿許並負而東，既而恐親族零落無可歸。

甲寅九月五日〔五〕，奉天楊奐感念平素，會長安邳邦用、楊天德、來獻臣、同德、張琚、高唐趙安世、浙津張儆〔六〕、燕南毛居

〔一〕天題飛下寂無聲：「天」，國朝文類作「大」。
〔二〕誰言夜半曾前席：「夜半」，國朝文類作「半夜」。
〔三〕先生姓王氏：「氏」，底本缺，據魏崇武點校本補。
〔四〕未嘗涉貴遊可喜事：「嘗」，魏崇武點校本作「聞」。
〔五〕甲寅九月五日：「九月五日」，魏崇武點校本作「五月九日」。
〔六〕浙津張儆：「浙」，魏崇武點校本作「淅」。

仁、耿都陳殳、雲中孟攀鱗、太華郭時中、鄠郊范文炳、平陸員擇加以衣衾，藏之故穴，蓋有待也。文類

祭國信使王宣撫文

維歲次癸卯四月丁未朔，二十有一日丁卯，某官某謹具清酌庶羞之奠，致祭於故宣撫御史大夫、國信使王公之靈：

嗚呼！兩軍之間，零丁數騎。江湖十年，風霜萬里。不知其幾往幾來，而卒止於此乎〔一〕？人主察其深誠，天下仰其大義。鬼神録其陰功，簡策炳其高議。然事之濟與否也，非智力之不周，或期運之未至。不然，以公之行，不能決和事於一言，載信書於萬世，而使干戈相尋，膏血塗地，猶執迷而不已？我公初年，委身烈祖。千載一時，雲龍風虎。蔡城既下，楚茅不來。殺氣盤礴〔二〕，吞江噬淮。義膽披露，上心亦回。使星南飛，迓車擁路。歡動牛斗〔三〕，歎其來暮。應對款曲，不武不怒。殷鑑弗遠，請視金夏〔四〕。剖析利害，略無假借。我不彼欺，彼不我詐。宴勞稠疊，朝繼以夜。歸奏龍庭，君相交俞。慮後參差，或懷異圖。公爲國許，人爲公憂。蛟鱷之淵，而堪再投？公獨坦然：「汝無我尤。我君我相，寧不我謀？」丁酉之冬，公過陽平，贈我雄篇，出言甚誠：「兩國好合〔五〕，賴子之成。子才子名，搖動江城。」適有家累，莫果其行。公實我知，我自不能。此所以含辛茹酸，愧負於冥冥也。

嗚呼哀哉！頃聞使車，淹留沔陽。忽報江陵，坐易星霜。宵夢飛飛，不知在牀。玉溪東館，金碧熒煌。恍然門開，棘

〔一〕而卒止於此乎：「止」，魏崇武點校本作「至」。
〔二〕殺氣盤礴：「礴」，明嘉靖元年宋廷佐刻本作「薄」。
〔三〕歡動牛斗：「牛斗」，宋廷佐刻本作「十年」。
〔四〕請視金夏：「金」，宋廷佐刻本作「全」。
〔五〕兩國好合：「好合」，宋廷佐刻本作「和好」。

圍堵牆。太山既裂，始知不祥。幾年金節，炤耀南荒。一日漆棺，歸來朔方。將大限難逃，抑生靈之禍未央？〔一〕顧公之室，豈無槖裝？千金一揮，廩無見糧。賓客蕭條〔二〕，路人慘傷。

嗚呼哀哉！我生後公，仕及同時。人之於公，其孰不知？我之知公，獨與世而背馳。陸公何人？屈趙佗而朝漢闕。終童孺子〔三〕，攜長纓而羈南越。無以成敗，輒生予奪。公之清衷遐略、高名大節，可以撼天壤、摩日月，而素志未酬，徒賫恨於九原，此予所以撫地大慟，繼之以血也。

嗚呼哀哉！尚享。文類

正統八例總序

嗚呼！正統之說，禍天下後世甚矣。恨其說不出乎孔孟之前，得以滋蔓瀰漫而不知翦遏也〔四〕。通古今考之，既不以逆取爲嫌，而又以世系土地爲之重，其正乎？後之逆取而不憚者，陸賈之說唱之，莽操祖而誨之也。不曰「予有慚德」，不曰「武未盡善也。」以湯武之順天應人，而猶以爲未足，況爾耶？以世系言，則禹、湯、文、武與桀、紂、幽、厲並矣。不曰「賊仁者謂之賊，賊義者謂之殘。殘賊之人，謂之一夫。」而容並之？以土地言，則秦之滅六國，晉之平吳、隋之平陳、苻秦之窺伺、梁魏周齊之交爭不息者，所激也。不曰「以力假仁者霸，霸必有大國；以德行仁者王，王不待大，湯之七十里，文王之

〔一〕「深誠，天下抑其大義」至「抑生靈之禍未央」：底本缺，據魏崇武點校本補。
〔二〕賓客蕭條：「蕭」，宋廷佐刻本作「瀟」。
〔三〕終童孺子：「童」，魏崇武點校本作「軍」。
〔四〕得以滋蔓瀰漫而不知翦遏也：「不」，魏崇武點校本作「莫」。

百里。」以王道爲正也。王道之所在，正統之所在也。不然，使創者不順其始，守者不慎其終。抑有以濟夫人主好大喜功之慾，必至糜爛其民而後已，其爲禍可勝計耶[一]？是以矯諸儒之曲説，徵歷代之行事，蔽之一言，總爲八例，曰「得」、曰「傳」、曰「衰」、曰「復」、曰「與」、曰「陷」、曰「絶」、曰「歸」。

孰爲「得」？若帝摯而後陶堯氏得之，夏、殷絶而湯、武得之，是也。以秦、隋而始年，必書曰「得」，何也？庶幾乎令其後也。未見其甚而絶之，私也。見其甚而不絶，亦私也。一世而得，再世而傳，固也。武德、貞觀之世[二]，既書高祖曰「得」，繼之曰太宗「得」之，何也？原其心也。其心如之何？謂我之功也。功著矣，奪嫡之罪，其能掩乎？而曰「傳」者，誕也。悲夫！虔化之兵未洗，靈武之號又建，啓之不正，習亂宜然。是故君子惜之，此變例之一也。

孰爲「傳」？曰堯而舜、舜而禹、禹而後啓[三]，周之成、康之類是也。

曰「衰」者何？如周道衰於幽、厲，漢政衰於元、成之類是也。

曰「復」者何？如少康之布德、太甲之思庸、宣王之修明文武之功之類是也。晉惠、中宗則異於是，所謂反正者也，故附見之。此蔣乂之論也。惠帝既復而奪之，何也？咎其爲賈后所制，至廢其子，以成中外之亂，德之不剛也。德之不剛，君道失矣。猶中宗改號，而韋后與政，使武氏之燼復然也[四]。

曰「與」者何？存之之謂也。有必當與者，有不得不與者。昭烈，帝室之胄，卒續漢祀，必當與者也。晉之武帝、元魏之孝文，不得不與者也。昭烈進，魏其黜乎？曰莽、操之惡均，卻莽而納操，誠何心哉？黨魏媚晉，陳壽不足責也。而曰

[一] 其爲禍可勝計耶：「計」，魏崇武點校本作「討」。
[二] 武德、貞觀之世：「世」，魏崇武點校本作「事」。
[三] 禹而後啓：「後」，底本缺，據魏崇武點校本補。
[四] 使武氏之燼復然也：「然」，魏崇武點校本作「著」。

不取於漢，取於羣盜之手，其獎篡乎？魏晉而下，訖於梁陳，狃於篡弑，若有成約：今日爲公爲相國〔一〕，明日進爵而王矣；今日求九錫，明日加天子冕旒，稱警蹕矣；今日僭即皇帝位〔二〕，降其君爲王爲公，明日害之而臨於朝堂矣。吁！出乎爾者反乎爾，其亦弗思矣乎？史則書之「受禪」，先儒則目曰「正統」〔三〕，訓也哉？曰晉不以爲「得」者何？斥其攘魏也。斥而與之，何也？順生順，逆生逆，天也。天之所假，能廢之哉？曰後乎此者，不得與斯，何也？惡之也。何惡之？惡其長亂也。不然，亂臣賊子，何時而已乎？公羊曰：「録內而略外。」舍劉宋，取元魏，何也？痛諸夏之無主也。大明之日，荒淫殘忍，抑甚矣〔四〕。中國而用夷禮則夷之，夷而進於中國則中國之也〔五〕。且肅宗掃清鉅盜，迴軫京闕，不曰「復」而曰「與」，何也？暴其自立也。五代而與明宗、柴、郭，何也？賢明宗之有王者之言也，願天早生聖人是也。周祖以其厚民而約己也。世宗不死，禮樂庶幾可興〔六〕，奈何不假之年，而使格天之業殞於垂成也。

曰「陷」者何？夏之有窮浞、漢之有諸呂、新室，晉之永嘉之禍，唐之武〔七〕、韋、安、史、巢、溫之僭叛是也。始皇十年而從「陷」例，何也？曰置秦於大亂不道者，始皇也；誘始皇於大亂不道者，李斯也。人主之職，在論一相。是年也，斯之復相之年也。惡惡者疾，故揭爲不哲之鑑，以著輔相之重也。曰景帝即位之初，明帝之永平八年而書「陷」者何？以短通喪而啓異端也。短通喪者，滅天性也；啓異端者，亂天常也。雖出承平之令主，而不正其失，何以嚴後世之戒？

〔一〕今日爲公爲相國：「國」，底本缺，據魏崇武點校本補。

〔二〕今日僭即皇帝位：「即」，底本缺，據魏崇武點校本補。

〔三〕先儒則目曰「正統」：「曰」，適園叢書本、關隴叢書本、乾縣新誌本作「爲」。

〔四〕抑甚矣：「矣」，宋廷佐刻本作「亦」。

〔五〕大明之日，荒淫殘忍，抑甚矣。中國而用夷禮則夷之，夷而進於中國則中國之也：「大明之日，荒淫殘忍，抑甚矣。中國而用夷禮則夷之，夷而」底本缺，據魏崇武點校本補。

〔六〕禮樂庶幾可興：「幾」，魏崇武點校本作「乎」。

〔七〕唐之武：「之」，底本缺，據魏崇武點校本補。

曰「絕」者，自絕之也，桀、紂、胡亥之類是也。

曰「歸」者何？以唐、虞雖有丹朱、商均，而謳歌訟獄歸於舜、禹〔二〕；桀、紂在上，而天下臣民之心歸於湯、文矣。曰漢之建安十三年繫之劉備，何也？以當陽之役也。夫我不絕於民，民其絕我乎？詩之皇矣「乃眷西顧」、「求民之莫」，斯其旨也。商周之交，紂德爾耳，悠悠上天，不忍孤民之望，亟求所以安之，而其意常在乎文王之所，以潛德言也。曰「歸」，或附之以「陷」，何也？示無二君也。敢問唐虞之禪，夏後殷周之繼，存而不論，何也？曰：聖人筆削之矣。起于周敬王之癸亥，何也？曰：痛聖人既沒，微言之不聞也。而周之世書秦之事，何也？著其漸也。秦之叛僭不能制〔三〕，則周之弱見矣。秦人承三代之餘，混疆宇而一之，師心自恣，絕滅先王典禮，而專任執法之吏，厲階既作，流毒不已。

嗚呼，王道之不明，賞罰之不修，久矣。然則發天理之誠，律人情之僞，舍是孰先焉？曰通載者，二帝三王致治之成法，桀、紂、幽、厲致亂之已事也；曰通議者，秦、漢、六朝、隋、唐、五季所以興亡之實跡也。因以仰述編年之例，具録而無遺。索其梗概，不過善可以爲訓，惡可以爲戒而已。前哲之旨，果中於理，所取也，敢強爲之可否？苟有外於理，所去也，必補之以鄙見者，將足成其良法美意也，而忍肆爲斬絕不根之論，徒涉於乖戾耶？蓋得失不爾則不著，善惡不爾則不分，勸戒不爾則不明，雖綿歷百千世，而正統之爲正統，昭昭矣。卓然願治之君，苟察斯言而不以人廢，日思所以敦道義之本，塞功利之源，則國家安寧長久之福可坐而致，其爲元元之幸，不厚矣乎？文類

〔二〕而謳歌訟獄歸於舜、禹：「訟獄」，國朝文類作「獄訟」。

〔三〕秦之叛僭不能制：「叛僭」，國朝文類作「僭叛」。

與姚公茂書

奐頓首：復別四五年，思渴之甚。所欲言者，不一也。握手未期，此懷可知。子善至，得書，審玉眷佳裕，且知北還，喜甚。

去歲，子善云新築祠堂而石室在正位，不知何所據？及見朱文公家禮圖說，亦云：「在北架」，似不安也。且宗廟，五廟、七廟而已，雖有成言，所以作室次第，於經則無所見。朱文公，後宋人也。建炎南渡，廟社之禮一蕩，就有故老，或鬱鬱下僚，無所見於世。此說在中庸或問中略見之，所可信者止是昭穆位次，於神主、於石室皆不及也。家禮所載神主樣式亦非。

奐三十時入汴梁，得宫室廟社法度於一故老處。又五年，因秋比，以生徒之衆寓長安慈恩寺，有僧曰了遷者，乘暇請觀寺之西南杜相公讀書堂。奐一見，知其爲家廟也。其廟制如世之所謂吳殿也。凡石室，並在西壁，高與人胸臆齊。其僧猶以爲藏書龕。既而來洛下，於楊正卿家閲稽古編文，信乎其爲杜祁公之家廟也。文粹、韓文、溫公集多有家廟碑〔二〕，止説三室四室，或云第一、第二、第三、第四室，又有云東室者，亦不載石室方位之所在。

夫禮也者〔三〕，制度名數之所寓也。不有所據，必有所見。文公所述，未見其所據，當以奐之所目睹者爲廟之定制。天子與諸侯卿大夫同，所以異者，名數也。今汴梁太廟法度弊，家具有圖説。自己亥春定課時，有告隱匿官粟者，親入倉檢視，而倉即太廟也，因得考其制度焉。石室在西壁，正殿凡二十五間：始祖室三間，内附祧廟神主五位，其石室皆在西壁

〔二〕文粹、韓文、溫公集多有家廟碑：「溫」，底本缺，據魏崇武點校本補。

〔三〕夫禮也者：「也」，底本缺，據魏崇武點校本補。

而近南牖。世祖二間，内附肅宗一位。穆宗二間，内附康宗一位。太祖已下至宣宗，各二間，係八室，計一十六間；其神主石室並在西壁，東西夾室各一間。凡有神主處，每一間，門一、牖一，門在左，牖在右。已上共二十五間。

近有客曰：「毛正卿至自保州，曾爲先廟太祝〔一〕，談舊禮如在目前。」是日，坐客甚衆，談竟，奐問之曰：「如公所言，其行禮時將在秋冬，而不及春夏也。」客問：「何以知之？」奐曰：「以公止見虎席，故知其在秋冬也。若春夏，則席以桃枝〔二〕。桃枝，竹也。」客曰：「適在冬耳。」奐又問：「公之行禮，將屬時享而不及禘祫。」客問：「何以知之？」奐曰：「禘祫則太祖神主位於埳下而東向焉〔三〕，而昭在於北，南向之〔四〕；穆在於南，而北向之。公所言而曰『太祖神主在門之内，南向焉』，故知其不及禘祫也〔五〕。」客謝未嘗及禘祫。吁！此定禮也，患不素考耳。是與非，吾友訂之，恐不宜襲家禮之誤也。著書，非細事也，古之聖賢未嘗敢自作古。所謂神主之説，容面告焉。文類

東遊記

壬子春三月十六日庚子，東平行臺公宴予東園。是日，衣冠畢集，既而請謁闕里。迨丙午，乃命監修官盧龍韓文獻德華、上谷劉詡子中相其行。丁未，同德華、子中暨攝祀事孔柄器之、梁山張宇子淵、汴人郭敏伯達出望岳門，幕府諸君若曹

〔一〕曾爲先廟太祝：「廟」，魏崇武點校本作「朝」。

〔二〕則席以桃枝：「席」，底本缺，據魏崇武點校本補。

〔三〕禘祫則太祖神主位於埳下而東向焉：「埳下」，文淵閣四庫全書本作「室西」。

〔四〕而昭在於北，南向之：魏崇武點校本作「昭在於北，而南向之」。

〔五〕故知其不及禘祫也：魏崇武點校本缺「其」。

南商挺孟卿、範陽盧武賢叔賢、亳社李禎周卿、江陵勾龍瀛英孺、信都李簡仲敬、濟陰江紱孝卿、梁園李紱綬卿〔一〕、華亭段弼輔之祖於東湖之上。既別，自西而東行六十里，宿汶上縣劉令之客廳。

汶上，古之中都也，先聖之舊治，魯定公九年宰於此，縣署之思聖堂是也。有杜子美望嶽詩刻，王彥章墳祠在西城外。以斯人而仕於梁時，可知也。

戊申晨起，器之從間道先往。是日至兗州，會州佐孟謙伯益、教官張鐸振文。振文話嶧山之勝爲甚詳。子美所謂「浮雲連海岱，平野入青徐。」登南城樓詩也。徐在南四百里，青在東北七百里〔二〕，海在東北又不啻千里〔三〕，岱岳二百餘里。吁！二三千里之遠，今一舉而至，與其終身拘拘儒儒於二百里內者，不亦異乎？

己酉，拉振文而東，不四五里，過泗水，地頗高敞，南望鳧、嶧諸峯，出沒於煙蕪雲樹之表，使人豁然也。又一舍許，達於曲阜。見曳而斷者，其魯城歟？鬱而合者，其孔林歟？不覺喜色津津，溢於眉睫也。未幾，器之輩躍馬出迓，入自歸德門。魯門一十有二。正南曰稷，左曰章，右曰雩。正北曰閑，左曰齊，右曰龍。正東曰建春，左曰始明，右曰鹿。正西曰史，右曰麥，歸德其左也。當時天下學者多由是門入，故魯人以此名之。族長德剛又率諸子弟出迓於廟之西〔四〕，相與卻馬鞠躬。趨大中門而東，由廟宅過廟學，自毓粹門之北入。齋廳在金石堂南〔五〕、燕申門之北，堂取魯恭王事也。是日私忌，不敢謁。

庚戌，鐘鳴，班杏壇之下。痛廟貌焚毀，北向鄆國夫人新殿繪像修謁，而板祝如禮，告先聖文宣王曰：「嗟乎！聖人，

〔一〕梁園李紱綬卿：「卿」，底本作「鄉」，據魏崇武點校本改。
〔二〕青在東北七百里：「北」，宋廷佐刻本作「比」。
〔三〕海在東北又不啻千里：「北」，宋廷佐刻本作「比」。
〔四〕族長德剛又率諸子弟出迓於廟之西：「出」，文淵閣四庫全書本作「來」。
〔五〕齋廳在金石堂南：「石」，魏崇武點校本作「絲」。

造物也。七十子，造物之□物也〔一〕。於問答之際見之矣。問仁者七而答之者七，問孝者四而答之者四，問政者九，問君子者三，所以答之者無一似焉，不惟不違其所長，而亦不強其所不能，故大以成其大，小以成其小，造物奚間焉？垂世立教，百王所仰，未有由之而不治，舍之而不亂者也。春秋諸國，孰弱於魯？降千八百年而知有魯者，吾聖人之力也。吁！生而不見用，沒而賴之以聞，何負於魯也！後有國有家者，獨不思之耶？今日何日，匍匐庭下，死無憾矣！羈旅悠悠，禮物弗備，敢薦以誠。」

告先師兖國公曰：「夫士君子之學原於治心，聖門三千徒，孰非學也？曰好之者，獨公爲然。無事業見於當時，無文章見於後世。考之傳記，一再問而止。察之日用，一簞瓢而止。緜亘百世之下，自天子達於庶人，無敢擬議者，將從無慾始乎？抑非也？不可得而知也。適謁林廟，獲瞻井里，輒祭以告。」

告先師鄒國公曰：「子之於聖人，其猶天而地之、日而月之歟？學出於詩書，道兼乎仁義。至於知易而不言易，知中庸而不言中庸，此又人之所難能也。湯武則待子而義，匡章則待子而孝，紛紛楊墨之徒待子而後黜。其爲功用，鴻且著矣！夫豈好辯者哉？奐等去聖人彌遠，欲學無師，而復執志不勇，惟神其相之。」

降階，謁齊國公、魯國夫人之故殿。殿西而南向者，尼山毓聖侯也。次西而東向者，五賢堂也，謂孟也，荀、揚也，王與韓也。碑，孔中丞道輔文〔二〕。中丞，篤於信道者也，於家法無愧矣。遂飲福於齋廳，賓至〔三〕，凡二十有五人，酒三行而起。執事者，族中子弟也。進退揖讓例可觀，信乎遺澤之未涸也。焉知教養之久、明詔之下，人物彬彬，不有經學如安國，政跡如不疑者乎？

〔一〕造物之□物也：「□」，底本缺，據魏崇武點校本補。「□」，文淵閣四庫全書本作「因」，適園叢書本、關隴叢書本、乾縣新誌作「一」。

〔二〕孔中丞道輔文：「中」，底本作「子」，據魏崇武點校本改。

〔三〕賓至：「至」，魏崇武點校本作「主」。

「杏壇」二字，竹溪党懷英書。壇之北，世傳子路捻丁石，蓋石磨也。夫所謂勇於義而已，豈區區若是邪？一有率爾之對，而不免流俗之口，盍亦慎之？壇南十步許，真宗御贊殿也。七十二賢並諸儒贊，從臣所撰，貞祐火餘物也。手植檜三，而兩株在贊殿之前，一株在壇之南。焚毀無復孑遺〔一〕，好事者或爲聖像、或爲簪笏，而香氣特異。趙大學秉文、麻徵君九疇有頌有詩，世多傳誦之。次南，碑亭二。東亭，宋碑一，呂蒙正撰，白崇矩書，太平興國八年十月建。金碑一，党懷英撰並書篆。西亭皆唐碑也：一碑，崔行功撰，孫師範書，碑陰刻武德九年十二月詔，又刻乾封元年二月祭廟文；一碑，江夏李邕撰，范陽張庭珪書〔二〕，開元七年十月建。次南奎文閣，章宗時創，明昌二年八月也，開州刺史高德裔監修。閣之東偏門，刻顧凱之行教、吳道子小影二像。東廡碑六，皆隸書，而魯郡太守張府君碑，非也。西廡之碑八，隸書者四，餘皆唐宋碑也。

是日宴罷，併出北偏門，由襲封廨署讀姓系碑。又北行，由陋巷，觀顏井亭，亭廢矣。北出龍門，入孔林，徘徊思堂之上。由輦路而北，夾路石表二、石獸四、石人二，獸作仰號之狀。拜奠先聖墓，如初禮。前有壇石，厚三尺許，方如之，其數四十有九，後漢永壽元年魯相韓叔節造〔三〕。東連泗水侯伯魚墓，南連沂水侯子思墓。世家云：「相去十步耳」，而密邇若此，疑後人增築之也。然規制甚小，禮之所謂「馬鬣而封」者是也〔四〕。子思之西石壇，居攝元年二月造，有曰：「上谷府卿」者，有曰：「祝其卿」者。先聖墓西北，白兔溝也，一石獸〔五〕，狀甚怪。林廣十餘里，竹木繁茂，未見其北〔六〕，而楷木以

〔一〕焚毀無復孑遺：「毀」，魏崇武點校本作「撅」。
〔二〕范陽張庭珪書：「庭」，文淵閣四庫全書本作「廷」。
〔三〕後漢永壽元年魯相韓叔節造：「壽」，魏崇武點校本作「嘉」。
〔四〕禮之所謂馬鬣而封者是也：「而」，底本缺，據魏崇武點校本補。
〔五〕一石獸：「一」，魏崇武點校本作「二」。
〔六〕未見其北：「北」，魏崇武點校本作「比」。

文爲世所貴。無荆棘，無烏巢，將吾道□終不可蕪沒〔一〕，而鳳鳥有時而至歟？林東三里，講堂也。林與堂俱在洙北泗南，按世家云：「周敬王三十六年，孔子自衛返魯，删詩書，定禮樂，繫易於此。」硯臺井在其西，惜去秋爲水漫沒矣。

辛亥，謁周公廟。廟居孔廟之東北五里，有真宗御贊碑。車輞井在正東少南，水清白而甘，俗呼漿水井者是也。廟北雙石梁井，石上綆痕有深指許者。百步許，得勝果寺，魯故宮地也。殿之東北，大井圓徑六十尺，深二丈，水色墨如也。東過顏侍郎墓林。城之趾〔二〕，顏廟也。廟中孤檜高五丈許。

由曲阜西復東北行一里，入景靈廢宮，觀壽陵，陵避諱而改也。東，軒轅葬所，宋時疊石而飾之也。前有白石象，爲火爆烈。壇之石欄窮工極巧，殆神鬼所刻也。讀碑記，始知草創於祥符，潤飾於政和，而大定中因之而不毁也，此亦人君治平之久，狃於貪侈之心之所激也。福苟可求，則二帝三王必先衆而爲之，福可求乎哉？大碑四，諺云「萬人愁」者是也，而二碑廣二十有三尺，濶半之，厚四尺；贔屓高十有三尺，濶如之，厚四尺；龜趺十有八尺。二碑廣二十有四尺，濶半之，厚四尺；贔屓高十有八尺，濶十有六尺，厚四尺；龜趺十有九尺。一在城之外，一在城之内，無文字，意者垂成而金兵至也。陵曰壽陵者，誠何謂耶？

入東門，飵器之家。復西南馳，觀漢之魯諸陵。大塚四十餘所，石獸四，石人三。人胸臆間，篆刻不克盡識。有曰有漢安樂太守廉君櫜塚者。有曰府門之某者。折而北，渡雩水，入大明禪院，觀逵泉。水中石出，如伏黿怒鼉，寺碑云魯之泉宮也。薄暮，歸自稷門，望兩觀穹然。以少正卯奸雄，而七日之頃，談笑剔去，則知舜誅四凶，使天下翕然服之，明矣。孰謂聖人而有兩心哉？後世如操如懿，得全首領於牖下，不爲不幸矣。

〔一〕將吾道□終不可蕪沒：「□」，底本缺，據魏崇武點校本補。「□」，文淵閣四庫全書本作「固」，適園叢書本、關隴叢書本、乾縣新誌均無。

〔二〕城之趾：「趾」，文淵閣四庫全書本作「跡」。

登泮宮臺，臺下之水自西而南，深丈許而無源。吁！僖公一諸侯，能興學養士如此，三詠「采芹」之章而後下。其西，靈光殿基也。破礎斷瓦，觸目悲涼，而王延壽所謂：「俯仰顧盼，東西周章」者，今安在哉？

壬子，復由縣城東北行十里許，過桃落村。南望修壟曼延不絕者，周之魯陵也。東南五里，達胥溝村，拜聖考齊國公墓，而林廣四十畝。墓前石刻：「甲辰春二月望，五十一世孫元措立石，益津高翿書。」溝水在林之東北入於泗。其南防山也，而山之東西峯五，禮云「合葬於防」是也。林之北，東蒙路也。自西峯而南，謁顏子墓，石刻曰：「先師兗國公，大定甲辰三月，先聖五十代孫、承直郎、曲阜令、襲封兗聖公孔摠立石，太原王筠書。」墓前一石，僅二尺許，兩甲士背附而坐，一執斧，一執金吾。正北有小塚，不可考。顏氏子孫二房在少東上宋村。

是日東南行，並戈山而西，由白村，歷西魯元，達東魯元，館房氏家，泗州公古具鷄黍以待。古，孔氏婿也。問之，不知其爲公孫、公西也。地多虎狼，牧者爲之懼。比曉，幸無所苦。

癸丑，穿林麓而東約六里許，達尼山。二峯隱隱在霄漢間[一]，而中峯迥出，昔之所謂「穹其頂」者是也。廟庭廢雖久而規模猶見，其西智源溪橋也。端南即大成門，次北大成殿也，其東泗水侯殿，其西沂水侯殿。大成之後，鄆國夫人殿也，其後齋所也。西有齊國魯國之殿，齊國之東而南向者，毓聖侯殿也。大成之東，齋廳也，兵餘尚存焉。正北，中和壑也。廟之西南，觀川亭也。瓦礫中得一斷石，蓋前進士浮陽劉煜夾蘆辯也[二]，或曰：「『夾驢』，劉惡其鄙俚，故辨正之。」夾蘆峴，在尼山西。由亭之東回旋而下，得坤靈洞，石角濈濈，不可入。族長云：「廟戶管用、吉成嘗持火曳絙而入，比三數丈，忽隙間有光，睹一室，口廣兩楹許，中横石牀石枕，皆天成也，而不可動。今五十年矣，以管與吉幼而瘠，故可入也。」所言如此。

[一] 二峯隱隱在霄漢間：「二」，魏崇武點校本作「三」。
[二] 蓋前進士浮陽劉煜夾蘆辯也：「煜」，宋廷佐刻本「燁」，文淵閣四庫全書本作「曄」。

洞名，劉煜之所刻也〔一〕。因涉雩水，過顔母山下，觀文德林。以草木障翳，廟與聖並無所見〔二〕。尋舊路，復達魯元。

飦已，西南瀕嵎下而出，由桑家莊，歷峻山二十里，而近達四基山，遇兵士傅正，徐州人，導至鄒國公墓。墓在廟之東北，有泰山孫復碑，孔中丞立石。其西大塚七，正北墓差小，無從考之。南有寺曰「亞聖寺」。有碑，傍有古墓三。行四五里，過黄注村。又十里，由石經埠正南少西行二十里，達鄒縣，宴彭令之宅。

四月甲寅朔飯後，出南門二十五里許，達嶧山。循山之西北，絶澗亂石如屋。既而遇道者李志端，爲之前導。復西北行，遊太湖、懸鐘二洞〔三〕。洞東南行，入燕子巖。僕以病足，與德華巖下坐，待諸君之還。晡時，子中輩踵至，國祥且示嶧山圖蠟紙。按圖指顧，若仙橋之鉅石、七真之西軒，下瞰紀侯之重城、漢相之故塚，一如眼底。如玉女峯、千佛塔尤號奇絶。所至，流泉修竹、雜花名果，殆若屏面而容縷數哉！逼夕陽下山，迤邐由西□北而進〔四〕，達於縣之南關。報孟氏諸孫迎於道左，即造鄒國公廟庭。奠已，入縣，復宴於舊館。縣父老請見，爲歡飲竟夕。

乙卯，出西門，北行十里，入崗山寺，孟氏諸孫復攜酒至，由竹徑渡横橋，休於寺之静室。良久，出山，東北行二十五里，達馬鞍山，謁孟母墓。北行十五里，達趙氏莊，飯孔族家。又十里許，達於魯城之南，登郊臺。臺東西五十八步，南北四十步。魯之臺可見者三，是臺與泮宫臺、莊公臺也。不知「書雲物」者何所也？容考之。北涉雩水，由竹徑〔五〕，登浮香亭。亭以梅得名。少北一石穴，茶泉也，亦竹溪書而不名。緬想前輩風度，又有足敬也。

〔一〕劉煜之所刻也：「煜」，宋廷佐刻本「煒」，文淵閣四庫全書本作「暐」。

〔二〕廟與聖並無所見：「並」，宋廷佐刻本作「井」。

〔三〕遊太湖、縣鐘二洞：「二」，底本缺，據魏崇武點校本補。「二」，文淵閣四庫全書本作「石」。

〔四〕迤邐由西□北而進：「□」，底本缺，據魏崇武點校本補。「□」，文淵閣四庫全書本作「至」，適園叢書本、關隴叢書本、乾縣新誌均無。

〔五〕由竹徑：「由」，底本作「田」，據魏崇武點校本改。

丙辰，曲阜官佐至，以私忌，不敢飲。

丁巳，將訪矍相圃，會功叔遣其子治同諸官佐具酒饌復至，不果。時功叔抱樂正子之疾。

戊午，從德剛、子中登西南角臺，望射圃。圃在歸德門裏，道側積土，隱起草中，或其所也。臺，泰和四年七月六日，故人夢得之所築也，竊有感於懷。夢得，元措字也。是夕，孔族設祖席於齋廳。

己未，辭先聖於杏壇之下，族長德剛率族人別於歸德門外，國祥暨德剛之子立之護至兗州西。

嗚呼！讀聖人之書，遊聖人之里，幸之幸者也。然有位者多以事奪，而無位者或若力之不足也，况以豐鎬之西，望鄒魯之遠，與南北海之所謂不相及者，何異焉？流離頓挫中，有今日之遇。伯達既繪爲圖，日屬僕記之，敢以衰朽辭？勉強應命，將告未知者。是歲四月五日，紫陽楊奐記〔二〕。素王紀事〔三〕

鄆國夫人殿記

祀天而不祀地，祭日而不祭月，是豈禮也哉？况聖人之教始於夫婦，達於天下。不爾，父子、君臣、上下泯矣。前廟後寢，三代之定制，而吾夫子之祀，本用王者事。

闕里之舊有鄆國夫人殿，久矣。由唐宋降及於金，號稱尤盛。貞祐之亂，掃地無餘，故老彷徨，莫不痛心。東平行臺嚴公忠濟仰體朝廷尊師重道之意，以興廢補弊爲所務，經始於己酉八月，落成於壬子之七月。

先是，夫人之神座生木芍藥一本，見者異之。明年，修廟之令下，適造舟者犯我林廟，伐我民冢，珍材堆積如阜。聞公

〔二〕按：乾縣新誌於此文之後有題東遊記（見還山遺稿附録部分），作者分別是陳儼、段廷珪、璩次淵，均爲元人。

〔三〕素王紀事：底本缺，據魏崇武點校本補。

之至，盡委而去。乃命參佐王玉汝、監修官兼攝祀事孔構召匠計之，僉曰：「搆正位則不足，營寢宮則有餘。」衆志既協，遂訖茲役，花之祥驗矣，而工食塗餙之費不論也。夫神恠之不語固然，而「有開必先」之説，如之何其廢之也？

夫人姓亓官氏〔一〕，宋女也。泗水侯鯉，息也。沂水侯伋，息之子也。先聖之爲中都宰，爲大司寇，攝行相事，夫人不以爲泰；畏於匡，拔樹於宋，削跡於衛，絶糧於陳蔡，夫人不以爲否。窮通出處無一而不預，所以血食者，其斯乎？彼湘水之娥皇、郃城之姜嫄，祠宇之顯者也。擬諸鄉邑子孫每四仲之月肅三獻之禮，歷千萬世而下弗絶者，不有則矣乎？

噫！當崇奉者，聖人之功也。當踐履者，聖人之道也。苟知其功而不知其道，則與事淫祠野廟等矣。吾恐神意一日不能安乎此，孰謂聖人安之耶？尚來者無忽！文類

洞真真人于先生碑 並序〔二〕 石刻在祖庵

盈尺之璧、徑寸之珠，天下皆知其爲寶也，不以藴於山淵而不聞，況於人乎？東吳宣父炳辟世辟地之訓〔三〕，歷代史臣列隱逸逸民之傳，宜乎綿亘千數百載而不廢也。僕儒家者流，竊有志於史學，謹按洞真之行實，斯亦古之所謂宗師者歟？故碑之無疑。

師諱善慶，字伯祥，寧海人，高門于公之後。祖彦升，主好時縣簿。考道濟，韜光不仕。師幼不茹葷，長通經史大義，雅

〔一〕夫人姓亓官氏：「亓」，宋廷佐刻本作「开」。

〔二〕按：此文標題，甘水仙源録作終南山重陽萬壽宮洞真于真人道行碑。

〔三〕東吳宣父炳辟世辟地之訓：「吳」，魏崇武點校本作「魯」；「宣父」，乾縣新誌作「文宣」。

嗜道德性命之學，與丹陽同里閈。大定二十二年，丹陽演法於金蓮道場，耄稚雲集〔一〕，而師預焉。時甫十七矣，丹陽見而奇之，且歎曰：「向畏重陽譴訶，頗萌倦馳。然得以終其業者，彥升之力也〔二〕。使是兒入道，殆天報乎其家？」聽執几杖以從。再年冬，丹陽返真，徑造隴州龍門山，謁丘長春，長春俾叅長真於洛陽，得煉心法，丐食同華間。明昌初，長春歸海上，屬曰〔三〕：「汝緣在汧隴，無他往。夫人需友以成，不可不擇。」復入秦，卜吳嶽東南峯，鑿石以處，日止一餐。凡可以資於道者，造次不暫舍，絕跡人間七八年，迄今目其龕，曰「于真人洞」。友蒲察道淵待之如師，後創觀平陽之石門〔四〕。承安中，好事者輸資有司，買玉清之額〔五〕，禮體玄大師，尋佩受法籙，以輔道救物，遠近益加崇敬。

泰和三年，隴之州將保賜沖虛大師號。五年，再謁長春，啓證心印，退隱相州天平山。六年，長春介畢知常緘示密語，督還汧隴，仍易名「志道」。師再三敬諾，叅長生久視之道，聲價隆重〔六〕，煇照一時，雖黃髮故老，自以爲不逮也。嘗謂學仙者存乎積累〔七〕，赴人之急當如己之急。八年，南征凱還，憫其俘纍，必盡力購援而後已。元光二年，隴山亂，中太一宮李沖虛聞之，舉以自代，不起。

正大改元，上悼西軍戰歿，遣禮部尚書趙公秉文祭於平涼，充濟度師。秉文高其節，圖像薦諸朝，召之，又不起。二年饑荒，或言：「路直秦岐之咽，過客無別，歲計奈何？」師曰：「吾門一見其難而遽如許，不廣甚矣。」言者悚愧。未幾，秋

〔一〕耄稚雲集：「耄」，魏崇武點校本作「耋」。
〔二〕彥升之力也：甘水仙源録無「之」字。
〔三〕屬曰：「屬」，甘水仙源録作「囑」。
〔四〕後創觀平陽之石門：「平」，甘水仙源録作「汧」。
〔五〕好事者輸資有司，買玉清之額：甘水仙源録作「好事者請玉清額」。
〔六〕叅長生久視之道，聲價隆重：「視」「聲」二字，底本缺，據乾縣新誌本補。
〔七〕嘗謂學仙者存乎積累：「嘗」，甘水仙源録作「常」。

大熟，遷五姓洞真觀，環居弗出，逼中使絡繹不絶，起而應之，遂領中太一宫事。七年，河南不雨，詔近侍護師降香濟源。上初期望祀於宫中，而臨河阻風。鐵札既沉，斥鼓棹前進，登岸，風如故，立致甘澍。持旨褒異，兼提點五嶽佑神觀。天興二年春，京城迭款于我朝，驛訪高道，以師爲之冠。秋七月，約山中欒渡北邁〔一〕。時苦於餓，依附者衆，船人疑其有金帛，迤邐沿流而下。夜將半，過一沙渚，委之而去。黎明，驚濤四涌，莫不倉皇失措。會八柳樹堤潰，乃定，徐謂弟子符道清曰：「今日之事，非爾不能濟。」道清，秦人，不安於水，承命，捷若神助。俄賂二舟馳迓，舉脱其厄。其臨事如此。過魏、過魯、過趙，諸侯郊迎以相躡，擁篲以相先。玄通子范圓曦乃爲人所尊信，主東平上清宫，聞風虚席引避，良有以也。乙未秋，入燕，致祠處順堂下。適清和嗣教門事，待之如伯仲。丙申，燕境夏半而蝗〔二〕，俯徇輿情，投符盧溝，乃雨，蝗不爲災。

戊戌夏四月，詔天下選試道釋，進號通玄廣德洞真真人。秋七月，掌教李公真常奏請住持終南山重陽萬壽宫，適北京留守烏公築全真觀，奉之。庚子，京兆太傅移剌寶儉〔三〕、總管田雄，交疏邀師會葬祖庭。即日命駕入關，總宫事，綦白雲、李無欲實綱維之，而曹沖和志陽實潤色之。

丙午夏五月，西遊鞏昌，以汪侯德臣敦請故也。冬，盤桓秦亭，賓僚劉澤瑽、王道寧、焦澍朝夕左右，動静語默具西州録。丁未春二月，還宫，張道士來雲中，躬拜庭下，師堅讓不受，執事者曰：「真人壽山九秩〔四〕，簪冠滿前，以此而處淵源之地，過矣。」師曰：「禮無不答。『大白若辱』、『廣德若不足』，老氏有之。以丹陽接一童子，必答焉，忍自尊大耶？」庚戌冬十月二日沐浴，正襟危坐猶平日。翌日留頌，以寓「生不必樂，死不必憂」之旨，曲肱斂息，坦然順化，春秋八十五。後九

〔一〕約山中欒渡北邁：「山」，甘水仙源録、適園叢書本、關隴叢書本、乾縣新誌本作「由」。

〔二〕燕境夏半而蝗：「夏半」，魏崇武點校本作「大旱」，古香氏抄本作「旱」，文淵閣四庫全書本作「因旱」。

〔三〕京兆太傅移剌寶儉：甘水仙源録無「京兆」二字。

〔四〕真人壽山九秩：「山」，魏崇武點校本作「垂」。

日，葬於宫之西北隅，有洪鐘集行於世。

鎮陽馮侍郎壁傳其事甚悉〔一〕，在汴則尚書左丞張公行信、平章政事侯公摯、司諫許公古、禮部尚書楊公雲翼、王府司馬李守節、修撰雷淵、應奉翰林文字宋九嘉，在燕則陳漕長時可、吴大卿章、張侍讀本，在關中則叅省王輔臣、部中邳邦用〔二〕、講議來獻臣、同德、寺丞楊天德、員外郎張徽、中書掾裴憲、經籍官孟攀鱗、署丞張琚，蓋當世景慕者也，容力取而言詰之哉？

師間氣天挺，謙慈夷粹，似簡而不失之倨，似和而不涉於流，信乎其難名也。四方學徒不可勝數，雖久於其事者，未嘗見喜怒之色形於顔間。察其日用之常，則寒暑風雨無少變。六十八年，脅不沾席，衣不解帶，可謂慎終如始矣。與人言，惟「正心誠意」而已。至於嗇神頤真之祕，苟非其人，閉口不吐，恐失之強聒也。精潔儉素，不習而能。一履韈之細，至經歲不易，肯以絲毫利諸己耶？東徹海岱，南窮襄鄧，西極鞏洮，北際燕遼，瑰蹤瑋跡，章章可考。

葬之明年春，僕以南漕長告老燕臺，無欲子促其徒往返六千里，懇徵文石。嗚呼！玄鶴不來，青山已塵。遐想巖扉，強勒之銘。銘曰：

維道與天初同原，方術分裂無迺繁。至人躍然起海門，丹陽嫡子重陽孫。空山大澤環四垣，隱几坐觀萬馬奔〔三〕。物生不願爲犧罇，火烈始見玉性温。西翱東翔動帝閽，歲旱懷詔濟瀆源。鴻流怒濤鯨吐吞，靈符一擲攝老坤〔四〕。蜚廉馮夷掖兩轅，焦穀再汰如平反〔五〕。朝那夜哭戰死魂，霓旌豹尾交繽繙。楊枝麾灑消沉冤，隨機應物忘清渾。疾雷破聵電燭昏，功成

〔一〕鎮陽馮侍郎壁傳其事甚悉：「壁」，魏崇武點校本作「璧」。

〔二〕部中邳邦用：「部」，魏崇武點校本作「郎」。

〔三〕隱幾坐觀萬馬奔：「馬」，適園叢書本、關隴叢書本、乾縣新誌本作「物」。

〔四〕靈符一擲攝老坤：「攝」，魏崇武點校本作「懾」。

〔五〕焦穀再汰如平反：「汰」，魏崇武點校本作「沃」。

弗居德愈尊。上賓碧落何軒軒？道路掩面泣宿恩〔二〕。洪鐘叩擊皆玄言，包括鄭圃羅漆園。陸陶殊派契義敦，我舌人筆勢可捫〔三〕，赤書翠琰馨蘭孫。

重修嶽雲宮記　此記得於王平川

天下形勢之重，莫重於河陽孟州。附邑懷、洛，咽頤之地，南通湖襄，北抵燕薊，出入往來，未有不由於此。拏舟鼓枻，喘息靡暇。承平日，坐挾府庫倉庾之饒，而猶病諸。戰鬭三十載，館舍灰燼，閭巷荆棘，雖智者亦無及矣。介乎兩州之間，宮曰嶽雲。大行、王屋堆藍擁翠，又極一方形勢之選。五六月，漲水瀰漫，藕花菰葉動搖於空濛晃漾中〔三〕，閬風玄圃，徒費丹青。途之人望而歸之不翅其家，饑者則思飫，渴者則思飲，止者則思寧，其棲神汎然應之，未聞拒人以色。

余竊禄漕臺，歲受約束於燕，嘗假榻以溷，執事詰所以爲教，曰："今之全真也，以水譬之：重陽發其源，丹陽、長春廣其流，衍其派，譚、劉、王、郝猶流派之有江河，其歸一也。"詰宫之目〔四〕，曰："長春初年游秦，載瞻靈嵩，揭庵之名，庶幾混跡市廛，不忘乎雲山之勝。歲壬子，嗣教真人常大宗師準恩例，故因庵而更爲宮。"

"其始末如之何？"曰："登州蘇公、范陽許公、金臺宋公草創之，泰和、興定時事。迨國朝，棲神子出，修飾而潤色之。棲神諱志祐，姓王氏，林慮人。其至也以乙未，其升也以己亥，壽八十有八，具李翰林陽臺宮碑。繼之者，包公志

〔二〕道路掩面泣宿恩："泣"，甘水仙源録作"泫"。

〔三〕我舌人筆勢可捫："人"，魏崇武點校本作"入"。

〔三〕藕花菰葉動搖於空濛晃漾中："晃"，魏崇武點校本作"滉"。

〔四〕詰宫之目："目"，魏崇武點校本作"自"。

安也。」

「其取與如之何？」曰：「野人義以取之，義以與之，而無親疎富貴之與貧賤也。然而歲計出入之用，綽綽而無匱。比之世人，亦無憂勞迫其身、困其慮也。」

或笑於其旁，曰：「學仙者玄虛以爲本，清淨以爲宗，獨不憚煩之甚？」余曰：「不然。夫仙也者，各適其適也。至於登明儁良，垂拱巖廊，九重之仙也。言聽諫從，官師承式，卿相之仙也。海波四澄，羽檄不飛，將校之仙也。草翳訟庭，鈴索聲沉，守令之仙也。至於負販之兒，星行露宿，東交西易，而畏途之禍不聞；耕稼之叟，風雨以時，高廩參差，莫棄家離鄉之爲憂〔一〕；搢紳先生，鈎軒横几，重編疊簡，得以講明唐虞周孔之懿訓〔二〕、君臣父子之大義，是亦仙矣。況方外之士居不聯乎里社，齒不沾乎版籍，無轉輸征戍之勞〔三〕，無頭會箕斂之迫，道之精微玄妙靡不洞貫，而能悠然以盡天年〔四〕，孰謂非仙也乎？且道不遠於人，亦由學而可人〔五〕。所謂絶學無憂，戒其蕩而弗返。向見棲神之後〔六〕，香火之隙，研精語、易者十常四五。」

客堅謝之，乃登高山〔七〕，撫襟興慨，作迎雲、送雲詩二章遺志祥、志祥〔八〕，歌之曰〔九〕：

〔一〕莫棄家離鄉之爲憂：「棄」，魏崇武點校本作「頽」，乾縣新誌本作「危」。
〔二〕得以講明唐虞周孔之懿訓：「周」，魏崇武點校本作「姬」。
〔三〕無轉輸征戍之勞：「戍」，文淵閣四庫全書本作「伐」。
〔四〕而能悠然以盡天年：「能悠」，魏崇武點校本作「陶陶」。
〔五〕亦由學而可人：「由學」，底本缺，據魏崇武點校本補；「人」，魏崇武點校本作「入」。
〔六〕向見棲神之後：「神之後」，魏崇武點校本作「神之徒」，文淵閣四庫全書本作「易之後」。
〔七〕乃登高山：「乃登」，魏崇武點校本作「仰止」。
〔八〕志祥：「祥」，魏崇武點校本作「雲」。
〔九〕歌之曰：「歌之」，魏崇武點校本作「其辭」。

海濤紅兮晨露晞，岳隆隆兮雲飛飛。欻幽竇兮如期〔一〕，百年開闔兮窗與扉。城郭良是兮人已非，夕陽慘澹兮行路稀〔二〕，雲趨岳兮知歸。回舟兮箭激，沙鳥兮忘機。邈故山兮千里，悵夙心兮獨違。

總帥汪義武王世顯神道碑

總公系出汪骨族〔三〕，貞祐二年，西北臲卼，階戰功，起家爲千去長〔四〕。八轉，領同知平涼府事。正大四年，領隴州防禦使，進征行從宜，分治陝西西路，行六部郎中。西南用兵窘迫〔五〕，公奮然倡率豪右助邊〔六〕，隣郡從之〔七〕，軍餉以是不絕〔八〕。五年〔九〕，以鞏州衝要之地，命公出守兼治中〔一〇〕，轉同知兼參議帥府機務〔一一〕。是時，所在用兵〔一二〕，饑疫薦臻，鞏州危急，公命

〔一〕欻幽竇兮如期：「竇」，魏崇武點校本作「扃」。
〔二〕夕陽慘澹兮行路稀：「陽」，魏崇武點校本作「日」。
〔三〕總公系出汪骨族：「總」，底本缺，據乾縣新誌本補。
〔四〕起家爲千去長：「千」，底本缺，據魏崇武點校本補。「去」，魏崇武點校本作「夫」。
〔五〕西南用兵窘迫：「用兵」，魏崇武點校本作「調度」。
〔六〕公奮然倡率豪右助邊：「奮然倡」，魏崇武點校本作「發家貲」，乾縣新誌本作「發家資」。
〔七〕隣郡從之：「從」，魏崇武點校本作「效」。
〔八〕軍餉以是不絕：「是」，魏崇武點校本作「之」。
〔九〕五年：「五」，魏崇武點校本作「六」。
〔一〇〕命公出守兼治中：「命公出守」，魏崇武點校本作「陞鞏昌府，改」。
〔一一〕轉同知兼參議帥府機務：「轉同知兼參議」，底本缺，據魏崇武點校本補。
〔一二〕所在用兵：「用兵」，魏崇武點校本作「殘滅」。

完顔仲德擁將士〔一〕、吏民出保石門。九年，以公有智勇，命公拜便宜總帥，制旨大約屬以社稷爲念，公感泣自奮。至於糧械〔二〕，莫不精贍。明年，京都變〔三〕，郡縣風靡，公獨爲之堅守。越三年，猶按堵如故，而外攻不弛。謂其衆曰：「宗祀已矣，吾何愛一死？千萬人之命懸於吾手。平居享高爵厚禄，死其分也。餘者奚罪？與其自經於溝瀆〔四〕，姑徇一時之節，孰若屈己紆斯人之禍〔五〕？」會頓兵城下，率僚佐耆老持牛羊酒幣迎謁焉。曰：「吾征討有年，所至皆下，汝獨爾耳，何也？」對曰：「有君在上，賣國市恩之人，諒所不取。」王大悦，敕其下絲毫無所犯〔六〕，蓋乙未冬十月四日也。且詣行帳，寵之以章服〔七〕，職仍故。即日南征，鳩士馬，截嘉陵，蹴大安。未幾凱旋，疊承獎賚。

丙申，備前鋒，進攻大安南〔八〕，田、楊諸蠻結陣來拒〔九〕，公麾輕騎五百撓之，衆亂，首尾不相藉，潰圍出，與南將曹將軍潛兵作犄角計〔一〇〕，公單騎往突之〔一一〕，格殺數十人。黎明軍合，殪其主將。王嘉嘆之，賜名馬、佩刀。公退，語所部曰〔一二〕：

〔一〕公命完顔仲德擁將士：「命」，魏崇武點校本作「與便宜總帥」。

〔二〕以公有智勇，命公拜便宜總帥，制旨大約屬以社稷爲念，公感泣自奮。至於糧械：「以公有智勇，命」，魏崇武點校本作「仲德勤王東下」；「稷爲念，公感泣自奮。至於」，底本缺，據魏崇武點校本補。

〔三〕京都變：「都」，魏崇武點校本作「城」。

〔四〕與其自經於溝瀆：「自」，底本缺，據魏崇武點校本補。

〔五〕孰若屈己紆斯人之禍：「紆」，魏崇武點校本作「紓」。

〔六〕敕其下絲毫無所犯：「毫」，魏崇武點校本作「髮」。

〔七〕寵之以章服：「寵」，魏崇武點校本作「罷」。

〔八〕進攻大安南：「攻」，魏崇武點校本作「次」。

〔九〕田、楊諸蠻結陣來拒：「拒」，國朝名臣事略卷六總帥汪義武王世顯中清張金吾朱筆補字作「撈」。

〔一〇〕潰圍出，與南將曹將軍潛兵作犄角計：「圍出，與」，魏崇武點校本作「走。日暮」；「潛兵」，底本缺，據魏崇武點校本補。

〔一一〕公單騎往突之：「往」，魏崇武點校本作「馬」。

〔一二〕語所部曰：「部」，魏崇武點校本作「親」。

「吾已撤彼之藩籬〔一〕，行寢其堂奥矣。」

丁酉春，遂圍武信城〔二〕，燈市帖然，出其不意〔三〕，金獲府庫〔四〕，遂蹂資、普。戊戌，軍葭萌之南，敵兵不敢出，依山爲柵〔五〕，公選數百騎奪山而入〔六〕，多所俘殺，得其驍將〔七〕。乘勝赴資州、璧山間。識公旍幟〔八〕，驚怖奔逸〔九〕。鈔嘉定峨眉以歸。

己亥秋，俾隸達海公節制〔一〇〕，道險，霖雨阻格〔一一〕，攀木緣磴，徹開州。聞蜀軍列萬州南岸，公伺夜，伏兵上流，舟北岸以疑之。既而由上流鼓革舟而下，襲敬之〔一二〕，追奔逐北，直抵夔峽。公返而揉之〔一三〕，幾無噍類。涉巫山，與援軍遌，復剿三千餘級。比春，分兵掖江引還，及涪州，修浮梁，信宿而辦〔一四〕，以濟南道之師環攻崇慶，守者開門延敵，他將莫能支。公

〔一〕吾已撤彼之藩籬：「彼」，國朝名臣事略卷六總帥汪義武王世顯中清張金吾朱筆補字作「蜀」。
〔二〕遂圍武信城：「遂圍」，魏崇武點校本作「夜入」。
〔三〕燈市帖然，出其不意：底本缺，據魏崇武點校本補。
〔四〕金獲府庫：「金」，魏崇武點校本作「全」。
〔五〕敵兵不敢出，依山爲柵：「敵兵不敢出，依」，魏崇武點校本作「都統清潤劉阻」。
〔六〕公選數百騎奪山而入：「山」，魏崇武點校本作「柵」。
〔七〕得其驍將：「驍將」，魏崇武點校本作「輜械」。
〔八〕識公旍幟：「旍」，國朝名臣事略卷六總帥汪義武王世顯中清張金吾朱筆補字作「旗」。
〔九〕驚怖奔逸：「驚」，國朝名臣事略卷六總帥汪義武王世顯中清張金吾朱筆補字作「駭」。
〔一〇〕俾隸達海公節制：「達」，魏崇武點校本作「塔」，宋廷佐刻本作「搭」。
〔一一〕霖雨阻格：「阻格」，乾縣新誌本作「滂阻」；「格」，魏崇武點校本作「潦」，文淵閣四庫全書本作「行」。
〔一二〕襲敬之：「敬」，魏崇武點校本作「破」。
〔一三〕公返而揉之：「揉」，國朝名臣事略卷六總帥汪義武王世顯中清張金吾朱筆補字作「搏」。
〔一四〕信宿而辦：「辦」，宋廷佐刻本作「辨」。

提戈首出，人服其膽勇，蕲併力以拔其城。天大暑，乃罷。秋覲，帝數其功，賜金符，公拜謝曰：「實陛下威德所致，臣何預焉？」上樂其知體，首肯者再四。

辛丑，蜀帥陳隆之自稱百萬衆，馳書索戰。十月五日，公略地成都，薄城而陣〔一〕，彼屢戰屢卻，堅壁不出，公曉以禍福。十二日夜，田顯縋城投欵，覺之，公曰：「事急矣！」叱梯入城〔二〕，救軍民從顯而出者七十餘口〔三〕，獲陳隆之，斬之。五日，公領精銳五百擣漢州，州兵三千出戰，門閉〔四〕，盡陷。三日，軍薄城〔五〕。又三日，克之，露布以聞。王擊節嘆賞，仍賜田顯錢物。

癸卯春，公且疾，忽被召，即戒首途。既見，錫虎符，總便宜總帥〔六〕，手劄河秦〔七〕、鞏、定西、金、蘭、洮、會、環、隴、慶陽、平涼、德順、鎮戎、原、階、成、岷、疊、西和等二十餘州，事無鉅細，惟公裁決。以憂深責重，疾再作，竟不起。

公器局宏遠，資仁孝，奉養太夫人，斯須靡忘。征南，得旨酒，不遠數千里載歸，以備滫瀡。處喪，不御酒肉。劬勞之日，必致齋薦祭。喜儒術，聞介然之善，應接無少倦罷。羈人寒士至，解衣推食。生館死殯，各得其所。還自蜀，輦書數千百卷，而圖畫半之。

士卒必與同甘苦，如父兄之於子弟，然臨陣整肅，無敢干者。憫新民未輯，刑清役寡，縱所不免，猶度力緩期，不至急

〔一〕薄城而陣：「薄」，魏崇武點校本作「傅」；「城」，宋廷佐刻本作「成」。
〔二〕叱梯入城：「入城」，魏崇武點校本作「城入」。
〔三〕救軍民從顯而出者七十餘口：「十」，乾縣新誌本作「千」。
〔四〕門閉：「門」，國朝名臣事略卷六總帥汪義武王世顯中清張金吾朱筆補字作「城」。
〔五〕軍薄城：「薄城」，魏崇武點校本作「畢集」。
〔六〕總便宜總帥：「總」，魏崇武點校本作「擢」。
〔七〕手劄河秦：「河」，魏崇武點校本作「付」。

暴。上下相安〔一〕，不聞告訐。或有牽連，議從寬釋。同屬異主者乃盡力購聚之〔二〕。每事先立規程，而後處之，以及訟庭驛舍，則靜若隆平時。休沐對客，命觴雅歌投壺而已。燕居遊逸，若不勝衣。遇敵先登，刈旗斬將，勇壓三軍，雖古名將，無以加矣。名臣事略

李狀元事略〔三〕

李狀元諱俊民，字用章，澤州晉城人。資醇謹，重然諾，不妄交遊。金承安中，舉進士第一，釋褐應奉翰林文字。南遷，隱嵩州鳴皋山。北渡，客覃懷，未幾入西山。既而變起倉卒，識與不識，皆以知幾許之。居鄉閭，終日環書不出，四方學者不遠千里而往，隨問隨答，曾無倦色。會皇弟經理西南夷，聞其賢，安車馳召，不得已，起而應之，延訪無虚日。遽乞還山，王重違所請，遣中貴護送之。年八十餘而卒〔四〕。世之知數者無出子聰右，而子聰猶讓之。名臣事略

孟子箋略〔五〕

後世莫不有志於三代之治，而卒不能至者，謂之時勢之異，不可也，學之不至也。三代之前，君必學而後王，臣必學而

〔一〕上下相安：「相安」，底本缺，據魏崇武點校本補。
〔二〕同屬異主者乃盡力購聚之：「乃」，魏崇武點校本作「多」。
〔三〕按：底本原無篇題，據魏崇武點校本補。
〔四〕年八十餘而卒：「餘」，底本缺，據魏崇武點校本補。
〔五〕按：底本原無篇題，據魏崇武點校本補。

後仕，雖匹夫匹婦之賤，靡不學也。後之世，君學而臣不學者有之矣，臣學而君不學者亦有之矣。且農有農之師，工有工之師，以一家一國至於奄有天下之大，不資於學，雖堯、舜、孔、顔之質，有能不爲物之汩沒者幾希矣。

又曰：法制立，可與語政。德禮修，可與語教。仁聖備，可與語化。化之不至，有教焉。教之不至，有政焉。政之不立，區區盡心力於簿書獄訟期會之間者，俗吏也。以俗吏之所爲，而欲與三代擬隆，非所聞也。

又曰：晉魏出，臣道壞；佛老興，子道絶。

又曰：異端蟠結於中國而不解者，以名士大夫主之也，故唐則蕭瑀、王縉、白居易、裴休、梁肅也，宋則王安石、蘇軾、黄庭堅、張商英也，故上而君相，下而閭里，信之而不疑。

又曰：三代之前，功爲德之輔。三代之後，功爲德之賊。求速效者必入於伯。伯者，始強而終弱也。孟子箋

立課稅所〔二〕

歲在己丑十有一月，中書耶律公以軍國大計，舉近世轉運司例，經理十路課稅，易司爲所，黜使稱長，相豐歉，察息耗，以平歲入。奏可，一聽中書省總之。開創伊始，制度未遑，天下郡縣猶以財賦自贍。不重其權，則無以剗其弊。故官吏污濫得廉糾之，刑賦舛錯得釐正之，至於風俗之疵美、盜賊之有無、楮貨之低昂，得季奏之。凡在吏許自辟以從，被選者以爲榮。名臣事略

〔二〕按：底本原無篇題，據魏崇武點校本補。

闕里題名

壬子春三月甲辰二十有六日庚戌〔二〕，奉天楊奂、上谷劉詡、盧龍韓文獻、任城張鐸、彭城王明達、梁山張宇、陳郡王元慶、古汴郭敏祗謁。

西嶽廟題名

河南路漕長、奉天楊奂告老後，應王府之召，同前進士獻陵劉繪祗謁金帝祠下，門人員擇、同里王燦、張宇、張端、繪之子克敬、克讓從行。時癸丑清明前十日題，並門高簡刊。

乾陵題名

楊涣然納南漕印後，癸丑清明還故里，與武功張君美同謁陵下。門人員擇書，高簡刻。時親舊城居者七，田居者二十有一。悲夫！

〔二〕 壬子春三月甲辰二十有六日庚戌：「有」，底本缺，據魏崇武點校本補。

還山遺稿卷下

五言絶句

録汴梁宫人語十九首[一]

一入深宫裏，經今十五年[二]。長因批帖子，呼列御牀前[三]。

歲歲逢元夜，金蛾鬧簇巾。見人心自怯，終是女兒身。

殿前輪直罷，偷去賭金釵。怕見黄昏月，殷勤上玉堦。

翠翅珠搵背，小殿夜藏鈎。驀地羊車至，低頭笑不休。

内府頒金帛，教酬賀節盤。兩宫新有旨，先與問孤寒。

人間多棗栗，不到九重天。長被黄衫吏，花攤月賜錢。

〔一〕十九首：國朝文類題下無此三字。乾縣新誌本則作「楊焕然先生此十九首，雖一時之所寄興，亦不無有傷感之意（輟耕録）」。

〔二〕經今十五年：「五」，宋廷佐刻本作「九」。

〔三〕呼列御牀前：「御」，宋廷佐刻本作「玉」。

仁壽生辰節〔一〕，君王進玉卮。壽棚兼壽表，留待北還時。

邊奏行臺急，東華夜啓封。內人催步輦，不候景陽鐘。

畫燭雙雙引，珠簾一一開。輦前齊下拜，歡飲辟寒杯。

聖躬香閣內，只道下朝遲。扶杖嬌無力〔二〕，紅綃貼玉肌。

今日天顔喜，東朝內宴開。外邊農事動，詔遣教坊回。

駕前雙白鶴，日日候朝回。自送鑾輿去，經今更不來。

陟覺文書靜，相將立夕陽。傷心寧福位，無復夜薰香。

二后睢陽去，潛身泣到明。卻回誰敢問，較似有心情〔三〕。

爲道圍城久，妝奩闕犒軍。入春渾斷絕，飢苦不堪聞。

監國推梁邸，初頭靜不知。但疑牆外笑，人有看宮時。

別殿宮刀嚮〔四〕，倉皇接鄭王〔五〕。尚愁宮正怒，含淚強添妝。

一向傳宣喚，誰知不復還。來時舊鍼線，記得在窗間。

〔一〕仁壽生辰節：「壽」，魏崇武點校本作「聖」；元詩選本於「壽」字下有小注「一作聖」。

〔二〕扶杖嬌無力：「杖」，魏崇武點校本作「仗」。

〔三〕較似有心情：「較」，魏崇武點校本作「校」。

〔四〕別殿宮刀嚮：「宮」，魏崇武點校本作「弓」。

〔五〕倉皇接鄭王：「皇」，國朝文類作「黃」。

北去遷沙漠，誠心畏從行。不如當日死，頭白若爲生。元文類〔二〕

酬昭君怨

玉貌辭金闕，貂裘擁繡鞍。將軍休出戰，塞上雪偏寒。同上

遊嵩山十三首

轘轅坂

盤盤十二曲，石嶺瘦崢嶸。脚底有平地，何人險處行？

太室

茂陵骨已朽，萬歲恐虚傳。莫上中峯頂，秦城隔暮煙。

少室

方若植嵬冠，森若削寒玉。明月夜中遊，誰家借黄鵠？

啓母石

頑石本在世，啓母人亦知。可憐宋太后，死罵寧馨兒。

〔二〕按：元詩選本於組詩之末首下有小注云：「陶九成輟耕録云『楊文憲公録汴梁宫人語十九首，雖一時之所寄興，亦不無有傷感之意。』按紫陽又嘗作汴故宫記，敍次甚悉，至今讀之，猶可想見其制度規模也。亦載輟耕録及蘇天爵元文類中。」

少姨廟

路傍雙闕老，蔓草入荒祠。時見山家女，燒香乞繭絲。

盧巖

避名名在世[一]，身瘠道還腴。未到千年後，空巖已姓盧。

龍潭

壯哉昌黎筆，談笑排佛禍。不言動鬼神，翻疑觸雷火。

五渡水

幾時落東溪，曲折臥天漢。語似登山人，可飲不可盥。

測影臺

一片開元石，愈知天地中。今宵北窗夢，或可見周公。

箕山

土階墮渺茫，多少曹與馬。底事住青山，近代無讓者。

潁水

邂逅洗耳翁，去飲上流水。此日倘相逢，黃犢應渴死。

卓錫泉

大士傳心要，諸方叩道玄。至今卓錫地，瑩徹有遺泉。

〔一〕避名名在世：「在世」，魏崇武點校本作「自在」。

巢翁塚

既知田間樂，焉知田間苦？惟是唐虞朝，所以有巢父。俱河南誌〔一〕

再題筠溪〔二〕 石刻在祖庵

朝遊筠溪上，暮遊筠溪下。瘦影浸寒流，無塵更瀟灑。

五言律詩

泊老鸛嘴〔三〕

衮衮風生嘴，娟娟月印沙〔四〕。船頭平壓浪，棹尾旋成花〔五〕。老去長爲客，愁來轉憶家。雙棲疎影裏，羨殺柳橋鴉。

〔一〕俱河南誌：底本缺，據魏崇武點校本補。

〔二〕按：底本缺此詩，據魏崇武點校本補。古香氏抄本、文淵閣四庫全書本均無此詩。

〔三〕泊老鸛嘴：皇元風雅、元詩選本作「泊舟老鸛觜」。

〔四〕娟娟月印沙：「娟娟」，皇元風雅、元詩選本作「涓涓」。

〔五〕棹尾旋成花：「棹」，元詩選本作「櫂」。

青峯寺哭燦然弟

長别惟生死，難忘是弟兄。但吾今到處，想汝昔曾行。鄉社三年阻，兵戈一夢驚。青山風雨夜，此去更傷情。

晚至青口

長年困行役，短髪易飄零。世事驚春夢，交情散曉星〔一〕。燒痕侵路黑，柳色夾堤青。落日明霞底，原情動鶺鴒。

次答正卿〔二〕

客愁青鏡裏，歸夢白鷗邊。故國人何在，新秋月又圓。米鹽逢此日，詩酒負殘年。長羨平林鳥，雙飛入暮煙。俱五倫詩

同完顏惟洪至樓觀聞耗 石刻在樓觀

蓬萊隔滄海，虎豹護天關。白髪知誰免，青牛竟不還。茶分丹井水，詩入草樓山。顧我負何事，區區鞍馬間。

〔一〕交情散曉星：「情」，元詩選本作「親」。

〔二〕按：皇元風雅、元詩選本將此詩與後邊另一首次答正卿（「何人依玉樹」）編排在一起。元詩選本總題作次答正卿二首。

宿草堂二首〔一〕

一徑逍遥苑〔二〕，千年羅隱家〔三〕。荒林藏屋小〔四〕，細逕逐溪斜。老檜今何在〔五〕，瑞蓮春自花〔六〕。山靈憎俗駕，朝暮白雲遮。

蕭寺人蹤斷〔七〕，幽溪野性便。魚鬚分浪細，虎跡印沙圓。餓鼠偷僧飯〔八〕，飢蚊破客眠。獻芹吾豈敢？直欲劚山田。

寄商孟卿

無窮惟永日，有盡是流年。白髮誰能免，丹經恐妄傳。會心人健否？到處冢纍然。衮衮風波地，方思萬里船。

〔一〕按：乾縣新誌本在詩題下有小注云：「草堂寺逍遥園，在鄠東二十五里草堂營。寺內有禪宗世系碑，豎於姚秦三藏法師鳩摩羅什之舍利塔前，光鑑可人。塔高七尺，八面，十二級，寺東有高冠河。」

〔二〕一徑逍遥苑：「一」，鄠縣誌、魏崇武點校本作「百」；「徑」，魏崇武點校本作「頃」。

〔三〕千年羅隱家：「隱」，鄠縣誌、魏崇武點校本作「什」。

〔四〕荒林藏屋小：「屋」，鄠縣誌作「吾」。

〔五〕老檜今何在：「在」，鄠縣誌作「主」。

〔六〕瑞蓮春自花：「花」，鄠縣誌作「華」。

〔七〕蕭寺人蹤斷：「蕭」，鄠縣誌、魏崇武點校本作「廢」。

〔八〕餓鼠偷僧飯：「餓鼠」，鄠縣誌、魏崇武點校本作「馴雀」。

河道村

官路人家少，邊城驛使頻。季鷹終去洛，王粲近歸秦。天地羣龍鬭，泥沙尺蠖伸。親朋應笑我，頭白傍風塵。

寄朱生

不知朱記室，歲晚更何如〔二〕。老舅家誰托，孀親鬢已皤。林泉憂患少，京國是非多。爲客幾時了？悲涼彈鋏歌。

留別儒禪

溪行魚不畏，巖宿虎相隨。怕客談新事，逢人誦舊詩。衲輕聊覆體，米滑欲翻匙。僧臘知餘幾，霜髭已滿頤〔三〕。

〔二〕 歲晚更何如：「何如」，魏崇武點校本作「如何」；「更」，皇元風雅、元詩選本作「竟」，元詩選本又於其下有小注云：「一作『更』」。

〔三〕 霜髭已滿頤：「髭」，元詩選本作「鬚」，又於其下有小注云：「一作『髭』」。

謝顧副言問疾

久謝公家事，時勞長者車。可憐新病後，未覺故人疎。渭北偏饒夢，河南近得書。相忘吾豈敢？欲出怯籃輿。

訪耿君玉隱居

居幽穿洞府，岸狹束溪流。細逕隣翁熟，懸崕遠客愁。橋明山月上，窗暗野雲浮。世事何曾到？年侵亦白頭。

夜雨二首〔一〕

關河隔千里，筆硯寄餘生。老覺鄉心重，閒知世念輕。微風搖竹影，細雨簌簷聲。落魄緣何事？吾今不用名。

窗秋風獵獵，簷夜雨頻頻。蛩韻愁於我，燈花笑向人。此身猶在洛，何日定歸秦？不必黃粱熟，真慚白髮新。

未歸

渭水遙通洛，函關近隔秦。百年垂老日，千里未歸身。萝寐嫌爲客，妻孥不諱貧。一官無可戀，花氣五陵春。

〔一〕按：皇元風雅、元詩選本均分爲兩首，均題作「夜雨」，編排次序上不相連接。

答京叔文季昆仲

何處音書至？劉家好弟兄。科名先世在，詩律早年成。嶺北饒風雪，淮南困甲兵。論文吾有意，尊酒阻同傾。

飲山家

爲愛春風好，乘時把一杯。百年雙眼在，萬事一心灰〔一〕。花向坐中落，客從雲外來。詩成無紙筆，書地惜蒼苔〔二〕。

浮生懷裕之〔三〕

漢節飛雲外，秦城落照邊。浮生空自老，歸計定何年？淚滿陳蕃榻，心遙祖逖鞭〔四〕。短詩聊遣興，羞向故人傳。

〔一〕萬事一心灰：「一」，魏崇武點校本作「寸」。
〔二〕書地惜蒼苔：「書」，皇元風雅、元詩選本作「畫」。
〔三〕按：皇元風雅、元詩選本題作「浮生一首懷裕之」。
〔四〕心遙祖逖鞭：「遙」，皇元風雅、元詩選本作「搖」。

撫州

北界連南界，昌州又撫州。月明魚泊夜，霜冷鼠山秋。爲客無時了，勞生有許愁。殘年嬰世網，吾欲謝溪鷗〔二〕。

至滑州堤

舊事悲存沒，殘年厭往還。孤城晴雪底，雙塔暮雲間。鳥沒長堤在〔三〕，龍歸老井閒。隔林青數點，多是濬州山。

出鵶路宿北石橋

燒火連山暗，春雲出谷遲。避人投野店，繫馬就疎籬。舊宇頹垣在〔三〕，新愁客枕知。清明無幾日，細與數歸期。

〔二〕 吾欲謝溪鷗：「溪」，元詩選本、古香氏抄本朱筆校批、適園叢書本、關隴叢書本、乾縣新誌本作「浮」。按：元詩選本又於「浮」字下有小注云：「一作『溪』」。

〔三〕 鳥沒長堤在：「鳥」，皇元風雅、元詩選本、古香氏抄本朱筆校批、適園叢書本、關隴叢書本、乾縣新誌本作「馬」；「堤」，皇元風雅、元詩選本作「津」，元詩選本於其下有小注云：「一作『堤』」。

〔三〕 舊宇頹垣在：「宇」，元詩選本作「字」。

宿南石橋

江流平入楚，山勢遠連秦。岸柳猶含凍，溪花欲破春。石銜雁齒古〔一〕，沙印虎蹄新。晚境長爲客，空山不見人。

承德亨見訪

世事元無定，人生只合閒。君今悲白髮，我亦負青山。廢郭官居冷，荒年旅食慳。最憐情義厚，朝至暮方還。

次答正卿

何人依玉樹？有客隱京華〔二〕。老覺身爲累，時勞夢到家。且騎山簡馬，誰識子陽蛙？日暮秋風起，飛塵滿晝乂〔三〕。

〔一〕石銜雁齒古：「雁齒」，宋廷佐刻本缺，元詩選本、古香氏抄本朱筆校補字、適園叢書本、關隴叢書本、乾縣新誌本作「車轍」。古香氏抄本於此詩天頭處朱筆題寫：「從袁伯樞選元詩校正。」

〔二〕有客隱京華：「京」，皇元風雅、元詩選本作「金」。

〔三〕飛塵滿晝乂：「乂」，魏崇武點校本作「叉」。

次答伯直侍郎二首

家貧餘四壁，地勝接三鄉。才賦征司馬〔二〕，形容老遂良。畫眉從爾闊，舞袖爲誰長？生死交情在，書紳示不忘。

升斗貪微禄，關河隔故鄉。詠歸懷靖節，知足愧張良。不問黄金盡，猶憐白髮長。江湖風浪急，相煦勝相忘。

洶洶何時定？飄飄着處鄉。音書黄耳絶，兄弟白眉良。晚景情偏重〔三〕，凉霄語更長〔三〕。舊遊零落盡，別後實難忘。

寇氏留別趙帥〔四〕

主人情爛熳，客子自奔忙。不見猶頻夢，相逢合斷腸。秋凉抛藥裹，夜雨倒壺觴。回首高城北，幽燕去路長。

〔二〕才賦征司馬：「征」，魏崇武點校本作「狂」。

〔三〕晚景情偏重：「景」，皇元風雅、元詩選本、古香氏抄本朱筆校、適園叢書本、關隴叢書本、乾縣新誌本作「境」。

〔三〕凉霄語更長：「凉」，元詩選本作「良」。

〔四〕寇氏留別趙帥：「寇」，魏崇武點校本作「冠」。

送靳才卿之平陽

卻向西州去〔一〕，瀟瀟雪滿簪〔二〕。丘園初到眼，兒女總關心。汾水野煙白，霍山寒霧深。得歸歸更好，吾亦愛春音〔三〕。

呈君美〔四〕

上陽門外路，日暮獨歸時。齒髮已衰謝〔五〕，風塵仍別離。斷雲横紫閣，急雨掠蒼陂。地勝饒新句，君將寄阿誰〔六〕？

得邳大用書復寄

百年真夢寐，萬國久風塵。老去偏相憶，書來恨不頻。季鷹猶在洛，王粲未歸秦。谷口知何似？他時願卜鄰。

〔一〕卻向西州去：「西」，皇元風雅、元詩選本作「他」，元詩選本又於其下有小注云：「一作『西』」。

〔二〕瀟瀟雪滿簪：「瀟瀟」，皇元風雅、元詩選本作「蕭蕭」。

〔三〕吾亦愛春音：「春」，皇元風雅、元詩選本、古香氏抄本朱筆校批、適園叢書本、關隴叢書本、乾縣新誌作「秦」。按：元詩選本於「秦」字下有小注云：「一作『春』」。

〔四〕按：乾縣新誌本於詩題下有小注云：「公六十歲時居鄠，秋八月與芸叟遊紫陽閣後，賦此以呈君美。」

〔五〕齒髮已衰謝：「已」，皇元風雅、元詩選本作「各」，元詩選本又於其下有小注云：「一作『已』」。

〔六〕按：乾縣新誌本於此詩末有小注云：「紫閣峰在鄠縣東南，旭日射之，爛然而紫，其峰上聳，若樓閣然，故名。」

楊飛卿〔一〕

吾宗久零落，之子亦中年。紫閣堪高臥〔二〕，玄經擬共傳。前言非戲爾，舊處想依然。留着新詩筆，教隨過海船。

文紀行贈以小步馬〔三〕

洛水西頭路，桃花夾岸香。偏宜紅叱撥，小試紫遊韁。雨逕沙初軟，春山草正長。杖藜猶過我，此别莫相忘。

呂祖卿〔四〕

東郭殷勤别〔五〕，西河迤運回。元戎期坐嘯，上客入行臺。夢裏江淹筆〔六〕，生前張翰杯。龍池清似染，應恨不歸來。

〔一〕按：此詩詩題，乾縣新誌本、鄠縣誌作「和楊飛卿」，魏崇武點校本作「□楊飛卿」。乾縣新誌本於題下有小注云：「公六十居鄠時遊紫閣後，賦此以和之。」

〔二〕紫閣堪高臥：「閣」，皇元風雅、元詩選本作「邏」。元詩選本又於其下有小注云：「一作『閣』」。

〔三〕按：此詩詩題，乾縣新誌本作「别文紀行贈以小步馬」，魏崇武點校本作「□文紀行贈以小步馬」。

〔四〕按：此詩詩題，宋廷佐刻本作「祖卿」，魏崇武點校本作「懷同祖卿」。

〔五〕東郭殷勤别：「郭殷勤」，宋廷佐刻本缺，魏崇武點校本作「府倉皇」。

〔六〕夢裏江淹筆：「江淹筆」，宋廷佐刻本缺，魏崇武點校本作「惠連句」。

寄張君美〔一〕

我無茅一把，誰有橘千頭？應物機仍拙，憂時涕欲流。謾違魚鳥信，豈爲稻粱謀？老去輕三仕，詩來抵四愁。

宿重陽宮

村逕依山盡〔二〕，軒窗臨水多。野禽如舊識，隣叟漸相過。林靜連芳草〔三〕，籬疎補女蘿。夜深眠不着，倚杖看星河。

陶君秀晉人嘗爲司竹監使因祖淵明嘗遊五柳莊爲立五柳祠在縣東西原方見有祠堂詩碑淵明詩寄陶監使君秀向禹城侯先生司竹時與扶風張明敍六曲李仲常鳳翔董彥材從之學如白雲樓海棠館所謂勝遊也兵後吾弟主之亦西州衣冠之幸感今慨昔不能不惘然也握手一笑知復何年敢先此以爲質兼示鄠亭趙秀才四首〔四〕

家世江頭令，風流竹裏仙。海棠烘曉霽，野筍淡春煙。尊俎違今日，弦歌記昔年。挂冠吾有意，送老白雲邊。

〔一〕寄張君美：「寄」，皇元風雅、元詩選本、古香氏抄本朱筆校批、適園叢書本、關隴叢書本、乾縣新誌本作「答」。

〔二〕村逕依山盡：「逕依」，宋廷佐刻本缺，魏崇武點校本作「落到」。

〔三〕林靜連芳草：「芳草」，宋廷佐刻本缺，魏崇武點校本作「官竹」。

〔四〕詩題：「海棠館」之「館」，元詩選本、古香氏抄本朱筆校批、適園叢書本、關隴叢書本、乾縣新誌本作「觀」；「四首」，底本缺，據魏崇武點校本補。按：乾縣新誌本誤排此題爲前詩宿重陽宮尾注。

違別亦已久，蕭蕭雙鬢絲。自憐多病後，不似早年時。暮雨千山道，春風五柳祠。剩留溪上竹，到處刻新詩。

不見長楊館，人家只翠微。溪流環監署，林影入宫闈。花鴨夜方靜，竹鼦秋更肥。青仙無處問，老淚日沾衣。侯先生舜臣歿後，其家人輩夢爲青仙觀管香使。

老病鄉心重，艱危世契疎〔一〕。少年知自立，近日定何如？渭上千叢玉，陂頭半尺鱸。往來元不惡，容我坐籃輿。鄠縣誌

七言絶句

讀汝南遺事二首〔二〕

軹道牽羊事已非，更堪行酒着青衣。裹頭婢子那知此〔三〕，爭逐君王烈焰歸。

六朝江水故依然，隔斷中原又百年。長笑桓溫無遠略，竟留王猛佐苻堅〔四〕。元音

〔一〕艱危世契疎：「危」，魏崇武點校本作「厄」。

〔二〕讀汝南遺事二首：「二首」，底本缺，據魏崇武點校本補。

〔三〕裹頭婢子那知此：「裹」，宋廷佐刻本作「裹」。

〔四〕竟留王猛佐苻堅：「苻」，宋廷佑刻本作「符」。

讀通鑑〔一〕

風煙慘淡駐三巴，漢燼將燃蜀婦髽。欲起温公問書法，武侯入寇寇誰家？轂耕録

紫陽閣〔二〕

碧瓦朱甍動紫煙，清風吹袂渺翩翩〔三〕。夢回憶得三生事，悔落黄塵六十年。鄠縣誌

題二賢祠

從經操懿狎孤兒，世事尤非扣馬時。若道後人真可誑，空山焉有二賢祠？

〔一〕按：元詩選本於此詩末有小注云：「轂耕録：霍治書云：『紫陽楊煥然先生讀通鑑論漢魏正閏，大不平之，遂修漢書，駁正其事，因作詩，云云。後攻宋軍回，始見通鑑綱目，其書乃寢。』」而乾縣新誌本則移至詩題下，略改，作小注云：「霍治書云：『紫陽楊煥然先生讀通鑑論漢魏正閏，大不平之，遂修漢書，駁正其事，因作此詩。後見通鑑綱目，其書乃寢。』」

〔二〕按：此詩鄠縣誌題作「再詠紫陽閣」。

〔三〕清風吹袂渺翩翩：「渺」，乾州誌稿別録作「杳」。

癸丑二月望，奉天楊奐題首陽山夷齊廟，同里王璨〔二〕、張端、平陸員擇從行。石刻在首陽小廟〔三〕。

涿南見蠶婦本汴梁貴家

蠶月何曾出後堂，干戈流落客他鄉。羅衣着盡無人問，自把荆籃摘野桑。

出郭作

燕姬歌處囀鶯喉，燕酒春來滑似油。自有五陵年少在，平明騎馬過盧溝。

過湯陰崇壽寺二首〔三〕

城荒寺古冷於冰〔四〕，絳帳誰燒照佛燈？閒遶空堦觀石刻，偶聞音語得鄉僧。

老僧七十六春秋，霜滿脩眉雪滿頭。見說故人揩病目，幾時攜杖入西州。

〔二〕同里王璨：「璨」，還山遺稿卷上西岳廟題名作「燦」。

〔三〕石刻在首陽小廟：「小」，魏崇武點校本作「山」。按：乾縣新誌本移此跋尾於詩題下，略改，作小注云：「癸丑二月望，時公六十八歲，遊首陽山夷齊廟，王燦、張端、員擇從行。石刻在該廟。」

〔三〕過湯陰崇壽寺二首：皇元風雅無第二首詩，故詩題亦無「二首」兩字。

〔四〕城荒寺古冷於冰：「寺古」，皇元風雅作「古寺」。

呈君美二首〔一〕

寒雁南飛下五湖〔二〕，長安西望獨躊躇。無情誰似張公子，兩見秋風不寄書。

銅柱從來泣墮鳶〔三〕，鴟夷心事五湖船。頭顱如此人間世，不得青山送暮年〔四〕。

管寧濯足圖

踏遍遼東未是癡，黎牀欲穴只心知。好留一掬黄泥水，塢卻曹郎受禪碑。

〔一〕呈君美二首：「呈」，魏崇武點校本作「憶」。按皇元風雅、元詩選本呈君美題下只有寒雁一首，而銅柱一首則爲寄君美二首的第二首。

〔二〕寒雁南飛下五湖：「寒」，魏崇武點校本作「塞」；「南飛」，魏崇武點校本作「明朝」。

〔三〕銅柱從來泣墮鳶：「來」，宋廷佐刻本缺，魏崇武點校本作「君」。

〔四〕不得青山送暮年：「送」，宋廷佐刻本缺，魏崇武點校本作「對」。

答客〔一〕

仕晚自知爲學拙〔二〕，家貧人道治生疎。滿山薇蕨春風老，昨夜鄰翁有報書。

泛舟

燕子迎風掠水飛，樓前楊柳緑依依。十年不作南塘夢，怕見殘陽上客衣。

七言律詩

長安感懷〔三〕

此心直欲作東周〔四〕，再到長安已白頭。往事無憑空擊楫，故人何處獨登樓。月摇銀海秦陵夜，露滴金莖漢殿秋。落日

〔一〕答客：底本缺，據魏崇武點校本補。

〔二〕仕晚自知爲學拙：「自知爲」，宋廷佐刻本、文淵閣四庫全書本缺。

〔三〕長安感懷：適園叢書本、關隴叢書本、乾縣新誌本作「長安」。

〔四〕此心直欲作東周：「直」，宋廷佐刻本作「只」。元詩選本於「只」字下有小注云：「一作『直』」。

酒醒雙淚眼，幾時清渭向西流。元詩體要

延祥觀

長生誰遣降精魂〔二〕，氣應潛龍道自存，玄女式中消日月，春明門外轉乾坤。諸王決計戡多難，睿主應期即至尊。天使來歸赤符後〔三〕，遺風猶記老人村。陝西誌

重陽觀

終南佳處小壺天，教啓全真自此仙。道紀宏開山色裏，通明高聳日華邊。南連地肺花浮水，西望經臺竹滿煙。最愛雲窗無事客，寂然心月照重玄。盩厔誌

〔二〕長生誰遣降精魂：「生」，魏崇武點校本作「庚」。
〔三〕天使來歸赤符後：「使來」，魏崇武點校本作「運已」，文淵閣四庫全書本作「命自」。

遇仙觀

一飲甘河萬事休，喚回蝴蝶夢莊周。口傳鉛汞五篇缺〔二〕，神馭雲龍八極遊。寰海玄風開羽客，遇仙清跡想毛裘〔三〕。百年更有何人酌？人自無緣水自流。同上

通濟橋　原題壬子秋九月被召過此石刻在橋下〔三〕

五丁鑿石極堅頑，陌上行人得往還。月魄半輪沉水底，虹腰千尺駕雲間。鄭卿車渡心應愧，秦帝鞭驅血尚殷。爲問長江深幾許，雪風吹馬下天山。趙州誌

試萬寧宫

月淡長楊曉色清，天題飛下寂無聲。南山霧豹文章在，北海雲鵬羽翼成。玉檻玲瓏紅露重，金爐縹緲翠煙輕。誰言夜

〔二〕口傳鉛汞五篇缺：「缺」，魏崇武點校本作「訣」。
〔三〕遇仙清跡想毛裘：「毛」，魏崇武點校本作「氊」。
〔三〕原題壬子秋九月被召過此石刻在橋下：「壬子」，底本缺，據魏崇武點校本補；「下」，乾縣新誌本作「上」。

半曾前席，白日君王問賈生〔二〕。文類

至日

憶初年少在南梁，兄弟歡遊久未忘。春色共傾花底酒，雨聲常對竹邊牀。怒鯨一夕掀洪浪，斷雁何時續舊行。辜負亂來同被約，尺書不到十年強。五倫詩

謁廟

會見春風入杏壇，奎文閣上獨憑欄。淵源自古尊洙泗，祖述何人似孟韓？竹簡不隨秦火冷，楷林空倚魯城寒。飄零蹤跡千年後，無復東西老一簞。闕里誌

〔二〕按：元詩選本於此詩後下有小注云：「楊紫陽跋趙太常擬試賦稿後云：『泰和丙寅春三月二十五日，萬寧宮試貢士，上躬命賦題曰「日合天統」。侍臣初甚難之，而太常卿北京趙公適充御前讀卷官，獨以爲不難，即日奏賦，議乃定。既而中選者纔二十有八人。僕時甫冠，獲試廷下，而席屋偶居前列。朝隙，聞異香出殿檽間，一紫衣人顧余起，問題之難易及氏名、里貫、年齒而去。少頃，復相慶曰：「適駕至耳。」薄暮出宮，傳以爲希遇。』按：萬寧宮廷試，當在金章宗泰和六年，紫陽時年二十一，下第後乃作此詩，蓋紀一時之事也。」乾隆本元詩選於楊奐詩作只選此一首，並於尾聯右側加圈點，天頭批語曰「翻得好」。

題終南和甫提點筠溪　石刻在祖庵

仙家靜住西南溪，竹外須信無餘師。平生高節鬼亦畏，一點虛心人得知。林深自有天地在，歲暮不受風霜欺。何時借我半窗月，萬里黃塵雙鬢絲。

五言古詩

孫烈婦歌〔二〕　婦姓吳小字二十平陸人適進士孫〔三〕

平陸有烈婦，地望雄諸吳。從居孩提間，體貌迥爾殊。舉家愛惜心，不啻千金珠。眉拂夏繭蛾，髩彈春林烏。芙蓉羨顔色，冰雪羞肌膚。十二巧針指，十四婉步趨。姻戚未省識，閨闥何曾踰？孫郎邑中秀，少小依師儒。雙親爲擇對，買紅纏酒壺。青鸞得綵鳳，誓結百年娛。屈己接妯娌，盡心奉舅姑。孰謂連理枝，半壁先摧枯？春風合歡牀，分守夜雨孤。西

〔二〕按：詩題，皇元風雅作「烈婦歌」。

〔三〕婦姓吳，小字二十，平陸人，適進士孫：底本缺，據魏崇武點校本補。按：此題下小注，宋廷佐刻本亦缺，元詩選本有墨丁，適園叢書本、關隴叢書本爲四個「口」缺字符，古香氏抄本無缺字符，文淵閣四庫全書本則删去題下小注。

鄰久歡慕〔一〕，指王氏子。誠與六禮俱。賄好靡不周，不逮役使徒。父兄去世亂〔二〕，倉卒誰攜扶。母嫂憐幼寡，且微反哺雛。號訴竟莫察，僵仆氣不甦。同穴大義在，初言寧忍辜？日聞勢轉逼〔三〕，託媒致區區：「將汝已死婦，配我未葬夫。朝決暮即行，參差當自屠。」王族忽承命，搔首久踟躕。此事難爲諧，此理古亦無。婦聞一撫掌〔四〕：「天道卒敢誣？腐骨尚知愛，而況生人軀！」素志從此伸，里巷咸驚吁。秋風萬馬來，所至皆丘墟。粟堆坡頭路，月黑忘崎嶇。鄉兵共烏合，焉能保不虞？俄頃鼓聲絕，崩潰東北隅。壯者被殺僇〔五〕，弱者遭縻軀。婦時飛懸梁〔六〕，視死如歸途〔七〕。皎皎盈尺玉，不受蒼蠅汚〔八〕。鮮鮮全匹錦，豈容濁穢塗〔九〕？向是健男子，手執丈二殳〔一〇〕。航海鱠長鯨，盪荆降於菟。悲哉女子志〔一一〕！福薄鬱壯圖〔一二〕。胡不具始末？奏之達帝都。外則詔郡國，內則正宮襦。胡不搆祠宇？揭之當官衢。近使感義節，遠則懲淫愚。不然布臺閣，直筆一再濡。特書彤史上，永世曠範模〔一三〕。山西誌

〔一〕西鄰久歡慕：「歡」，皇元風雅、元詩選本作「欽」。

〔二〕父兄去世亂：「去」，皇元風雅作「云」。

〔三〕日聞勢轉逼：「聞」，元詩選本、古香氏抄本、適園叢書本、關隴叢書本、乾縣新誌本作「間」。

〔四〕婦聞一撫掌：「婦」，皇元風雅、元詩選本作「女」。

〔五〕壯者被殺僇：「被」，魏崇武點校本作「遭」。

〔六〕婦時飛懸梁：「梁」，魏崇武點校本作「崖」。

〔七〕視死如歸途：魏崇武點校本作「翩若赴水鳧」。

〔八〕不受蒼蠅汚：「不受」，魏崇武點校本作「未甘」。

〔九〕豈容濁穢塗：「濁」，古香氏抄本、適園叢書本、關隴叢書本、乾縣新誌本作「溺」。

〔一〇〕手執丈二殳：「手執」，魏崇武點校本作「足授」；「執」，古香氏抄本、適園叢書本、關隴叢書本、乾縣新誌本作「拔」。

〔一一〕悲哉女子志：「志」，皇元風雅、元詩選本作「身」。

〔一二〕福薄鬱壯圖：「福薄」，魏崇武點校本作「裙裾」。

〔一三〕永世曠範模：「曠」，魏崇武點校本作「瞻」。

諭内

天地具此身，胚胎乃潛受。甚者感異類，焉敢計妍醜？冠蓋傳百世，萬求獲一胄〔一〕。所以孟軻氏，立言痛無後。飄零風塵際，拚作窮獨叟〔二〕。四年四懸弧，吉兆自申酉。顧我果何人？報施嗟已厚。今冬復爾爾〔三〕，喜在得分剖。女亦吾所出，胡爲立可否〔四〕？天下盡男子，無姑卒無婦。伏羲畫八卦，錯綜互奇偶〔五〕。阿駒纔五歲，見客謹拜叩。稍稍愛紙筆，門戶庶可守〔六〕。女生願有家，教之奉箕帚。乘龍非所期，隨分結婚媾〔七〕。

〔一〕萬求獲一胄：「獲」，宋廷佐刻本缺，魏崇武點校本作「無」，文淵閣四庫全書本作「只」；「胄」，元詩選本、適園叢書本、關隴叢書本、乾縣新誌本作「售」。

〔二〕拚作窮獨叟：「拚」，秀野草堂刻本元詩選作「拚」，中華書局一九八七年版點校本元詩選本作「判」。

〔三〕今冬復爾爾：「爾爾」，元詩選本作「爾耳」。按：秀野草堂刻本元詩選於此句下有小注云：「魏崔琰：太祖曰：『諺語生女爾耳』」。中華書局點校本元詩選本則作：「三國魏崔琰傳：太祖曰：『諺語生女爾耳』」。

〔四〕胡爲立可否：「立」，元詩選本作「生」。

〔五〕錯綜互奇偶：「互」，宋廷佐刻本缺，魏崇武點校本作「定」，文淵閣四庫全書本作「爲」。

〔六〕門戶庶可守：「庶可守」，宋廷佐刻本缺；「庶」，魏崇武點校本作「知」。

〔七〕隨分結婚媾：「分結婚媾」，宋廷佐刻本缺；「結婚媾」，魏崇武點校本作「逐鷄狗」。

七言古詩

金谷行

洛陽園池天下無，金谷近在西城隅。晉時花草不復見，野人猶解談齊奴。齊奴豪奢誰比數，酒酣愛擊珊瑚株。後堂春風滿桃李，中有一枝名綠珠〔二〕。千金買步障，百金買氍毹。時時吹笛替郎語，雲窗霧戶長歡娛〔三〕。層堦欲下須人扶，豈料一日能捐軀。紅飛玉碎頃刻裏，空使行客悲躊躇。樓頭小婦感恩死，君臣大義當何如？元音

有懷梁仲經父

美人熒熒在何處？海闊天低隔煙霧。珊瑚零落芙蓉空，咫尺相望迷去路。翠輦金輿雙鳳凰，風吹環佩聲琅琅。壺觴狼藉事已往，一日萬里愁茫茫。劉郎竟是誰家客？歲晚霜華林葉赤。美人熒熒在何處？鴨綠江頭江月白。元音

猶子嘉忠從予遊，蓋亦深知紫陽之學者。嘗於友人家見鼠殘舊書一冊，乃寫本紫陽詩也，懇求得之，録以寄予，向往可知矣。遂登諸卷。詩凡四十二首，其不注所出者，皆是冊所載云。廷佐識。

〔二〕 中有一枝名綠珠：「枝」，古香氏抄本作「枝」，而朱筆校批作「姝」，天頭處書「元文類作『枝』」，適園叢書本、關隴叢書本作「伎」，乾縣新誌本作「妓」。

〔三〕 雲窗霧戶長歡娛：「霧」，元音作「露」。

還山遺稿附録〔一〕

列傳

楊奐，字煥然，乾州奉天人。母嘗夢東南日光射其身，旁一神人以筆授之，已而奐生，其父以爲文明之象，因名之曰「奐」。年十一，母歿，哀毀如成人。金末，舉進士不中，乃作萬言策，指陳時病，皆人所不敢言者。未及上而歸，教授鄉里。

歲癸巳，金元帥崔立以汴京降，奐微服北渡。冠氏帥趙壽之即延致奐，待以師友之禮。門人有自京師載書來者，因得聚而讀之。東平嚴實聞奐名，數問其行藏，奐終不一詣。

戊戌，太宗詔宣德課税使劉用之試諸道進士，奐試東平，兩中賦、論第一。從監試官北上，謁中書耶律楚材，楚材奏薦之，授河南路徵收課税所長官，兼廉訪使。奐將行，言於楚材曰：「僕不敏，誤蒙不次之用，以書生而理財賦，已非所長。又況河南兵荒之後，遺民無幾，『烹鮮』之喻正在今日。急而擾之，糜爛必矣。願假以歲月，使得撫摩瘡痍，以爲朝廷愛養基本萬一之助。」楚材甚善之。奐既至，招致一時名士與之議，政事約束，一以簡易爲事。按行境內，親問監務：「月課幾何？難易若何？」有以增額言者，奐責之曰：「剥下欺上，汝欲我爲之耶？」即減元額四之一，公私便之。不踰月，政成，時論翕然，以爲前此漕司未之有也。在官十年〔二〕，乃請老於燕之行臺。

〔一〕還山遺稿附録：「還山遺稿」，爲校者所加，以區別於其他「附録」。

〔二〕在官十年：「十年」，楊文憲公年譜作「十五年」。按：楊文憲公年譜云楊奐「由丙申至庚戌，在官十五年，官署在洛」。

壬子，世祖在潛邸，驛召奐參議京兆宣撫司事，累上書，得請而歸。乙卯，疾篤，處置後事如平時，引觴大笑而卒，年七十，賜謚文憲。

奐博覽強記，作文務去陳言，以蹈襲古人爲恥。朝廷諸老，皆折行輩與之交。關中舊號多士，名未有出其右者〔一〕。奐不治生產，家無十金之業，而喜周人之急，雖力不贍，猶勉強爲之。人有片善，則委曲稱獎，惟恐其名不聞。或小過失，必盡言勸止，不計其怨怒也。所著有遠山集六十卷行於世。元史

楊府君墓碑銘 並引〔二〕

元好問

君諱振，字純夫，一字德威，姓楊氏，唐酅國十九世孫。酅國賓於唐，唐以奉天之田四百頃奉之，子孫遂爲縣人。酅國以行基嗣，行基生棻，棻生溫，溫生幼言，幼言生顒，顒生皐，皐生免，免生珍，珍生光贊，光贊生懷順。懷順官金紫，仕爲西臺御史，襲封至五代漢，國乃除〔三〕。夫人彭城劉氏，有子十二人，長曰公侯，次曰公神、公留、公賢、公洪、公素、公石、公祚、公良、公通、公演、公伏，始分世田，隨諸房所居，號十二楊村，總謂之隋楊氏。公侯之子舜靖，舜靖之子信，信之子禹，禹之子言，言之子宗，宗之子𣡕。𣡕配裴氏，於公爲王父母。金初，猶以大宗之家舉祭祀事〔四〕，居大楊，葬皆從西臺君。子超道，超道配尚氏。正隆後，避王統制之亂，寓乾州南，自爾族人號城南翁。公，城南翁次子也。

〔一〕名未有出其右者：「其」，魏崇武點校本作「奐」。

〔二〕按：據乾縣新誌，此碑武功張君美書，華陰王元禮篆額。

〔三〕國乃除：「國」，底本缺，據魏崇武點校本補。

〔四〕猶以大宗之家舉祭祀事：「舉」，魏崇武點校本作「主」。

幼喜讀書，與同里張子文善，嘗手抄經傳，尤愛王符諸論。與賓客談，時稱誦之。弱冠，仕州縣，爲屬掾。復興郡王括陝西民田日，知公名，選之以從，甚信重之。公因爲王言：「軍與民皆吾人，奪彼與此，其利安在？」王歎曰：「我正以此獲罪。今日之役，再命也，掾史尚何言哉？」事將竟，吏有具瀕山民姓名，欲一切以盜耕當之者，公謂同列曰：「奪人之田，又誣以罪，豈朝廷意耶？」吏乃止。泰和中，見公府文移因循苟簡，私謂所親曰：「我往在丹州時，見宋末案牘不求事實，止以虚文相期〔一〕。比來官政，殆似之矣。」及泰和律下，閲之逾月〔二〕，不樂者久之，曰：「亂矣。」或問之，曰：「我見大定制不如皇統，皇統不如舊制。聖人立法，本從簡易。人情不同，罪狀亦異。我於法令，未嘗見一事可與相當者，但比附爲義，使司法者得以恕心從事耳。今乃事事先爲之防，是猶千堤萬堰以障江河，必無是理，知不可行。將日見抽易，紛紛不已，安得不亂耶？」蒲城令祁大舉、武亭令魏文叔、簿劉彦文、好時令僕舜臣〔三〕、富平米顯道、延安張用章，時皆處下僚，公率爲致禮。又大舉、顯道、用章嘗以事忤上官，幾至不測，公力援之。數人者，其後皆有善譽，全大官。公之知人，多此類也。

奂好古文，戒之曰：「無與同輩較優劣，能似古人，乃古文耳。吾雖不能，想理當然也。」有以白子西詩遺公者，公笑曰：「吾欲吾兒讀此耶？必欲學詩，不當從毛詩讀耶？不然，亦須讀杜工部詩耳。我見界上官榷場〔四〕，兩國大商賈所聚，且苦無的貨，況入小牙郎手，復何望耶？所謂讀毛詩者，喻如瓜果菜茹，欲兒輩就地頭買之耳。」

以貞祐三年三月二十五日〔五〕，春秋六十有三終於華嚴里之正寢。先娶同望崔氏〔六〕，生子燧。繼室閿鄉程氏，生子炤、

〔一〕止以虚文相期：「期」，魏崇武點校本作「欺」。
〔二〕閲之逾月：「逾月」，底本缺，據乾縣新誌補。
〔三〕好時令僕舜臣：「僕」，魏崇武點校本作「侯」。
〔四〕我見界上官榷場：「榷」，底本缺，據魏崇武點校本補。
〔五〕以貞祐三年三月二十五日：「二十五」，乾縣新誌作「一十有五」。
〔六〕先娶同望崔氏：「望」，魏崇武點校本作「里」。

奐、炳、灼、煒、煇，繼室鼂氏生子燦。奐、炳舉進士，奐，三辟東省，署隴、乾、恒安撫司經歷官。煒，部令史。諸孫六人。以明年正月七日〔一〕，葬公於州南小劉村新塋城南翁墓次〔二〕，三夫人祔焉，禮也。

公資雅重，儀矩可觀，居家未嘗有惰容。子弟見者，必伺顏色乃前。有所問，不反復思之，不敢對也。當官公廉，所平反甚多。嘗夜臥，聞里中兒爲其父作黄籙，召諸子告之曰：「某家作醮事，人謂之有孝心，我視之，殆兒戲耳！此人我同列，其斷獄，我知之矣。人有枉曲，世人且有不肯責之爲直者，況欲賂神耶？我平生執法，過誤或有之，至於故以意害物，則必無有也〔三〕。後日我不諱，慎勿爲此，以爲識者笑！」耀人李安國雅重公，嘗贈以詩，其引云：「純夫吏業而儒行，家貧而好客，居今之世而好古，賤金帛而貴硯墨，是四反也。」安國名流，其稱道公如此。故嘗論關中風土完厚，習俗不數易。正隆大定間，去平世爲未遠，公生於其間，世族之所遺，風化之所及，重以資稟之美、君子之言、長者之事，宜不學而能之，況志於學如此耶。

今煥然學爲通儒，有「關中夫子」之目。往在京師時，宰相張信甫、侯莘卿、禮部閑開公盧尚書子懋〔四〕、呂内翰子成、李都運執剛、李右司之純皆折位行與交。蓋自百餘年來，秦中士大夫有重望者，皆莫能出其右。觀其子，可以知其父矣。

銘曰：

鄜唐虞賓，世食奉天。子孫下衰，渾爲齊編。惟公之生，其畀也全。晨門抱關，斗室自捐。公德不疇，公息則賢。藏書名山，爲世太玄。殆造物者權衡之，以爲楊世無窮之傳〔五〕。然則古所謂獄聖之矜，法命所縣，袁氏五公，楚獄一言者，尚信

〔一〕以明年正月七日：「以」，底本缺，據魏崇武點校本補。
〔二〕葬公於州南小劉村新塋城南翁墓次：「劉」，楊文憲公年譜作「留」。
〔三〕則必無有也：「必」，魏崇武點校本作「死」。
〔四〕禮部閑開公盧尚書子懋：「開」，魏崇武點校本作「閑」。
〔五〕以爲楊世無窮之傳：「世」，魏崇武點校本作「氏」。

其然耶！

程夫人墓碑

趙復

夫人姓程氏，其先閿鄉人，故奉天楊府君振之妻，今河南路徵收課税所長官奐之母也。夫人以承安丁巳歛衾襚於華，後三年庚申，奐以孤童子負遺櫬歸葬先塋之次。亂離以來，文石猶缺。奐前居汴時，嘗乞銘於禮部趙公，迫城下之盟而不得書。逮渡河來冠氏，屬於內翰馮公。無幾日，公病矣。今年歲辛亥春正月，奐自洛輿疾入燕，還印政府，歸秦尋醫，俾其猶子元禎代領漕事，於是始釋重負於私朝。秋八月既望，逐投檄西上〔一〕，感遷徙靡常，故再三以請，將卒其夙心焉。

奐垂髫時，出就外傅。一日，夫人喻之曰：「詰旦，盍偕若同舍兒來？」既羣兒至，則夫人肅衣冠，坐堂上，命各占其所好，聞有欲讀書覓官以養其親者，夫人喜甚，遽抱置膝上，撫摩之曰：「兒若是，可與吾兒遊矣。」所得纔四三輩，餘則以好語遣去。傅後審其然，遂割席與處。不數年，詢之，皆嶷嶷然若成人。其風鑑多此類。

府君嘗屬疾，夫人帥諸子冥禱〔二〕，請以身代。府君病少間，大不以爲然。夫人曰：「世固多婦人，公有一不諱，患有重於此者。今幸無他，使吾兒無廢學，如次充植業士林，鄉里稱善人足矣，榮仕非所望也。」次充，諱閱〔三〕，奐舅氏也，時有聲場屋。未幾，府君勿藥而夫人竟不起。時郡將王汝嘉束濕御下，屬掾多引去，獨雅重府君之爲人。公退未食，夫人必徙倚以

〔一〕逐投檄西上：「逐」，魏崇武點校本作「遂」。
〔二〕夫人帥諸子冥禱：「帥」，魏崇武點校本作「率」。
〔三〕諱閱：「閱」，魏崇武點校本作「閲」。

候。嘗撫奐輩戒之曰：「士立身行己，教亦多術，何必爾耶？汝曹若不改圖，吾飯含不瞑矣〔一〕。」以故奐服膺畢精，丹青可渝矣。家所藏書數千卷，皆奩具易之。承安五年，奐與炳同試長安。炳以疾作，弗克。奐預優選。明年春官，復中優等。前後凡五充賦於王庭，涇陽盧長卿泊蒲人李欽若〔二〕、欽用，惜其不偶，勸就臺掾。奐悼念夫人疇昔，終不忍負其言而歸，一時名公鉅卿如李右司之純、苑司農極之、李御史欽止、宋內翰飛卿壯其恪守遺訓，共賦詩以序其志。

夫人姿淑媛，有識度。課諸子讀書，必盈約始聽休舍。尤善援引故實，因事指誨。諸子侍立至夜分，莫敢跛倚。奐自蚤歲緝學，晚爲通儒。及再抵燕，不變於俗學，而德業益富，士論厭然遂定。頃歲戊戌秋八月，詔郡國取士，奐偕東平上計，吏以首薦，登名於天府，授河南課稅長官，東履海，南至淮〔三〕，西至潼陝，北抵河，咸隸焉。自大朝開國，以進士用人，實由奐始，而先夫人遺訓，庶無憾矣。

夫人性沖澹，平日卻掃一室，焚香養梅〔四〕，庭內若無人跡者。嘗與諸姒坐城南別墅之前榮蕭軒，隱若心動，視外戶忽啓，雙屨出闌間，心知其盜，揚言如無所見，遂下鑰。升堂，叱健者出之。盜蒲仆蘄死，夫人怵然曰：「是亦人子也，政以失教至此。既無失得，不足深詰。」府君亦憫而縱之，聞者嘆服。

夫人生六男：伯子炤，奐仲子也，叔子炳，季子灼，次煒，次煇。炤、煇皆蚤亡。煒用論者薦於朝，試中部掾。壬辰春正月，隨京西都水監隸事河陰，兵至，死於役。男孫八人：奐之子保垣、萬駒、嵩山、緱山，煒之子元禎、慶璋、求興〔五〕，燦之

〔一〕吾飯含不瞑矣：「飯」，乾縣新誌作「殮」。

〔二〕涇陽盧長卿泊蒲人李欽若：「泊」，魏崇武點校本作「洎」。

〔三〕南至淮：「至」，魏崇武點校本作「際」。

〔四〕焚香養梅：「梅」，乾縣新誌作「晦」。

〔五〕求興：「求」，魏崇武點校本作「永」。

子鄜璋。女孫五人：長適同里進士張篪，次適奉天令華陰王元禮之子亨〔二〕，餘皆幼。奐初以子幼未任事，將援真定漕使王道昌例，令元禎襲其職，既而如約。惟人之後，祭葬而已。甲寅，奐六十九矣，病且久，感元禎遠宦於洛，或時月不可待，清明日，會諸房故老，命臨潼本房下潤之子保童爲侍子，日奉粥藥，以備倉卒，從律義也。

復謹按：程氏得姓，其上世弗可考已。周之中葉有程伯休父者，輔宣王中興，與方叔、召虎爲周世臣。秦漢以後，代有顯人，則程氏蔓衍於閿鄉也久矣。閿介於東西兩京，衣冠車馬，萬貨輻輳。當宋崇觀時，以貲補官者十員外，程與居一。諸家居積奢僭，而程獨樸素喜士，圖書、賓友爲邑中冠。靖康末，西入關，止於乾，復爲西州著姓。古者賢妃貞女如宋伯姬，以賢明有禮得書於春秋，而不主於材敏，於今閿鄉夫人見之。

夫人卒於承安二年四月三日，年三十有二，蓋五十五年而後，始克銘之。嗚呼，事之開也有門而來也有途，成也有時，而就也有候，殆天所以厚楊氏歟？銘之宜如何？辭曰：

碩之大，聲之也隆。滀之深，挹愈不窮。燕之弧，弗服於桃矢。喬之松，弗賴於游龍。負明堂者，不謀於步仞。求雚蠋者，速化於荓蜂。姆程懿徽，婦楊有功。胥保惠，胥教訓，淵渟雲鬱者，可謂著矣。然猶閱再世，而後取必於公。世以鼎峙車馬守屋，姑無望其不逢。終南在南，河流在東。有寧一宮，有偃斧封。神保是依，天地有終。

甲寅年九月二十八日，男奐立石。

右程夫人墓碑銘，江漢趙仁甫爲其友紫陽楊先生母作也。觀其論次，有曰：「今年歲辛亥春正月，奐自洛輿疾入燕，還印政府，歸秦。秋八月，投檄西上，感遷徙靡常，故再三以請。」又曰：「夫人卒於承安二年四月三日。蓋五十五年而始克銘之。」考其歲，正辛亥也。後三年甲寅，先生六十有九，時諸子皆蚤歿，乃立宗人潤之子保童爲侍子，而碑文亦載之，何耶？豈事或後所增？抑先生所自增耶？仁甫號稱能文

〔二〕次適奏天令華陰王元禮之子亨：「奏」，魏崇武點校本作「奉」。

人，靜庵所謂經學文章雖李敬齋、元遺山亦所推讓者，而敘事乃牴牾如此耶？宋景文謂：「因撰唐書，盡見前世論著，乃悟文章之難。」予輯先生還山遺稿，録此文，見其所謂論著之難者如此，其可不慎也夫？廷佐識。

故河南路徵收課稅所長官兼廉訪使楊公神道之碑 并序〔一〕

元好問

君名奐，字焕然，姓楊氏，乾之奉天人，唐鄴國之二十世孫也，譜系之詳見君自敍，載之先大夫墓銘〔二〕，茲得而略之。曾大父楙，大父超道。父振，是爲蕭軒翁，及上三世皆在野。母程嘗夢東南日光射其身，旁一神人以筆授之，已而君生。蕭軒以爲文明之象，就爲制名。

君甫勝衣，嘗信口唱歌，有「紫陽閣」之句，問其故，則不能答也。未冠，夢遊紫陽閣，景趣甚異，後因以自號。年十一，丁内艱，哀毁如成人。日蔬食，誦孝經爲課，人以「天至」稱焉。又五年，州倅宗室永元謂翁曰：「若老矣，守佐重以案牘相煩，聞若有佳兒，姑欲試之。」即檄，君爲倉典書。時調度方殷，君掌出納，朱墨詳整。訖歲終，無圭撮之誤。倅愛之，謂他日必有大用者，勸之宦學，師鄉先生吳榮叔，指授未幾，□迥出倫輩〔三〕。賦業成，即有聲場屋間。年三十二〔四〕，赴廷試。興定辛巳，以遺誤下第，同舍盧長卿、李欽若、欽用昆弟惜君連蹇，勸試補臺掾。臺掾要津，仕子慕羡而不能得者。君答書曰：「先夫人每以作掾爲諱，僕無所似肖〔五〕，不能顯親揚名，敢貽下泉之憂乎？」正大初，朝廷一新弊政，求所以改弦更張

〔一〕并序：底本缺，據魏崇武點校本補。
〔二〕載之先大夫墓銘：「之」，底本缺，據乾州新誌補。
〔三〕□迥出倫輩：「□」，底本缺，據魏崇武點校本補。
〔四〕年三十二：魏崇武點校本作「不三十三」。
〔五〕僕無所似肖：「似」，乾州新誌作「以」。

者，君慨然草萬言策，詣闕將上之，所親謂其指陳時病，辭旨剴切，皆人所不敢言，保爲當國者所阻〔一〕，忠信獲罪，君何得焉？君知直道不容，浩然有歸志，即日出國門而西，教授鄉里者五年。

歲己丑，乾州請爲講議、安撫司辟經歷官、京兆行尚書省以便宜署君隴州經歷，皆固辭不就。再以參乾、恒二州軍事，親舊爲言，世議迫隘，不宜高蹇自便，始一應之。庚寅，京師春試，授館左丞張公信甫之門，張公嘗謂人曰〔二〕：「諸孫得君主善，老夫沾丐抑多矣。」癸巳，汴梁陷，微服北渡，羈孤流落，人所不能堪，君處之自若也。冠氏帥趙侯壽之延致君，待之師友□間〔三〕。會門人朱某自京師輦書至〔四〕，君得聚而讀之。東平嚴公喜接寒素，士子有不遠千里來見者。嚴公亦聞君名〔五〕，數以行藏爲問，而君終不一詣。或問之故，曰：「不招而往，禮與？且業已主趙侯矣〔六〕。將無以我爲二三乎？」

戊戌，天朝開舉選〔七〕，特詔宣德課稅使劉公用之試諸道進士。君試東平，兩中賦、論第一，劉公因委君考試雲、燕。俄從監試官北上，謁領中書省耶律公，一見，大蒙賞異，力奏薦之，宣授河南路徵收課稅所長官兼廉訪使。陛辭之日，言於中令公曰：「僕不敏，誤蒙不次之用，以書生而理財賦，已非所長，兼以大荒之後，遺黎無幾。『烹鮮』之喻，正在今日。急而擾之，糜爛必矣。願公假以歲月，使得拊摩創罷，以爲朝廷愛養基本萬一之助。」中令甚善之〔八〕。君初涖政，招致名士〔九〕，

〔一〕保爲當國者所阻：「阻」，乾縣新誌作「沮」。
〔二〕張公嘗謂人曰：「嘗」，乾州新誌作「常」。
〔三〕待之師友□間：「□」，底本缺，據魏崇武點校本補。
〔四〕會門人朱某自京師輦書至：「人」，乾州新誌作「生」；「某」，魏崇武點校本作「拯」，乾州新誌作「極」。
〔五〕嚴公亦聞君名：「公」，乾州新誌作「君」。
〔六〕且業已主趙侯矣：「主」，乾州新誌作「上」。
〔七〕天朝開舉選：「開」，乾州新誌作「間」。
〔八〕中令甚善之：「善」，乾州新誌作「墓」。
〔九〕招致名士：「士」，魏崇武點校本、乾州新誌作「勝」。

如蒲陰楊正卿、武功張君美、華陰王元禮、下邽薛微之、澠池翟致中、太原劉繼先之等，日與商略，條畫約束，一以簡易爲事。按行境内，親問監務：月課如何〔一〕？難易若何？有循習舊例以增額爲言者，君呵之曰：「剥下罔上，若欲我爲之耶？」即減元額四之一，公私便之。官長所臨，率有餽餉，君一切拒絶之，亦有被刑責、沒財物於官者。不踰月，政成，官民以爲前乎此，蓋未有漕司惠吾屬之如是也。在官十〔五〕年，乃請老於燕之行臺，以猶子元禎代領漕事。

壬子九月，王府驛召入關，尋被教參議京兆宣撫司事。累上書，乃得請。閒居鄉郡，築堂曰「歸來」，爲佚老之所。雖在病臥，猶召子弟、秀民與之酒，諭之曰：「吾鄉密邇豐鎬，民俗敦朴，兒輩皆當孝弟力田，以廉慎自保，毋習珥筆之陋，以玷傷風化。」及病革，處置後事，明了如平時，敕家人：「吾且死，毋以二家齋醮，貽識者笑。」遂引觴大噱，望東南炷香，命門人員擇執筆〔二〕，留詩三章，怡然而逝，春秋七十，實乙卯歲九月之一日也。後五十七日，遂葬於小留里先塋之次，夫人陳氏、劉氏祔焉，禮也。君三娶吳氏。子男四人：保垣、元肇、嵩山、緱山，皆早夭。元肇者，在孕有異，風骨不凡。齠齡知讀書，八九歲聞君講授，即通大義，尋爲人講説。十二以羸疾，至於不幸。君喪之，衋然有童烏之感。女四人：長嫁郡人張篪，次華陰王亨，次柳城姚燧，幼者在室。

初，泰和大安間，入仕者惟舉選爲貴科〔三〕，榮路所在，人爭走之。程文之外，翰墨雜體悉指爲無用之技。尤諱作詩，爲其害賦律尤甚。至於經爲通儒，文爲名家，不過翰苑六七公而已。君授學之後，其自望者不欲小〔四〕。舉業既成，乃以餘力作爲詩文，下筆即有可觀。

〔一〕月課如何：「何」，魏崇武點校本、乾州新誌作「干」。
〔二〕命門人員擇執筆：「人」，乾州新誌作「生」。
〔三〕入仕者惟舉選爲貴科：「貴」，底本缺，據魏崇武點校本、乾州新誌補。
〔四〕其自望者不欲小：「欲小」，魏崇武點校本作「礙礙」，乾州新誌作「碌碌」。

嘗撰扶風福嚴院碑，宋内翰飛卿時宰高陵，見之，奇其才，期君以遠大，與之書曰：「吾子資稟如此，宜有以自愛。得於彼而失於此，非僕所敢知也。」君復之曰：「辱公特達之遇，敢不以古道自期？」飛卿喜曰：「若如君言，吾知韓歐之門世不乏人矣。」

興定末，關中地震，乾守呂君子成遍禱祠廟，請爲祝文，凡二十有四首，援筆立成，文不加點。在鄠下日，中秋燕集，一寓士忌君名，諷諸生作詩，請君屬和。君被酒，謂客曰：「欲觀詩者，舉酒。欲和者，以次唱韻[一]。」意氣閑逸，筆不停綴，長韻短章，終夕成三十九首。長安中目爲鄠郊即席唱和詩，傳之。

性嗜讀書，博覽強記，務爲無所不窺。真積力久，猶恐不及，寒暑饑渴，不以累其業也。中歲之後，目力差減，猶能燈下閲蠅頭細字，夜分不罷。作文剗刮塵爛，創爲裁製，以盜襲剽竊爲恥，其持論亦然。觀刪集韓文及所著書，爲可見矣。禮部閑閑趙公、平章事蕭國侯公、内翰馮公、屏山李公皆折行輩與相問遺[二]，御史劉光甫、編修張子中諸人與之年相若而敬君加等。河朔士夫舊熟君名，想聞風采，又新被三接，文衡有在，所求見者應接不暇。其爲世所重如此。

暮年還秦中，秦中百年以來號稱多士，較其聲聞赫奕[三]，聳動一世，蓋未有出其右者。前世「關西夫子」之目，今以歸君矣。有還山集一百二十卷，概言十卷，紀正大以來朝政號近鑑者三十卷，正統六十卷，其自敍曰：「正統之說，所以禍天下後世者，凡以不出乎孔孟之前故也。且夫湯武之順天應人，後世莫可企及，猶曰『予有慚德』、『武未盡善』，後世辟主乃復賴前哲，概以正統之傳，非私言乎？今立八例，曰『得』、曰『傳』、曰『衰』、曰『復』、曰『與』、曰『陷』、曰『絕』、曰『歸』。始皇十年貶『絕』者何？懲任相之失也。太宗傳之，而曰『得』者何？志奪宗之惡也。責景帝者何？短通喪也。責明帝

[一] 以次唱韻：「唱」，乾州新誌作「音」。
[二] 屏山李公皆折行輩與相問遺：「輩」，乾州新誌、魏崇武點校本作「位」。
[三] 較其聲聞赫奕：「聞」，魏崇武點校本作「問」。

者何？啓異端也。與明宗者何？有人君之言也。與周世宗者何？世宗而在，禮樂可興也。如是八例，其説累數十萬言，以謂不如是，則是非不白，治亂不分，勸戒不明。雖綿歷百千萬世，正統之爲正統，昭昭矣。」此書往往人間見之，有詰難者，則曰：「吾書具在，豈復以口舌爲辨〔一〕？後世當有賞音者。」

君不治生產，不取非義，仕宦十〔五〕年，而家無十金之業，然其周困急，卹孤遺，扶疾病，助葬祭，習以爲常。力雖不贍，猶勉強爲之。與人交，每以名教爲言。有片善，則委曲奬藉，惟恐其名之不著。或有小過，亦必以苦語勸止之，怨怒不計也。評者謂君志立而學富，器博而用遠〔二〕，使之官奉常、歷臺諫、掌辭命、治賓客，必有大過人者。白首見招，日暮途遠，有才無命，可爲酸鼻。

丙辰冬十月，予閒居西山之鹿泉，員生自奉天東來，持京兆宣撫使商挺孟卿所撰行狀，以墓碑爲請。且道君臨終念念不相置，留語殷重，以譔述爲托，顧惟不腆之文，曷足爲君重？竊念風俗之壞久矣，冰雪冱寒，往復四千里，爲其師爲不朽計，門弟子風誼，如生者幾人？此已不可辭，況於平生之言？乃勉爲論次之，而系以銘。銘曰：

有文者螭，有趺者龜，是爲關西夫子楊君之碑。顧瞻佳城，泫焉涕洟。學道之難成〔三〕，使人傷悲。君擅名場，深槖孤羆。迨乎駢儷而變古雅〔四〕，快潛蛟之雲飛〔五〕。謂君不逢歟？奮回溪而澠池〔六〕。一命而假金紫〔七〕，何若若兮纍纍。鄺賓

〔一〕豈復以口舌爲辨：「辨」，魏崇武點校本作「辯」。
〔二〕器博而用遠：「博」，乾州新誌作「傅」。
〔三〕學道之難成：「成」，底本缺，據乾州新誌、魏崇武點校本補。
〔四〕迨乎駢儷而變古雅：「雅」，底本缺，據乾州新誌、魏崇武點校本補。
〔五〕快潛蛟之雲飛：「快」，乾州新誌作「抉」。
〔六〕奮回溪而澠池：「奮」，乾州新誌作「舊」；「池」，乾州新誌作「也」。
〔七〕一命而假金紫：「假」，乾州新誌作「佩」。

於唐，世久衰微。河潤九里，蔚松櫝兮增輝。謂君爲逢歟？徒以文窮而自嬉。斬伐俗學，力涸筋疲。世無玄聖久矣，望伯起其庶幾。白首太玄，坐爲悠悠者之所譏。繄正統之無適從，職予奪之非宜。君排諸儒，斥偏執與詭隨。彼月旦之有評，且曩是而今非。豈有一定罪功之名，而概終世之成虧？我黜我升〔一〕，我招我麾。不主故常，不貸毫釐。自我作古，奚竊取爲？自非慨然任當仁之重，能不懼於西河之見疑？惟鼎之爲器也，雖小而重，屹神寶而弗移。孰謂漢唐甚盛之際，亦不免於窮運之攸歸。我車司南，爾轍背馳。遺書具存，傳者嗟誰？異時有如君家子雲者出〔二〕，邈千載兮求知。

中統五年歲舍甲子建巳日，夫人吳氏偕侍子元嗣、姪孫光祖立石。

楊紫陽文集序

趙復

君子之學，至於王道而止。學不至於王道，未有不受變於流俗也。三代聖賢，其心學傳天下後世，見於伊尹、傅說之訓，君子將終身焉。明王不興，諸子各以其意而言學，學者不幸而不得見古人之全體。蓋桓、文功利之說興，而羲、堯、舜、文之意泯矣。春秋而降，如叔向、子產、蘧伯玉、季札之流，以夏商君子之資，不得少效於王官，去而爲列國之名卿材大夫，其功業之隆爍〔三〕，已較著矣。賈生、仲舒有其具而不得施，或者爲之掩卷而深悲。玄齡、如晦有其時而亡具，已甚慙德於斯文多矣。凜然正氣，惟諸葛孔明、王景略諸人，不爲流俗之所回奪，然而隨世就功，周旋於散微之末，已不能無偏而不起之患。大抵君相造命之地既已曖昧不明，而瞽宗米廩教養之法因以廢格不舉，故雖有命世絕異之才，卒亦不能爾也，而其故

〔一〕我黜我升：「升」，乾州新誌作「斥」。
〔二〕異時有如君家子雲者出：「有如」，魏崇武點校本作「如有」。
〔三〕其功業之隆爍：「爍」，魏崇武點校本作「庳」。

則可知矣。雖然待文王而後興者，凡民也。若夫豪傑之士，雖無文王猶興。其逮於今，惟秦君子楊氏。其志其學，粹然一出於正。蓋自其爲諸生，固已無所不窺，坐是重困於有司之衡石。晚居洛陽，著書數十萬言，沉浸莊騷，出入遷固，然後折衷於吾孔孟之六經，其言精約粹瑩而條理膚敏，至於總八例以明正統之分合，作通解以辨蘇韓之純疵，其他若概言、雜著等說，皆近古之知言、名教中南宮雲臺也。綿不云乎：「予曰有疏附，予曰有先後，予曰有奔走，予曰有禦侮。」殆近然耶？先生資機敏而明通，即其文，可以得其爲人。蓋君子學以爲己，必有所入之地。唐韓愈氏以雖義不取爲主，先生讀之，自以爲煥然不逆於心，使其得君行道，推是心以列諸位，實王道之本原。雖不能盡充其說，退而斂然以是私淑諸己，先生固已得之矣。觀其心德神明之所感通〔一〕，游居酬酢、燕笑語處，皆海内知名之士夫，然後以秦晉爲戶庭，燕趙爲郛郭，齊魯爲府庫，雄河太華爲杯案，奔肆横放，而益趨於約，正大高明，篤實輝光，遺落小夫竿櫝佔畢呻吟之習。

嗚呼，學之爲王者事，猶元氣之在萬物，作之則起，抑之則伏，然莫先於嚴誠僞之辨。誠僞定，而王伯之略明矣。門人某者蚤侍函丈〔二〕，偏得紫陽之道，攟摭遺稿，釐爲八十卷，將攻梓以惠後學，自洛抵燕，千里介書，俾不肖爲說以冠其首。内顧庸虚，屏若無營，而辭旨悃愊，牢不容避，輒述其梗概如此。學者當自得於過半之思，非尺瑑所能盡也。

先生名奂，字煥然甫，世居關中〔三〕，紫陽其自號云。丙午嘉平節，鄉貢進士、雲夢趙復拜手序。文類〔四〕

〔一〕觀其心德神明之所感通：「心德神明」，魏崇武點校本作「神明心德」。
〔二〕門人某者蚤侍函丈：「某者」，魏崇武點校本作「員擇」。
〔三〕世居關中：「居關中」，魏崇武點校本作「爲關中右姓」。
〔四〕文類：底本缺，據魏崇武點校本補。

上紫陽先生論學書

郝經

十二月五日，陵川郝經齋沐拜書大使先生：經生二十有八年矣，自十有六始知問學。世有科舉之學，學之，無自而入焉，蠟乎其無味也。退而歎曰：「利祿其心，組繡其辭。質日斲，僞日翔，何區區爾也？」而狃於俗，陷於世，有不能已焉者。如是者有年，始取六經而讀之，雖亦無自而入，而知聖之道、學之用、二帝三王致治之具在而不亡也，真有用之學也。學之，今十年矣。背馳而左事，形示氣露，已聚誚而羣議矣，是以箝口重足而不敢言動焉。日舍館一拜，幸先生不以鄙騃，置之隅坐，霽以懌色，煦以春言，鼠腹而既果然矣。再日而再侍，示之以明白純粹之書，揭囊倒篋，啓之以開廓平易之論〔一〕，正襟而讀之，默默而思之，乃知吾道之果不亡，學之果有用，斯民其有望矣。愚之素所蓄而不敢發者，可熟數之於前矣。

夫道貴乎用，非用無以見道也。天地之覆載、日月之照臨，皆有用也。六經之垂訓、聖人之立教，亦皆有用也。故曰：「顯諸仁，藏諸用，盛德大業至矣。」士結髮立志，誦書學道，卒之乎無用，可乎哉？幼而學，長而立也，邇焉而一身，小焉而一家，大焉而一國，又大焉而天下，必有所用也。蜂蠆蛇虺，毒世之物也，猶皆有用也。靈而爲人，學而爲士夫，乃反無用，可乎哉？世有人焉，之無伏臘之不辨〔二〕，魯魚亥豕之不分，乃辦天下之大事〔三〕，立天下之大節，濟天下之大難，享天下之大富貴，聲色不動而有餘裕焉？吾誦書學道之士，試之一職，則顛蹶而不支，委之一事，則屻撓而不立，汲汲遑遑，終其身而不能免於凍餒，而趨利附勢，殞義喪節，何也？事無用之學也。

〔一〕啓之以開廓平易之論：「平易」，魏崇武點校本作「正大」。

〔二〕之無伏臘之不辨：「之無」，底本缺，據魏崇武點校本補。

〔三〕乃辦天下之大事：「辦」，魏崇武點校本作「辨」。

蓋自佛老盛而道之用雜，文章工而道之用晦，科舉立而士無自得之學，道入於無用。惟其無自得也，故内輕而外重。外重矣，煜乎其耀矣〔一〕，侈於物而衒於人矣，文章之所以工也。文章工矣，功利急矣，義理晦矣，道之所以入於無用也。嗟乎，不耕鑿不蠶繅而衣食者，謂之遊食之民。不道德不仁義而文章者，謂之逐末之士。甚哉！天下之襲訛踵陋而莫之知也。大聖大賢不作，而逐末之紛紛也。天下已亂，生民已弊，無有爲拯而藥之者。之士也，方相軋以辭章，相高以韻語，相誇以藻麗，不知何以堯舜其君民也，道其不行矣夫。伏覩先生韓子辨、正統例、還山敎學志，洋洋灝灝，若括元氣而翕闢之，其事其辭其理皆有用者也，非世之逐末之文也。天其或者悔禍，而自先生發源歟？不窒塞不夭閼而遂乘其流，推而放之四海，則道之用可白，而至治可期也，不見誚於江左諸公矣。經也小子，敢激其流而揚其波乎？經載拜。陵川文集

與楊煥然先生

趙秉文

某拜啓某國士大孝几下：中前道過京兆，承不遠相從，話談終日，極有開發。違別以來，不勝傾向。意想秋盡復得會面，不意遽遭變故，荼毒之哀。辰下伏想苫塊之餘，孝覆文福〔二〕。某眼疾如昨，承遺人齎足千里外送眼藥，良感意動。伏蒙贈以柳義假子，悚愧！悚愧！論語未有印者，欽敍西行〔三〕，不知有餘者否？孟子解先寄去，中庸、大學相次了畢，續當寄呈。足下高才博學，留心經學，研究聖心宜矣。科舉之學有命存焉，不足置意。張子充府試試官，未出院，比緣會晤。伏冀

〔一〕煜乎其耀矣：「煜」，魏崇武點校本作「曄」。
〔二〕孝覆文福：「文」，魏崇武點校本作「支」。
〔三〕欽敍西行：「敍」，魏崇武點校本作「叔」。

爲遠大，節哀順便，不宣。中州啓札〔一〕

又　前人

某啓上某先生函丈：書來，具審動靜之詳。兼承惠簡，知感！知感！某眼昏如舊，繼以石氏女子化去，心意殊不樂，以是郡下未能照管。論語及中庸未有紙印，續當寄去〔二〕。次陝右經意已薦四人〔三〕，詞賦未可知，想中選多矣！皆足下誘掖之力，欽羨！今之士人少問學，往往知爲己，其於爲人，蔑如也。古人得志，雖一邑丞簿，亦可爲人，量力而已。未得志，教人以善，亦行道之一端也。足下才高識明，當以孔孟之學啓導一方，萬一未遂，亦不虛生也。至祝未由披覯〔四〕，切冀爲遠大壽重萬一，不具。同上

天硯銘

元好問

楊子得片石於馬山之前，方廣一尺，厚減寸之半，從長橫短〔五〕，狀若展掌，底平而不頗，坎可貯水，而面可以受墨。杜仲梁曰：「此天硯也。」煥然請予爲之銘：

〔一〕中州啓札：「札」，底本缺，據魏崇武點校本補。

〔二〕續當寄去：「當」，魏崇武點校本作「常」。

〔三〕次陝右經意已薦四人：「意」，魏崇武點校本作「義」。

〔四〕至祝未由披覯：「未」，魏崇武點校本作「末」。

〔五〕從長橫短：「從」，乾縣新誌附刊作「縱」。

義則方，智則圓。動也人，靜也天。在物强名，在我自然。爾目惟鸛，爾味惟鳳。篝火縕綆，求中產之售；漆室緹衣，致賓筵之奉。彼金樅而石奏、泉生而雲滃者，亦惟硯之用。割烹是謂食費，瑑刻不如玉重。吾知一日而浸百畦，惡於漢陰之抱甕。遺山文集

題東遊記後

紫陽先生東遊記，記所見之跡也[一]。讀之，神明之觀參於前，踈然不覺起敬。教諭國祥王先生鋟諸梓[二]，願惠來遊者，且曰：「記所見者，跡也。覩聖賢之跡，探聖賢之道，則在乎人焉耳。」儼曰：「道即吾性，而由外乎哉？雖然，跡不踐，則道奚其入？」國祥曰：「先生之意將在是。」

按：先生諱奐，字煥然，姓楊氏，乾之奉天人，唐鄜國公二十世孫，紫陽其號也。至元乙酉，陳儼跋。

曲阜孔世德攜紫陽先生東遊記來番，予謂南士多示之見也[三]，勉之再行摹刻，用廣其傳，且俾郡士稍加讐正。繼今披圖覽閱，聖域只在棐几間，豈非學者之大幸歟？時至治壬戌五月既望，通議大夫、饒州路總管兼管內勸農事，鱗臺清泉段庭珪書。

[一] 紫陽先生東遊記，記所見之跡也：「所見」，魏崇武點校本作「洙泗」；文淵閣四庫全書本無「記，記所見」四字。

[二] 教諭國祥王先生鋟諸梓：「教諭」，底本缺，據魏崇武點校本補。

[三] 予謂南士多示之見也：「示」，魏崇武點校本作「未」。

聖人，天也。坐井觀天，固宜曰：「天小矣。」況以管窺乎？生長南陬，距聖人之居，若此其遠也。大哉之道，洋洋乎發育萬物，峻極於天，乃僅於遺編想像而形容。噫，亦陋矣！僕曩聞之全齋萬侯云：紫陽楊先生託交參政商公挺夢卿甚密，既又得還山大全集觀之，知與滹南王先生爲行輩，往來講貫，經義精深，作文特餘事耳。每慚舉場未放，欲彷彿二先生之實學而未能。

孔君浩世德，聖人五十三代孫之象賢者也。由曲阜歷淮浙抵饒，朝夕討論，因示所刊東遊記，驚喜過望，廓我淺聞，而萬侯之甥履齋劉君復出善本，清泉段侯嘉惠南士，仍與板行，命僕校讎，並敍其概。往歲上饒王斗山尊魯亦嘗有述，然不如茲記之詳，且時寓微意其間。繼今讀之，神明之觀參於前，竦然不覺起敬，信非誣矣！聖人所以則天之大，豈必直待躬造魯城而後見耶〔一〕？至治二年壬戌五月辛卯，番易後學璩次淵謹識。俱東遊記

傳記資料十一則〔二〕

一

君著述有還山集六十卷，始於古賦，次之以古律詩，又次之碑誌、記、說、銘、贊、雜文。概言十卷，隱而天道性命之說，微而五經百氏之言，明聖賢之出處，辨理欲之消長，可謂極乎精義，入神之妙矣。天興近鑑三卷，自壬辰正月至甲午六月絕筆，其書法如古之史臣，其議論如胡氏之春秋也。正統六十卷，自唐虞至於五代，一年一月一日，各有所書事。三代而上存

〔一〕豈必直待躬造魯城而後見耶：「城」，魏崇武點校本作「域」。

〔二〕傳記資料十一則：底本無，校者加篇題，以下十一個序號亦爲校者所加。

而不議，秦漢而後附之以論。名臣事略

按：公所著臂僮記云：「兵火流離中，僅存還山前集八十一卷、後集二十卷。」遺山元公撰神道碑云：「還山集一百二十卷。」此云「六十卷」。近鑑，碑、記皆言「三十卷」，此云「三卷」。豈百二十卷乃後所更定，而「六十」字乃前集「八十」字之誤，而「三」之下或脫「十」字耶？抑不知伯修之所得者，其卷數止如此也？諸書散亡，無從考證，惜哉！廷佐識。

二

宋翰林九嘉在關中時，因楊煥然赴舉，書與屏山，薦之曰：「煥然佳士，往見吾兄，慎無以佛老，乃嫚之也。」屏山持之，示交遊以爲笑。其後西行，余以序送之，備論其守道不回。今茲云亡，豈復見此挺特之士乎？劉祁歸潛志[一]

三

金末帝時，北兵攻城急，太學諸生亦選爲兵。諸生訴於官，請另作一軍[二]，號太學丁壯。已而朝議以書生輩尩羸不任役，將發爲砲夫。諸生劉百熙、楊奐等數十人伺上出，詣馬前請自効，上慰諭，令分付四面戶部工作委差官，由是免砲夫之苦。同上

[一] 劉祁歸潛志：「祁」，宋廷佐刻本作「祈」。
[二] 請另作一軍：「軍」，底本缺，據歸潛志補。

四

王文康公鶚初侍王邸，屢以史事爲言，嘗舉楊奂、元好問、李冶，宜令秉筆。後申前請，命立翰林國史院，時元楊已物故，乃舉李冶及李昶等爲應奉。名臣事略

五

霍治書云：「紫陽楊煥然先生讀通鑑論漢魏正閏，大不平之，遂修漢書，駁正其事，因作詩云：『風煙慘淡駐三巴』云云。後攻宋軍回，始見通鑑綱目，其書乃寢。」輟耕録

六

元兵悉力進攻，金主出撫東門將士，太學生楊奂曰：「臣等皆太學生，今執砲夫之役，恐非國家百年以來待士之意。」金主敕記姓名，即免其役。金史[一]

七

楊煥然先生録汴梁宮人語十九首，雖一時之所寄興，亦不無有傷感之意。輟耕録

[一] 金史：「金」，底本缺，據金史（中華書局一九七五年點校本）卷一一三赤盞合喜傳補。

八

紫陽先生楊奐，字焕然，又名知章，奉天人。以明經，後進稱爲「關西先生」。少年時自悟以前爲紫陽宫道士，因以自號。國朝爲河南府課税所官[一]，有還山集行於世。困學齋雜誌

九

杜佺，字真卿，武功人，宋末有詩名於關中。兒時嘗作藥名詩，有「杜仲吾家好弟兄，自然同姓又同名」之句。及以五言百韻上乾州通判馬涓，涓大加賞異。阜昌中，登科涖官，亦有聲。馬嵬太真墓過客留題，其詩甚多，道陵詔録其詩，得五百餘首，付詞臣第之，真卿詩在高等。舊有錦溪集，亂後不復見矣。子師楊，亦能詩，尤工書翰。奉天楊焕然云然。中州集

十

柳塘在鄠縣終南山下，金紫陽楊先生奐隱居講學於此，門人百人，植柳千株，號曰柳塘，中有清風閣即紫陽閣、紫陽泉。鄠縣誌

十一

姚燧生三歲而孤，育於伯父樞。樞隱居蘇門，謂燧蒙暗，教督之甚急，燧不能堪，楊奐馳書止之曰：「燧，令器也。長自有成，爾何以急爲？」且許醮以女。元史本傳

[一] 國朝爲河南府課税所官：「府」，當爲「路」。

楊煥然生子四首

元好問

掌上明珠慰老懷，愁顏我亦爲君開。異時載酒揚雄宅，知有迎門竹馬來。

人家歡喜是生兒，巷語街談總入詩。我欲去爲湯餅客，買羊沽酒約何時？

阿麟學語語牙牙，七歲元郎髻已丫。更醉使君湯餅局，兒童他日記通家。阿麟，張君美兒子。

半生辛苦坐耽書，我笑先生老更迂。生子但持門戶了，玄談何必似童烏。遺山詩集

紫陽閣〔一〕

商挺〔二〕

牙籤聲散絳帷風，人在參乎一唯中。名教會心真樂在，區區休用嘆雕蟲〔三〕。鄠縣誌

贈答楊煥然

元好問

詩亡又已久，雅道不復陳。人人握和璧，燕石誰當分？關中楊夫子，高誨世所聞。十年玄尚白，藜藿甘長貧。有來河

〔一〕紫陽閣：鄠縣誌卷五「楊奐傳」作「讀書堂詩」。

〔二〕商挺：「商挺」，鄠縣誌卷五「楊奐傳」作「商左山」，民國本鄠縣誌作「楊奐」。

〔三〕區區休用嘆雕蟲：「用嘆」，鄠縣誌卷五「楊奐傳」作「嘆事」。

水篇，四海付斯文。斯文有定在，桓生知子雲。古來知己難，萬里猶比鄰。千人國中和，要非心所親。東楚西南秦，望君勞我神。相逢不得語，別去徒殷勤。白雲不可贈，相思秋復春。遺山詩集

答楊煥然二首

陳庾

梁苑當年記盛遊，亂離南北恨遲留。且教紅袖歌金縷，莫對青山歎白頭。人似贊皇還蜀都，詩如子美到夔州。傳家況有玄文在，應使童烏繼纂修。

獻賦當年覲紫宸，羨君藻思獨超羣。扶持吾道難尤力，潤色斯文老更勤。學濟天人寧有泮，文如風水自成紋。何時載酒清伊上，奇字時來問子雲。河汾諸老詩

柳塘

李汾

長安西望少城隈，楊柳陂塘手自栽〔二〕。渭水波光搖草樹，終南山色入樓臺。平生事業書千卷，浮世功名酒一杯。我亦陸渾山下去，擬尋佳處劚莓苔。鄠縣誌

〔二〕 楊柳陂塘手自栽：「陂」，宋廷佐刻本作「波」。

清明拜楊紫陽先生墓

宋廷佐〔二〕

先生墓碑仆且斷久矣。去歲冬，予懇提學虎谷王公爲復立。城内舊有先生祠，予復懇王公書「歸來堂」扁。蓋先生道德文章可師可仰。往歲，提學邃庵楊公建正學書院，先生已入鄉賢祠。今王公復爲之立碑書扁，均可謂知先生者矣。予雖不肖，然景仰私淑，不異父師，故凡可以容力者，無不殫厥心焉。幸他日盡見先生著述，尚當梓之，以圖傳諸不朽云。廷佐題。

仰止楊夫子，儒林第一流。文章師後進，道德匹前修。荒壠憑誰守，殘篇獨我收。傷心雙眼淚，灑遍墓林楸。

奉王虎谷請書歸來堂扁

宋廷佐〔三〕

哲人萎兮泰山頽，半畝荒祠盡草萊。若欲表章新廟貌，堂名只合寫「歸來」。

〔二〕宋廷佐：底本缺，據此詩序補。
〔三〕宋廷佐：「宋」，底本缺，據文意補；「廷佐」，底本缺，據文淵閣四庫全書本補。

附录

附録一

永樂大典之勤齋集輯補

按：欒貴明根據永樂大典對四庫全書之别集進行輯補，編成四庫輯本别集拾遺，其中有勤齋集六條。現據一九八三年十月欒貴明中華書局四庫輯本别集拾遺本（頁七八八至七八九）抄録如下。

現存永樂大典録蕭𣂏詩三條，蕭勤齋集二十條，以上共二十三條，校清張約園（壽鏞）抄本（藏中國社會科學院文學研究所）勤齋集八卷，館臣漏輯者六條。

四月二十五日作

一熟經冬望眼穿，民生乃爾太奇偏。烈風雷雨關何事，不分來辨作有年。中華書局一九八六年影印本永樂大典第一册卷九百第十四頁

繼善堂

雖無丕顯丕承，也須經正民興。爲問三年無改，何如莊子難能？永樂大典第三册卷七千二百四十二第三十一頁

安善堂

聖道造化夫婦，誠身要在不欺。百歲真成一瞬，虛生虛死奚爲？古聖神立民極，合内外有後先。急向人倫起手，此身過眼雲煙。同上

送趙仁卿知歸德府

樞庭藹光烈，之子振家聲。方拜睢陽命，遽傳河決驚。寧當師大禹，不爾法盤庚。赤子元無罪，行推父子情。永樂大典第五冊卷一萬九百九十九第二十頁

戲寄安道在中

可笑殘年每過憂，不安於命自貽羞。阿凝無恙煩傳語，過卻深冬不要裘。莫道明年冬夜永，衹應成個土饅頭。永樂大典第七冊卷一萬四千三百八十一第十六頁

寄子明

女嫁男婚夢一場，自憐多病羡康強。無窮歲月無窮事，淡淡交親最久長。同上

重修涇陽縣公宇記

大德乙巳夏，涇陽邑居之大夫士，與其鄉之耆艾李芳而下十一人，走書南山下，告予曰：「吾邑距大府不百里，政役叢劇，苟承上字下，不獲其人，則民將無以寧厥居。繇監縣進義正倫實不花泉尹、從仕王侯琚仲瑗、簿尉存義彭侯德恕彦寬、典史郝誠來涖是邑，而能同心僇力，求所以集事而利人者。若王侯董役洪口，疏石濬淤，渠水倍常歲，而多稼豐碩而入，相與均賦平役，去疵助農，崇庠序，絕賕餉，不期月而訟衰盜息，民知樂生矣，知義於事上矣。又以官舍敧傾庳露，圖議新之。始倡其僚吏輸俸以市材僦工，已而故侯巨室翕焉佐以資力，經始正月丁卯，訖工三月丁丑。聽事有堂，延賓有館，吏舍庖廚，與夫燕休退食，悉有其所。華而不侈，質而不陋，什器具蓄，無事乎民取。引流經其中，畦蔬沼蓮。列植雜木數百本，可材可薪，期以經久。實前所未見也。欲紀之石，惟子之言直而信，願有記。」

僕亦竊聞諸道路，今宰邑西善於其職者不數人，涇陽其一也。迺爲之言曰：「王侯既有以舉其職而新其居，是必能日新其德，而推以新其民矣。然而爲其民者，益當體王侯所以承宣聖天子之政，而各有以自新而修其身也。盍觀夫公宇乎？方其未修也，惟顛覆是懼；及修而新之，則觀者靡不滿志，此通天下之公理也。人或不修其身，亦廢人爾。一日修之，則父父子子、兄兄弟弟、夫夫婦婦，而人得其正。人皆得其正，則一家一邑從而正矣，雖推之天下可矣。凡邑中之士，可不勉哉？」因名其公堂曰「明新」，以言修葺之有本云。清宣統三年涇陽縣誌卷二

裴參政神道碑

至大元年，中奉裴公卒於河中府居第之寢，壽六十四。葬河東縣陶邑鄉文學郇兆次。後八年，延祐丙辰，嗣子富文以御史段侯輔所狀，請銘墓隧之石，勉爲序曰：

公諱居敬，字文簡。先世州里、族系閥閲具民匠府君碑。公孝友惇恪，開朗清澈，博學知政治，有濟時之具。中統改元，公陪宿衛。至元九年，奏兼王府掾。歷陞陝西行臺侍御史及今職，則皆不能赴。明年，遂不起矣。

初事王所，寒暑夙宵無少懈。時汴、洛諸郡鹽課逋懸多且久，至是，王佩公金符，偕國官驛往。公曰：「嚴教選任，我輩當思報稱，不可以小利仰累大德。」至則富室必無貸，貧者蠲之，五疵不行，不再月畢事，民皆感王德庶。尹更薦，王悅，禮遇益隆。寧之廟學兵後鞠荒，鳩僝一新，事具學宮石刻。王視師北邊，叛王禿魯劫開成府庫，寧尤密邇。公曰：「此當警急，無謀而致逃散，死不償責矣。」即率僚屬秣馬礪兵，百用具舉，躬率千人，奔命而行。守者告饑，輒發廩勸分以給師，即日啓行，進武延川，與總帥汪忠肅公、招討李公合兵再戰，羣醜奔潰。二公暨按察使袁公克忠交薦之朝。安西邸王人歲飼駝馬於龍安、安塞，國人私其稿粟，而官屬以羸瘠獲譴。公立法擇吏，時躬省察。是歲，畜肥而費省，二王賜馬賞其能。白海距延安，沙漠不稼穡，仰給關輔，人故多饑。公啓王下令，犯者均罪其主，中途置白塔驛，旅粟遂通。二王嘉奬，以通鑑、錦衣等爲賜，贈咸寧王。癸未歲，延安旱。公省親河中，還而雨，頌比顏魯公。公笑曰：「此偶然耳。」朝命征緬，行省盡發嘉定宋呼號兵戍雲南。其人黷貨，貧者哀怨。公詣行省陳：新附故卒不以安靜恩信懷之，將爲患。事聞，召還，褫其職。四川宣慰使扎法，故平章之孫，公謂曰：「先平章惠愛及人，故人思之不忘。今本道歲遣收其賦者，苛取無藝，致逃避林谷。從而征殺，何與先平章政跡異耶？」曰：「同僚未嘗及此，公見教，某之福也。」遂共召土官，諭上德意，使自占歲入，如期往徵，一方寧謐。他日扎法置酒，集僚佐，持金帶謝曰：「公以先祖善政勉我，我以先祖故物報公，幸毋讓。」四川運

司連敗數任，同僚競爲姦利，公力革前弊，守成法。朝以所入有羡餘，僚屬悉優擢。乃咸喜曰：「非裴公，那得預此？」雲南職兵民者，以梁王在鎮，朋肆貪墨。憲司繩之，輒矯赦脱免。逮公至，直前啓聞，自是贓敗者一遵典制。又啓王：「征緬主帥非材無功，觸冒毒瘴，多致死傷，命從軍律。烏蒙諸部宜屯田以紓遠餉，大理元帥府宜移治永昌，雲南賦稅宜從新均平，一城凡置行省治三，政龐民困，甸、砦官吏俱可省。」王以軍國事重，俾親言於朝，議者韙之。甘肅重藩大鎮，供億繁夥，奸吏侵盜，公累章糾聞。上命中丞章閭等與公同核回奏，詔盡易在官者。又所儲峙皆藉内地，物價翔貴。公按部行，視田可設屯，即日詣朝，言耕戰爲上策，蓋所知必言類是。

其孝也，在嘉定日，念親年當喜懼，而遠宦三千里外，即投檄歸養。甫三年，父八十二有疾，粥藥扶掖，致忘寢食。及喪葬如禮，築室墓所，終三年。在南道，日忽悲慘不自聊，急歸省，太夫人已違養，號擗悔恨無已。王賜錢以葬。遊宦四十年，夫人恒留侍親。獨赴官所，祭祀以肅其反也。民匠君將老而傳職，則讓於從祖兄居仁。弟居德踰冠，則爲之娶，且盡録財産，從其擇取，而後有之。其學問淵源，嗜書老而不衰，積多至二萬餘卷。有詩文十卷藏於家。其自奉約而肅客豐，作成人士，多至清顯。遇鄉閭有恩，及卒，哭之者皆慟。夫人趙氏，子男三。銘曰：

昔原伯魯不悦學兮，識者知其亂之將作。風俗偷而日陵替兮，如嘉苗焉而不植斯落。裴公兮篤義方，事無非學兮孝友忠良。施於百政兮咸可稽德，惠之懷兮人不能忘。經文兮緯武，通今兮道古。矧小物兮克勤，藹蕃兮賜予。孚遠人兮孔安，職邦憲兮革貪殘。推誠舉公兮賞延寮寀，益國裕民兮知無不言。優遊逸體兮昌晚節，河之洋洋兮魏闕之懸。噫！天之生材兮匪易。微學問以成之兮，亦終於不全不粹。緊公之光明碩大兮，實繇夫學之所致。揭彝範於穹碑兮，爰啓迪乎來裔。清光緒十二年永濟縣誌卷一七

太史楊文康公恭懿墓誌銘

朱文公集周、程夫子之大成，其學盛於江左。北方之士聞而知者，固有其人。求能究聖賢精微之藴、篤志於學、真知實踐、主乎敬義、表裏一致，以躬行心得之餘私淑諸人、繼前修而開後覺，粹然一出乎正者，維司徒暨公。嗚呼，誠知德不易之言哉。清文淵閣四庫全書本元朝名臣事略卷一三

贈安定郡伯蒙君新阡表[一]

聖上御世之七年，崇德報功，推恩臣下，凡在官者，咸得褒榮其親，無間存没，一如彝章。於是陝西等處行中書省左右司郎中蒙懷忠得榮贈其父千戶府君爲朝列大夫、同知晉寧路總管府事、騎都尉、安定郡伯。妣姒氏安定郡太君，及粘合氏部陽縣君。懷忠望拜稽首，對揚天休，不勝戰兢感激之至。奠告既竣事，乃敍述其先祖德善，求褒新阡。辭既不獲，勉爲刪而述之。

君諱天佑，字祐之，世爲馮翊人。曾祖諱直，祖諱榮，皆讀書抱道，匿輝不耀，鄉里推爲鉅人長者。顯考府君諱皞，字子明。剛毅宏敏，饒智略，從遺安先生郭君鎬遊。國初間，船橋兵馬都總管禮賢下士，偕□□國□署遺安參謀軍府，而府君爲掾，後陞經歷。又從下天和人和等堡、鳳翔元城□□邑、恫、資、簡等州，復馳傳汾晉，督貲儲，補亡缺，致張侯克奏膚功，所謂發縱之功爲優者也。老而復遊□鄉里，壽七十三。妣太君慈明貞潔，壽八十六。

[一] 贈安定郡伯蒙君新阡表：「贈」，底本作「增」，據文意改。

君天資警悟，貌魁偉有威儀，承詩禮之訓，敦篤行業。萬戶侯既熟其名，又際言議，不覺移晷，曰：「蒙祐之高朗有父風，加以學識絶人，當今無與比者。」固留襲經歷職。

君嚴毅廉潔，幹局精敏，事無大小，綜理有法，賞罰明信，上下咸宜之。中統初，參從張侯入覲，召對詳明。上悦，即命船橋萬戶都總管府經歷，賜錦繡二段。從軍邊圉，明紀律，申號令，授方略，擧中機。會屬方域初定，教修未一，凡有利民裨政者，懇墾爲言，期於必行。凡大謀議必諉君馳傳書告。至元庚辰，薦被錦衣之賜。壬午正月，以二親年已老，懼不獲終養，堅辭職歸。則日奉甘旨溫清，承顔養志，克盡親歡而致其樂焉。宗黨鄉閭貧不喪昏、疾而乏粥藥，悉周給之。萬戶侯南征，兵士弗順，國書曰：「奧魯以官非其人，多役擾之。」侯啓天子，起君爲奧魯千戶。正己戢奸，除煩苛，務簡靜，未幾則居者安業樂生，而征人絶反顧之慮矣。丁父憂，苫□廬墓次，終其喪。事母夫人食飲，引翼必躬親，不忍時日離，年將八十而康寧。君侍傍語次，暴中風眩而仆，至元庚寅九月二十八日卒於所居正寢，春秋五十三。顧言惟使壽母哭子爲恨。殯州之北漢別業。

君忠孝誠實，不爲皦皦之行、察察之政，揚善而隱惡，處事詳，居官廉，臨下裕，信于朋友，敬老懷幼於鄉閭。戎馬間，令行禁止，所過途中無一跡。教子處家，義方嚴肅，才德若是，而位終毗贊，年甫耆艾，故遠近知舊聞其喪，莫不悲傷痛惜之也。有遺藁三卷，藏未刊。

公兩娶，前安定郡太君姒氏也，後郃陽縣君粘合氏。凡五男三女，二男一女姒氏出，男懷忠，即郎中也，官朝列大夫，嘗從稷亭先生段君學，孝友勤恪，明練政治，凡三被恩渥，褒榮其先；懷良，巡捕民匠總管。三男二女粘合氏出，男懷德，將作郎，崇慶路巴縣主簿；懷玉，爲醫，歿；懷瑾，皆學問自將濟其世美。長女，婿雷沂，從軍歿外地，食貧守節三十年，事舅姑，鞠幼稺，有古烈婦風，朝旨旌其門，時賢稱詠；次，適慶陽屯田提領席元鼎；次，適河中醫楊震，早逝。孫男九：信，貴德州同知；義，民匠總管府提控案牘；亨，大慶關使；慶、撝、介從學魯齋，書□一石耐皆童。女七。武文昌御位□□闕赤、張元振乾州等處管民長官、斐敏文四川道廉訪司書吏、張居寧朝邑縣儒學教諭，婿也。餘幼。

風俗通□□□□之祀者，子孫因以爲氏。秦有將軍鰲生武，武生田、毅，皆仕於秦。故望出安定，後徙四方。宋有祥符進士傳。又台州人汲、封州人著，咸知名。其在秦者，蓋舊族也。世居同州馮翊之臨滸鄉，祖墳二：在党客村埝下者，失其世；在楊家莊埝上者，七世祖所藏，高曾考妣祔焉。

懷忠痛念祖考妣、顯考二妣五喪未葬，楊家莊之塋隘，乃卜義井村西北滸原南麓，以延祐五年四月十九日安厝焉。經歷府君中爲祖，晉寧府君居左，以昭穆序百世，井井可考也。於戲！

天有顯道，厥顯惟彰，惠迪則吉，作善降祥。終古不易，實惟天帝。國有令典，推存及亡，寵賚其先，九泉有光。勸忠勵孝，百辟允臧。曰嗟子孫，志務顯揚。上則天明，下遵義方。永垂懿範，世出賢良。克作先烈，以致時康。是則爲報國之道，豈徒榮耀乎鄉邦而已哉？　一九三七年大荔縣新誌存稿卷八

永樂大典之榘庵集輯補

按：欒貴明根據永樂大典對四庫全書之別集進行輯補，編成四庫輯本別集拾遺，其中有榘庵集七條。現據一九八三年十月欒貴明中華書局四庫輯本別集拾遺本（頁五三一至五三三）抄録如下。

現存永樂大典録同恕詩八條，同恕榘庵集二十四條，以上共三十二條，館臣漏輯者七條。

投壺

賓主分班就兩楹，擬從小射暢歡情。舉籌忽見憑空落，中的驚聞滿座聲。已辨行觴浮衆劣，會須立馬慶三成。汝南謏說多驍雋，卻是先生禮意輕。　中華書局一九八六年影印本永樂大典第一冊卷二千二百五十七第十六頁

村居即事

曉來極目望平疇，禾黍離離正晚秋。農父攜籃方下子，牧兒荷笠去鞭牛。千章古木陰全薄，一道寒泉碧自流。佇立西風吟不盡，雲山宛轉鳥聲幽。永樂大典第三册卷三千五百八十一第七頁

雜著詩

其一

歲月滔滔不貸人，迴頭二十有三春。試爲點檢工夫去，羞對湯盤話日新。

其二

憶初總丱絕矯癡，人是人非但解熙。失笑頗能通姓字，有知爭得似無知。

其三

物識紛紜自古同，瞻烏誰與辨雌雄。柳州著論非封建，猶說唐虞未至公。

其四

聖模賢範孔洋洋，聚辨居行敢怠荒。何物人間有真樂，從渠文繡與膏粱？永樂大典第七册卷一萬四千五百四十五第十四頁

跋元遺山贈楊文康公詩後

右灊齋先生楊文康公年未冠時，遺山先生所贈詩也。先伯父順安先生、先人玉山翁交莊敏、文康父子間，故恕亦得與今集賢學士、國子祭酒敬伯寅游。恕嘗侍先人讀元詩至此篇，恕問曰：「『服膺先就楚靈均』，何所指也？」先人言：「我亦嘗疑此。」問之順安，則謂：「汝不知耶？元甫年十六，有擬懷沙賦，甚爲先輩所欣賞。」恕自是往來於心，欲就祭酒求觀此稿者屢矣。近方得請間，祭酒數且喜曰：「先君繇侍先祖避亂來歸，日從事四子六經之言，絕口不道詩文。蚤歲有作，皆棄去不録。今之所存，寅於故篋敗楮中僅得一二。況此在山東日，受之遺山者。寅雖不得其說，不敢問之先君也。先輩零落已盡，非吾世交之家，聞見自能不沒其實乎？願爲我識數語其後，以傳信來者。」

恕惟先生剛建直大之氣、純正精微之學，與魏國許文正公方駕並驅，爲一代儒宗。而英敏秀茂見諸童弱，間者已爲大賢君子期予如此，且不獨遺山也。紫陽先生竭平生精力，著正統論，貽書莊敏曰：「令郎博學好識見，恨不相從遊，以補闕誤。」蓋楩楠豫章之木，雖在拱把，而百圍千尺之氣已森然在人目中矣，此聖人所以爲可畏也。先生初名鉉，遺山字以新甫，後改今名字云。泰定乙丑九月朔旦，同某拜手敬書。永樂大典卷九百九「詩」字韻，頁十九下引「同恕榘庵集」。藏日本天理圖書館

補顏普化去思碑[一]

國家稽古建官，因時制宜。凡厥攸司，皆立監以倡聯屬。所以一法令，起偷惰，熙庶績也。若路、若州、若縣，設撫字爲職者[二]，尤所注意。必其寬裕慈良、公平正大、衆所推信，始得與選。至元、元貞來，號稱能治，豈無其人？若乃究宣上澤，心乎邦本，愛民如子，民亦愛之如父母，則於乾之補顏進義公見之。

公名補顏普化，甘木里人，今家大都。曾祖、祖再世甘木里總管。父也的不花，嘉議大夫，監鄂州路。公稟資秀厚，容止審慎，言擇而發。以宿衛青宫勞，詔授進義校尉、乾州達魯花赤。公生貴勢，蚤出入禁禦。神壯氣鋭，首拜是命，務用安静，如老成人素習稼穡艱難者。下車即詢民曷利曷害，曷興曷除？上體朝廷視民如傷之本心，下舒田里救死不瞻之實病。既審其謀，乃斷以行。知正人者正身爲本，砥行勵節，一毫得罪於吏民，不爲也。同僚推心相與，事有可否，反覆商議，以奉法成民爲本。同不之喜，異不之怒。惟明決獄辭，情僞立得。然必參伍證信，期於平允。民俗婚田相誣，訟牒紛紜[三]，或歷十餘年。彼此以貸力迭爲勝負，寡弱者至飲冤以死。公決其州之宿滯者數十事，濫言詰驗，皆見其情本出。曲者甘心於失，直者感泣於得，訟由是息。州當奉元西北孔道，將迎館穀，傳迎相望。異時多强兇暴陵職掌，民不堪命。公朝夕詣客

[一] 補顏普化去思碑：「去思」，底本缺，據乾州新誌補。

[二] 設撫字爲職者：「設」，乾州新誌作「以」。

[三] 民俗婚田相誣，訟牒紛紜：「田」，乾州新誌作「由」；「紜」，乾州新誌作「委」。

次，賓禮無違，不敢稱以紊常制〔一〕。橫逆知畏，人亦不擾。甘肅兵食告乏，州當運米二千斛，陝省以公督致之〔二〕。公與卒隸同起居，盛寒牛馬饑凍，道死殆半，僦費廩廩不支，或許稱貸，願償息十倍，公憫其然，悉出己財濟之。既歸，隸家持子錢，叩頭乞請：「向非公，吾屬失期，罪死矣。幸如約。」公曰：「汝曹吾州民，義同一體。軍興，國之大事，吾不敢後。謂將謀利於此時耶？」一謝不取。愛人利物之仁，抱公絕私之義，得賦自天，非有假餙。至於崇學校、禮賢能、課農桑、訓勤儉，視古循吏，若合符節〔三〕。嗚呼！國家求人得人之盛爲何如耶！

州之耆老梁榮等謀欲琢石頌德，以著久而不忘之私，介友生宇文鐸請辭於予。嘗觀爲政者，私譽或能勢要，公論必不能苟合。他事或可術致，民心必不可倖得。以正爲政，以德報德，茲盛世事也。乃採輿言爲作歌，曰：

我有田疇，誰實耕之？我有桑柘，誰實蠶之？天賜我公，慈惠之師。甘雨和風，三年於茲。昔我爲家，妻子散離。公來幾時，鄰恬里嬉。賓館穰穰，誅求四馳。國費有經，不擾而治。公庭晝閑，不聞鞭笞。我無爾詐，爾無我欺。有嚴軍典〔四〕，誰敢後期？烈烈冰霜，融爲春煦。鳥棲者蔭，魚潛者池。今其去矣，如之何勿思？梁山巍巍，渭水瀰瀰。豈弟君子，福祿如茨。以及於人斯。鉛印本乾縣新誌卷一〇

贈華州知州雷貴墓碣

昔名門右族有耀於前，克昌厥後，未有不由其先仁積義累，以造其基，吾於雷君見之。君以至元十六年己亥卒，是年七

〔一〕不敢稱以紊常制：「以」，底本缺，據乾州新誌補。
〔二〕陝省以公督致之：「省」，乾州新誌作「者」。
〔三〕若合符節：「合」，乾州新誌作「何」。
〔四〕有嚴軍典：「典」，全元文作「興」。

月壬申葬高陵毗沙鎮堨原。以子禧贈奉議大夫、華州知州、飛騎尉、高陵縣男。母杜氏，贈高陵君。至順庚午，子禧持狀謁余，求表其墓。余謂君傑德偉行，已具潛齋楊文康公誌，可以慰安泉下，光昭永久，豈容復措其辭？固謝，而請益力，謹摭其實而次第之。

君諱貴，雷其姓也，出自古諸侯方雷氏，蓋以國爲姓，後單姓雷。君之先世爲耀州同官縣雷平川人，曾而上譜逸沒究。祖遠，徙家高陵毗沙鎮；考定，皆晦跡不仕。妣楊氏，生君金貞祐甲戌七月庚寅。幼卓異不羣，長力於善行。壬辰兵起，父母失於逃難。君不避鋒鏑，誓死以求。未幾得父於鄧，母氏殆無聞焉。歲時悲痛不已。後二十餘年，訪得於終南女道中。兩親違養之日，服喪過哀，喪禮一遵古制。張氏姑一子而寡，亦失於兵間，既知母子在邠，備金自往，贖養以終，與夫合葬焉。子彌，教育成長，均己子分其業。

初，庚子歲，高陵縣以君才賢舉監税官。丙辰，宣撫司辟爲其縣丞。甲子初改至元，受行中書省檄，陞爲主簿，兼三原、涇陽、櫟陽三縣。高陵民十餘戶驅於豪家，君力究理，復隸民籍。四年，敕授主簿朝邑。十一年，改洛川。十四年，以疾辭。始終治縣餘二十年，猛不殘義，寛不宥姦，獄平訟簡，官民兩益。家居二年而卒。

先娶傅氏，再娶杜氏，内助之賢，備在儒學提舉孫近齋撰誌。子男六人：祐，鎮江民匠大使，傅出也；祥，監税使；禧，奉訓大夫、知耀州；裕，奉訓大夫、判興元路；禎，尉臨潼，杜出也；祚，次居五，側室郭出也。孫男十九人，從仕者半，又皆象賢。孫女二十二人。初，傅氏父母之二喪，杜氏父母家凡三世合十餘喪，兵後其殯沒於榛莽，皆爲塋地葬之。里中喪不能葬者，亦資其具。凡人急難，必爲救卹，故老至今猶稱道之。

嗚呼！君生平之德如此之實，皆自吾仁義中出，信可以培植基本，垂祐後人矣。或者惜君之位不顯於時，是蓋不然，富貴豈必在其躬？觀夫子承孫繼，桂玉滿前，聯芳並秀，融融洩洩，四氣之和集備，一門登名仕版。然人生則有孝養之榮，

沒則有褒贈之美，兹固不可以爲顯乎？傳曰：「不在其身，在其子孫。」奉訓有之〔一〕。系以銘，銘曰：

人皆可以爲堯舜，此語諒豈欺凡庸！嗚呼奉訓真英雄，崢嶸善積邱山崇。玉石俱焚際艱凶，父兮母兮失相從。乃知至孝天可通，慈闈具慶還春風。恩洽義浹親疏中，人之疾痛如我躬。治邑有政廉以公，蘇息疲癃鋤姦凶。用雖未究才德豐，子孫競爽聯芳蹤。翩翩刷羽凌霜空，報施神理何隆隆。聖恩洪濡徹玄宮，英靈有鑑歆其逢。松柏鬱然馬鬣封，堣原高對嵯峨峰。一碑翠琰工磨礱，刻詩用以昭無窮。明嘉靖二十年高陵縣誌卷七

永樂大典之還山遺稿輯補

失題〔二〕

三四峰巒列斗牛，風巖龍穴幾千秋。登臨恐遇林泉叟，不曰行藏祗自羞〔三〕。中華書局一九八六年影印本永樂大典第五冊第九七六三卷第六頁

〔一〕奉訓有之：與下文「嗚呼奉訓真英雄」之「奉訓」與前「以子禧贈奉議大夫」矛盾。

〔二〕按：底本於此詩前只標明「楊煥詩」而無題。

〔三〕不曰行藏祗自羞：「祗」，當爲「祇」。

寄閿鄉夾谷師三首

簿書拋擲寄黄冠，過客如雲不作難。一片荆山青似玉，幾時同向月中看。

家在西原欲盡頭，門前流水至今流。世人貪作功名夢，誰向瓜田問故侯？

千征萬戰鬼爲鄰，歷盡興亡得此身。今日潼關坡下路，静看車馬走紅塵。永樂大典第七册第一四三八〇卷第六頁

寄閿鄉馬信之

馬氏家聲許白眉，少從翰墨晚從醫。經春一就成欹側，泉石膏肓不受治。同上

適園叢書本之還山遺稿輯補

陶九嫂 述蕲春劉益甫所言以爲强暴不道者之戒

勿輕釵與笄，勿賤裙與襦。柘皋一女子，健勝百丈夫。家住廬州東，庫藏鐃金珠。天陰夜抹漆，暴客萌覬覦。胠篋不足較，父兄罹刳屠。女年十五六，以色竟見驅。捕捉星火急，亡命洞庭湖。既爲陶家婦，九嫂從渠呼。寢息風浪中，四鄰唯菰蒲。琴瑟未免合，積久產二雛。春秋祭享絶，對面佯悲吁：「向來郎鬢黑，漂泊生白須。身後乏寸土，奈我子母孤。干

戈又換世，幸在昔廛區。何當決歸□〔一〕，卒歲容相娛。」聞語略不疑，意謂癡且愚。銳然□輕舟〔二〕，攜抱登長塗。青氈復舊物，水陸多膏腴。女兒拜夫前：「靈贶焉可誣？兒初有秘祝，欲答神□扶〔三〕。」給郎俟西祠，徑往公府趨。畫地訴首尾，曾不□錙銖〔四〕。長官怒咆哮〔五〕，俄頃就執俘。械杻滿蟣虱，□□臨街衢〔六〕。使女坐其旁，笑頰如施朱。自推二□□〔七〕，□請加鑕鈇〔八〕。官曰產爾腹，頗亦憐呱呱。女□□□種〔九〕，不可謂不辜。環觀交感泣，猛烈古今無〔一〇〕。□事鬼神畏〔一一〕，失機或斯須。甘露若訓注，反遭□□圖〔一二〕。政類竇桂孃，兒同心實殊。桂孃，建中時人，見杜牧言。隱忍寂寞濱，豈甘盜賊汚。白玉投青泥，至寶終莫渝。此讐若不雪，何以見烏烏？一息傳萬口，南北通燕吳。夫願女爲婦，婦願女爲姑。綠林肝膽寒，低頭羞穿窬。佳人固不幸，能還誰爾拘？何事原巨先，遂使輕俠徒〔一三〕？見前漢原陟傳〔一四〕（適園叢書本還山遺稿補遺）

〔一〕何當決歸□：「□」，文淵閣四庫全書本元詩選、乾縣新誌作「計」。

〔二〕銳然□輕舟：「□」，元詩選作「棹」，乾縣新誌作「買」。

〔三〕欲答神□扶：「□」，四庫全書本元詩選作「明」，乾縣新誌本作「祇」。

〔四〕曾不□錙銖：「□」，四庫全書本元詩選作「遺」，乾縣新誌本作「費」。

〔五〕長官怒咆哮：「長官」，秀野草堂本元詩選、皇元風雅作「官長」。

〔六〕□□臨街衢：「□□」，四庫全書本元詩選作「懲暴」，乾縣新誌本作「鋃鐺」。

〔七〕自推二□□：「□□」，四庫全書本元詩選作「雛去」，乾縣新誌本作「遺孽」。

〔八〕□請加鑕鈇：「□」，四庫全書本元詩選作「急」，乾縣新誌本作「痛」。

〔九〕女□□□種：「□□□」，四庫全書本元詩選作「云此孽」，乾縣新誌本作「曰此逆」。

〔一〇〕猛烈古今無：「古今」，秀野草堂本元詩選作「今古」。

〔一一〕□事鬼神畏：「□」，四庫全書本元詩選作「謀」，乾縣新誌本作「快」。

〔一二〕反遭□□圖：「□□」，四庫全書本元詩選作「宦豎」，乾縣新誌本作「噬臍」。

〔一三〕遂使輕俠徒：「使」，皇元風雅作「死」。

〔一四〕見前漢原陟傳：「陟」，漢書遊俠傳作「涉」。

題城南陰氏永思亭

結廬守丘壟，種柏長孫枝。不爲城府屈，況求時世知。曾無綵衣夢，誰有角弓詩？薄宦歸來晚，因君涕滿頤。同上

送張彦叔還陜二首

管寧猶避世，禆竈豈知天？安穩將何日？奔忙各莫年。且陪山簡醉，未辨水衡錢。便了公家事，癡兒更可憐。

翰墨知名久，風塵會面稀。病來嗟我老，秋到惜君歸。瘦馬馱殘夢，寒蟬送落暉。區區問逋負，直覺宿心違。同上

題趙繼卿耕隱圖

惜君玉雪成老醜，知君近出太常後。太常名之傑，以諫南北征知名。求田問舍計差早，恐君不是扶犁手。長安冠蓋鬧於雲，但説子真耕谷口。此心肯處萬事了，直待鐘鳴奈衰朽。溪山入眼畫樣新，雨翠煙嵐浮戶牖。松亭可琴水可舟，中有石田三百畝。牘鉏烏豆種紅秫，十分桑麻居八九。軟浸豆屑飯晨犢，濃湯去聲。秫腴篘社酒。冷盆繅絲給公上，挑燈紡績里妾婦。索錢豪吏喜食肉，準備羹材養鷄狗。荆棘滿野獨漏網，太常遺澤亦已厚。軍興科徭古不免，爲勸比鄰死莫走。殘年得飽實大幸，傍舍偎籬插花柳。君家平日無雜賓，我輩過門須一扣。若非代北少陵翁，定是周南紫陽叟。更闌朗詠除夜篇，聊與蒼生洗塵垢。同上

李王夜宴行

玉漏沈沈寒夜永，瑤階月轉梧桐影。重門深鎖寂無人，醉倚銀屏呼不醒。茜裙六幅拖朝霞，飛雲髻穩盤雙雅〔一〕。一生偏得君王意，笑酬新寵彈琵琶。嬌小不禁弦索滑，腸欲斷時輕一抹。半遮粉面回春波，等閒忘卻龍香撥。歡娛未畢北兵來，三十六宮如死灰。茅茨老死定誰問，紛紛哀樂長相催。同上

晉溪行感故人崔君寶馮達卿至

并刀射日霜華起，誰翦滄溟半邊水。千年冷浸西南天，瑠璃萬頃清無底。瑤階玉殿聖母家，春陽走碎油壁車。天陰人靜百鬼出，山風泠泠吹浪花。花飛愁怕桂輪濕，蜇龍潛抱神珠泣〔二〕。馬蹄剝落夢不到，解后與君成雅集。金斗瀲灩浮新香，秦客思家偏斷腸。曲江池館定何似，滿眼青田空夕陽。同上

呈公茂

冰雪相看十五年，照人風采只依然。我今自分蓬蒿底，君獨何心道路邊？渭北幾時無夢寐，終南在處有林泉？不妨

〔一〕飛雲髻穩盤雙雅：「雅」，皇元風雅作「鴉」。
〔二〕蜇龍潛抱神珠泣：「蜇」，秀野草堂刻本元詩選、皇元風雅作「蟄」。

便作求田計，伴取疲揚草太玄。同上

寄商孟卿

一望東原一惘然，芸窗誰與伴孤眠〔一〕。秋風有意招張翰，春草無由見惠連。王母信音青鳥外，溪翁心事白鷗邊。殷勤爲向侯芭道，判卻殘年老太玄。同上

病中趙之讓見訪

洛陽三月不得雨，君家西來常苦陰。酒杯雖好怕到手，藥裹底事猶關心。對牀幾日肯相就，擁被中宵愁獨吟。莫疑衰疾便揮謝，解吐新句酬知音。同上

次答庭幹

歲晚周南見此翁，未應抵苦厭塵籠。人須老後心方定，詩到工時例合窮。飯顆盡從嘲杜甫，荆釵元不笑梁鴻。倚楹三詠鴟梟句，始信離騷繼國風。來章有「鴟梟□□□」之句。同上

〔一〕芸窗誰與伴孤眠：「孤」，元詩選、皇元風雅、魏崇武點校本作「高」。

病中次答

一別南塘十五年，□□虛貸買山錢〔一〕。梁園不□狂司馬〔二〕，洛社偏宜病樂天。□□形骸親藥裹〔三〕，□將心計事征麈〔四〕。他時擁翠亭前水〔五〕，又是吾家阿對泉〔六〕。同上

寄長安

龜城舊事空悠悠，俯仰一別今幾秋。遙知清談落麈尾，應悔□□書□頭〔七〕。三川煙月四時在，兩□關河千里愁〔八〕。道人活計行處是，早晚策杖來□□〔九〕。同上

〔一〕□□虛貸買山錢：「□□」，四庫全書本元詩選作「杖頭」，乾縣新誌本作「他鄉」。

〔二〕梁園不□狂司馬：「□」，四庫全書本元詩選作「少」，乾縣新誌本作「負」。

〔三〕□□形骸親藥裹：「□□」，四庫全書本元詩選作「無那」，乾縣新誌本作「慚此」。

〔四〕□將心計事征麈：「□」，四庫全書本元詩選作「肯」，乾縣新誌本作「悔」。

〔五〕他時擁翠亭前水：「擁」，元詩選作「湧」。

〔六〕又是吾家阿對泉：「阿」，底本缺，據閿鄉縣志卷六夢遊軒記補； 四庫全書本元詩選作「恰」，誤。

〔七〕應悔□□書□頭：四庫全書本元詩選作「應悔小字書蠅頭」，乾縣新誌本作「應悔淨幾書蠅頭」。

〔八〕兩□關河千里愁：「□」，四庫全書本元詩選、乾縣新誌本作「地」。

〔九〕早晚策杖來□□：「□□」，四庫全書本元詩選作「相求」，乾縣新誌本作「秦州」。

草亭既成招肥鄉竇子聲

走遍江淮鬢未華，歸來重對舊生涯。論醫不待肱三折，作賦曾聞手一叉。晚歲蕭條嗟我老，春風搖蕩醉誰家？殺鷄爲黍初心在，目斷西雲日又斜。同上

送馬公遠歸桂庵

瘦馬踏雪來長安，老□□雲依空山〔一〕。長年獨處邨落裏，幾日一笑□□□〔二〕。□院風□□夜話〔三〕，松□月冷趁晨班〔四〕。終南太白四時好，不得倚闌相對閑。同上

〔一〕老□□雲依空山：「□□」，四庫全書本元詩選作「向白」，乾縣新誌本作「至看」。

〔二〕幾日一笑□□□：「一」，乾縣新誌本作「同」。「□□□」，四庫全書本元詩選作「塵寰間」，乾縣新誌本作「酒筵間」。

〔三〕□院風□□夜話：四庫全書本元詩選作「竹院風清聯夜話」，乾縣新誌本作「竹院風清供夜話」。

〔四〕松□月冷趁晨班：「□」，四庫全書本元詩選作「齋」，乾縣新誌本作「檐」。

寄君美〔二〕

不走瀍東走澗西，八年迎送愧山妻。長思醉臥高堂上，滿枕春風聽竹鷄。同上

關隴叢書本之還山遺稿輯補

重修太清觀記

地勝而後境勝，理之必然者也。方此之時，以洽水之陽，北負梁山，東肘黃河，獨無名宫傑觀乎？連年會道者馬志玄於燕之薊門，不遠數千里，請記太清之顛末。扣其所以然，則曰：「創之者，先師喬鍊師也。潛道其名，德光其字，平陽人。天資恬淡純厚，而耽林泉之樂。初歲入關中，得法於丹陽宗師。既而丐隱縣市，爲劉戶部好謙所知。一日，拉同志李君清虛遊故城之東北隅趙氏園，面太華而歎曰：『修真之地，孰踰於此歟？』趙聞而施其地。乃與清虛結茅以居，蓋大定十七年也。後因庵而觀，土木工技，競以時集。殿宇像設之嚴，指顧告成。至於賓客棲止、廚藏廄圃之所，莫不畢具。天興之亂，掃然矣！曰復之者，熙真先生吉志通、鍊陽子張志洞也。始於丙申，訖於辛丑，甫五六載，而丹雘斑斑然，鐘磬鏘鏘然，

〔二〕 按：秀野草堂刻本元詩選、皇元風雅、四庫全書本元詩選中，此詩原爲寄君美二首之第一首。民國稽注本乾縣新誌本編在卷下，作爲「七言絕」的最後一首，詩題下有小注云「張徽字君美，亦一時名士也，武功人」。

簪裙濟濟然〔一〕，向之瓦礫荆棘之場，一還舊觀矣！實縣宰白侯玉主之，而邑民杜恩等翼成之也。其大概如是。」余亦竊有感焉。

嗚呼！人心何嘗不善？而所以爲善者，顧時之何如耳。方功利馳逐之秋，而矰繳已施〔二〕，陷穽步設，則高舉遐飛之士不得不隱於塵外，此有必然之理也〔三〕。然則古之所謂避地避言者，其今之全真之教所由興耶？或者例以跡而疑其心，是殆見其善者機也。使有志於世者誠能審涵養勤恪之爲常，達推移擴充之爲變，率其子弟〔四〕，如全真之屬重道尊師，化其鄉里〔五〕，如全真之徒真履實踐，朝夕以無間，舉動以相先，而能不失其孝悌忠信之實，則一身之計可以移之於一家，一家之事可以移之於一國，一國之政可以充之於天下矣！雖坐進夫三代唐虞之治，而使民之仁壽、物之蕃昌，猶指諸掌。然則敢問其要？自正心誠意始！壬子正月戊戌日記。

此文載甘水仙源録，爲奉天王奐撰文。王奐，當爲楊奐，蓋傳寫之誤。金元之際，奉天未見王奐其人也。文云：「壬子正月記」，以紀年考之，則元憲宗二年，奐時年六十有八矣。文筆純肆，雅近紫陽之作，特更正。鵬一記。關隴叢書本還山遺稿卷上

〔一〕簪裙濟濟然：「裙」，甘水仙源録作「裾」。
〔二〕而矰繳已施：「矰」，乾縣新誌作「繒」。
〔三〕此有必然之理也：「有」，甘水仙源録作「又」。
〔四〕率其子弟：「子弟」，乾縣新誌作「弟子」。
〔五〕化其鄉裏：「鄉」，甘水仙源録、乾縣新誌本作「鄰」。

祭無欲真人李志遠文

維大蒙古國歲舍乙卯，正月己亥朔，二十三日辛酉，友生河南漕長兼廉訪致仕奉天楊奐，謹致祭於無欲真人：開元天寶，若吳尊師。性質高鯁，克慎攸履。嘯月吟風，嵩少之趾。所與善者，惟李謫仙、孔巢父爾。若張志和，號玄真子。浮家泛宅，逍遙卒歲。寓意欲魚〔一〕，釣不設餌。曰陳少游，實觀察使。曰顏魯公，乃州刺史。杖屨往來，迄今傳之，以爲勝事。奐也何人，浪名進士。職非顏、陳，才非孔、李。巖穴素契，洞真、無欲，兩翁而已。旅舍京華，適癸之巳。天兵南湧〔二〕，喋血千里。十二都門，閉而弗啓。一死一生，警言在耳〔三〕。頃承驛召，入長安市。洞真羽化，吁亦久矣。真人既見，傾寫底裏。目電射人，徹曉不寐。青山滿眼，簿書紛委。盛夏五月，腦瘡作祟。夜半託君，萬有不諱。朝殞朝葬，暮殞暮瘞。大限未終，勉強而起。真人入燕，遽然厭世。倏聞訃音，老淚如水。玉骨北還，臥病桑梓。剥啄荆扉，尺書踵至。白馬素車，遠涉清渭。三奠生芻，少酬知己。儻念宿昔，能不監止？再見無時，伏惟尚饗！甘水仙源録

案：先生以乙卯年卒，年七十歲。此文實先生絕筆也。鵬一記。同上

〔一〕寓意欲魚：「欲」，甘水仙源録作「於」。
〔二〕天兵南湧：「湧」，甘水仙源録作「渡」。
〔三〕警言在耳：「警」，甘水仙源録作「誓」。

京兆劉處士墓碣銘 西安碑林〔一〕

處士初諱章，字希文，又名九隴、名渭、名於莵，字則不易也。姓劉，系出中山，後世有謫官於成紀者，始爲秦人。希文額舍方厚〔二〕，眉目峭徹，顧盼虎如也。在童子，讀書不碌碌。自謂風雲勢合，卿相可立致，視生之人卓犖不凡者〔三〕，能指摘其行事可否之。長從河間趙翰林游，下筆有骨肋。既就舉長安，齟齬難合，說其風土，不復返。前去宦學〔四〕，刻意古文，大抵含奇茹異，不以割襲之主〔五〕，西州碑版多出其手。平居一榻之外，皆法書名畫。長安，周、秦舊都，可以資玩好者戶有之。希文望而判其真贋，合則雖所甚惜，應手擲之，不作一錢直；不合，錙銖之物，千百金不可得。嘗鬻書於市，一達官輒持去。麾閽者，徑造廳事。詰之，則曰：「劉某也，取所負書耳。」見其辭色，輒付之〔六〕，挾書掉臂而出。其不可觸如此。鄉遇孤嫠，爲所陵轢，無問識與不識，匍匐援之，猶己之急。無事半語不吐，所可辯〔七〕，鋪今張古，雜出王伯，衮衮不自休，使聽之者皆竦。貴遊子弟入關，恨不得與之交。尋常燕常〔八〕，有具必極豐潔〔九〕，惟恐其不愜。強媢者欲效之，不能也。性不喜

〔一〕京兆劉處士墓碣銘：「銘」，底本缺，據拓本彙編第四十八册補。按：拓本彙編無「西安碑林」四字。
〔二〕希文額舍方厚：「舍」，拓本彙編作「頷」。
〔三〕視生之人卓犖不凡者：「生」，拓本彙編作「古」。
〔四〕前去宦學：「前」，拓本彙編作「翦」。
〔五〕不以割襲之主：「割」，拓本彙編作「剽」；「之」，拓本彙編作「爲」。
〔六〕輒付之：「輒」，拓本彙編作「趣」。
〔七〕所可辯：「所」，拓本彙編作「有」。
〔八〕尋常燕常：「常」，拓本彙編作「賞」。
〔九〕有具必極豐潔：「有」，拓本彙編作「肴」。

浮圖法，而喜寺處。往來開元百塔三十年，所須並以力致。羞爲寒乞相，以溷於人。或忤之，叱咄不少貸。審其無他腸，亦不以爲怨。蒙泉在皇甫里，城南勝選也，一得，更不掛想。閉門擁書，動至彌月。出則高冠短褐，佩刀曳杖，步武徐緩若有節，塗人愕而避之、譏笑之、不屑也。或勸之娶，曰：「非不欲也，無以當吾心者〔一〕。寧孑然以終其身。」其筆札似漢隸，其詩律似眉山，其爲人似張乖崖，亦似范家老子。處鄉校時，宰相李公適之、漕使龐公才卿、內翰王公清鄉〔二〕、宋公子儒〔三〕、御史高公平叔〔四〕，咸愛重之。正大八年，詔民東徙至陜。既而事且變，投所蓄古印章鼎彝於河，入陽平〔五〕，入太原。戊戌之秋，還故隱。是冬，京兆倅高傒慕其氣節學問〔六〕，爲諸子禮致之。無何，明年五月十九日，以疾卒，年六十。高倅從願言，葬官塔院居士塋。又二年，谷口邳邦用疊書走洛，告其友楊英曰：「希夾死矣〔七〕！無家，無妻子，世次爵諱不可究。生平所書若此〔八〕，不爲世用，而復無聞於後，將有任其責者。」爲銘之曰：

士之遇也，如龍如虎；其不遇也，如魚如鼠。既魚其龍，又鼠其虎，孰爲遇？孰爲不遇？然生必達其所好〔九〕，死必從其所惡。將矯世以自戕，抑直紆而不顧〔一〇〕。苟有會心，千載而猶旦暮。著所以信於人者，以銘先生之墓。吁！

〔一〕無以當吾心者：「心」，底本缺，據拓本彙編補。
〔二〕內翰王公清鄉：「鄉」，拓本彙編作「卿」。
〔三〕宋公子儒：「儒」，拓本彙編作「孺」。
〔四〕御史高公平叔：「高」，拓本彙編作「商」。
〔五〕入陽平：「陽平」，拓本彙編作「平陽」。
〔六〕京兆倅高傒慕其氣節學問：「傒」，拓本彙編作「侯」。
〔七〕希夾死矣：「夾」，拓本彙編作「文」。
〔八〕生平所書若此：「書」，拓本彙編作「負」。
〔九〕然生必達其所好：「達」，拓本彙編作「違」。
〔一〇〕抑直紆而不顧：「紆」，拓本彙編作「行」。

此碣今存西安碑林中，云：「奉天楊英撰，武功張徽書」。英即楊奐。元世祖簡文判〔二〕，誤以「奐」爲「英」，故奐當時以「英」爲名。乾州友人范子東嘗談其事，並見今乾州誌。其後，仍用原名，故元史有楊奐，無楊英。而自來考此碑，無知之者，宋廷佐還山遺稿亦未收録。朱彝尊著跋文一篇，今附於後。張徽字君美，還山遺稿屢有贈詩，亦一時名士也〔三〕。同上

李玘墓誌

李君大父諱彦宏，由彦爲名者十八人，自彦而别而玉者二十六人〔三〕。清容集。以下佚。

（李玘）爲山西西路課税時，耳目所逮，纖悉必陳於長官。有以榷麴牟利，即峻拒，絶後患。或言郡縣始安輯，宜用重典，使不犯，輒面折陳白非忠厚恤民本旨〔四〕。

清容集代李銓爲李司徒行述曰：「大父之墓在朔州，地遠不能至。考其事，則有紫陽楊先生英之誌曰云云。」同上

〔二〕元世祖簡文判：「世祖」，乾縣新誌作「太宗」。

〔三〕按：此跋乾縣新誌本多有删改，抄録如下：此碣今存西安碑林中，云：「奉天楊英撰，武功張徽書」。英即楊奐。元太宗簡文判，誤以「奐」爲「英」，不敢私更，故又名「英」云。宋廷佐刻本還山遺稿亦未收録。又按：底本此下原附有朱尊彝所著跋文，因有删節，今不録於此，而另據朱尊彝曝書亭集抄録，編入附録五序跋。

〔三〕按：底本此下原有「其諱玘者，銓大父也」八字。考清容居士集卷三十二李司徒行述一文，此八字不可能爲楊英（即楊奐）李玘墓誌内容，故删去。

〔四〕「爲山西」至「本旨」：底本缺，據清容居士集李司徒行述一文補。

地方誌之還山遺稿輯補

暑退病起沐罷倦臥芸叟詩招爲草堂寺紫閣之遊酬以來韻

八月秋高肺病蘇，深居吾亦愛吾廬。晚風刿刿初衣袷，白髮蕭蕭不滿梳。困着藜牀眠北牖，遠飛蝶夢防清都。覺來聞有雲山興，親寫新詩欲啓予。

由鄠縣誌中得公此詩，續爲補入。孔哲識。民國稽注本乾縣新誌本還山遺稿卷下

夢遊軒記

坦叟病於陝，梁兄壽之徒步而至者再。比歸，叟告之曰：「閿鄉，漢弘農也。外祖程員外故宅可考也，今主簿署是也。君、我同出諸程，卜居何如？」壽之不答，久而曰：「敝里界乎兩京之間，境小而望重，地靈而物秀，故騷人詞客樂焉。而軒之益彰，西軒之本〔二〕，孰謂不可？相其面勢，莫環翠若也。環翠，確先生道院也。西則潼亭，東則鼎湖，南則荆山，北則大河，徘徊四顧，猶藩牆也。

客爲子屢數之〔三〕：北三百許步曰錦堤，露葵煙草，觸目絢爛。當霽色浮天，夕陽欲下，蘭舟桂楫蕩漾於平波淺靄中，有足觀也。

〔二〕而軒之益彰西軒之本：此處疑有脱誤。
〔三〕客爲子屢數之：「客」，疑當作「容」。

東南十里，橫原莽蒼，危臺突兀，此漢武帝之思其子也。西址曰戾園，園之冢五，而股水縈紆，晝夜嗚咽，似泣似訴，有足感也。

迤邐而西，曰石姥，斷崖絕壁，上下惟石，懸流濺沫，冰雪怒鬭，六月大暑，涼氣逼人，有足駭也。

閿谷之前曰玉澗，一曰玉溪，濱西城入於河，南北二十里，水輪星飛，蔬圃碁布，灌汲之利，有足恃也。

縣南二里曰法雲，唐武后國師萬迴寺也。臨澗西北曰皇天原，原南曰方庠渠，派于筐泉，注于東，復折以北。泉北曰鄔東聚，蜀鄔真人隱所也。原之嶺曰淩空觀，鄔真人上升之地，人以爲遇也。不遇開元、天寶，將泯泯乎？北脅曰阿對泉，以楊太尉家僮而名，人以爲得所依也。見吳融詩。泉清白而甘，宜烹宜釀，而作縻則紅，未易曉也。融，唐昭宗時翰林學士，墓在原北營門右，好事者寒食、清明則祭之。

講堂碑，集右軍書也，三鱣之後應也。堂有三：曰草堂，曰影堂，曰井堂。君家舊物也，後並爲佛舍。影堂在闢之東店，井堂在道北一里，草堂即講堂也。及北二十步，養魚池也。耳目之所染如此。

然則先生何人也？先生姓夾谷氏，古之有道之士也。食於力，不食於人；交以義，不交以勢。雖行旅之徒，誦無虛口，而先生之心若以爲當然也。」

叟奮而作曰：「得之晚矣！富貴馳騁，溺於嗜好，所同也。恬淡寂嘿，樂其性情，是所獨也。天德、人欲不相爲謀久矣，就有所奪，吾其神遊乎？四海一榻，萬古一枕，傅巖、周公皆夢也。握之渾淪，何物不有？它日玉宇無塵，風清月朗，山頭見雙鶴盤桓而不去者，必煥然子從確然子遊也。否則撥置黃粱，依託白雲，扣君門，升君堂，握手一笑，少慰乎平素之思也。敢問此時，孰爲賓？孰爲主？林鳥溪禽，實聞斯言，姑俟之！」壽之曰：「是以先生之心請募以爲夢遊軒記，使千百年後，與仁智、明秀相後先也。」是爲記。清康熙五年增刻順治十六年刻本閿鄉縣誌卷六

其他著述之還山遺稿輯補

投金龍玉冊紀事

皇帝接百王之統，席三葉之慶，祇紹烈祖聖考之丕基，極天之覆，磬地之載，齒髮之屬，靡不臣服。思所以推崇祀事，仰答鴻休，乃詔設大醮三千六百分位於長春宮，上下神祇以至於水陸草木所主咸在焉。戊申春二月望，班淨侶于宮庭之內，度材百司，各肅其事。七晝七夜，無有風雨，嘉氣神光，恍若有應。兩廂承平故老舉手加額，以謂勝衣以來未之覩也。事訖，按禮敦遣提領佑元通義大師馬守心、使者密里吉女，相與投金龍玉簡于名山大川。是歲夏五月乙丑，留洛。甲戌，率有司致命中嶽祠所。科範載舉，燈燭交輝，澗溜銷聲，嶺松彌響，群衛百靈拱侍俯聽，是以嘆嗟不足，穆誦叢興。夫削繁文，屏末節，重吏之擾也；減從騎，省饋餉，慮物之費也。天既父之以誠，民又子之以愛，所謂人和而神和，于斯徵之矣。它時濡蘭臺之筆，緝郊祀之禮，則黃雲之飛，萬歲之呼，將不愧于漢矣！（臺灣鼎文書局一九七七年影印本古今圖書集成方輿彙編山川典卷五十九）

山陵雜記[一]

漢水出鮒魚之山，帝顓頊葬於陽，九嬪葬於陰，四蛇衛之[二]。

帝嚳葬於狄山之陰。

舜葬蒼梧之野，有鳥如丹雀，自丹洲而來，吐五色之氣，氤氳如雲，名曰憑霄雀，能群飛銜土以成墳。

禹到大越上苗山，更名山曰會稽。因死，葬焉。穿地深七尺，土無瀉泄，下無流水，壇高三尺，土階三等，周圍方一畝。

王季曆葬於渦水之尾，水齧其墓，見棺。文王曰：「譆！先君必欲一見群臣百姓也，天故使明水見之。」於是出而爲之張朝，百姓皆見之。

太公封于營丘，比及五世，皆反葬于周。五世之後，乃葬於齊。

穆天子葬盛姬於樂池之南，大匠御棺日月之旗、七星之文，鐘鼓以葬，視皇后之葬法。謚曰哀淑人，是曰淑人丘。

齊桓公墓在臨淄縣南二十一里牛山上，亦名鼎足山，一名牛首堈，一所三墳。晉永嘉末，人發之，初得版，次得水銀池，有氣，不得入。經數日，乃牽犬入，中金蠶數十簿，珠襦、玉匣、繒綵、軍器不可勝數。又以人殉葬，骨肉狼籍。

宋襄公葬其夫人，醯醢百甕。

[一] 按：關隴叢書據說郛採録楊奐山陵雜記一種，附於還山遺稿卷末。乾縣新誌附印楊文憲公遺著，包括還山遺稿二卷、山陵雜記一卷、附録一卷。

[二] 按：乾縣新誌本於此條下有小注云：「此條見山海經大荒北經、海外北經。『漢水』，乃『濮水』之誤。『鮒魚』當作『附禺』。北堂書抄九十二引山海經正作『濮』。」按：此條應是見於海外北經與海內東經。

晉侯請隧。隧，埏道，天子之禮；諸侯懸棺而封。

宋文公卒，厚葬，用蜃炭，益車馬，始用殉。重器備，槨有曰阿〔一〕，棺有翰檜。

魏惠王死，葬日，天大雨雪，至于牛目，壞城郭。

闔閭葬女於邽西，名爲三女墳〔二〕。

闔閭冢在閶門外，名虎丘。下池廣六十步，水深一丈五尺，銅槨三重，墳池六尺，玉鳧之流。扁諸之劍三千，方圓之口三千，時耗、魚腸之劍在焉。十萬人築治之，取土臨湖口。築三日而白虎踞上，故號爲虎丘〔三〕。

會稽若耶大冢，越絶書：「勾踐葬先君夫鐔冢也。」

山陰越王允常墓，在木客山。水經注：「勾踐都瑯琊，欲移允常冢。冢中生分風，飛沙射人，人不能近。勾踐謂不欲，遂止。」

勾踐子墓在夫山。越絶書：「夫山大冢，勾踐庶子冢也。去縣十五里。」

始皇營建冢壙，積年方成，而周章百萬之師已至其下。乃使章邯領作者七十萬人以禦難，弗能禁。項羽入關，發之，以三十萬人三十日運物，不能窮。關東盜賊取槨銷之。

始皇墳周迴七百步，下周三泉，刻玉石爲松柏，以明月珠爲日月。

項籍屠咸陽，殺子嬰，掘始皇帝冢，大掠而東。

文帝治霸陵，皆瓦器，不以金銀銅錫爲飾。因其山，不起墳。

〔一〕槨有曰阿：「曰」，乾縣新誌作「四」。

〔二〕按：乾縣新誌於此條下有小注云：「此條見越絶書。書抄此條『邽』作『野』。」

〔三〕按：乾縣新誌於此條下有小注云：「此條見吳越春秋，語有異同。又書抄九十二『時耗』作『盤郢』。」

文帝葬於芒碭，明帝葬於洛南，皆不藏珠玉，不造廟，不起山陵，陵墓雖卑而聖高。

碭山梁孝王冢，以石爲藏。行一里許，到藏中，中有數尺水，有大鯉魚，靈異，人不敢犯。有至藏者，輒有獸噬之，其獸似豹〔一〕。

臨江閔王榮，以孝景前四年爲皇太子，四歲廢爲臨江王。三歲坐侵廟壖地爲宮，上徵榮。榮詣中尉府對簿，中尉郅都責訊王，王恐，自殺。葬藍田，鷰數萬銜土置冢上，百姓憐之。

漢廣川王去疾好發冢。發晉靈公冢，得玉蟾蜍一枚，大如拳，腹空，容五合水，光潤如新玉，取以盛書滴。

平陽公主嫁衛青，青與主合葬，冢在華山。葬時發土，得銅槨一枚。

光武建光二十六年初作壽陵，帝曰：「古者帝王之葬，皆陶人瓦器、木車茅馬，使後世之人不如其處。」

漢明帝永平十三年初作壽陵，制令流水而已。

東平王冢在東平，傳言王思歸京師，其冢上松柏皆西靡〔二〕。

孝靈皇帝葬馬貴人，贈步搖、赤綬、青羽蓋、駟馬也。

初平二年，孫堅進至雒陽，掃除陵廟，得傳國璽于城南甄宮井中。

漢末，關中亂，有發前漢時宮人冢者，猶活。既出，復如舊。郭后愛念之，常置左右，問當時宮內事，了了有次第。

魏武帝臨終，遺命曰：「汝等登銅雀臺，常望吾西陵墓田。」

曹操篡漢有天下，歿後，恐人發其冢，乃設疑冢七十二，在漳河之上。

魏邴原有女早亡，太祖愛子蒼舒亦沒。太祖求合葬，原辭曰：「非禮。」太祖乃收甄氏女合葬。

〔一〕按：乾縣新誌於此條下有小注云：「此條續述征記。『碭山』作『碭石』，又『鯉魚』作『野魚』。」

〔二〕按：乾縣新誌於此條下有小注云：「見冢墓記。書抄九十四『東平』下有『無鹽』。」

中山恭王衮傳云：「衮疾，因敕令官屬曰：『昔衛大夫蘧瑗葬濮陽，吾望其墓，常想其遺風，願託賢靈以弊髮齒。營吾兆域，必往從之。』」

太康元年，汲縣民盜發魏王墓，或言安釐王冢，得竹書數十車，皆簡編，蝌蚪文字。束皙爲著作，隨宜分析，皆有冥證。古書有易卦，似連山、歸藏；文有春秋，似左傳。

晉張士然請湯武諸孫置守冢人。

五胡時，慕容儁夢石虎齧其臂，寤而惡之，購求其屍，而莫知之。後宮嬖妾言虎喪東明觀下，於是掘焉，下度三泉，得其棺，剖棺出屍，屍僵不腐。儁罵之曰：「死屍安敢夢生太子也〔二〕！」

晉東海越王屍爲石勒所焚，如裴氏求招魂葬。

吴越公主墓在小越伏龍山。

乾德四年，詔吴越立禹廟於會稽，置守陵戶長吏，春秋奉祀〔三〕。明宛委山堂刊本説郛卷二十七，上海古籍出版社一九八八年影印説郛三種本

元詩選之程瑁詩輯補

按：程瑁，亦爲一位元代關學學者。其字君用，號悅古，涇陽人。隱居不仕。弱冠即以古學自力，討論六籍，雖祁寒暑雨，造次顛沛，未嘗少輟。三原李子敬創學古書院，延先生講學其中，遠近從遊者百餘人，循循然樂教不倦，學者稱悅古

〔二〕死屍安敢夢生太子也：「屍」，乾縣新誌本作「虎」。

〔三〕按：乾縣新誌本於山陵雜記後云：「此書記歷代陵墓，至兩晉止，疑非全書，以皇覽、北堂書鈔所載陵墓，尚不止此也。説郛所録本，間有刪削，此恐亦不免。俟得善本，再爲校訂。」

先生。嘗誡諸子曰：「人性本善，習之易荒，古聖賢皆以驕惰爲戒，況凡民乎？」作家戒一卷，以遺子孫。著述有遼史三卷、異端辨二卷、雲陽誌二卷、樂府文集傳世。元詩選存程瑨詩二首，現抄録如下。

九月十日折菊花數枝持玩久之插置瓶中

重九昨朝是，無人送酒來。柴門終日閉，辜負菊花開。中華書局二〇〇一年清顧嗣立席世臣編吳申揚點校元詩選癸集癸之甲

寄蕭諭德勤齋

先生無意去求官，才到天庭便即還。誰似綺園知進退，皇儲已定卻歸山。同上

附録二

誌銘

元故集賢學士國子祭酒太子右諭德蕭貞敏公墓誌銘

［元］蘇天爵

大德、延祐間，關、陝有大儒先生曰蕭公、同公，篤志勵操，高蹈深隱，鄉郡服其行誼，士類推其學術，朝廷重其名節。於是徵車起之，表帥俗化，其道德風流，迄今天下慕之。至正甲申之春，天爵來官西臺，訪求二老言行，將以爲師法焉。既而得同公墓銘，讀之起敬起歎。蕭公云亡久矣，猶未有述，乃稽核薦揚徵召公牘於省府，採摭族世葬歲月於其家，問其隱德懿行於舊老名士之所傳，録其遺文雜著於金石簡冊之所載，合而誌之以銘，庶後世考德者有徵焉。

謹按：蕭氏益都人，國初著籍京兆。公諱𣂏，字維斗。年二十餘，郡守以茂才推擇爲掾。未幾，新郡倅至。倅西域人，怒則惡言詈吏。公歎曰：「如此尚可仕乎！」乃置文書於案，即日謝去，隱於終南山下，鑿土室以居之。盡得聖賢遺經以及伊、洛諸儒之訓傳，陳列左右，晝夜不寐。始則誦讀其文，久則思索其義，如是者餘三十年。義理融會，表裏洞徹，動容周旋，咸中禮節，由是聲名大振。世祖皇帝既一四海，而遐荒小邦，横目窮髮，悉皆來庭。命開祕府，詳延天下方聞之士，撰述圖志，用章疆理一統之大。使者來徵，公辭焉。故贈咸寧貞獻王野仙鐵木兒親受學於許文正公，深知治國用賢之説，及爲陝西行省平章，登公並故四川憲副劉季偉姓名於朝。會參政趙彦澤請立提舉學校官，薦公可當其選。久之，制下，授

公承務郎、陝西儒學提舉，蓋從貞獻王及趙公之言也。省憲請公就職，公以書辭曰：「某蚤事文墨，見一時高才絕足趨事功者，効之不能，是以安於田畝，讀書爲事。本求寡過，不謂名浮於實，聖恩横加。竊念聖人之戒，必明德而後新民，成己乃能成物。昔夫子使漆雕開仕，對以『吾斯之未能信。』然則心術之微，雖聖師不若開自知之審。今某學行未至，自知甚明，望達廟堂，改授真儒。則朝廷得人，學者得師，某亦不失爲寡過之人矣。」

大德七年冬，超擢集賢直學士、奉訓大夫、國子司業，遣使徵之。公又力辭不拜，其言曰：「念某寡陋，與人共學，非敢爲師。向授提學，幸蒙聽允其辭。既不能當外郡學職，豈復可預國學之事？況敢辭卑居尊，以取無廉恥貪冒之罪乎！」九年夏，制若曰：「蕭維斗山中讀書，不貪官，不嗜利。世祖徵召不至，朕遣人召之亦不至，豈將命者非其人而弗來歟？今特命參議中書省事廉恒等以往，其令行省給五乘傳，賜之楮幣百定，命挈其家偕來。或蕭維斗堅欲不仕，可進嘉言一二，朕當令人送還。如年老或不能騎，別給安車可也。」行省、行臺、諸司所在敦遣，公辭不獲，力疾北行。適成廟不豫，然猶傳勑俾擇舍館，遣近侍賜饌廩衣物，又命宰執以治道爲問。公尋亦南歸，仍辭所賜不受。

十年，進集賢侍讀學士、少中大夫，即其家授之。明年，武宗臨御。仁皇養德東宫，博選當世名儒，左右輔導。特授公嘉議大夫、太子右諭德，命宫師府長史聶輝起公，敦迫上道。至大元年二月至京，入見嘉禧殿。仁皇溫問再三，公書酒誥以進，因言：「古人惟祭祀則飲酒，然尚德將無醉。」蓋當是時近習多侍上燕飲，故公首以是訓陳之。未幾，懇請還山。上憐其衰老，遣使送歸。二年四月，徵拜集賢學士、國子祭酒，依前太子右諭德，進階通議大夫。公以老疾辭。門人疑焉，問曰：「聖人樂得天下英材而教育之，今先生辭祭酒者何也？」公曰：「曩在京師，有朝士再三以成均教法爲問者，余告之曰：『若欲作新胄子，當罷歲貢，一如許文正公時，專於教養。彼既外無利禄之誘，内有問學之功，則人材庶有望矣。』此語一傳，物議鼎沸，執政者亦深不以爲然，今余出則狥人，豈能正己以正人乎！」四年正月，尚書省臣皆以罪廢，政務復歸中書，而大臣請曰：「今政事大壞，當從新治之。中外廉潔老臣及事世祖、成廟兩朝有若李謙、尚文、趙居信、劉敏中、蕭𣂏、程鉅夫、郝天挺、韓從益、劉正、程鵬飛、董士選、陳天祥、王思廉等，可急遣使召之，共議新政。」仁皇從之。公以疾辭，不起。

延祐五年七月己未，有星殞於所居中庭，光射如晝。越八日丙寅，公以疾薨，春秋七十有八。八月某甲子，葬咸寧縣少陵鄉朱張里南原先塋之昭。至治三年，門人故四川行省左丞廉公惇、江浙行省參政孛朮魯公翀時方在朝，以公易名爲請。制贈資善大夫、四川等處行中書省左丞，追封扶風郡公，謚貞敏。

維關輔自許文正公、楊文康公倡鳴理學，以淑多士，公與同公接其步武，學者賴焉。公之學自六經、百氏、山經、地志，下至醫經、本草，無不能通其説，尤邃三禮及易。嘗作家廟以奉先世，祭則極其誠敬，子弟或少有怠，祭已必深責之。早值親亡，哀毁致疾。治喪不用佛、老，棺槨衣衾悉遵禮制，蓋自楊文康公倡於其始，公復推明於後，至今長安士大夫家亦多化之。公平生不祭於墓，有築亭於先壟之側者，表曰「致慤」，引祭義以明之。公曰：「墓祭非古，當作祠堂於其家，揭斯名於齋室，庶乎其可。」臨川吴文正公獨稱公爲善於禮。初江西儒者標題小學書行於世，公間以朱筆塗之曰：「凡今標題多朱子所不欲存者，如鄧伯道『繫其子於樹』之類。」吴文正公是之。公深通六書，嘗言：「自古文篆籀而後，小篆佐隸至於真楷相沿而成，故今楷書中古籀篆隸皆有之，雖行草亦有古籀篆隸之遺意。今真書點畫之訛者，皆從隸章行草中來，非兼通者不能知也。小篆自是省古籀而爲之，考諸鍾鼎款識，遇重字則變之，要之不失六書之旨。」太常博士侯均曰：「今人識字及通六書者，惟蕭公爲然。」關中字學不差，亦因公發之也。公嘗書經史格言以訓人，求書者或非其人，及涉異端之事，則拒絶之。家多藏書，手自讎校，或經傳音訓之訛，皆字字而正之。下至文史亦然。爲文悉本諸經，非有裨世教者不言，非其人不與。公薨，遺落無幾。今購得古今詩若干首，銘贊雜文序記碑誌又若干首。翰林姚文公燧文蓋當代，慎許可，獨敬禮公。其門生有譏詆公文者，姚公怒曰：「蕭先生道德經術名世者也，豈若吾輩以雕蟲篆刻爲工乎！」所撰九州誌若干卷，法史記年表，由三代迄宋、金，詳疏沿革於下，山川、貢賦附焉。其他著述又若干卷。天曆兵荒之餘，往往散在民家。

公少穎悟，三四歲時，從其姊過親族家，引公坐榻上，不從。親族固命之，乃坐榻下，人已異之。既長，慨然有志於天下。歲癸卯秋，河東、關中地震月餘不止，父老憂懼，不知所以，相帥問公。公告之者數千言，反覆極論天人一理，性本皆善，國家當務教養，俾復其初，人當恐懼修省，日遷於善，則陰陽和而萬物遂，災害自不生矣。其心蓋欲位天地，育萬物，上

躋隆古之盛，是豈離世絕倫、索隱行怪者之流歟？初，朝廷以貢舉取士，行省禮請公與同公較其藝。公以斯文方興，出而應之。公讀書之暇，躬視農耕蠶桑，嘗教其子孫曰：「治此以供衣食，最爲安爾。」或有饋遺，非義不取。人有急難，施不少吝。奉養極其澹薄。公身長六尺，修髯如畫，望之可敬。其爲人外和而中剛，凡與人交，接之以溫言悦色，胸中黑白，瞭然不溷。間入城市，觀者如堵。當代名公卿及四方之士宦游於秦者，願一見公爲榮，或數造其廬請教焉。西臺大夫伯篤公嘗以冬月謁公，汗流浹背，出語人曰：「吾久在京師，屢接賢士大夫，未有若蕭先生自然令人敬愛不舍。」

公教人極嚴，諸生惴惴畏服。其學皆自小學始，次及四書、諸經，日與學者講説經訓，滾滾不窮，待其曉解，方授別義。人來質疑，即命其徒取某書某卷所載以對，曰：「若背文暗誦，恐或誤人。」初，孛朮魯公至自南陽，從公受業。久之，謂人曰：「某游江右，獲識諸老，聞其論議，或有不讓。今見蕭先生，使某自不能措一辭，信知吾道之無窮也。」其他弟子若同毅、陳甾、智炳、李材、盧烈等，多知名於時。公德善化及遠邇，雖武夫悍卒亦知景慕。征西兵嘗屯長安，大帥一日入朱張里，里人驚惶。帥諭止之曰：「汝勿怖，聞此有蕭先生者，見之即歸，吾非侵擾汝也。」有郡吏乘馬城南暮歸，遇盜逐之。吏思所以自解曰：「我乃蕭維斗也。」盜即引去。未幾盜獲，吏適按之。盜曰：「吾向欲刼汝騎，汝以爲蕭維斗也，吾故不忍。寧知汝紿我耶！」

公四世祖諱雲，宋樂安鹽使。曾祖諱彥，金益都府孔目官。祖諱均，皇贈中奉大夫、河東山西道宣慰使、護軍、河南郡公。考諱瑜，才而略，金季轉徙陝、洛之郊，屢佐戎幕，活人有功，終京兆路總管府經歷，因留家焉。徵士韓擇爲誌其墓，贈資善大夫、大司農卿、上護軍、河南郡公。曾祖妣蓋氏，祖妣孫氏，追封河南郡夫人。妣張氏、逯氏，俱歿於兵；周氏、張氏，並追封河南郡夫人。配楊氏、張氏、杜氏，俱先卒，張氏亦追封河南郡夫人。子男二：曰友，早卒；曰恭，終奉議大夫、耀州知州。女五，俱適人。孫男三：元，終進義副尉、涇陽縣主簿；次亨，次儀。

嗚呼，節義天下之大閑，有國家者欲以作興風教，振起名節，則必訪求高人逸士，徵而用之，於以登禮樂之治，惇廉讓之風。彼爲士者非偃蹇以自媚，矯亢以爲高，蓋不如是則道不尊。觀列聖之所以用公，公之所以自處，則朝廷風厲人材之盛，

君子進退道義之隆，可以爲後世之楷範矣。銘曰：

節彼終南，有堂有紀。誰其居之，曰隱君子。早捐世務，樂乎幽潛。德蘊於身，士具爾瞻。南山之雲，朝濟於穴。雨澤誕施，澡我名節。天子曰咨，有臣如斯。安車載脂，屢往徵之。公拜陳辭，能薄材謭。誤達天聰，臣非連蹇。安車西來，道德雍容。羣工在列，仰止高風。進敷正言，退明正學。垂訓後生，克配先覺。去古日遠，士習愈偷。婾娶骫骳，合汙同流。一聞薦揚，喜溢顏面。遯世弗悶，百未一見。不有君子，孰障頹波？尚思公存，考槃在阿。言爲世則，行爲世軌。流風遺烈，來者興起。南山蒼蒼，下爲公藏。爰述潛德，百世耿光。中華書局一九九七年蘇天爵著陳高華孟繁清點校滋溪文稿卷第八

年譜

楊文憲公年譜　邑人范紫東審訂　邑人胡源明孔哲撰

一、引言

公之遺著，散佚殆盡。金元之際，中原淪陷，耆獻碩儒，半竄死於兵燹之餘，北方人文實以公爲巨擘，更無出其右者。其著述之富，獨擅藝林，爲元代所僅有。清李雲生五萬卷樓書目載有：「楊文憲公年譜一卷、遺集二卷、附録一卷。」今惟山陵雜志見於說郛中，餘均不可考矣，惜哉！

本譜所蒐資料，以楊文憲公考歲略、楊府君墓碑、程夫人墓碑及公之墓碑與還山遺稿爲主，並參考乾州拜誌周誌、鄠縣縣誌、陝西通誌、元史、新元史、通鑑輯覽、四庫全書簡明目録、四庫提要、名臣事略、關學編、遺山詩集、困學齋雜志、人名大辭典、歷代名人年譜、名人生卒年表、世界大事表等書，及其他有關著作。旁蒐博採，擇要詳録，細覈公之事跡，綿密考訂，

祛僞存真，用編年法，按年紀事。凡遇有關係之文字，分別揭録，以期信而有徵，編爲楊文憲公年譜。粗紀其家世、思想、生平崖略、學問淵源及時代背景。亦即讀書誦詩，論世知人，景慕仰追之意也云爾。時在民國三十年十一月下浣識。

二、家世

公諱奐，一名英元太宗簡判，誤以「奐」爲「英」，故公當時以「英」爲名，又名知章，字煥然，號紫陽，賜謚文憲，姓楊氏，陝西乾州奉天人，唐鄜國公隋恭帝侑之二十世孫也。鄜國賓於唐，唐以奉天唐睿宗文明元年，詔奉天縣奉祀乾陵，今乾縣。之地四百頃奉之，子孫遂爲縣人。鄜國以行基嗣，行基生棻，棻生溫，溫生幼言，幼言生顒，顒生皐，皐生免，免生珍，珍生光贊，光贊生懷順。懷順官金紫，仕爲西臺今長安。御史，襲封至五代漢，國乃除。夫人彭城劉氏，有子十二人：長曰公佚，次曰公神、公留、公賢、公洪、公素、公石、公祚、公良、公通、公演、公伏。始分世田，隨諸房所居，號十二楊村，總謂之隋楊氏。

公佚之子舜靖，舜靖之子信，信之子禹，禹之子言，言之子宗。宗之子懋，妣裴氏，於公爲曾祖。金初，猶以大宗之家主祭祀，居大楊，葬皆從西臺。祖諱超道，妣尚氏。正隆後，以避王統制之亂，寓乾州奉天華嚴里楊漢村今楊漢村西門楣有「紫陽故里」四字，自爾族人號城南翁。

考諱振，字純夫，一字德威，城南翁次子也。於城南別墅之前，建榮蕭軒，以爲養晦之所，故人稱蕭軒翁。翁幼喜讀書，嘗手抄經傳，尤愛王符諸論。與賓客談，時稱誦之。弱冠仕州縣爲屬掾。復興郡王括陝西民田，選翁以從，甚信重之。翁因爲王言：「軍與民，皆吾人，奪彼與此，其利安在？」時吏有具瀕山民姓名，欲一切以盜耕當之者。翁曰：「奪人之田，又誣以罪，豈朝廷意耶？」吏乃止。泰和中，見公府文移因循苟簡，私謂所親曰：「我往在丹州時，見宋末案牘不求事實，止以虚文相欺。比來官政，殆似之矣！」及泰和律下，閱之踰月，不樂者久之，曰：「亂矣！」或問之，曰：「我見大定制不如皇統，皇統不如舊制。聖人立法，本從易簡。人情不同，罪狀亦異。我於法令，未嘗見一事可與相當者，但比附爲義，使司法者得以恕心從事耳。今乃事事先爲之防，是猶千堤萬堰以障江河，必無是理，知不可行。將日見抽易，紛紛不已，安得不亂耶？」其言行多此類也。

時蒲城令祁大舉、武亭令魏文叔、主簿劉彦文、好畤令侯舜臣、富平米顯道、延安張用章皆處下僚，翁率爲致禮。及大舉、顯道、用章嘗以事忤上官，幾至不測，翁力援之。此數人者，其後皆有善譽，至大官。其知人多此類也。

翁資雅重，儀矩可觀，家居未嘗有惰容。子弟見者，必伺顔色乃前。有所問，必反復思之，不敢妄對也。嚴父之稱，不其然乎？一日，聞里中兒爲其父作黄籙，召諸子告之曰：「某家作醮事，人謂之有孝心。我視之，殆兒戲耳！此人與我同列，其斷獄，我知之矣。人有枉曲，世人且有不肯責之爲直者，況欲賂神耶？我平生執法，過誤或有之，至於故以意害物，則死無有也。後日我不諱，慎勿爲此，以爲識者笑！」其當官公廉，概可知矣。

先是，郡將王汝嘉東濕御下，屬掾多引去，獨雅重翁之爲人。李安國亦雅重翁，嘗贈以詩，其引云：「純夫吏業而儒行，家貧而好客，居今之世而好古，賤金帛而貴硯墨，是四反也。」元好問撰翁墓碑云：「嘗論關中風土完厚，習俗不數易。正隆、大定間，去平世爲未遠，翁生於其間。世族之所遺，風化之所及，重以資禀之美、君子之言、長者之事，宜不學而能之，況志於學如此耶？」安國名流，好問巨儒，竟稱贊如此，其清操可知矣。

翁春秋六十有三，子男八人。先娶崔氏，生子燧；繼室程氏，生子炤、奂、炳、灼、煒、煇；繼室晁氏生子燦。奂、炳舉進士。煒，部令史。觀其父，可以知其子矣。

妣氏程，其先閿鄉人，靖康末西入關，止於乾，復爲西州著姓。夫人姿淑媛，有識度。課諸子讀書，必盈約始聽休舍。尤善援引故實，因事指誨。諸子侍立至夜分，莫敢跛倚。夫人性沖淡，平日掃卻一室，焚香養晦，庭内若無人跡者。一日，家捕一盜，夫人曰：「是亦人子也。政以失教至此。既無失得，不足深詰。」憫而縱之，聞者嘆服。府君公退未食，夫人必徙倚以待。府君嘗屬疾，夫人率諸子冥禱，請以身代。府君愈，大不以爲然。夫人曰：「世固多婦人，公有一不諱，患有重於此者。幸無他，使吾兒無廢學，如次充次充，諱閲，奂舅氏也，時有聲場屋。植業士林，鄉里稱善人，足矣！榮仕非所望也。」家所藏書數千卷，皆奩具易之。其賢明類皆如此。趙復贊譽夫人云：「古者賢妃貞女如宋伯姬，以賢明有禮得書於春秋，而不主於材敏，於今閿鄉夫人見之。」夫人卒年三十有二，後五十五年始克銘之。復又歎曰：「嗚呼，事之開也有門，而來

也有途；成也有時，而就也有候。殆天所以厚楊氏歟？」夫人生六男，奐則仲子也。

三、年譜

公一歲　公元一一八六年，丙午。宋孝宗淳熙十三年、金世宗大定二十六年。

公生於陝西乾州奉天縣南鄉華嚴里楊漢村，姓楊，名奐，字煥然。

公生之夕，母程嘗夢東南日光射其身，旁一神人以筆授之，夫人驚而寤。及公生，蕭軒以爲文明之象，因名之曰「渙」，後改爲「奐」。

三歲　一一八八年，戊申。宋淳熙十五年、金大定二十八年。

公嘗信口唱歌，有「白水滿長干，紫陽閣下清風細。」之句，詢其故，不能答也。

五歲　一一九〇年，庚戌。宋光宗紹熙元年、金章宗元年。

公蚤歲緝學，母程姿淑媛，有識度。課其讀書，必盈約始聽休舍。尤善援引故實，因事指誨，公侍立至夜分，莫敢跛倚。

八歲　一一九三年，癸丑。宋紹熙四年、金章宗四年。

公出就外傅，一日，母程諭之曰：「詰旦，盍偕若同舍兒來？」既羣兒至，夫人肅衣冠，坐堂上，命各占其所好，聞有欲讀書覓官以養其親者，夫人喜甚，遽抱置膝上撫摩之，曰：「兒若是，可與吾兒遊矣。」所得纔三四輩，餘則以好語遣去。傅後審其然，遂割席與處。不數年，詢之，皆嶷嶷然若成人。又曰：「使吾兒無廢學，如次充植業士林、鄉里稱善人，足矣！榮仕非所望也。」其風鑑多此類。

十二歲　一一九七年，丁巳。宋寧宗慶元三年、金承安二年。

四月三日，程夫人卒，年三十有二。斂衾襚於華。公哀毀如成人，日蔬食誦孝經爲課，人以「天至」稱焉。初，夫人常撫奐輩戒之曰：「士立身行己，教亦多術，何必爾耶？蕭軒爲掾吏職。汝曹若不改圖，吾斂含不瞑矣。」以故，奐服膺畢精，丹青可渝矣。家所藏書數千卷，皆夫人奩具易之。其賢明類皆如此。

十三歲　一一九八年，戊午。宋慶元四年、金承安三年。

州倅宗室永元謂純夫曰：「君老矣，四十六歲。守佐重以案牘相煩。聞君有佳兒，姑欲試之。」即檄公爲倉典書。時調度方殷，公掌出納，朱墨詳整，訖歲終，無絲毫之誤。倅愛之，曰：「他日當大用。」勸之宦學，公遂師吳榮叔，指授公學古文。未幾，迥出倫輩。蕭軒翁戒之曰：「無獨與同輩較優劣，能似古文，乃古文耳。吾雖不能，想理當然也。」有以白子西詩遺蕭軒者，翁笑曰：「吾欲吾兒讀此耶？必欲學詩，不當從毛詩讀耶？不然，亦須讀杜工部詩耳。我見界上官榷場，兩國大商賈所聚，且苦無的貨，況入小牙郎手，復何望哉？所謂讀毛詩者，喻如瓜菓菜茹，欲兒輩地頭買之耳。」

十五歲　一二〇〇年，庚申。宋寧宗慶元六年、金承安五年。

四月三日，公以孤童子負母遺櫬，葬於州南留里小留村先塋之次。墓在今草谷村東南郊，在楊府君墓西五尺。奐墓在西南。蓋以是日爲母程逝世三週之期也。

秋，公與其弟炳同試長安。炳以疾作弗克，公預優選。賦業成，即有聲場屋間。

十六歲　一二〇一年，辛酉。宋寧宗嘉泰元年、金泰和元年。

春試長安，復中優等。

一日，夢遊紫陽閣，景趣甚異。自悟以前爲紫陽宮道士，因以紫陽爲號焉。

二十歲　一二〇五年，乙丑。宋寧宗開禧元年、金泰和五年。

宋翰林九嘉在關中時，因楊涣然赴舉，書與屏山蓆之曰：「涣然佳士，往見吾兒，慎無以佛老乃媪之也。」屏山持之示交遊，以爲笑。

秋試長安，中選。泰和、大安間，入仕者惟舉選爲貴科。榮路所在，人爭走之。呈文之外，翰墨雜體，悉指爲無用之技。尤諱作詩，爲其害賦律尤甚。至於經爲通儒，文爲名家，不過翰苑六七公而已。公初授學之後，其自望者不碌碌。舉業既成，乃以餘力作爲詩文，下筆即有可觀。嘗撰扶風福嚴碑，宋内翰即今翰林。飛卿宰高陵，見之，奇其才，期公以遠大。與之

書曰：「吾子資稟如此，宜有以自愛。得於彼而失於此，非僕所敢知也。」公復之曰：「辱公特達之遇，敢不以古道自期？」飛卿見而喜曰：「吾知韓歐之門，世不乏人矣。」

二十一歲　一二〇六年，丙寅。宋開禧二年、金泰和六年。

春三月二十五日，廷試萬寧宫，下第。初，貢士總兩科無慮千二百輩，上躬命賦題曰「日合天統」。公獲試廷下，而席屋偶居前列。朝隙，聞異香出殿檽間，一紫衣人顧，公起，問題之難易及氏名、籍貫、年齒而去。少頃，衆相慶曰：「駕適至矣。」薄暮出宫，傳以爲希遇。公紀以詩曰：「月淡長楊曉色清，天題飛下寂無聲。南山霧豹文章在，北海雲鵬羽翼成。玉檻玲瓏紅靄重，金爐飄渺翠煙輕。誰言半夜曾前席？白日君王問賈生。」即日奏賦，議乃定。既而中選者，纔二十有八人。[一]

三十歲　一二一五年，乙亥。宋寧宗嘉定八年、金宣宗貞祐三年。

春三月二十五日，考振逝世於華嚴里之正寢，享壽六十有三。

三十一歲　一二一六年，丙子。宋嘉定九年、金貞祐四年。

公如洛，入汴梁，得宫室廟舍法度於一故老處，並且曰：「夫禮也者，制度名數之所寓也。不有所據，必有所見。文公朱文公。所述，未見所據，當以奐之目覩者爲廟之定制。」

三十二歲　一二一七年，丁丑。宋嘉定十年、金興定元年。

春正月七日，葬考振於州南小留村新塋，三夫人祔焉。墓碑豎於塋前二十七丈之處。今碑尚完好，惟文間有漫滅耳。

公赴廷試。

三十五歲　一二二〇年，庚辰。宋嘉定十三年、金興定四年。

[一]　按：「即日奏賦」至「二十有八人」應在「日合天統」下。即便如此，仍有闕文影響文理。可參考楊奐跋趙太常擬試賦稿後。

秋試長安，中選。因秋比，以生徒之衆，寓長安慈恩寺。

三十六歲　一二二一年，辛巳。宋嘉定十四年、金興定五年。

春試，復以貽誤下第。公前後凡五充賦於王廷，均下第。涇陽盧長卿洎蒲人李欽若、欽用昆弟惜其不遇，勸就臺掾，曰：「臺掾要津，士子慕羡而不能得者。」公答書云：「先大人每以作掾爲諱，僕無所以肖，不能顯親揚名，敢貽泉下之憂乎？」又悼念夫人疇昔，終不忍負其言而歸。一時名公鉅卿如李右司之純、苑司農極之、李御史欽止、宋内翰飛卿壯其恪守遺訓，共賦詩以序其志。

關中地震，乾守呂子成遍禱祠廟，請爲祝文。凡二十有四首，援筆立成，文不加點。

三十九歲　一二二四年，甲申。宋嘉定十七年、金哀宗正大元年。

正大初，朝廷一新弊政，求所以改弦更張者。公慨然草萬言策，詣闕將上之，所親謂其指陳時病，辭旨剴切，皆人所不敢言，保爲當國者所沮，忠信獲罪，君何得焉？公知直道不容，浩然有歸志。即出國門而西，遂教授鄉里。由甲申至戊子，五年中，公隱居講學於鄠郊今鄠縣。終南山下，其山曰紫閣峰。門人百人，植柳千株，號曰柳塘。鄠誌云：柳塘，在南山下，元楊奐隱居教授處。中建紫陽閣、讀書堂，旁有紫陽泉。

四十歲　一二二五年，乙酉。宋理宗寶慶元年、金正大二年。

公居鄠，中秋日燕集，一寓士忌公名，諷諸生作詩，請公屬和。公被酒，謂客曰：「觀詩者舉酒，欲和者以次。」公賦詩，音韻意氣閑逸，筆不停綴，長韻短章，終夕成三十九首。長安中目爲鄠郊即席唱和詩，傳之。

四十四歲　一二二九年，己丑。宋理宗紹定二年、金正大六年、元太宗元年。

乾州請爲講議，安撫司辟經歷官、京兆行尚書省以便宜署公隴州，皆不就。再以參乾、恒二州軍事，親舊爲言：「世議迫隘，不宜高蹇自便。」始一應之。

四十五歲　一二三〇年，庚寅。宋紹定三年、金正大七年、元太宗二年。

京師春試，嗣授館於左丞張信甫家。張公常謂人曰：「諸孫得楊君主善，老夫沾丐抑多矣！」

四十六歲　一二三一年，辛卯。宋紹定四年、金正大八年、元太宗三年。

時公在汴梁，爲太學諸生之首。

四十七歲　一二三二年，壬辰。宋紹定五年、金天興元年、元太宗四年。

正月，開始著朝政近鑑，亦名天興近鑑。至甲午六月絕筆。

三月，爲母程乞碑銘於禮部趙公秉文，翰林學士。以迫城下之盟而不得書。公三女生。

四十八歲　一二三三年，癸巳。宋紹定六年、金天興二年、元太宗五年。

春正月，金汴京西面元帥崔立將陵人。金主東走，以立爲外城西面元帥。以降，汴梁陷。公微服北渡，羈孤流落，人所不能堪，公處之泰然也。

四十九歲　一二三四年，甲午。宋理宗端平元年、金祚告終、元太宗六年。

六月，朝政近鑑書成，計三十卷，其書法如古之史臣，其議論如胡氏之春秋。

公北渡，屬於內翰即翰林。馮公。無幾日，嗣冠氏帥趙侯壽之延致公，待以師友之禮。會門人朱極自京師載書至，因得聚而讀之。東平嚴實喜接寒素，士子有不遠千里而來者。嚴君聞公名，數問其行藏，但終不一詣。或問之故，曰：「不招而往，禮歟？己業已主趙侯矣，將無以我爲二三乎？」

姚燧生三歲而孤，育於伯父樞。樞隱居蘇門，謂燧蒙暗，教督之甚急，燧不能堪。公馳書止之曰：「燧，令器也，長自有成爾。何以急爲？」且許醮以三女。

五十一歲　一二三六年，丙申。宋端平三年、元太宗八年。

公仍客趙氏。

公夫人吳氏生保垣，即公之長子，早夭。公墓碑云：「君三娶吳氏。子男四人：保垣、元肇、嵩山、緱山。」程夫人墓

碑云：「奐之子：保垣、萬駒、嵩山、緱山。」又云：「奐初以子幼未任时，將援真定漕使王道昌例，既而如約。」公諭內詩云：「飄零風塵際，拌作窮獨叟。四年四懸弧，吉兆自申酉。」元好問賀公生子詩云：「掌上明珠慰老懷，愁顏我亦爲君開。」考公生平逢「申」之年凡六見：三歲戊申，十五歲庚申，二十七歲「壬申，三十九」甲申，五十一歲丙申，六十三歲戊申。以「三娶」、「獨叟」、「老懷」三詞推測，公之生子，當在五十歲以上。以「吉兆自申酉」句推之，公之長子當在公五十一歲之丙申年生。以「四年四懸弧」一語推之，丙申、丁酉、戊戌、己亥四年中，連生四子。公四十六歲以後在汴京，以嵩山、緱山之命名考之，公之生子絕不在三十九歲之甲申，始也明矣。以「奐初以子幼」考之，由丙申至戊戌，長子不過三歲，次子不過兩歲，其子誠幼矣。若以三十九歲之甲申推之，公子惟元肇生年較多，然尚未達十三歲即遭不幸，是公未仕時已無子矣。而公之生子，在五十一歲之丙申也無疑。

秋七月，詔試諸道進士。公乃留別趙帥，北上應試。其留別詩云：「主人情爛漫，客子自奔忙。不見猶頻夢，相逢合斷腸。秋涼拋藥裹，夜雨倒壺觴。回首高城北，幽燕去路長。」

八月，公應試東平，兩中賦、論第一。以進士及第，是爲狀元。故拜誌云：「元狀元紫陽楊文憲公，見儒考。」元好問撰公墓碑云：「戊戌，大朝間開舉選，特詔宣德課稅使劉公用之試諸道進士，君試東平。」考通鑑，元太宗九年丁酉秋八月，耶律楚材請校試儒士於諸路，乃詔課稅使劉中、楊奐，隨郡取士。由是推測，公之應試，絕對當在自己奉詔取士之前。而戊戌應試，反在自己奉詔取士後一年，似有未合。故從通鑑而書公應試於此年。〔一〕

嗣委公考試雲燕。按：即清代鄉試之主考官。

俄，公從監試官北上。中書令耶律楚材見公，大爲賞異。以首奏薦，登名於天府，授河南路徵收課稅所長官，兼廉訪使。其職權：相豐歉，察息耗，以平歲入；重其權，以剗其弊。故官吏污濫得廉糾之，刑賦舛錯得釐止之。至於風俗之

〔一〕按：編譜者此處之考辨不足爲據。

疵美，盜賊之有無，楮貨之低昂，得季奏之。凡在吏，許自辟以從，被選者以爲榮。所轄地：東履海，南際淮，西至潼陜，北抵河，咸隸焉。

陛辭之日，言於中令公曰：「僕不敏，誤蒙不次之用，以書生而理財賦，已非所長。兼以大荒之後，遺黎亡幾。『烹鮮』之喻，正在今日。急而擾之，糜爛必矣。願公假以歲月，使得拊摩創即「瘡」字。罷，即「疲」之借字。以爲朝廷愛養基本萬一之助。」中令甚善之。公蒞政，即招致名士如蒲陰楊正卿、武功張君美、華陰王元禮、下邽薛微之、澠池翟致中、太原劉繼等，日與商略條劃約束，一以簡易爲事。按行境內，親巡視導。舊弊：長官所臨，率有饋餉。公一切拒絕之，亦有被刑責、沒財物於官者。有循舊例以增額爲言者，公呵之曰：「剥下罔上，若與我爲之耶？」即減原額四分之一，公私便之。不月而政成，時論翕然，民以爲前乎此，蓋未有漕司惠吾屬之如是也。公蒞政臨民之風，於斯概可見矣。由丙申至庚戌，在官十五年，官署在洛。

每於公餘之暇，即著書立說。時目力雖稍差減，但燈下讀蠅頭細字，夜分不罷。

公嘗讀通鑑，至論漢魏正閏，大不平之，遂修漢書，駁正其事。因作詩云：「風煙慘淡駐三巴，漢燼將燃蜀婦髽。欲起溫公問書法，武侯入寇寇誰家？」後見朱子通鑑綱目，其書乃寢。遂著正統書六十卷，總以八例，白是非，分治亂，明勸戒而昭正統。公之卓識，類如此也。

五十二歲　一二三七年，丁酉。宋理宗嘉熙元年、元太宗九年。

公居洛，次子萬駒生，又名元肇。在孕有異，風骨不凡。

秋八月，耶律楚材奏：「制器者必用良工，守成者必用儒臣。請校試儒士於諸路。」上乃詔課稅使劉中、楊奐字煥然，乾州人。隨郡考試，以經義、詞賦、論分爲三科，得士凡四千三十人。

五十三歲　一二三八年，戊戌。宋理宗嘉熙二年、元太宗十年。

公居洛，三子嵩山生。公以己官居河南，中嶽亦在河南，名義蓋取諸此。

五十四歲　一二三九年，己亥。宋［理宗］嘉熙三年、元太宗十一年。

春三月，公按部至於汴，汴長吏宴公於廢宮之長生殿。懼後世無以考，乃乞公撰汴故宮記，文見文集。

公居洛，四子緱山生。考河南偃師縣南有春秋周邑緱氏，緱山又名撫父堆。在其南。名義蓋取諸此。

五十六歲　一二四一年，辛丑。宋理宗淳祐元年、元太宗十三年。

公居洛。公友谷口邳邦用疊書走洛告之曰：「希文死矣。」公遂爲之撰京兆劉處士墓碣。石刻在西安碑林中，文見文集。

公幼女生。斯時，公之長子、三子、四子均早夭。阿駒才五歲，見客謹拜叩。

公作諭内詩以自慰，其詞曰：「飄零風塵際，……今冬復爾耳，喜在得分剖。女亦吾所出，胡爲生可否？……阿駒纔五歲，見客謹拜叩。稍稍愛紙筆，門戶當可守。女生願有家，教之奉箕帚。乘龍非所期，隨分逐鷄狗。」詩見文集。

五十八歲　一二四三年，癸卯。宋淳祐三年、元定宗二年。

公居洛。四月二十一日，撰祭國信使王宣撫文。嗣又撰總帥汪義武王世顯神道碑。文見文集。

公子萬駒甫七歲，即知讀書。

五十九歲　一二四四年，甲辰。宋淳祐四年、元定宗三年。

公居洛。公子萬駒八歲，讀書異常聰穎，聞公講授，即通大義，並能爲人講説。

六十歲　一二四五年，乙巳。宋淳祐五年、元定宗四年。

公居鄠養病。秋八月，病起，沐罷倦臥，適芸叟以詩招爲草堂寺、紫閣之遊。公酬以來韻，其詩云：「八月秋高肺病蘇，深居吾亦愛吾廬。晚風刿刿初衣袷，白髮蕭蕭不滿梳。困着藜牀眠北牖，遠飛蝶夢防清都。覺來聞有雲山興，親寫新詩欲啓予。」遂同遊草堂，詠詩二章，其一云：「百頃逍遥苑，千年羅什家。荒林藏吾小，細徑逐溪寺東有高冠河。斜。老檜今何在，瑞蓮春自華。山靈憎俗駕，朝暮白雲遮。」其二云：「廢寺人蹤斷，幽溪野性便。魚鬢分浪細，虎跡印沙圓。馴雀

偷僧飯，惡蚊破客眠。獻芹吾豈敢？直欲劚山田。」嗣又詠紫陽閣云：「碧瓦朱甍動紫煙，清風吹袂渺翩翩。夢回憶得三生事，悔落黄塵六十年。」

六十三歲　一二四八年，戊申。宋淳祐八年、元定宗七年。

公居洛。公子萬駒十二歲，以羸疾至於不幸，傷哉！

六十六歲　一二五一年，辛亥。宋淳祐十一年、元憲宗元年。

公居洛。春正月，公自洛輿疾入燕請老，還印政府，歸秦尋醫。俾其猶子公弟煒長子。元楨代領漕事。於是始釋重負於私朝。時無欲子促其徒往返六千里至燕，爲洞真真人于先生懇徵文石。公爲之撰文並序。石刻在祖庵，文見文集。

公在北京，過趙太常卿之孫承祖家，得所擬賦。咸感存殁，不能不惘然爲敍其始末，並以舊詩即廷試萬寧宮之詩。歸之。

公乞撰母程墓碑銘於江漢趙仁甫。

公感遷徙靡常，故再三以請，將卒其夙心焉。八月既望，遂投檄西上。出郭，過蘆溝橋，撰出郭詩：「燕姬歌處囀鶯喉，燕酒春來滑似油。自有五陵年少在，平明騎馬過蘆溝。」

六十七歲　一二五二年，壬子。宋淳祐十二年、元憲宗二年。

正月戊戌日，撰重修太清觀記。文見文集。

春三月，公東遊。十六日，東平行臺公宴公東園，衣冠畢集。既而請謁闕里。二十二日，命監修官盧龍韓［文］獻相其行。次日，幕府諸君（輔之）祖於東湖之上。是日，宿汶上縣劉令之客廳。在西城外遊王彦章墳及祠。二十四日，器之從間道先往。公至兗州，會州佐孟謙，教官張振文話嶧山之勝爲甚詳。次日，拉振文而東。二十六日，達於曲阜，器之等躍馬出迓。魯門十有二，入自歸德門。孔氏族長率諸子弟郊迎於廟之西。公於闕里題名，並撰謁廟七言律詩。二十七日，謁鄆國夫人廟。繼謁先聖文宣王，並各有文告。次以文謁先師襄國公、先师鄒國公。遊孔林及講堂。孔子刪訂贊修處。再謁周之魯陵、齊國公墓、顔子墓、尼山及鄒國公墓，達鄒縣，宴彭令之宅。四月朔，遊嶧山。循山歸，孟氏諸孫迎於道左，謁鄒國

公廟。入縣，復宴於舊館。縣父老請見，爲歡飲竟夕。翌日，遊岡山寺、孟母墓、飯孔族家。至魯城之南，登郊臺。三日，至曲阜。五日，從德剛、子中登西南角臺，望射圃，撰東遊記並鄆國夫人殿記。是夕，孔族設祖席於齋廳。次日，辭先聖於杏壇之下。族長德剛率族人別於歸德門外，國祥及德剛之子立之護至兗州西。嗚呼！公讀聖人之書，法聖人之行，復遊於聖人之居，則先聖遺跡昭然在目，恍然如見聖人於几筵也。更得與聖人子孫而晤對一堂，其快意爲何如耶！公之東遊記，足備文獻之徵，非普通遊記所可比擬也。撰謁廟詩云：「會見春風入杏壇，奎文閣上獨憑欄。淵源自古尊洙泗，祖述何人似孟韓？竹簡不隨秦火冷，楷林空倚魯城寒。飄零蹤跡千年後，無復東西老一簞。」

告先聖文宣王文：

嗟乎！聖人，造物也。七十子，造物之一物也。於問答之際見之矣。問仁者七而答之者七，問孝者四而答之者四，問政者九、問君子者三，所以答之者無一似焉。不惟不違其所長，而亦不強其所不能，故大以成其大、小以成其小，造物奚間焉？垂世立教，百王所仰，未有由之而不治，舍之而不亂者也。春秋諸國，孰弱於魯？降十八百年而知有魯者，吾聖人之力也。吁！生而不見用，沒而賴之以聞，何負於魯也？後有國有家者，獨不思之耶？今日何日，匍匐庭下，死無憾矣！羈旅悠悠，禮物弗備，敢薦以誠。

告先師兗國公文：

夫士君子之學原於治心。聖門三千徒，孰非學也？曰好之者，獨公爲然。無事業見於當時，無文章見於後世。考之傳記，一再問而止；察之日用，一簞瓢而止。緜亙百世之下，自天子達於庶人，無敢擬議者，將從無慾始乎？抑非也？不可得而知也。適謁林廟，獲瞻井里，輒祭以告。

告先師鄒國公文：

子之於聖人，其猶天而地之、日而月之歟？學出於詩書，道兼乎仁義。至於知易而不言易，知中庸而不言中庸，此又人之所難能也。湯武則待子而義，匡章則待子而孝，紛紛楊墨之徒待子而後黜。其爲功用，鴻且著矣！夫豈好辯者哉？

奂等去聖人彌遠，欲學無師而執志不勇，惟神其相之。

秋九月，世祖在潛邸，驛召公入關。公過通濟橋，撰詩云：「五丁鑿石極堅固，陌上行人得往還。月魄半輪沉水底，虹腰千尺駕雲間。鄭卿車渡心應愧，秦帝鞭驅血尚殷。爲問長江深幾許，雪風吹馬下天山。」石刻在橋下。及入關，被教參議京兆宣撫司事。累上書請閑，遂還鄉都，築堂曰「歸來」，以爲佚老之所。

六十八歲　一二五三年，癸丑。宋理宗寶祐元年、元憲宗三年。

公居乾。二月望，遊首陽山，謁夷齊廟，同里王燦、張端、平陸員擇從行。題二賢祠七絶一首。石刻在首陽山。詩見文集。

公告老後，清明前十日，應王府之召，同進士劉繪祗謁金帝祠西岳廟下。員擇、王燦、張宇、張端等從行。題名並撰詩，高簡刊。

清明日，公與張君美同謁乾陵，題名。門人員擇書，高簡刻。時公之親舊城居者七，田居者二十有一。

六十九歲　一二五四年，甲寅。宋寶祐二年、元憲宗四年。

公居乾。病且久，感元楨遠宦於洛，或時月不可待，清明日，會諸房故老，命臨潼本房下潤之子。保童即元嗣。爲侍子，日奉粥藥，以備倉卒，從律義也。

公病既瘉，賦詩以謝顧副言之慰問。其詩云：「久謝公家事，時勞長者車。可憐新病後，未覺故人疏。渭北偏饒夢，河南近得書。想忘吾豈敢？欲出怯籃輿。」

時公鬚髮未甚白，精神未甚頹，日讀蠅頭細字，犹如擧子時。堂中經史插架，濈濈如蠶，二三僮子備朝夕檢閲。宋志明爲公創製六稜三級圓轉書橱一架。公正襟危坐，聚所用書，環而帙之，終日左採右取，循環無端，不過一引臂而已，遂名之曰「臂僮」。撰有臂僮記，見文集。公之治學之精神，足範百世，由此可知公之學而不厭也。

五月九日，撰錦峯王先生墓表，見文集。

九月二十八日，爲程母立石。文刻於楊府君墓碑之陰。額撰「故程夫人墓碑」。碑文已剥蝕殆盡，文見還山遺稿中。今刊入乾誌。時夫人卒後五十六年[一]，而後始克銘之也。趙復撰碑文而歎曰：「嗚呼，事之開也有門，而來也有途；成也有時，而就也有候，殆天所以厚楊氏歟？」

七十歲　一二五五年，乙卯。宋寶祐三年、元憲宗五年。

正月二十三日，撰祭無欲真人李志道文，文見文集，並躬祭。

秋，九月一日，公雖在病臥，招猶子秀民等，與之酒，諭之曰：「吾鄉密邇豐鎬，民俗敦樸，兒輩當孝悌力田，以廉慎自保，無習珥筆之陋，以玷傷風化。」及病革音急，處置後事，明了如平時。并敕家人曰：「吾且死，毋以二家齋醮，爲識者笑。」遂引觴大噱，望東南炷香，命門人員擇執筆，留詩三章，怡然而逝，春秋七十。賜謚文憲。十月二十七日，安葬於留里小留村先塋楊府君及程夫人墓。西南十二丈之處，在今草谷村東南郊。夫人陳氏、劉氏祔焉。

時公幼女年十五，尚在室。

京兆宣撫使商挺孟卿爲公撰行狀。

一二五六年，丙辰。宋寶祐四年、元憲宗六年。

冬十月，員生自奉天持公之行狀，東往西山之鹿泉，乞徵文石於河東元好問，且道：「公臨終念念不相置，留語殷重，撰述爲託。」在此冰雪沍寒，往反數千里爲師乞徵文石，以盡門弟子之風誼若此者，實不多睹。而夫子風化感人之深，爲何如耶？由此可知公之誨人不倦也。

一二六〇年，庚申。元世祖中統元年。

王文康公初侍王邸，屢以史事爲言，嘗舉楊奂、元好問、李冶，宜令秉筆。及世祖即位，乃申前請，命立翰林國史院。及

[一] 按：時夫人卒後五十六年，與前家世言「夫人卒年三十年二，後五十五年始克銘之」相矛盾。

詔至，公已逝世，惜哉！　名臣事略

時屏山西行，劉祁以序送之，備論公之守道不回，並相嘆曰：「今茲云亡，豈復見此挺特之士乎？」[一]

一二六四年，甲子。元世祖中統五年。

四月，夫人吳氏偕侍子元嗣、侄孫光祖，爲公立石於墓南十六丈之處，東距楊府君墓碑十五丈，題曰：「河南路徵收課稅所長官兼廉訪使楊公神道之碑」。河東元好問撰，中樞左丞柳城姚樞書並撰額。文見乾誌。蓋公逝世已九年矣。

明宋廷佐云：「先生墓碑仆且斷久矣。予懇提學使王虎谷公爲復立。」今碑頭仍折傾於地，而碑陰漫滅，文不可全睹，碑陽字尚清晰。

公之墓地，統計八畝有奇。紫陽祠已有清道光時建碑，記之詳矣。今由草谷村高姓四家分租，年向管理紫陽祠者每畝輸租麥一斗，以作祭祀之資。

楊府君及程夫人墓封，被風雨消殺殆盡。覩斯慘象，何忍漠然！是以懇求各租戶，輸土助封，以圖傳之久遠云。

四、傳略

公諱奐，字煥然，號紫陽，賜謚文憲，姓楊氏，奉元乾州奉天人，唐鄜國公隋恭帝侑。之廿世孫也。生於公元一一八六年丙午。幼時即受家庭優良教育。甫勝衣，嘗信口唱歌，有「白水滿長干，紫陽閣下清風細」之句。入學後，文已奇古。十二歲丁内艱，哀毁如成人，人以「天至」稱焉。未冠，夢遊紫陽閣，因以紫陽爲號焉。三十歲丁外艱。後舉進士，三辟東省，署隴、乾、恒安撫司經歷官。正大初，朝廷一新弊政，遂慨然草萬言策，未及上而歸。講學於鄠郊，門人百人，植柳千株，號曰「柳塘」。元太宗八年，詔試諸道進士。公試東平，兩中賦、論第一。委公考試雲、燕。耶律楚材以首奏薦，授河南路課稅

[一] 按：此段文字出自歸潛志卷一。據之可知：實則爲宋九嘉西行，而非「屏山西行」；乃論宋九嘉「守道不回」，而非論楊奐「守道不回」。

所長官，兼廉訪使。以經義、詞賦、論分三科，隨郡取士，得士凡四千三十人。在官十五年，請老還山。世祖在潛邸，驛召參議京兆宣撫司事，累上書請閑，築堂曰「歸來」，以爲佚老之所。卒於一二五五年乙卯，春秋七十。子男四人：保垣、元肇、嵩山、綠山，均夭傷。君喪之時，晝然有童烏之感！女四人。

初，公讀書，即斬伐俗學，以濂洛諸儒自期。博學強識，務爲無所不窺。以明經後進。中歲之後，每晚猶於燈下閱讀蠅頭細字，夜分不輟。汲深研幾，猶恐不及。雖寒暑饑渴，不以累其業也。其治學之大無畏精神，足範百世。

爲文務去陳言，刻刮塵爛，創爲裁製，以蹈襲剽竊爲恥，其持論亦然。觀其著作，概可見矣。趙復稱「其學粹然，一出於正。即其文，可以得其爲人。」拜志稱其詩文雅健，類韓昌黎。中州集稱其能詩，尤工書翰。四庫提要稱其詩文皆光明俊偉，有中原文獻之遺，非南宋江湖諸人氣含蔬筍者可及。曾國藩云：「文章之道，以氣象光明俊偉爲最難而可貴！如久雨初晴，登高山而望曠野；如樓俯大江，獨坐明窗淨几之下而可以遠眺；如英雄俠士，裼裘而來，絕無齷齪猥鄙之態。此三者，皆光明俊偉之像。文中有此氣象者，大抵得於天授，不盡關乎學術。自孟子、韓子而外，惟賈生及陸敬輿、蘇子瞻、王陽明得此氣象最多。」公之詩文，气象深厚，音調鏗鏘。其義理之精，胎息之古，措詞之高，足以比隆濂洛，方駕韓蘇。詩文有光明俊偉之像，不其然乎？

晚居洛陽，書齋經史插架，濈濈如蠶，二三僮子，備朝夕檢閱。著書數百萬言，沉浸莊騷，出入遷固，更折衷於六經，故其言論精約而條理膚敏。至於總八例以樹正統之原則，作通解以辨蘇、韓之純疵，其他概言、雜著等書，皆近古之知言，名教中南宮雲臺也。當世之士尊爲「關西夫子」。朝廷諸老，如禮部閑閑趙公、平章政事蕭國侯公、內翰馮公、屏山李公皆折行位與相問遺。御史劉光甫、編修張子中諸人，與公年相若，而敬公加等。河朔士大夫舊熟公名，想聞風采，又新被三接，文衡有在，所求見者應接不暇。其爲世所重如此。暮歲還秦中。近百餘年來，三秦號稱多士，其聲聞赫奕者，皆莫能出其右，洵通儒也。臂僮記云：「平生除著述外，無他嗜好，其所以自得者，亦足以自樂也。」所著有還山集一百二十卷，其內容約分古賦、古律詩、碑、誌、表、記、銘、贊、序、跋、雜文等。正統書六十卷，其內容爲上自唐虞，下至五代，逐年、月、日，各有書事。三代以上，

存而不議。秦漢而後，附之以論。總立八例：曰「得」、曰「傳」、曰「衰」、曰「復」、曰「與」、曰「陷」、曰「絶」、曰「歸」。其説累數十萬言。以謂不如是，則是非不白，治亂不分，勸戒不明。雖綿歷百千萬世，正統之爲正統，昭昭矣！元好問謂：「此書往往人間見之。有詰難者，則曰：『吾書具在，豈復以口舌爲辨？後世當有賞音者。』」朝政近鑑三十卷，其書法如古之史臣，其議論如胡氏之春秋。概言十卷，其内容係闡揚天道性命之説，及五經百氏之言。明聖賢之出處，辨理欲之消長。可謂極乎精義入神之妙矣。陳其藴稱楊紫陽之理學者以此。韓子十卷，其内容係刪集韓文而辨其純疵。硯纂八卷，其内容不詳。北見記三卷，係公旅行北方雜記。山陵雜記一卷，其内容係記載歷代帝王及名人陵寢之葬發奇跡。至兩晉而止。均行於世。

公自蚤歲緝學，晚爲通儒，及再抵燕，不變於俗學，而德業益富。元代開國，以進士用人，實以一作「自」。公始。公艱苦覓學，不治資產，仕宦十餘年，而家境猶清寒。然其周急恤孤，必勉力爲之。與人交，輒以名教爲言。人有片善，則委曲獎藉，惟恐不著。或有小過，亦必忠告而善導之，怨怒不計也。評者謂：「公志立而學富，器博而用遠，使之官奉常、歷臺諫、掌辭令、治賓客，必有大過人者。白首見召，日暮途遠。有才無命，可爲酸鼻。」

嗚呼！真儒挺生，社會之幸，自古所難。天既生斯人，而又以厄運坎坷之，何哉？其有將一作「將有」。降大任、覺世垂範之意乎！豈偶然耶？余雖譾陋，然仰止慕追，不異父師，故凡可以爲力者，無不殫竭厥心焉！尚期廣羅公之遺著而盡刊之，以示國人，則又幸矣！

吉林出版集團吉林文史出版社二〇一〇年楊奐集附録

元史傳記資料

蕭㪺傳

蕭㪺，字維斗，其先北海人。父仕秦中，遂爲奉元人。㪺性至孝，自爲兒時，翹楚不凡。稍出爲府史，上官語不合，即引退，讀書南山者三十年。製一革衣，由身半以下，及臥，輒倚其榻，玩誦不少置，於是博極羣書，天文、地理、律曆、算數，靡不研究。侯均謂元有天下百年，惟蕭維斗爲識字人。學者及其門受業者甚衆。

嘗出，遇一婦人，失金釵道旁，疑㪺拾之，謂曰：「殊無他人，獨翁居後耳。」㪺令隨至門，取家釵以償。其婦後得所遺釵，愧謝還之。鄉人有自城中暮歸者，遇寇，欲加害，詭言「我蕭先生也」，寇驚愕釋去。

世祖分藩在秦，辟㪺與楊恭懿、韓擇侍秦邸，㪺以疾辭，授陝西儒學提舉，不赴。省憲大臣即其家具宴爲賀，使一從史先詣㪺舍，㪺方汲水灌園，從史至，不知其爲㪺也，使飲其馬，即應之不拒，及冠帶迎賓，從史見㪺，有懼色，㪺殊不爲意。後累授集賢直學士、國子司業，改集賢侍讀學士，皆不赴。大德十一年，拜太子右諭德，扶病至京師，入覲東宮，書酒誥爲獻，以朝廷時尚酒故也。尋以病力請去職，人問其故，則曰：「在禮，東宮東面，師傅西面，此禮今可行乎？」俄除集賢學士、國子祭酒，依前右諭德，疾作，固辭而歸。卒年七十八，賜謚貞敏。

㪺制行甚高，真履實踐，其教人，必自小學始。爲文辭，立意精深，言近而指遠，一以洙泗爲本，濂、洛、考亭爲據，關輔之士，翕然宗之，稱爲一代醇儒。所著有三禮說、小學標題駁論、九州誌及勤齋文集行於世。中華書局一九七六年明宋濂撰元史卷一百八十九列傳第七十六儒學

同恕傳

同恕，字寬甫，其先太原人。五世祖遷秦中，遂爲奉元人。祖昇。父繼先，博學能文，廉希憲宣撫陝右，辟掌庫鑰。家世業儒，同居二百口，無間言。

恕安靜端凝，羈丱如成人，從鄉先生學，日記數千言。年十三，以書經魁鄉校。至元間，朝廷始分六部，選名士爲吏屬，關陝以恕貢禮曹，辭不行。仁宗踐阼，即其家拜國子司業，階儒林郎，使三召，不起。陝西行臺侍御史趙世延請即奉元置魯齋書院，中書奏恕領教事，制可之。先後來學者殆千數。延祐設科，再主鄉試，人服其公。六年，以奉議大夫、太子左贊善召，入見東宫，賜酒慰問。繼而獻書，歷陳古誼，盡開悟涵養之道。明年春，英宗繼統，以疾歸。致和元年，拜集賢侍讀學士，以老疾辭。

恕之學，由程朱上溯孔孟，務貫浹事理，以利於行。教人曲爲開導，使得趣向之正。性整潔，平居雖大暑，不去冠帶。母張夫人卒，事異母如事所生。父喪，哀毁致目疾，時祀齋肅詳至。嘗曰：「養生有不備，事猶可復，追遠有不誠，是誣神也，可逭罪乎！」與人交，雖外無適莫，而中有繩尺。里人借騾而死，償其直，不受，曰：「物之數也，何以償爲！」家無儋石之儲，而聚書數萬卷，扁所居曰「榘庵」。時蕭𣂏居南山下，亦以道高當世，入城府，必主恕家，士論稱之曰「蕭同」。

恕自京還，家居十三年，縉紳望之若景星麟鳳，鄉里稱爲先生而不姓。至順二年卒，年七十八。制贈翰林直學士，封京兆郡侯，謚文貞。其所著曰榘庵集二十卷。

恕弟子第五居仁，字士安，幼師蕭𣂏，弱冠從恕受學。博通經史，躬率子弟致力農畝，而學徒滿門。其宏度雅量，能容人所不能容。嘗行田間，遇有竊其桑者，居仁輒避之。鄉里高其行義，率多化服。作字必楷整，遊其門者，不惟學明，而行加修焉。卒之日，門人相與議易名之禮，私謚之曰靜安先生。同上

關學編傳記資料

維斗蕭先生 伯充呂氏域附

先生名𣂏，字維斗，號勤齋，奉元人。天性至孝。自幼翹楚不凡。長爲府史，語當道不合，即引退，讀書終南山，力學三十年不求進。製一革衣，由身半以下，及臥，輒倚其榻，玩誦不少置，於是博極羣書，凡天文、地理、律曆、算數，靡不研究。侯均謂元有天下百年，惟蕭維斗爲識字人。學者及門受業者甚衆，鄉里孚化，稱之曰蕭先生。

鄉人有自城暮歸者，途遇寇，詭曰：「我蕭先生也。」寇驚愕釋去。嘗出，遇一婦人失金釵道旁，疑先生拾之，謂曰：「殊無他人，獨公居後耳。」先生令隨至門，取家釵以償，其婦後得所遺釵，媿謝之。

世祖初分藩在秦，用平章咸寧王野仙薦，徵侍藩邸，以疾辭，授陝西儒學提舉，不赴。省憲大臣即其家，具宴爲賀，遣一從史先往。先生方灌園，從史不知其爲先生也，使飲其馬，即應之不拒。及冠帶迎客，從史見，有懼色，先生殊不爲意。後累授集賢直學士、國子司業，改集賢侍讀學士，皆不赴。武宗初，徵拜太子右諭德。不得已，扶病至京師，入覲東宮，書酒誥爲獻，以朝廷時尚酒故也。尋以病請去，或問其故，則曰：「在禮，東宮東面，師傅西面，此禮今可行乎？」俄除集賢學士、國子祭酒，諭德如故，固辭歸。年七十八，以壽終於家，謚貞敏。

劉致謚議略云：「聖王之治天下也，必有所不召之臣。蓋志意修則輕富貴，道義重則輕王公，蟬蛻塵埃之中，翱遊萬物之表，不事王侯，高尚其事者以之。傳曰『舉逸民，天下之民歸心焉』。故必蒲車、旌帛，側席以俟其至，冀以勵俗興化，猶或長往而不返，亦有既至而不屈，則『束帛戔戔，賁於丘園』者，治天下者以之也。於吾元得二人焉，曰容城劉因、京兆蕭

歟。士君子之趣向不同，期各得所志而已。彼不求人知而人知之，不希世用而世用之，至上徹帝聰，鶴書天出，薜蘿動色，巖戶騰輝，猶堅臥不起。不得已焉始一至，卒不撓其節，不隳所守而去，亦可謂得所志也已。方之于古，則嚴光、周黨之流亞歟！雖其道不周於用，而廉頑立懦，勵俗興化之功亦已多矣。且其累徵而不起，蹔出而即歸，不既『貞』乎？以勤自居，其好古好學之心，不既『敏』乎？按謚法『清白守節曰貞，好古不怠曰敏』，請謚曰『貞敏』。」詔從之。

先生制行甚高，真履實踐，其教人必自小學始。爲文立意精深，言近指遠，一以洙、泗爲本，濂、洛、考亭爲據，關輔之士翕然宗之，稱爲一代醇儒。門人涇陽第五居仁、平定呂思誠、南陽孛朮魯翀爲最著。

所著有三禮說、小學標題駁論、九州誌及勤齋文集行世。

時有呂域，字伯充，其先河內人。金末，父佑避亂關中，因家焉。伯充從許魯齋學，魯齋爲祭酒，舉爲伴讀，輔成教養，其功居多。至元間，爲四川行樞密院都事，勸主帥李德輝不殺，巴人感德，祠之。知華州，勸農興學，俱有成效。累官翰林侍讀學士，致仕，卒，追封東平郡公，謚文穆。

大德中，河東、關、隴地震月餘，伯充與維斗各設問答數千言，以究其理。居父憂，喪葬一倣古禮。魯齋貽書稱其「通道力行，爲楊元甫之亞」云。中華書局一九八七年馮從吾撰陳俊民徐興海點校關學編卷二

寬甫同先生

先生名恕，字寬甫，號榘庵，奉元人。祖昇。父繼先，博學能文，廉希憲宣撫陜右，辟掌庫鑰。家世業儒，同居二百口，無間言。

先生安靜端凝，羈丱如成人。從鄉先生學，日記數千言。年十三，以書經魁鄉校。至元間，朝廷始分六部，選名士爲吏屬，關陜以先生貢禮曹，辭不行。仁宗初，即其家拜國子司業，階儒林郎，使三召不起。陜西行臺侍御史趙世延，請即奉元

置魯齋書院，中書奏先生領教事，制可之。先後來學者殆千數。延祐設科，再主鄉試，人服其公。六年，以奉議大夫、太子左贊善召，入見東宮，賜酒慰問。繼而獻書，歷陳古誼，盡開悟涵養之道。明年春，英宗繼統，以疾歸。致和元年，拜集賢侍讀學士，以老疾辭。

先生之學由程朱上遡孔孟，務貫浹事理，以利於行。教人曲爲開導，使得趨向之正。性整潔，平居雖大暑，不去冠帶。母張卒，事繼母如事所生。父喪，哀毀致目疾，時祀齋肅詳至。嘗曰：「養生有不備，事有可復；追遠有不誠，是誣神也，可逭罪乎？」與人交，雖外無適莫，而中有繩尺。里人借騾而死，償其值，不受，曰：「物之數也，何以償爲？」家無擔石之儲，聚書數萬卷，扁所居曰「榘庵」。時蕭先生𣶃居南山下，亦以道高當世，入城府，必主先生家，士論並稱曰「蕭同」。自京師還，家居十有三年，中外縉紳望之若景星麟鳳，鄉里稱爲「先生」而不姓。至順二年卒，年七十八。贈翰林直學士，封京兆郡侯，謚文貞。

所著有榘庵集二十卷。同上

紫陽楊先生　鑑山宋氏規附

先生名奐，字煥然，號紫陽，乾州奉天人。母程嘗夢東南日光射其身，旁一神人以筆授之，已而生先生，父振以爲文明之象，因名曰奐。天性至孝，年十一喪母，哀毀如成人。未冠，夢遊紫陽閣，景趣甚異，後因以自號。長師鄉先生吳榮叔，迥出倫輩，讀書厭科舉之學，遂以濂、洛諸儒自期待。金末，嘗作萬言策，指陳時病，辭旨剴切，皆人所不敢言者，詣闕欲上之，不果。元初，隱居講道授徒，抵鄠縣柳塘，門生百餘人。創紫陽閣即清風閣，稱紫陽先生。嘗避兵河朔，河朔士大夫想聞風采，求見者應接不暇。東平嚴實聞先生名，數問其行藏，先生終不一詣。

歲戊戌，太宗詔宣德稅課使劉用之試諸道進士。先生試東平，兩中賦、論第一。以耶律楚材薦，授河南路徵收課稅所

長官，兼廉訪使。既至，招致一時名士，與之議，政事約束一以簡易爲事。按行境内，親問監務月課幾何、難易若何。有以增額言者，先生責之曰：「剥下欺上，汝欲我爲之耶！」即減元額四之一，公私便之。不逾月，政成，時論翕然，謂前此漕司未有也。在官十［五］年，請老于燕之行臺。

壬子，世祖在潛邸，驛召先生參議京兆宣撫司事，累上書請歸。築堂曰「歸來」，以爲佚老之所，教授著述不倦。

乙卯，病革，諭子弟孝弟、力田，以廉慎自保，戒家人無事二家齋醮。引觴大噱，命門人員擇載筆留詩三章，怡然而逝，年七十，賜謚文憲。

先生博覽強記，真積力久，猶恐不及。作文務去陳言，以蹈襲爲恥，一時諸老皆折行輩與之交。關中號稱多士，一時名未有出先生右者。不治家人生産業，而喜周人之急，雖力不贍，猶勉強爲之。人有片善，則委曲稱獎，唯恐其名不聞；或小過失，必盡言勸止，不計其怨怒也。初，翰林學士姚燧早孤，育于世父樞，樞督教甚急，先生馳書止之曰：「燧，令器也，長自有分，何以急爲！」乃以子妻之。燧後爲名儒，其學得于先生爲多。元好問撰神道碑，稱爲「關西夫子」。江漢趙復序其集，稱「其志其學粹然一出於正，即其文可以得其爲人」，其見重如此。

所著有：還山前後集百卷、天興近鑑三卷、韓子十卷、概言二十五篇、硯纂八卷、北見記三卷、正統書六十卷。

時，宋規，字漢臣，長安人。與紫陽及遺山、鹿菴、九山數儒論道洛西，弟子受業者甚衆。親歿，廬墓瑞草生塋，閻趙復嘗稱之曰：「天性至孝，德重三秦。才贍而敏，冠絶一時。」中統戊戌徵試，中論、賦兩科，拜議事官。先是，官吏縱肆日久，數侵苦小民，公繩之以法，惕然皆莫敢犯。丙辰春，詣闕陳便宜數事，上悉加納。廉希憲云：「宋規循良，可與共事。」希憲相，知公有經濟才，議欲爲列，有嫉其文章名世者沮之，署爲講議官，不就。後徵爲耀州尹，官至蜀道憲副，政聲在在著聞。號鑑山先生。有鑑山補暇集梓行於世。年七十七卒。同上

元儒考略傳記資料

蕭𣂏傳

蕭𣂏字維斗，號勤齋，奉元人。天性至孝，自幼翹楚不凡，長爲府史，語當道不合，即引退。讀書終南山，力學三十年，不求進。製一革衣，由身半以下，及臥，輒倚其榻，玩誦不少置，於是博極羣書，凡天文、地理、律曆、算數靡不研究，侯均謂：「元有天下百年，惟蕭維斗爲識字人。」學者及門受業者甚衆，鄉里孚化，稱之曰「蕭先生。」

鄉人有自城暮歸者，途遇寇，詭曰：「我蕭先生也。」寇驚愕釋去。嘗出，遇一婦人失金釵道旁，疑𣂏拾之，謂曰：「殊無他人，獨公居後耳。」𣂏令隨至門，取家釵以償，其婦後得所遺釵，媿謝之。

世祖初，分藩在秦，用平章咸寧王額森薦，徵侍藩邸，以疾辭。授陝西儒學提舉，不赴。省憲大臣即其家，具宴爲賀，遣一從史先往，𣂏方灌園，從史不知其爲𣂏也，使飲其馬，即應之不拒，及冠帶迎客，從史見，有懼色，𣂏殊不爲意。後累授集賢直學士、國子司業，改集賢侍讀學士，皆不赴。武宗初，徵拜太子右諭德，不得已扶病至京師，入覲東宮，書酒誥爲獻，以朝廷時尚酒故也。尋以病請去，或問其故，則曰：「在禮，東宮東面，師傅西面，此禮今可行乎？」俄除集賢學士、國子祭酒，諭德如故，固辭歸，年七十八以壽終於家，謚貞敏。

劉致謚議略云：「聖王之治天下也，必有所不召之臣，蓋志意修則輕富貴，道義重則輕王公，蟬蜕塵埃之中，翱遊萬物之表，不事王侯，高尚其事者以之。傳曰：『舉逸民，天下之民歸心焉。』故必蒲車旌帛側席以俟其至，冀以勵俗興化，猶或長往而不返，亦有既至而不屈，則『束帛戔戔，賁于邱園』者，治天下者以之也。於吾元得二人焉，曰容城劉因、京兆蕭𣂏。士君子之趣向不同，期各得所志而已，彼不求人知而人知之，不希世用而世用之，至上徹帝聰，鶴書天出，薜蘿動色，巖

戶騰輝，猶堅卧不起。不得已焉，始一至，卒不撓其節，不隳所守而去，亦可謂得所志也已。方之于古則嚴光、周黨之流亞歟？雖其道不周於用，而廉頑立懦、勵俗興化之功亦已多矣。且其累徵而不起，蹔出而即歸，不既『貞』乎？以勤自居，其好古好學之心不既『敏』乎？按謚法『清白守節曰貞，好古不怠曰敏』，請謚曰『貞敏』。」詔從之。

𣂏制行甚高，真履實踐，其教人必自小學始。爲文立意精深，言近指遠，一以洙、泗爲本，濂、洛、考亭爲據，關輔之士翕然宗之，稱爲一代醇儒。門人涇陽第五居仁、平定呂思誠、南陽富珠哩翀爲最著。

所著有三禮說、小學標題駁論、九州誌及勤齋文集行世。元史入儒學傳。文淵閣四庫全書史部七馮從吾撰元儒考略卷二

同恕傳

同恕字寬甫，號榘庵，奉元人。祖昇，父繼先，博學能文。廉希憲宣撫陝右，辟掌庫鑰，家世業儒。同居二百口，無間言。

恕安靜端凝，羈丱如成人，從鄉先生學，日記數千言。年十三，以書經魁鄉校。至元間，朝廷始分六部，選名士爲吏屬，關陝以恕貢禮曹，辭不行。仁宗初，即其家拜國子司業，階儒林郎，使三召不起，陝西行臺侍御史趙世延，請即奉元置魯齋書院，中書奏恕領教事，制可之。先後來學者殆千數。延祐設科，再主鄉試，人服其公。六年，以奉議大夫、太子左贊善召，入見東宮，賜酒慰問，繼而獻書，歷陳古誼，盡開悟涵養之道。明年春，英宗繼統，以疾歸。致和元年，拜集賢侍讀學士，以老疾辭。

恕之學由程朱上泝孔孟，務貫浹事理，以利於行，教人曲爲開導，使得趨向之正。性整潔，平居雖大暑，不去冠帶。母張卒，事繼母如事所生。父喪，哀毀致目疾，時祀齋肅詳至，嘗曰：「養生有不備，事有可復，追遠有不誠，是誣神也。可逭罪乎？」與人交，雖外無適莫，而中有繩尺。里人借騾而死，償其值不受，曰：「物之數也，何以償爲？」家無擔石之儲，聚

書數萬卷，扁所居曰「榘庵」。時蕭先生𣂏居南山下，亦以道高當世，入城府，必主恕家，士論並稱曰「蕭同」。自京師還，家居十有三年，中外縉紳望之若景星麟鳳，鄉里稱爲先生而不姓。至順二年卒，年七十八，贈翰林直學士，封京兆郡侯，謚文貞。

所著有榘庵集二十卷。元史入儒學傳。同上

楊奐傳

楊奐字煥然，號紫陽，乾州奉天人。母程嘗夢東南日光射其身，旁一神人以筆授之，已而生奐，其父振以爲文明之象，因名曰奐。天性至孝，年十一喪母，哀毁如成人。未冠，夢遊紫陽閣，景趣甚異，後因以自號。長師鄉先生吴榮叔，迥出倫輩。讀書厭科舉之學，遂以濂、洛諸儒自期待。金末，嘗作萬言策，指陳時病，辭旨剴切，皆人所不敢言者，詣闕欲上之，不果。元初，隱居講道授徒，抵鄠縣柳塘，門生百餘人，創紫陽閣即清風閣，稱紫陽先生。嘗避兵河朔，河朔士大夫想聞風采，求見者應接不暇。東平嚴實久聞奐名，數問其行藏，而奐終不一詣。

歲戊戌，太宗詔宣德稅課使劉用之試諸道進士。先生試東平，兩中賦、論第一。以耶律楚材薦，授河南路徵收課稅所長官，兼廉訪使。既至，招致一時名士與之議，政事約束一以簡易爲事。按行境內，親問監務：月課幾何？難易若何？有以增額爲言者，奐責之曰：「剥下欺上，汝欲我爲之耶？」即減元額四之一，公私便之，不踰月，政成，時論翕然，謂前此漕司未有也。在官十［五］年，請老于燕之行臺。

壬子，世祖在潛邸時，驛召奐參議京兆宣撫司事，累上書請歸，築堂曰「歸來」，以爲佚老之所，教授著述不倦。乙卯，病革，諭子弟孝弟力田，以廉慎自保，戒家人無事二家齋醮。引觴大噱，命門人員擇載筆留詩三章，怡然而逝，年

七十一〔二〕，賜謚文憲。

奐博覽強記，真積力久，猶恐不及。作文務去陳言，以蹈襲爲恥，一時諸老皆折行輩與之交。關中號稱多士，一時名俱未有出奐右者。不治家人生產業，而喜周人之急，雖力不贍，猶勉強爲之。人有片善，則委曲稱獎，惟恐其名不聞；或小過失，必盡言勸止，不計其怨怒也。初，翰林學士姚燧早孤，育於世父樞，樞督教甚急，奐聞，馳書止之曰：「燧，令器也，長自有分，何以急爲！」乃以子妻之。燧後爲名儒，其學得於奐者爲多。元好問撰神道碑，稱爲「關西夫子」。江漢趙復序其集，稱「其志其學粹然一出於正，即其文可以得其爲人。」其見重如此。

所著有還山前後集百卷、天興近鑑三卷、韓子十卷、概言二十五篇、硯纂八卷、北見記三卷、正統書六十卷。元史有傳。

同上卷一

地方誌傳記資料摘録

蕭𣂏傳

蕭𣂏，元史，字維斗，奉元人。性至孝，出爲府史，上官語不合，即引退，讀書南山者三十年。博極羣書，天文、地理、律曆、算數，靡不研究。世祖分藩在秦，辟𣂏侍秦邸，𣂏以疾辭，授陝西儒學提舉，不赴。後累授國子司業，改集賢侍讀學士，皆不赴。大德十一年，拜太子右諭德，扶病至京師，入覲東宮，書酒誥爲獻，以朝廷時尚酒故也。尋以病去職。卒，謚貞敏。

〔二〕年七十一：「一」，疑爲衍文。

輔制行甚高，真履實踐，教人必自小學始。爲文辭，立意精深，言近指遠，以洙、泗爲本，濂、洛、考亭爲據，關輔之士翕然宗之。清乾隆四十四年西安府誌卷三十六

同恕傳

同恕，元史：字寬甫，奉元人。安静端凝，羈丱時日記數千言。年十三，以書經魁鄉校。至元間，三召不起。陝西行臺御史趙世延請奉元置魯齋書院，中書奏恕領教事。延祐六年，以奉議大夫、太子左贊善召，入見東宫，賜酒慰問。繼而獻書，歷陳古誼，盡開悟涵養之道。明年春，英宗繼統，以疾歸。恕之學，由程朱上泝孔孟，務浹洽事理，以利於行。教人曲爲開導，使得趨向之正。性整潔，平居雖大暑，不去冠帶。母張夫人卒，事異母如事所生。父喪，哀毁致目疾。時祀齋肅詳至。嘗曰：「養生有不備，事猶可復；追遠有不誠，是誣神也，可逭罪乎！」

恕家居十三年，搢紳望之若景星麟鳳，鄉里稱爲先生而不姓。至順二年卒，年七十八。制贈翰林直學士，謚文貞。所著曰榘庵集。同上

楊奂傳一

楊奂，元史本傳，字煥然，乾州奉天人。金末，舉進士不第，作萬言策，指陳時病，未及上而歸，教授鄉里。太宗詔宣德稅課使劉用之試諸道進士，奂兩中賦、論第一。耶律楚材薦，授河南路稅課所長官。既至，招致名士與議，政事約束以簡易爲率。按行境内，問鹽務：月課若干？難易若何？有以增額言者，奂曰：「剥下欺上，汝欲我爲之耶？」即減原額四之一，公私便之。在官十年，請老於燕之行臺。

世祖在潛邸，驛召奐參議京兆宣撫司事，上書請歸，卒，年七十。奐博覽强記，作文務去陳言，以蹈襲爲恥。關中號稱多士，名未有出奐右者。州東門内，舊有通儒坊，爲奐建，今久圮。楊英，前誌：元進士，出處未詳，文章雅健，類韓昌黎，有劉處士墓碣銘，石在西安府學。

按：姚牧庵跋張夢卿所藏紫陽墨跡云：「嘗聞其幼時文已奇，古歌『白水滿長干，紫陽閣下清風細』之句，遂號紫陽。初名煥，更名奐，後受太祖簡文判誤，奐爲英，不敢私更，遂就名英。」牧庵爲紫陽婿，當非傳聞異詞。前誌别以英爲一人，疑誤，姑存之，併識於此。清光緒十年乾州誌稿卷十三

楊奐傳二

楊奐，舊誌字煥然，乾州奉天人。金末舉進士不中，乃作萬言策，指陳時病，皆人所不敢言者，未及上而歸隱，居鄠南山下柳塘，教授鄉里，前後凡四十年〔二〕。蓋遠近從遊者以百數，稱爲紫陽先生云，居有讀書堂、清風閣，其旁有紫陽泉，從遊者爲植柳千株。戊戌，太宗詔宣德稅課使劉用之試諸道進士。奐試東平，兩中賦、論第一。耶律楚材奏薦之，授河南路徵收課税所長官，兼廉訪使。歷參議京兆宣撫司事，累上書，得請而歸。乙卯卒，年七十，賜謚文憲。所著有還山集六十卷、天興近鑑三卷、正統書六十卷行於世。

按：奐，金末舉進士不中，歸教授鄉里，見元史本傳，未嘗言隱居鄠之南山，而誌亦未詳所據，然誌有奐紫陽閣詩云：「碧瓦朱甍動紫煙，清風吹袂渺翩翩。夢回憶得三生事，悔落黄塵六十年。」又有同時李汾柳塘詩云：「長安西望少城隈，楊柳陂塘手自栽。渭水波光搖草樹，終南山色入樓臺。平生事業書千卷，浮世功名酒一杯。我亦陸渾山下去，擬尋佳處劚

〔二〕前後凡四十年：「四十年」，誤。按：楊文憲公年譜云楊奐「由甲申至戊子，五年中，公隱居講學於鄠郊。」

莓苔。」商左山讀書堂詩云：「牙籤聲散絳帷風，人在參乎一唯中。名教會心真樂在，區區休歎事雕蟲〔一〕。」據此，奐教授柳塘，必非無據。俟再考。民國二十二年鄠縣誌卷五

其他著作資料

蕭先生

〔元〕陶宗儀

蕭貞敏公㪺，字維斗，京兆人。早歲□，吏於府。一日，呈牘尹前，尹偶墜筆，目公拾之，公陽爲不解，而止白所議公事。如此者三。公曰：「某所言者王事也，拾筆責在皂隸，非吏所任。」尹怒，公即辭退，隱居三十年，惟以讀書爲志。從公遊者，屨交戶外。平章咸寧王野仙聞其賢，薦之於世祖。徵不至，授陝西儒學提舉。繼而成宗、武宗、仁宗累徵，授國子司業、集賢直學士，未赴。改集賢侍講，又以太子右諭德徵，始至京師。授集賢學士、國子祭酒。尋復得告還山。年七十八，以壽終。謚貞敏。齊魯書社二〇〇七年元陶宗儀著南村輟耕録卷二

金石萃編一則

〔清〕王昶

楊奐碑：

〔一〕區區休歎事雕蟲：「難事」，鄠縣誌、還山遺稿附録作「用歎」。

碑上闕四字。搨本高六尺，廣二尺五寸。二十四行，每行存五十三字，末行以後文不全。正行書。在乾州。

（金）故河南路［徵收］課稅所長官兼廉訪使楊公神道之碑

河東元好問撰，柳城姚燧書並篆額〔一〕

中統五年建巳月立。元好問撰文，姚燧正書並篆額。在乾州。碑文往往與史合，惟作萬言策，未及上，歸，教授鄉里；後安撫使辟經歷官，京兆行尚書省以便宜署君隴州經歷，皆辭不赴；應參乾、恒二州軍事；庚寅春試，授館張公信甫之門等事，史不及之耳。又史言著還山集六十卷、天興近鑑三卷，碑云還山集一百二十卷，紀正大以來朝政號近鑑三十卷，亦異。燧，奂之第三女婿。關中金石記

按：此碑全文二千六百餘字，當時或有碑陰，或刻二石。今搨本僅得一紙，自「於經爲通儒」以下全闕，約一千六百餘字。此搨上截每行整闕四字，又間有泐文，左上角石已損闕。今取元遺山文集補全，不復旁注，取其瞭然可讀也。立碑歲月，元集不載，據關中金石記稱「中統五年建巳月立」，當由得見全搨也。元遺山卒於丁巳歲，此碑撰於丙辰十月，在未卒之前一年。姚燧書篆，自署柳城人。元史燧傳稱燧字端甫，世系見燧伯父樞傳。樞傳則云柳城人，後遷洛陽。碑署柳城者，從其祖貫也。史言「燧生三歲而孤，育於伯父樞，樞謂燧蒙暗，教督之甚急，燧不能堪，楊奂馳書止之曰：『燧，令器也。長自有成爾，何以急爲？』且許醮以女。年十三，見許衡於蘇門。十八，始受學於長安。二十四，始讀韓退之文，試習爲之」云云。

此碑云：「女四人：長嫁郡人張篪，次華陰王亨，二幼者在室。」不言第三女許姚燧。考燧傳：「至大元年，年七十，除承旨學士。四年，得告南歸。明年復召，不赴。卒於家，年七十六。」當爲延祐元年甲寅歲。推其生在元太宗己亥歲，至丙辰遺山撰文之年，得十八歲。若燧書碑在是年，碑文應有三女嫁姚燧之明文，何以云「幼在室」也？奂，史傳僅五百

〔一〕正文省略。

七十字，較碑祇存十之二，然皆取碑文，有刪無增〔二〕。

京兆府學教養碑，奉天楊煥書，當即此楊奐，是楊名又作「煥」也。

碑云：「壬子九月，王府驛召入關」，所稱王府即世祖。故傳云：「世祖在潛邸，驛召奐參議京兆宣撫司事。」元史世祖紀：「壬子，帝駐桓撫間，奏立從宜府於京兆。夏，遣王府尚書姚樞立京兆宣撫司，以孛蘭及楊惟中爲使，關隴大治。」奐之參議，正在是時。

碑云：「奐以乙卯歲九月一日卒，後五十七日葬。」是十月二十七日矣。而文以丙辰十月始撰，又九年而始立碑，皆不與葬同時。中統無五年，是年八月丁巳改元至元，碑以巳月立，故仍稱中統。傳稱賜謚文憲，而不著何年，此碑亦未載，則在立碑以後矣。奐之葬所，碑稱在郡東南十里。陝西通誌載：「楊掾史振墓在乾州東南十里，子奐與父振葬同處。」振以貞祐四年正月七日葬於州南小留村新塋城南翁墓次。」據碑，不詳父振爲掾史，而振號蕭軒翁，不號城南翁，未知通誌又何本也？

碑云：「戊戌試東平，兩中賦、論第一，耶律公薦之，宣授河南路徵收課稅所長官。」元史食貨志：「太宗甲午年，始立徵收課稅所，凡倉庫院務官并合干人等，命各處官司選有產有行之人充之。其所辦課程，每月赴所輸納。」邵遠平元史類編楊奐傳引奐自著還山集云：「歲己酉，中書耶律公以軍國大計，舉近世轉運司例，經理十路課稅，易司爲所，黜使稱長，相豐歉，察耗息，以平歲入，聽中書省總之。」此碑題課稅所長官，正是易司爲所、黜使稱長之時，則當在己酉年矣。

碑云：「所著有還山集一百二十卷、概言十卷、記正大以來朝政，號近鑑者三十卷、正統六十卷。」史傳載：「還山集六十卷、天興近鑑三卷、正統書六十卷。」今考四庫全書，有還山遺稿文一卷、詩一卷，乃明嘉靖初南陽宋廷佐掇拾殘賸之

〔二〕按：姚燧跋張夢卿所藏紫陽楊先生墨跡云：「其卒以乙卯，時燧已聞命公遺命，託二事於我先世父：一，遺文；二，以先妻見配。時燧未婚也。」

本，而永樂大典未經録入，則其集之亡在明以前矣。又四庫提要云：「考集中臂僮記，稱所著有還山前集八十一卷、後集二十卷、近鑑三十卷、韓子十卷、概言二十五篇、硯纂八卷、北見記三卷、正統記六十卷。」所載與碑詳略不同。然則當撰碑時，奂所著書已多亡逸也。正統記雖亡，幸碑載其序例，可以得其大指。近鑑一書，碑、傳卷數懸殊，至其紀號，碑曰「正大」，傳曰「天興」。天興距金亡僅三年，若正大以來，尚得十年。據碑稱：正大初，朝廷一新弊政，君草萬言策，指陳時病，後知直道不容，浩然有歸志。然則近鑑一書，因不上策而成者，似碑所載爲確也。顧俠君元詩選録奂詩百零五首，不知與宋廷佐所輯同否？邵氏元史類編所引還山集中語，亦不知所見何本？皆當考俟。

碑云：「丙辰冬十月，員生自奉天東來，持京兆宣撫使商挺孟卿所撰行狀，以墓碑爲請。」員生似即奂臨終執筆留詩之門生員擇，其人無考。元詩選有員炎小傳，稱其字善卿，衛州人。歲己亥，故人楊奂主灃洛師，愍其窶，用監嵩州酒。已而隨所徵上謁，奂方據案坐堂上，吏皂雁行立，炎挂布囊腋下，杖巨梃直前曰：「楊使君不相知，置我於此，吾不能爲汝再辱。」遂揖而去。此人當是員擇族人。碑不載己亥年事，亦可廣碑所略。［元］史商挺傳：「字孟卿，曹州濟陰人。年二十四，汴京破，北走，依冠氏趙天錫，與元好問、楊奂遊。東平嚴實聘爲諸子師。癸丑，世祖在潛邸，受京兆分地，聞挺名，遣使徵至監州。楊惟中宣撫關中，挺爲郎中。明年，惟中罷，廉希憲來代，陞挺爲宣撫副使。」據此，則其時宣撫使是廉希憲，挺實爲副，疑遺山集脱「副」字也。清王昶金石萃編卷一百五十九，清嘉慶十年刻同治錢寶傳等補修本

授堂金石文字續跋一則

［清］武億

廉訪使楊奂神道碑：

正書。中統五年四月。在乾州。

碑首列：河東元好問撰，柳城姚燧書並篆額。燧，奂之第三女婿也。稱柳城，著其祖貫也。文載奂始末頗悉，元史取

以爲傳，今碑所云唐鄘國公二十世孫。唐書宰相世系表鄘國公侑，即其人。侑父昭，元德太子，世宗孝成皇帝碑序世系不及之者，諸侯不得祖天子也。元史本傳，奐行跡歷官，史亦有未盡録者，以碑證之：初因州倅宗室□命爲□倉典使，又辭不就臺掾。其後，乾州請爲講義，安撫司辟經歷官，京兆行尚書省以便宜署隴州□□〔二〕，皆不赴。唯一應參乾、恒二州軍事。奐之自守如此，亦名爲無所苟矣。碑間有訛字：「年三十三」，「年」作「不」；「改弦更張」，「更」作「吏」；「爲萬言策」，「爲」作「萬」。清武億授堂金石文字續跋卷十三，清道光二十三年授堂重刊本

〔二〕京兆行尚書省以便宜署隴州□□：「□□」，元好問故河南路徵收課程所長官兼廉訪使楊公神道之碑作「經歷」。

附録三

學評

陝西鄉貢進士題名記

［元］蘇天爵

陝西行中書省每三歲當貢士十三人，解額或弗充者，非主司之罪也。承事郎、儒學副提舉張君敏衷集八舉，計偕之士勒名于石，以記文爲請。

昔我太宗皇帝平金之四年，干戈甫定，朝廷草創，即遣斷事官朮虎乃宣差山西東路，徵收課税所官劉中巡行郡國，程試故金遺士，中選者復其家。蓋興文以爲治，儲材以待用，已造端於斯焉。世祖皇帝建號紀元，制禮作樂，典章文物於是乎備。屢詔臣下，訪求治經術、學孔孟之道者。至元十有一年，乃命儒臣文正竇公默、文獻姚公樞、文正許公衡、文康楊公恭懿集議貢舉，條目之詳，具載於策書。是時賢能衆多，治化熙洽，故弗果行。成宗、武宗屢以是形於詔旨，至於仁宗，念故老之日亡，歎人才之不足，於是遹遵祖武，損益舊制，闢進士科，網羅賢俊。今三十餘年，而陝西鄉薦登第者共十九人。夫雍州山川高厚而深遠，其人質直而慎重，導之以善，易於興起。始者世祖之居潛藩，賜京兆以爲食邑，首徵許文正公典司教載，所以作新斯文，表帥多士。郡人楊文康公以奧學篤行，模範鄉邦，名聞天聰，徵入禁近，國有大政，謀猷是資。其後集賢蕭公𣂏、贊善同公恕，皆能敦守名檢，崇尚經術，迄今海内慕其風采。方延祐賓興之初，陝西省憲屢延蕭公、同公較其文藝，

則是邦文獻源流之盛、師友問學之傳，豈他郡所能及哉！　蓋木之生也，非雨露長育不足致其材，士之教養豈異於是？　且百工之爲宮室器用，猶必資之規矩準繩，矧治天下者，可獨恃其材智所及而不師法于古歟？　此自昔國家隆庠序以育士，制科目以取材，非特以備觀美而已。

然而興學作人，今朝廷責成於風紀之司，天爵忝貳西臺，恒以弗克奉承明詔爲懼。　茲因張君之請，謹述列聖設科取士之本而告之。　士之服官政者，當思行其所學，堅其所守，夙夜無懈，力圖報稱，勿負國家求賢圖治之意，庶乎其可也。　至正四年秋七月壬寅，中奉大夫、陝西諸道行御史臺侍御史蘇天爵記。中華書局一九九七年蘇天爵著陳高華孟繁清點校滋溪文稿卷第三

學案

蕭同諸儒學案　［清］黃宗羲原著　全祖望補本

蕭同諸儒學案表

- 蕭𣂏
  - 孛朮魯翀 附師蕭克翁
    - 子遠
    - 竇伯輝
  - 呂思誠 附翟彝
    - 和希文
  - 第五居仁
  - 賈仲元 並見榘庵門人
- 同恕 並晦翁續傳
  - 第五居仁
  - 賈仲元
    - 石伯元
- 韓擇
- 侯均 並勤齋同調
- 趙世延 榘庵同調

蕭同諸儒學案序録

祖望謹案：有元立國，無可稱者，惟學術尚未替，上雖賤之，下自趨之，是則洛、閩之沾溉者宏也。如蕭勤齋、同榘庵輩，其亦許、劉之徒乎！述蕭同諸儒學案。

梓材案：是卷亦謝山所特立，所以歸元儒之未詳師承者。

晦翁續傳

貞敏蕭勤齋先生𣂏

蕭𣂏，字維斗，陝西奉元人。自兒時，性至孝。初出爲府史，語當道不合，即引退。讀書南山者三十年。製一革衣，由身半以下，及臥，輒倚榻玩誦不少置，學者及其門請業日衆。世祖分王秦，辟先生與韓擇同侍秦邸，以疾辭。授陝西儒學提舉，不赴。省憲大臣即其家具宴，使從史先詣先生舍。時先生方汲水灌園，從史固不識也，使飲馬，姑應之自若。少頃，冠帶出迎客，從史懼，伏地謝罪，亦殊不屑意。後累以集賢直學士、國子司業、集賢侍讀學士徵，皆不起。武宗嗣位，拜太子右諭德，扶病至京，入覲東宫，書酒誥爲獻，以朝廷時尚酒也。尋解去。或問其故，曰：「禮，東宫東面，師傅西面，此禮今可行乎？」再除集賢學士、國子祭酒，疾作，固辭歸。卒年七十八，賜諡貞敏。先生教人，必自小學始。爲文辭，立意精深，言近旨遠。侯均嘗謂：「元有天下百年，惟蕭維斗爲識字人。」所著有三禮説、小學標題駁論、九州誌及勤齋文集行世。從黄氏補本録入。

文貞同榘庵先生恕

同恕，字寬甫，其先太原人。五世祖遷秦中，遂居奉元。家世業儒，同居二百口，無間言。先生年十三，以書經魁鄉校。世祖至元間，朝廷始分六部，選名士爲吏屬，關陝以先生貢禮曹，辭不行。仁宗踐祚，即其家拜國子司業，使三召，不起。西臺〔一〕侍御史趙世延，即奉元置魯齋書院，以先生領教事，先後來學者以千計。延祐設科，再主鄉試，人服其公。六年，召爲左贊善大夫。明年，移疾歸。文宗天曆初，拜集賢侍讀學士，以老辭。其學由程朱遡孔孟，務貫浹事理，以利於行。平居，雖大暑，不去冠帶。時祀齋肅詳至。嘗曰：「養生有不備，事猶可復，追遠有不誠，是誣神也，可逭罪乎？」聚書數萬卷，扁所居曰「榘庵」。時蕭維斗居南山下，亦以道高當世，入城，必主先生家，士論稱之曰「蕭同」。卒年七十八，追封京兆郡侯，謚文貞。所著有榘庵集二十卷。同上。

勤齋同調

徵君韓先生擇

韓擇，字從善，與蕭維斗同邑。其教人，雖中歲後，必使自小學始。或疑爲陵節勤苦，先生曰：「人不知學，白首童心。且童蒙所當知，而皓首不知，可乎？」世祖嘗召之赴京，不起。其卒也，門人服緦麻者百餘人。同上。

〔一〕 按：「西臺」，元史本傳、關學編本傳作「陝西行臺」。

博士侯先生均

侯均，字伯仁，亦與維斗同邑。少孤，獨與繼母居，賣薪以給奉養。積學四十年，群經百氏無不淹貫。每讀書，必熟誦乃已。嘗言：「人讀書不及千遍，終於己無益。」名震關中，用薦起太常博士。後以上疏忤時相意，不待報即歸。同上。

榘庵同調

文忠趙先生世延

趙世延，字子敬，其先雍古族人，居雲中北邊。祖按竺邇，幼孤，鞠于外大父朮要申[一]，訛爲趙家，因氏爲趙。後家成都。先生天資秀發，喜讀書，究心儒者體用之學。弱冠，世祖召見，俾入樞密院御史臺肄習官政。歷拜平章政事。至順元年，詔與虞集等纂修皇朝經世大典。至元改元，除奎章閣大學士、翰林學士承旨、魯國公。明年卒，年七十七，謚文忠。先生歷事九朝，敭歷省臺五十餘年，負經濟之資，而將之以忠義，守之以清介，飾之以文學，凡軍國利病、生民休戚，知無不言，而于儒者名教，尤拳拳焉。參史傳。

勤齋門人

[一]　朮要申：「申」，元史本傳作「甲」。

文靖孛朮魯菊潭先生翀　附師蕭克翁、子遠

孛朮魯翀，字子翬，順陽人。狀貌魁梧，不妄言笑。父居謙，辟掾江西。先是稍長，即勤學，從新喻蕭克翁學。已復從蕭貞敏遊。梓材案：以上二十八字，從黃氏補本節入。其爲學一本於性命道德，文章典雅，深合古法。累官集賢直學士，兼國子祭酒。時諸生素已望先生，至是，私相歡賀。先生以古者教必有業，退必有居，遂作屋四區，以居學者。諸生積分，有六年未及釋褐者，先生至，皆使就試而官之。卒，封南陽郡公，謚文靖。有文集六十卷。子遠，字明道，以蔭調祕書郎，轉襄陽縣尹。未行，南陽賊起，明道以忠義自奮，傾財募丁壯，得千餘人，與賊拒戰，俄而賊大至，遂被害。

梓材謹案：先生傳向列北方學案魯齋門人中，而不詳師承，黃氏補本則詳之，故合訂之，以入是卷。

忠肅呂先生思誠　附翟彝

呂思誠，字仲實，平定州人。母馮氏夢文昌星而生，目有神光，見者異之。及長，從蕭勤齋學治經。已而入國子學爲陪堂生。擢泰定元年進士，授同知遼州事，改景州蓨縣尹。刻孔子像，令社學祀事。有翟彝者，自其大父因河南亂，被掠爲人奴，歲納丁粟以免作。先生知彝力學，召其主，與之約，終彝身粟三十石，仍代之輸，彝得爲良民。累擢國子監丞，陞司業，拜監察御史大夫，出僉廣西廉訪司事。移浙西。達識帖睦爾時爲南臺御史大夫，與江浙省臣有隙，嗾先生劾之，先生曰：「吾爲天子耳目，不爲臺臣鷹犬也。」不聽。已而聞行省平章應吉〔二〕貪墨，浙民多怨之，先生奏疏其罪，流之海南。復召爲

〔二〕應吉：「應」，元史本傳作「左」。

國子司業，歷遷河東廉訪使。未幾，召爲集賢侍講學士，兼國子祭酒。官至光禄大夫、大司農。卒年六十五。先生三爲祭酒，一法許文正之舊，諸生從化，後多爲名士。嘗病古注疏太繁，魏鶴山删之太簡，將約其中以成書，不果。有文集若干卷、兩漢通紀若干卷。謚忠肅。參史傳。

靜安第五先生居仁

賈先生仲元　並見榘庵門人

榘庵門人

靜安第五先生居仁

第五居仁，字士安，□□〔一〕人。幼師蕭維斗。弱冠從同氏受學，博通經史，躬率子弟力農，學徒滿門。嘗行田間，遇有竊其桑者，先生輒避之，鄉里高其行誼，率多化服。遊其門者皆學明行修。卒之日，門人私謚靜安先生。從黄氏補本録入。

〔一〕「□□」，關學編本傳作「涇陽」。

賈先生仲元

賈仲元，□□人。學於蕭貞敏公、同文貞公，一出於正者也。參王忠文集。

菊潭門人勤齋再傳

博士竇先生伯輝

竇伯輝，中山人。師國子祭酒孛朮魯先生。有讀書之堂，名曰「醉經」，實祭酒所命。年既艾而學不倦。累官郡博士，所至以經術教授子弟。同上。

忠肅門人

侍郎和先生希文

和希文，平定人。學行過人。洪武中，擢用，涖職勤能。官至刑部侍郎。參姓譜。

梓材謹案：先生爲贊善時，北歸養母，宋景濂送之以序，言：「先生，呂忠肅公之高第弟子也。在勝國時，肄業成均，通詩之傳疏，積試八分，丁外艱而去。養母太行山中，飲水著書以爲樂。」又言：「徐魏公聞其名，薦而起之，擢爲刑部郎

中。未幾，遷太子贊善大夫。」

賈氏門人榘庵再傳

鄉貢石先生伯元

石伯元，京兆人。嘗舉鄉貢進士，爲陝西第一。已而隱不仕。其學受于賈仲元氏。所著周易演說，謂易道不可以傳注求，求易傳于傳注，則其道愈不明。于是諸儒之説悉棄弗省，獨取河、洛二圖以玩索之。一旦恍然，若心領其義而神會其旨者，乃筆而爲書，每卦有說，專以明象爲要，非苟爲空言而已。至於河圖、洛書之數、重卦、變卦、揲卦之法，又爲十二圖，以發揮其要指云。參王忠文集。中華書局一九八六年清黄宗羲原著全祖望補修陳金生梁運華點校宋元學案卷九十五

蕭同諸儒學案補遺　後學鄞縣王梓材慈谿馮雲濠同輯

榘庵先緒

司庫同先生繼先

同繼先，奉元人，寬甫父。博學能文，廉希憲宣撫陝右，辟掌庫鑰。元史

晦翁續傳

補貞敏蕭勤齋先生𣂏

附録

博極羣書，天文、地理、律曆、算數，靡不研究。

鄉人有自城中暮歸者，遇寇，欲加害，詭言：「我蕭先生也。」寇驚愕，釋去。

先生制行甚高，真履實踐。爲文辭一以洙泗爲本，濂、洛、考亭爲據。關輔之士，翕然宗之，稱爲一代醇儒。隱於終南山下，鑿土室以居之。盡得聖賢遺經，以及伊洛諸儒之訓傳，陳列左右，晝夜不寐。始則誦讀其文，久則思索其義，如是者餘三十年。

省憲請公就職，公以書辭曰：「某蚤事文墨，見一時高才捷足趨事功者，効之不能，是以安於田畝，讀書爲事。本求寡過，不謂名浮於實，聖恩橫加。竊念聖人之教，必明德而後新民，成己乃能成物。昔夫子使漆雕開仕，對以『吾斯之未能信。』然則心術之微，雖聖師不若開自知之審。念某學行未至，自知甚明，望達廟堂，改授真儒。則朝廷得人，學者得師，某亦不失爲寡過之人矣。」

擢國子司業，遣使徵之。公又力辭不拜，其言曰：「某念寡陋，與人共學，非敢爲師。向授提學，幸承聽允其辭。既不能當外郡學職，豈可復預國學之事？況敢辭卑居尊，以取無廉恥貪冒之罪乎！」

至大二年，徵拜集賢學士、國子祭酒，依前太子右諭德，進階通議大夫。公以老疾辭。門人疑焉，問曰：「聖人樂得天下英材而教育之，今先生辭祭酒者，何也？」公曰：「曩在京師，有朝士再三以成均教法爲問者，余告之曰：『若欲作新胄子，當罷歲貢，一如許文正公時，專於教養。彼既外無利禄之誘，內有問學之功，則人材庶有望矣。』此語一傳，物議鼎沸，執政者亦深不以爲然，今余出則徇人，豈能正己以正人乎！」

孛朮魯翀至自南陽，從公受業。久之，謂人曰：「某游江右，獲識諸老，聞其議論，或有不讓。今見蕭先生，使某自不能措一辭，信知吾道之無窮也。」

蘇滋溪誌其墓曰：惟關輔自許文正公、楊文康公[倡]鳴理學，以淑多士，公與同公接其步武，學者賴焉。公之學自六經、百氏、山經、地志，下至醫經本草，無不极通其說，尤邃三禮及易。江西儒者標題小學書行於世，公閒以朱筆塗之曰：「凡今標題多朱子所不欲存者，如鄧伯道『繫其子於樹』之類。」吳文正公是之。

又曰：公教人極嚴，諸生惴惴畏服。其學皆自小學始，次及四書、諸經，日與學者講說經訓，滾滾不窮，待其曉解，方

授別義。人來質疑，即命其徒取其書某卷所載以對，曰：「若背文暗誦，恐或誤人。」劉致爲謚議曰：士君子之趣向不同，則各得所志而已。彼不求人知而人知之，不希世用而世用之。至上徹帝聰，鶴書天出，薜蘿動色，巖戸騰輝，猶堅臥不起。不得已焉，始一至，卒不撓其節，不隳所守而去，亦可謂得所志也已。

補文貞同榘庵先生恕

附録

先生安靜端凝，羈丱如成人。從鄉先生學，日記數千言。教人曲爲開導，使得趣向之正。與人交，雖外無適莫，而中有繩尺。先生自京還，家居十三年，縉紳望之若景星麟鳳，鄉里稱爲「先生」而不姓。

菊潭師承

補蕭先生克翁

蕭克翁，新喻人。正肅公燧四世孫。隱居不仕，學行爲州里所重，孛朮魯翀從之遊，稱爲純儒。明一統誌

勤齋學侶

著作蕭芳洲先生雷龍　附族子性敏

蕭雷龍字作霖，吉水人。童丱時輒嗜學弗厭。元平江南，束書游燕都。有言于世祖者，遣使召見，奏對稱旨。西游關陝，謁蕭貞敏公於京兆，謂當爲南士之冠。至大初，有薦爲衛尉院大使者，復至燕都，改祕書監著作郎。未幾，馬忽蹶於門，意以爲不祥，即日投牒謝去，遂絕意仕進。族子性敏厄於貧，弗克進學，招與諸孫爲師友，後爲名儒。積世藏書頗多，構竹林精舍，發書藏庋之。晚年，構堂西偏，扁曰「芳洲」，因自號爲芳洲云。劉岳申高第，洵其季孫也。宋文憲集

勤齋同調

補徵君韓先生擇

附録

尤邃禮學。有質問者，口講指畫無倦容。士大夫宦游過秦中，必往見之，莫不虚往而實歸焉。

補博士侯先生均

附録

其答諸生所問，窮索極探，如取諸篋笥。

先生貌魁梧而氣剛正，人多嚴憚之。及其應接之際，則和易款洽。雖方言古語，世所未曉者，莫不隨問而答，世咸服其博聞。

文穆呂先生域 詳見魯齋學案

徵君羅先生榮祖

羅榮祖字仁甫，歙縣人，與處士蕭𣂏同被徵，鄭左參力爲勸駕，先生書招隱詩謝之。江南通誌

黄先生所志　附鄭子誠

黄所志字志尹，豐城人。以學行文章爲復林李户部客。至元戊寅俘於兵，粥于長安鄭子誠家。子誠儒長者，與蕭維斗友。一見先生，命諸子師事之，遂名長安中，家長安三十年餘。程雪樓集

□□□□

主簿武先生震　附師李迂軒、子戬

武震，趙郡武威人，攸緒之胄也。幼入小學，獨不敖惰。就學于真定李迂軒先生。樞密判官白文舉聞夜誦獨苦，大加期異。太尉史忠武公致禮於第，爲諸孫師。至元七年，中高第。十一年，又舉學官爲州學教授，新殿堂齋房，大集諸生修教事，由是趙學興盛，爲河朔先。二十一年，調將仕佐郎、濮州臨清主簿。明年卒，年五十七。先生邃于經史，誨人亹亹無倦。子戬，爲中書掾，有清白聲。退食杜門，惟以奉母教子爲急先務。程雪樓集

署丞楊庸齋先生時煦　附門人李□

楊時煦字春卿，玉田人，嘗爲興文署丞。幼穎悟質厚，制行不爲崖岸，隱居教授餘二十年。居一室，環種以竹，名之曰「庸齋」。病革，訣其門人李生曰：「予平生無媿於世。」言竟，怡然而逝。静修詩文拾遺

徵君姚四清先生和中

姚和中字□□，當塗人。世爲儒家，徵召不赴。一時從游甚盛，如婺源汪澤民、同邑李習、李翼，皆其弟子。江南通誌

梓材謹案：宋學士濂跋姚氏墓銘，述吴淵穎之言曰：「當塗有姚四清徵君者，時之碩士也。」四清蓋先生别號。

處士何先生德之

何德之，成都處士。蒲應奉，其弟子也。晚居興元卒，袁清容挽之曰：「江漢清秋老，岷峨故國身。潛川珠玓瓅，韞匵玉孚尹。逸興蟬離詬，癯容鶴寫神。發研經席正，炙輠辨鋒新。素業書千簏，幽居黍一囷。非辭魯生辟，自樂管寧淳。水近藻交佩，巖低溜墊巾。詩清猿母泣，詞整燕雛親。夢往蕉疑鹿，書成筆感麟。山觀天外象，梅閲靜中春。燐黑魂猶慘，槐黄事可詢。極知情惘惘，徒意走�趦。故里傳遺稿，空堂象素真。故人調鼎鼐，弟子演絲綸。靖節名勘繼，文中躅可循。悠然端有意，念此竟誰陳？」清容居士集

王慎獨先生奎文

王奎文字昌甫，江陵人，號慎獨先生，宋祭酒本傳性命義理之學于先生。宋燕石集

蕭氏門人

補文靖孛朮魯菊潭先生翀

雲濠謹案：先生始名思温，字伯和。蕭克翁因夢大鳥止所居，爲易其名。事詳元史。蘇滋溪爲先生神道碑云：「年出二十，號稱鉅儒。由憲府薦，授學官。歷陞右司員外郎。泰定初，充會試考官，遷國子司業。至順元年，同知禮部貢舉。元統二年，拜江浙行省參知政事，以葬親北歸復號。至元元年，召拜翰林侍講學士，知制誥，同修國史，以未葬辭。明年，復命編修官成遵召之，而疾不能行矣。」又云：「公之先，女真貴族。」有菊潭集六十卷。

菊潭遺説

孔子經法：于易則溯伏羲以本無言，書則始唐虞以道政事，詩則采殷周以正性情，春秋則黜五霸以嚴名分，禮樂升降，以鑑污隆，天人之道至矣。

附録

稍長，讀書一覽即記。郡公以順陽僻左，徙居於鄧。貞隱李先生，鄧名士也，公從學詩賦，同門莫及。復游漢上，從翰林姚文公學古文，文公奇之，以書抵李貞隱曰：「子翬談議鋒出，其踐履一以仁義爲準，文章不待師傅而能後進，無是倫比。」於是貞隱以女妻公。

梓材謹案：元史本傳稱姚以書抵蕭貞敏，蕭以女妻之，未知孰是？

公之爲學，務博而約，自六經諸史傳注，下至天文、地理、聲音、曆律、水利、算數，皆考其説。聽其言，滚滚不窮。自官汴，學士之從者日衆。及師成均，與鄧公文原、虞公集、謝公端爲同時。教人不倦，發明經旨，援引訓説累數百言，極於至當而後已。

岐山周公廟，道士據之，公曰：「周孔名教，炳如日月，豈宜列於異端？請設書院，令學官主之。」

吳文正公嘗曰：「孛朮魯公學博而正，特立無朋。」聞者以爲知言。

公在翰林時，進講罷，上問曰：「三教何者爲貴？」曰：「釋如黄金，道如白璧，儒如五穀。」上曰：「若然，則儒賤耶。」對曰：「黄金白璧，無亦何妨？五穀於世，豈可一朝闕哉？」上大悦。

其居國學者久，論者謂自許魯齋之後，能以師道自任者，惟耶律有尚及先生而已。

補忠肅呂先生思誠

附録

宋潛溪題呂仲實詩後曰：「惟公蚤師蕭貞敏公，傳道德性命之學，真知實踐，故其立朝大節，極有可法。篇章散落于四方者，固宜寶之，如魯敦周彝傳之于子若孫也。」

胡先生居祐

胡居祐字彦承，京兆人。嘗學于蕭維斗，所爲詩文六十篇，程鉅夫爲之序。程雪樓集

幕長王先生克誠

王克誠，□□人。掾東曹，嘗遊蕭勤齋之門，又爲秦省幕長。程雪樓集

左丞廉先生惇

廉惇，四川行省左丞，蕭勤齋門人，與孛朮魯翀以勤齋易名爲請。蘇滋溪集

同先生毅

陳先生嵤 合傳

智先生炳　合傳

李先生材　合傳

盧先生烈　合傳

同毅、陳酱、智炳、李材、盧烈，皆勤齋弟子，知名于時。蘇滋溪集

芳洲家學

蕭先生洵　別見廬陵學案補遺

武氏門人

史先生灼

史灼，永清人，忠武公天澤之孫也，武先生門人，卒爲述其行事。程雪樓集

楊氏門人

知州周先生之翰　附兄之綱

周之翰字子宣，燕人。母王氏，翰林學士承旨文康公鶚之女，讀書賢明，教子有法。先生與兄侍講之綱，早歲皆以儒名。侍講以朝命出繼文康公後，先生歷拜冠州知州。卒年六十有五。嘗問學于楊先生時煦。居官廉慎，毫釐無所私。蘇滋溪集

姚氏門人

文節汪先生澤民

汪澤民字叔志，婺源人，寓居宣州。延祐五年進士，授承事郎。歷官奉議大夫，知兗州，所至稱神明。至正三年，除國子司業，預修三史。書成，遷集賢直學士。未兩月，告歸。以禮部尚書致仕。十五年，長鎗軍鎖南班等犯宣州，或勸之去，先生曰：「我雖無官，受國恩厚。臨危愛死，非臣子節。」凡籌畫戰守，多出其策，累敗賊兵。明年，賊來益衆。城陷不屈，遂遇害。時年七十，追封譙郡公，謚文節。元史類編

梓材謹案：萬姓統譜載先生爲龍溪學士藻七世孫。少警悟力學，長通諸經。考宋文憲集爲先生神道碑，乃龍溪七世從孫也。

附録

先生既歸，僦屋以居。門生弟子援洛中諸賢故事，爲築室宛水之濱。先生日督諸孫讀書以自娱，不知其貧。其爲學本諸六經，真知實踐，無不本於道義。

知州李先生習

李習字伯羽，當塗人。治尚書，旁通諸經。延祐四年，領鄉薦，授書院山長。明太祖渡江，先生偕其門人陶安迎謁。年已八十餘矣，即以爲太平府知府。卒於官，著有橄欖集五卷。安徽通誌

教授李先生翼　附子洙、汶

李翼字仲羽，伯羽之弟。兄弟齊名江左，稱爲「二李」。吴淵穎稱伯羽之文簡密嚴奥，仲羽之文豐腴縟麗。先生中延祐七年浙江鄉試，官教授。早卒。子洙字宗泰，學純行端，爲余闕所禮重。洙弟汶，字宗茂。明初，召爲史館編修，與修元史，兩典文衡，出爲南和令，有善政。安徽通誌

何氏門人

提舉蒲順齋先生道源

蒲道源字德之，號順齋，青神人。其父政午，以元初徙興元。先生丱歲就學，强記過人，未成童已通經大義。逮乎立年，復以濂洛諸儒之説倡於漢中，而漢中之士知有道德性命之學。先生務自博以入約，由體以達用。真知實踐，不事矯飾。教人具有師法，大抵以行檢爲先，而窮經則使之存心静定，而參透於言語文字之外。嘗爲郡學正，晚詣京師，以博士教國子。居歲餘，輒自引去。詔起提舉陝西儒學，不就以卒。有閒居叢稿二十六卷。黄文獻集梓材謹案：先生爲蒲傳正左丞裔孫。袁清容書左丞帖云：蒲爲西蜀大族，己卯之變徙興元者，獨能保其宗。又云：厥今理學宏闡，實始于春陵周元公。元公之道之學，實蒲公紀其事。然宋史左丞傳多貶詞云。

蒲順齋説

漢置五經博士，取其專且精也。今之學者，恥一經之不該，及究其歸趣，則茫然莫據；又或以注釋經義媒仕進者。視其書，皆掇拾先儒已成之書，初無自得之實，而徒耗蠹紙劄。龐亂經訓，益使人厭之。今欲令學者各守一經，則不免於陋；欲兼通諸經，則汗漫而不精；欲拒注釋之煩雜，則恐或廢其善；欲容而受之，則易惑。學者其何以矯其弊而通其中者乎？

正獻宋先生本附師王奎文

宋本字誠夫，大都人。成童，聚經史，窮日夜讀之，句探字索，必通貫乃已。嘗從父禎官江陵，江陵王奎文明性命義理之學，先生往質，所得造詣日深。年四十始還燕。至治元年，策進士第一，累擢禮部尚書，轉集賢直學士兼國子祭酒。卒謚正獻。元史

雲濠謹案：先生初名克信，寓南中時，自號江漢鬫滄。性樂水及漁，又號垂綸亭主人。見其弟翰林褧所作行狀。

附録

至正二十年，戶部公出爲杭州東南隅録事判官，公受句讀于杭士石庢何天麟，即聰悟可喜。大德六年，侍戶部公赴官，平準倖薄，公聚徒養親，如武昌時，兼教其弟息州都監克敏及褧。十一年，戶部公薨，稿殯江陵。母李年且老，戶部公歷仕南土雖二十餘年，小心謹畏，家素乏蓄積。公至是孤，益貧苦，殆無以衣食。喪祭哀戚之餘，教童子七十八人，講授紛沓。親理米鹽雜務，方苦心力學，不以寒暑晝夜作輟。當食亦置書其傍，披覽研究，不覺匕箸之及口，飯羹數冷，溫而復進，始得終餐，夜分迺寐，幾廢寢食。

進奎文閣學士院供奉學士、亞中大夫，時方修經世大典，分局撰書。公纂述夏官政典凡若干卷，編摩緻密，事備辭嚴。孔子父母已封啓聖王王夫人，獨鄆國夫人亓官氏猶仍舊號。由公建言，降制加封爲大成至聖文宣王夫人。

文安謝先生端　大父元賁

謝端字敬德，其先遂州青石人。宋季避兵出蜀，居江陵，至先生始家武昌。祖元賁，深通玄象，江陵制置使孟珙敬禮之。先生十歲時，讀書江陵郡學，屢出同舍生上，其師異之。弱冠，偕廣陽宋本從王奎文遊，講明性理之學，俱有才名，郡人以「謝宋」稱之。延祐元年，中河南鄉貢。五年，賜進士出身，同知湘陰州事，累轉翰林修撰、同知制誥兼國史院編修官三官，就遷待制，選爲國子司業，復入翰林直學士。卒，贈國子祭酒、陳留郡侯，謚文安。

先生教胄子，嚴毅方正，諸生凜凜畏服。講説經義，能明聖賢之旨，諸生質疑請問無倦。爲文辭簡而有法，其於前代君臣得失、古今文章美惡，歷歷能道其詳。遼宋金國興廢、人物賢否，亦皆精熟。嘗以不克纂述三史爲憾云。蘇滋溪文集

梓材謹案：先生號塏齋，宋文清燕石集有祭謝塏齋文。

附録

史松宣慰荊南，數加延禮，薦之姚樞，樞方以文章大名自負，少所許可，以所爲文眎之，先生一讀即能指擿其用意所在，樞歎獎不已，語人曰：「後二十年，若謝端者，豈易得哉？」

初，文宗建奎章閣，蒐羅中外才俊置其中，嘗語阿榮曰：「當今文學之士，朕惟未識謝端。」亡何，文宗崩，竟不及用。

先生又與趙郡蘇天爵同著正統論，辨金宋正統甚悉，世多傳之。

□□□□

僉事宇文純節先生公諒

宇文公諒字子貢，其先成都人。父挺祖徙吴興，遂爲吴興人。通經史百氏，言行有操，累官國子監丞、嶺南廉訪僉事。平居，雖暗室必正衣冠端坐。晝有所爲，夜則書之。其不可書，即不敢爲。所著有折桂等集。門人私謚純節先生。姓譜

侯先生克中

侯克中字正卿，真定人。幼喪明，聆羣兒誦書，不終日能悉記其所授。長習詞章，自謂不學可造詣，既而悔曰：「吾明於心，刊華食實，莫首於理。理以載道，原易以求，則爲得之。」於是精意讀易，旁通曲會，參以己說，而名之曰通義。袁清容序之曰：「思深而識幽，據會提要，蓋將爲程子之忠臣，倣文公以入夫邵子之室，非濳心尊聞者不能也。」又稱：「其年踰九十，康色未艾」云。清容居士集

知事郝先生道寧　附子伯魯

郝道寧，真定人，以詩書教授鄉里，學者常至百人，郭侍郎□、左主事煥尤著名者。子伯魯字希曾，少傳父學，起家欒城縣教諭，遷固安州學正，爲守令者重之，爲諸生者敬之，後以才擢戸部史，轉太醫院，出官萬億綺源庫知事，卒。蘇滋溪集

學士張先生善

張善，寧晉人，讀書業儒，不事進取。奉親教子，克孝且嚴。卒贈翰林直學士、清河郡侯。子四人，季公爵。蘇滋溪集

王西山先生文煥

王文煥，一名子敬，字叔恭，□□人。少負雅操，夙承家學。元亂，不屑仕進，遂取孔孟諸儒緒言，研極精微，著道學發明、大學發明、中庸孟子解及心經圖、治心銘諸作。先生以心爲明鏡，毋自欺爲藥物，畏敬恐懼克復省察爲工夫，巍然負泰山北斗之望，學者宗之，稱爲西山先生。兩浙名賢録

宇文學侶

山長葉先生顒

葉顒字伯卬，吳縣人，家洞庭東山。父國英，倜儻好結寓内名士，儒學提舉李祈、國子助教宇文公諒並主其家，故先生學有端緒，尤長於詩。元季嘗署和靖書院山長。姑蘇誌

菊潭家學

補孛朮魯先生遠

雲濠謹案：道園學古録味經堂詩序云：「國子祭酒魯公伯子翬父作味經堂，自爲記，以勖其子遠公。嘗命遠從余遊，故賦此詩。」是先生道園弟子也。

附録

虞道園送魯遠序曰：「今吾子之嚴君，天下之碩師也。講明問辨，不待出勤于外傅。觀瞻儌則，不必近越乎戶限，何其幸歟！」又曰：「夫識察於動容周旋之間，考析於言語文字之表，視則之法也。慎之于日用常行之微，微之以前言往行之實，用力之地也。以是事親，日求所未知未能，而求必盡其職分焉，所以歸求者如此。」

菊潭門人

參政貢玩齋先生師泰　詳見草廬學案

汪氏門人

祕書汪先生文炳

汪文炳字炳叔，歙縣人。明兵渡江，隨撫諭官孫炎入謁，授祕書典籤。講説稱旨，除都昌知縣。時陳友諒以兵來攻，援絶被執，賊奇其才，欲官之不受，遂抗詈而死。姓譜

梓材謹案：先生文節門人，嘗爲文節事狀，見宋文憲所撰文節神道碑。

賓客劉先生性初

劉性初，大名人。幼有奇氣，嘗從宣城汪先生授春秋學。讀書山中者五年。後值兵變，避地錢唐。張左轄辟爲賓客，久之，以疾辭。貝清江集

張先生師愚

張先生師曾　合傳

張師愚字仲愚，寧國人，好學工詩，兩領鄉薦，與弟師曾並從汪文節澤民游，與文節共編宛陵羣英集，文節嘗言：「平

生畏友有「二張」云。安徽通誌

隱君梅先生致和 大父師哲，附子士熙

梅致和字彦達，宣城人，詩人聖俞九世孫也。母爲汪文節公女弟。先生生而俊朗，嶷然異羣童。稍長，大父師哲授以上古之書，輒能講其説。大父歿，復從文節學春秋，已而兼通易與詩。鄉先達張師曾兄弟問學雄深，人號爲「二張」，每奇先生，折輩行爲忘年交，過從索講無虚日。聞譽四流，數戰藝數不利，棄去。肥遯于城南，益取春秋而研精之，辨其世變，要其指歸，著春秋類編十二卷。問道考德者日相踵于門，先生悉攟其觕疏，入於密微而後已。至正丙申卒，年五十七。子士熙，以學行入仕，知大同渾源州，以政事聞，後陞陝西布政使司正理問。宋文憲集

伯羽門人

參政陶先生安

陶安字主敬，當塗人。幼敏悟，有大志。元至正間，授明道書院山長。入明，官至江西參政。姓譜

仲羽門人

副使劉先生允

劉允字子允，當塗人。師事李翼，博學喜吟詠。洪武四年進士，累拜北安按察司副使，考績留教授親王于內，後請老卒。姓譜

宋氏家學

文清宋先生褧

宋褧字顯夫，大都人，贈戶部尚書禎之子，正獻本之弟也。至元甲午，戶部主興山簿，先生生邑中。稍長，流落江漢間，綴學勤苦。戶部爲小官禄薄，公兄弟授徒以爲養。延祐六年，從正獻至京師。清河元明善、濟南張養浩、東平蔡文淵、王士熙，方以文學顯於朝，見其伯仲，驚歎以爲異人。先生擢第，除祕書監校書郎，歷拜翰林待制，遷國子司業，修遼金宋史，分纂宋高宗紀及選舉志。書成，超拜翰林直學士。先生學務博，尤喜爲詩，有文號燕石集。性樂易，家雖甚貧，待親友無所靳。年五十有三卒，贈國子祭酒，范陽郡侯，謚文清。蘇滋溪集

雲濠謹案：王阮亭居易録載：宋文清燕石集，至正八年聖旨下，都省移江浙省于各路有錢糧學校内刊行。中書省御史臺據御史段弼、楊忠、王思順、蘇寧等奏請也。此與石田集皆奉旨刊行。元時崇文如此。又言：其兄正獻工于古文，時號「二宋」。

其謚議曰：其爲人謹愿持正，于學考索精詣。其爲文剴切爾雅，以至監察中臺，贊憲陜右，僉事山南。其於風紀多所振舉。甫至通□，輒損其年。雅行游揚于方來，尊名壹惠於今日。按謚法：「博文多見曰文，居家潔正曰清。」謚曰文清，實愜輿論。

謝堯章挽之曰：伯逝人皆歎，公亡世益憐。生平雙白璧，身後一青氈。業尚能傳子，天胡不假年？相看知己少，把筆遂凄然。

宋氏門人

編修吴先生炳

吴炳字彦輝，汴處士，有德業才學，譽望甚彰，宋誠夫力薦，奏以翰林編修徵之。燕石集

謝氏門人

翰林楊先生惟肖

楊惟肖字與似，先世避兵難出蜀，再徙澧陽之新安，遂家焉。先生六七歲，誦諸經不忘。弱冠，師蜀儒呂仁叔治春秋。

讀書不釋卷，夜分方寢。家務妨奪，則顰顣歎怨。游京師，從文安謝公學易。文安于先生爲中表丈，館於家，日與之論議。至順三年，以寓士就試上都，名中第二。會試京師，適文安考文，自陳避親嫌不試。念親老未獲禄養，迺以善楷書試補翰林書寫，中高等，官制書寫，歷三考，始官七品。燕石集

侯氏門人

侍郎郭先生郁　父天祐

郭郁字文卿，世居汴梁封邱縣。汴梁爲金遷都，兵徧野處，僑居大名。嘗爲浮梁知州，知高郵府，歷授慶元路總管。袁清容再入翰林，先生時爲江浙行省都事，見其受易學于侯先生。及爲中書檢校，清容時直集賢，往來益密，而其父天祐祐之正席危坐。凡交于先生者，咸執弟子禮。以先生官贈吏部侍郎、陳留君侯。清容居士集

梓材謹案：先生皇慶間知浮梁州，延祐丙辰嘗序胡雲峰周易本義通釋。

郝氏門人

左先生煥

左煥，真定人。由山東憲司書吏至中書掾，以廉能稱，歷戶部主事中尚監丞。蘇滋溪集

侍郎郭先生郁　見上侯氏門人

張氏家學

州牧張先生公爵

張公爵，贈清河郡侯、善季子。由樞密丞相掾官工部主事，歷工戶兩部郎中，僉山南廉訪司事、行河南省郎中、監察御史、都漕運使，改牧順德。順德方旱，下車即雨，歲則大熟。蘇滋溪記其先塋，稱其學傳父師，克奮材能，以究厥施云。蘇滋溪集

陶氏門人

郡守喻先生仲衡

喻仲衡字平甫，□□人。自少博通羣籍，繼而師事姨夫陶安，得聞程朱性理之學，行業日益充裕。洪武中，知台州府，尤盡心於學校。姓譜

張氏門人

唐先生伯剛

唐伯剛，河東人。少從鄉先生内翰張公受業，博雅好古，論議恢達，有魏晉閒人風氣。嘗至京師，以能詩知名。夷白齋稿

梓材謹案：陳夷白誌陳隱君謙墓云：「故内翰蜀郡虞公、金華黄公、今寧晉張公，交口論薦。」即先生從學之張公，蓋即寧晉張公爵也。中華書局二〇一二年清王梓材馮雲濠編撰沈芝盈梁運華點校宋元學案補遺卷九十五

魯齋學案摘録　［清］黄宗羲原著　全祖望補本

雪齋學侣

文憲楊紫陽先生奐

楊奐，字煥然，奉天人。蚤喪母，哀毁如成人。金末，嘗作萬言策，指陳時病，欲上不果。元初，隱居鄠縣，講學授徒，學者稱爲紫陽先生。以耶律楚材薦，爲河南廉訪使，約束一以簡易。在官十［五］年，請老於燕之行臺。世祖在潛邸，驛召參議京兆宣撫司事，累上書，得請而歸。卒，謚文憲。所著有還山集。參姓譜

梓材謹案：先生爲姚牧庵妻父。牧庵序先生文集云：「紫陽先生長先世父少師文獻公十有五年，交友間，少師獨畏而不敢字者，言必稱先生。」又云：「先生鄘國世家傳及平生嗜學，述作之富，與一世之士服爲『關西夫子』者，有遺山、江漢、西庵三先生之碑銘之集序言。」又跋張夢卿所藏紫陽墨跡云：「嘗聞其幼時，文已奇古，歌『白水滿長干，紫陽閣下清風細』之句，遂號紫陽。初名煥，更爲奐，後受太宗簡文判誤『奐』爲『英』，不敢私更，始就名英。」云。中華書局一九八六年清黄宗羲原著全祖望補修陳金生梁運華點校宋元學案卷九十

附録四

贈答題詠

與蕭維斗書

［元］揭傒斯

傒斯再拜諭德蕭公閣下：

僕性分粗謬昏戇，絕不通時事，與人交不計隆薄能否，輒以古道相期待，俗下詬病日甚不止，終不愧悔，今復妄有謁于閣下焉。

惟天生賢哲，常曠數百載不一二見，及有其人，或又廢於庸主，格於讒忌，畫于懦怯畏慎，弗克卒其大業。僕甚痛之。自來京師，目覩耳聽，口誦心語，惟公才全學富〔一〕，義精仁熟，謙讓克謹，去就有節，名與實侔，位與德稱，有古大賢之風。束帛之聘，累光丘園，每聘必增其秩，每召必優其禮，其尊德樂道，右賢尚能，崇信慕向，若漢高帝之於四皓，可謂隆矣。然四皓不出則已，一出則能割至尊之愛，定天下之本，建萬世之名，翛然而來〔二〕，浩然而歸，來不見其所難，去不見其所窮，何其裕哉！且今天下非漢高之草創，皇太子聰明仁孝，過于惠帝，上親信篤愛，無高帝之惑溺，昔之儲貳不得與國家之政，今則

〔一〕惟公才全學富：「才全」，揭文安公全集作「全才」。

〔二〕翛然而來：「翛」，揭文安公全集作「倏」。

無所不領，宜若公者知無不言，言無不從。然天下之賢士未振者，不聞有所舉；天下之政令有闕者，不聞有所陳。愔愔默默，日以懷去爲務，又不能借一事決去就，使天下有識之士，蹀足搤掔，徘徊四顧而失望。僕誠愚鄙，未達其故。抑嘗舉之而未用，陳之而未行邪？則去就可以兆矣。

道行於天下謂之達，道不行於天下謂之窮。孟子曰：「窮則獨善其身，達則兼善天下。」今公居達之時，行窮人之事，尤所未喻〔一〕。且天之生斯人也，豈徒欲寵榮其身體，利澤其子孫而已，亦欲使生民之有知也。公誠能高臥空山，遠引遐徼，則爲巢、許、務、涓之徒可〔二〕，爲嚴陵、魯連之徒亦可。雖欲驂鳳駟霞，詼詭變眩如偓佺、安期、羨門、盧敖、徐福之徒亦可。今業已出矣，食其禄而居其位矣，何乃若是恝恝邪？竊爲公計，莫若攄肝瀝膽，激昂慷慨，極論天下之賢士，求當今政令之得失、典章文物之損益、君儲切身之急務，疏而陳之。苟其說行，則從容可爲二疏之事；不行，則掛冠神武，拂袖而西矣〔三〕。上不負朝廷之知，下不觖天下之望。天下之士，莫不想望風概，咨嗟歎息曰：「蕭公真賢矣哉！」朝廷之尊賢下士，必自公始。則公進爲國家之榮，退爲斯道之隆，生爲萬全之人，沒有無窮之名，不亦休乎？又不得已，則引年謝疾而去耳。或曰：公不得已而起，而身冒大名，被至恩，夙夜戰掉兢慓，猶恐不持〔四〕。若夫進賢補過，則揆諫之司，吾所職者，輔迪是宜〔五〕。且言之而中，則吾之歸未可期；言而不中，則僇辱所歸。況若公者，進退語默，必有其時，豈庸豎賤走所能察識哉！僕益惑焉。夫公之出處非若彼旅進旅退之人，旅進旅退之人，雖千萬不足爲天下輕重，公實有萬世之繫焉，不可不暴白于後世，使之有則也。念之，念之，時不再矣。

〔一〕尤所未喻：「尤」，揭文安公全集作「猶」。
〔二〕則爲巢、許、務、涓之徒可：「可」，揭文安公全集與下句「爲」誤倒。
〔三〕拂袖而西矣：「袖」，揭文安公全集作「東」。
〔四〕夙夜戰掉兢慓，猶恐不持：「慓」，揭文安公全集作「慄」；「恐」，揭文安公全集作「懼」。
〔五〕輔迪是宜：「輔」，揭文安公全集作「轉」。

僕近行河濟之間，有過而歌者曰：「我行河濟兮，瞻彼泰山。聖人之不待兮〔二〕，我道孔艱。進不汝信兮，退即汝諼。河兮濟兮，道靡靡兮。」乃撫枻送而和之曰：「泰山巍巍，吾其跂而。河水瀰瀰，吾其濟而。聖人雖遠，吾斯軌而。」因録其詞，並書以獻。惟公念生才之難，遭時之不易，憫斯民之無知，貸狂瞽之不察，視中道而導之歸。幸甚，幸甚。傒斯再拜。

上海古籍出版社一九八五年李夢生標校揭傒斯全集文集卷二

送紫陽歸柳塘　時遊孔林回

〔元〕王惲

千古文章事，江河不廢流。苦心分正閏，書法記春秋。夢繞泰山遠，天教闕里遊。會將洙泗教，行復丐西周。四部叢刊景明弘治本秋澗先生大全集卷十三

送紫陽歸柳塘

〔元〕王惲

掛冠神武急趣裝，歸隱秦中舊草堂。海內共知元氣在，井邊已仰德星光。眼明華嶽蓮峰翠，路入函關草樹黄。預爲山靈報歸日，緑楊陰合鄠南莊。同上，卷十四

〔二〕聖人之不待兮：揭文安公全集「之」下有「才」字。

黄石公祠雜詩（其七）

［元］王惲

今古文章不自工，後人公論見清雄。壁間細閲題詩客，笑煞騰騰兀兀翁。黄石祠有詩云：「天其既與赤帝子，我亦願師黄石公。」題曰：「騰騰老」，後復曰：「兀兀翁」。騰騰老，蓋楊紫陽也；兀兀翁，楊飛卿也。二公爭相爲己詩者數年，遺山聞之，曰：「詩則非佳，爭之意甚？」可爲一噱也。同上，卷二十九

跋張夢卿所藏紫陽楊先生墨跡

［元］姚燧

此先婦翁紫陽辭翰也。嘗聞其幼時文已奇，由歌「白水滿長干，紫陽閣下清風細」之句，遂號紫陽。初名煥，後由上金季主河朔中興頌，季主壯之，置紅篋中。黄龍戰北，紅篋爲我元所獲，恐蹤跡物色姓名獲戾，宜避，更爲奐。及後受我太宗簡文制，誤奐爲英，遂不敢私更，始就名英。其平生於書差喜書米南宫，故筆法時時似之。其卒以乙卯，時燧已聞公遺命，託二事於我先世父：一，遺文；二，以先妻見配。時燧未婚也，其歲上距今二十四年。當至元戊子，張總管夢卿持來求題。夢卿嗜古，博雅該洽之士，慮其未得平生之概，故斂襟書此。其年二月，子婿姚燧觀於穰城寓舍。清武英殿聚珍版叢書本牧庵集卷三十一

題楊紫陽跋盧諮議詩卷

［元］程鉅夫

二老已青山，斯文尚世間。傳家欣有後，開卷若承顔。治亂何堪説，乘除只等閒。秪應存世德，珠去自能還。民國二十

五年陽湖陶氏涉園影刻明洪武二十八年與耕書堂刻本楚國文憲公雪樓程先生文集卷二十九

題楊紫陽墨跡後

〔元〕蒲道源

世人賤目貴傳聞，惟有桓譚識子雲。不見紫陽身後事，半緘詩草播清芬。元至正刻本閒居叢稿卷七

跋關西楊焕然先生畫像贊

〔元〕李士瞻

焕然先生當國初時，文章、道德爲第一流人物。柳塘歸隱，乃其素志，詎易以片言爲先生增重哉？世之人乃或誣以晚節，托求神仙虚誕之談，其亦誤矣。今覩其孫，益知其祖。噫！源深流長，本固末茂，良有以哉！文淵閣四庫全書本經濟文集卷四

楊文憲公祠

〔明〕王雲鳳

奉天久慕楊夫子，未老還山是潔身。萬里紫陽曾夢寐，一時蒙古自君臣。苔蕪我想讀書處，文字誰爲得稿人。卻笑奔忙未歸去，秋來羈絆又新春。清光緒十年乾陽書院刻本乾州志稿「别録」卷三

書元人楊奐詩後

［清］王士禛

一代清流盡喪亡，紇干凍雀可憐傷。溫公書法憑誰問，又說河東欲寇梁。通鑑於莊宗伐僞梁亦書「寇」，綱目、世史正綱始改曰「伐」。清康熙五十年程哲七略書堂刻本帶經堂集卷六十三蠶尾續詩九

詠楊文憲公

［清］吳錫岱

青白家風祇自安，鶴書幾度謝彈冠。隱居原是求吾志，不作終南捷徑看。民國三十年鉛印乾縣新誌卷十四

過紫陽故里 公進士及第人皆稱楊夫子而一代狀元遂爲文名所掩〔一〕

［民國］范凝績

一代儒宗出紫垣，歸來把卷不窺園。公罷官，築歸來堂以著書。關西再見楊夫子，竟使文名掩狀元。浮世科名付等閒，高軒紫綬兩無關。臂僮左右探文史，公製圓轉之書橱，以臂探取，可代僮僕，著有臂僮記。可惜武功康對山。對山以狀元著名，而著述無多。同上

〔一〕 遂爲文名所掩：「名」，底本作「明」，據第一首詩末句改。

附録五

序跋

紫陽先生文集序

［元］姚燧

紫陽先生長先世父少師文獻公十有五年，交友間，少師獨畏而不敢字者，言必稱先生。由其爲河南徵收課稅所長官兼廉訪使，按部洛西，識燧於幼稚。迨少師棄長尚書幕，隱居蘇門，輦致子之，以不力於學，數加困楚。先生聞而馳書止曰：「某，令器也，姑無爲是急其蚤成，長自不爾。」先生四子：保垣、萬駒、緱山、嵩山，皆中下殤。既俾弟之子元楨嗣其職，世祖以王教起爲京兆宣撫司參議，年七十，其歲乙卯，卒乾州。四女：長適張篪者，相失兵間；次王亨。皆前夫人劉出。且卒，執亡妻手，語夫人吳曰：「他日無醮他門，必歸姚氏。」後是四年，燧婿其家，得觀還山集者于夫人所。夫人襲先生遺集，寶有甚至，不以付三婿。夫人卒，亡室在蘇門，其書歸王氏亨，亦不得而有，次姨自櫝之。後燧爲秦邸文學，亡室求之百至，不可，恚而與其姊絕，尋卒。刺膠州子、子監江州路位總管上者晦求板之，亦不可。季姨適任良，及主荆門長林簿，求先生書與俱，十一帙中，止校其四。時晦已卒，弟曙也，自江州來長林省其姑，録四帙歸。後亨子某婿昭文館大學士楊元父，其母亦卒得疾喪心。燧持憲節使江之東三年，當大德癸卯，昭文子寅由爲南臺監察御史，過華陰，于王氏敗笥故書間得其七帙。寅橐以遺燧。思四帙在季姨所者，他日必合而一。會季姨終良喪，攜其子某親迎吾家，舟及齊安，亦卒。燧傷之曰：「嗚呼，何是書之多艱哉？」今年四月，曙滿秩南劍録事，將西入秦，求七帙板之建寧書坊。過宣，燧以寅所授授之。

因慨晦始受學，先生常面命之。曙後先生卒一年而生，顧能成其兄志而文其祖書，行今與後，亦弟弟而慈孫哉！若先生鄘國世家傳次，及平生嗜學、述作之富，與一世之士服爲「關西夫子」者，有遺山、江漢、西庵三先生之碑銘、之集序言，故燧著是五十年間幽鬱於昔、將昭章於今者於篇終云。清武英殿聚珍版叢書本牧庵集卷三

金京兆劉處士墓碣銘跋[一]

［清］朱尊彝

金京兆劉處士墓碣銘，奉天楊英撰文，武功張徽書，洛陽李微題額，立石者同知京兆總管府事高貴也。文稱：「處士初諱章，更名九隴、又名渭、又名於菟，其字希文不易也。下筆有骨肋，西州碑版多出其手。一榻之外，皆法書名畫，望而判其真贋。嘗鬻書于市，一達官持之去，處士直詣廳事取書，辭色不少遜，挾書掉臂而出。性不喜浮圖法，而處開元塔三十年，無家，無妻子。正大八年，詔民東徙至陝。既而事且變，投所蓄古印章鼎彝于河，避地平陽，入太原。尋還故里，以疾卒。」按金史哀宗紀，元兵既取鳳翔，兩行省棄京兆，遷居民於河南。所云「事變」者，此也。英之銘曰：「士之遇也，爲龍爲虎[二]；其不遇也，如魚如鼠。既魚其龍，又鼠其虎。生必違其所好，死則從其所惡。將矯世以自戕，抑直行而不顧。苟會於心，千載其猶旦暮。著所以信於人者，以銘先生之墓。吁！」辭特崛奇。而徽正書多涉篆隸體，亦不猶人。金源遺集傳至今者[三]，惟趙秉文、王若虛、段克己、誠己、李俊民、元好問數家而已。斯銘不見於載記，乃摭其大略，書之冊尾，兼録其副示長洲孫生，附著於書法考焉。四部叢刊景明康熙本曝雪亭集卷五十一

［一］ 按：關隴從書本、乾縣新誌本輯録此文，附於楊奐京兆劉處士墓碣一文後，有刪節。

［二］ 爲龍爲虎：京兆劉處士墓碣銘作「如龍如虎」。

［三］ 金源遺集傳至今者：「源」，乾縣新誌本作「元」。

還山遺稿跋

[清]茹棻

還山遺稿三卷，傳自知不足齋藏本。其脱漏處頗多。今從元文類及諸選本讐校，然勿克盡正其誤，尚有遺詩若干，因爲之附於末。庚午正月燒燈節後一日，古香氏書於青煙紅雨山房。清古香氏抄本還山遺稿卷末

楊文憲公遺集序

[清]嚴玉森

光緒庚寅冬，貴築黄公猝逝於武昌，海内嗟惜。而宦游關中，若毛君子林、樊君雲門、李君代耕，思公尤深。辛卯夕，玉森守歲二曲衙齋。壬辰二日，李君以公手訂元楊文憲公遺集示讀。公一門劬學，宜三君子心師之，久益尊崇。楊文憲公文字之傳，固由毛、李兩君後先勤訪，亦賴公父子佐成之力居多。二曲説經臺爲山水奥區，楊文憲同完顏惟洪至樓觀聞耗一章有句云「詩入草樓山」是也。昨遊草樓，念公與三君子遊關中日久，職業勤敏而山遊有待。玉森既樂文憲遺書散而復存，又喜茲遊之易得。三君子來遊有日，獨慨公猝逝，願從遊者不獲侍公于二曲山水間也。李君既與子林、雲門諸子校梓張忠定公詩集，復願於二曲政成之暇，梓楊文憲公遺書。玉森將觀是書之成，謹附名於卷末。既以志私淑當世賢哲之意於無窮，而文憲散而復存之文字，梓成之日，藏之名山，固莫先於草樓，庶以慰作者毅魄於今日也。光緒壬辰立春前一日。乾縣新誌本卷首

還山遺稿跋

[民國]張均衡

還山遺稿二卷，元楊奂紫陽撰，明宋廷佐輯。按：紫陽字焕然，又名知章。自悟前身爲紫陽宫道士，因以爲號。奉天

人，唐鄜國公二十世孫。金末舉進士，不中第。金亡北渡，冠氏帥趙壽之客之，待以師友之禮。元太宗詔宣德課稅使劉用之試諸道進士，試東平，兩中賦、論第一，耶律楚材薦授河南路徵收課稅長官兼廉訪使。到官即減元額四分之一，公私便之，時論翕然。官十[五]年，引退，隱居柳塘，在鄠南山下，門人百人，植柳千株，中有清風閣、紫陽泉，相與講學。卒年七十，謚文憲，事跡見元史本傳。還山文集有云一百二十卷，有云六十卷，明嘉靖間業已不傳。廷佐字良弼，從群書内掇拾殘賸，得文十六篇爲一卷，詩一卷，所謂存什一於千百者，略見紫陽大意。良弼各注所出，亦明士大夫之篤實不苟者。然明刻本亦已罕覯，故爲傳之。又從元詩選採逸詩十五首補之。他日如得遺文，再補於後。歲在旃蒙單閼小春月，吴興張均衡識。適園叢書本卷末

還山遺稿序

[民國]張鵬一

元奉天楊紫陽所著還山集，散佚已久。明時宋廷佐氏始輯爲二卷，其續刻始末已見於吴興張氏跋尾，較宋氏原輯又增詩十五首。余從西安碑林中又得紫陽所撰劉處士墓碣文一首，道藏中得李真人祭文、太清宫記文二首，續爲補入。先生又著山陵雜記一卷，今存説郛中，元史本傳、元裕之神道碑皆不載。考清季李雲生五萬卷樓書目載有楊文憲公遺集二卷、附録一卷、年譜一卷、山陵雜記一卷，云貴築黄氏所輯，尚未刻行。不知與此本異同若何？然其卷數略同此本。黄輯有嚴氏序一篇，今録於後。李氏書後歸於武昌柯遜庵家，今不可考矣。遺稿中有張徽君美、獻陵劉繪，亦當時吾秦名宿，今存詩三首，與劉處士文附録於此，以存秦中先輩遺什云。癸亥正月張鵬一識。關隴叢書本卷首

楊文憲公遺著序

[民國]范凝績

吾鄉人文，以有明一代爲極盛。二百餘年間，捷南宫者十八，拜侍御者十三，位列正卿者有二。其巖穴終老、德業雖隆而湮沒弗彰者，尤不知凡幾。吁，何其盛歟！清初舊誌，街衢所建牌坊，專立門類。明之牌坊，統計五十餘座，而進士、御史等坊，竟達三十三座之多。是當時城内牌坊星羅棋布，填街塞巷，固不讓通德之里、鳴珂之鄉也。即此一端，亦可想見當時文物之梗概矣。推原其故，皆元時紫陽夫子績學設教有以樹之風聲，而啓其端緒也。太史公曰：「莫爲之前，雖美而弗彰。」不其然乎？紫陽以帝王之苗裔，篤生於中原板蕩之秋。宋室南渡，北方淪陷最早，修學之士不逃亡則竄死耳。先生昌明正学，獨標新義，既修業於里第，又講學於鄠南。及舉進士，擢殿撰，而年已老矣。且地入胡天，聖教陵夷，先生深抱隱痛，故不以仕宦爲心，而肆力於著述。其欲改修温公通鑑，與朱子不謀而合，北方之學者未能或之先也。孟子所謂豪傑之士者，殆其人歟？是以讀書種子孳乳蕃衍，散播於桑梓間，萌孽於亂離之際，而華實於昇平之時，故其流風所扇，於毆逐胡元以後，而始發洩。明一代之風徽，超前軼後，豈偶然哉？核其生平著作近三百卷，惜明初大亂甫平，未能蒐輯遺稿，付之剞劂。至中葉以後，宋廷佐徵輯時，固已散佚殆盡矣！而還山集百二十卷僅存此二卷，其他數百卷，僅知其篇目而已！藉非宋公之力，則此斷簡殘編，恐亦投之水火矣！民國十二年，富平張扶萬得遺稿於西安，珍若拱璧，持以示余。余捧而讀之，心目爲之一爽。張君問余曰：「與紫陽同時，乾州又有楊英，君知之乎？」余曰：「此一人也。當時元主誤書『奐』爲『英』，故公亦以『英』名。」張君聞之，遂將碑林中劉處士墓碑補入，又於說郛中録公所著山陵雜記一卷，刊於關隴叢書中。然邑人見之者，仍寥寥也。此次編修新誌，僉曰公之遺書今幸存此鱗爪，兹不付印，再歷若干年，恐先生之心血將付之空煙矣！豈不悲哉？爰較而正之，付刊於誌後，訂爲一册，藉以存先生之手澤云耳。中華民國二十九年，邑後學范凝績紫東氏謹序。乾縣新誌本卷首

附録六

四庫提要

文津閣欽定四庫全書集部五勤齋集提要

臣等謹案：勤齋集八卷，元蕭𣂏撰。𣂏字維斗，奉元人，歷官集賢學士、國子祭酒，謚貞敏，事跡具元史儒林傳。𣂏卒于仁宗延祐五年，詩文多散佚。順帝至正四年，蘇天爵官西臺，始裒輯其遺稿，得文八十篇、詩二百六十首、樂府二十八篇，分爲十五卷，官爲刊板於淮東，蓋距𣂏之没幾三十年矣。自明以來，刊板又佚。惟永樂大典所載尚存崖略。謹依類編輯，得文四十二首、詩二百六十一首、詞四首，釐爲八卷。按焦竑國史經籍志稱蕭𣂏勤齋貞敏集，而永樂大典但題作勤齋集，頗不相合。然姚廣孝等修輯永樂大典，距至正刊板時未遠，其所據本，當即天爵所編，不容有誤，殆焦竑誤記其文也。又按天爵滋溪集，載𣂏墓誌銘一首，稱𣂏於六經百氏無不通，尤精三禮及易，且邃於六書。初鑿土室終南山下，以經傳列左右，思索其義，至於忘寐者三十年，乃表裏洞徹，關輔自許衡倡明理學之後，𣂏實繼之。爲文悉本諸經，元史亦稱𣂏「制行甚高，真履實踐。其教人必自小學始。爲文辭立意精深，言近指遠。一以洙、泗爲本，濂、洛、考亭爲據，爲一代醇儒。」今考其文，氣格雖不甚高，而質實簡潔，往往有關名教。其辭儒學提舉書及辭免祭酒司業等狀，尤可見其出處進退之大節。詩非所長，而陶冶性靈，絕去纖穠流派，亦足覘其志趣之高焉。

文津閣欽定四庫全書集部五榘庵集提要

臣等謹案：榘庵集十五卷，元同恕撰。恕字寬甫，其先太原人，徙於奉元。恕年十三，以書經魁鄉校。至元間，授國子司業，辭不拜。陝西行臺侍御史趙世延請置魯齋書院，以恕領教事。延祐六年，立皇太子，召恕爲奉議大夫、左贊善。明年，英宗繼統，以疾歸。致和元年，拜集賢侍讀學士，復辭不赴，卒贈翰林直學士，封京兆郡侯，謚文貞。事跡具元史儒學傳。所著榘庵集本三十卷。至正初，陝西行臺御史觀音保、潘惟梓等始刊布於江淮，趙郡蘇天爵爲之序。文淵閣書目亦載有榘庵文集一部八册，焦竑經籍志乃作二十卷，疑傳寫誤也。明以來，久佚不傳，故葉氏菉竹堂書目、晁氏寶文堂書目並不載其名，惟永樂大典中頗散見其詩文，謹抄撮編集，分類排比，釐爲文十卷、詩五卷，視原本尚得半焉。其平生著作，不事粉飾，而於淳厚敦樸之中，時露峻潔峭厲之氣。賈仁行狀稱其於詩喜陸放翁，於文慕周益公。富珠哩翀神道碑又稱至元三十一年國史修世祖帝紀，采事四方，陝西行省平章政事咸寧王辟爲掾典，司編録。故於元初典故，最爲詳贍。集中誌狀諸作，多有可與金、元正史相參訂者。惟祈禳青詞，本非文章正體，恕素以明道興教自任，更不宜稍涉異端，乃率爾操觚，殊爲疎於檢點。今悉恪遵聖訓，删除不録焉。

文津閣欽定四庫全書集部五還山遺稿提要

臣等謹案：還山遺稿二卷、附録一卷，元楊奂撰。奂字煥然，又名知章，乾州奉天人。生於金世宗大定二十六年。凡秋試四中選，而春試輒不第。入元，以耶律楚材薦，授河南路徵收稅課所長官，兼廉訪使。越十[五]年，致仕歸。事跡具元史本傳。考集中臂僮記，稱所著有還山前集八十一卷、後集二十卷、近鑑三十卷、韓子十卷、概言二十五篇、硯纂八卷、北

見記三卷、正統記六十卷。元史本傳則僅稱有還山集六十卷。元好問作奐神道碑，則稱還山集一百二十卷。至明初，皆不傳。此本乃明嘉靖初南陽宋廷佐所輯，以掇拾殘賸，易其名曰遺稿。凡文一卷、詩一卷，冠以考歲略。又附録傳、誌、題、咏之類爲一卷。併各以採自某書，得自某人，及石刻今在某所注於下。蓋明之中葉，士大夫偶著一書，猶篤實不苟如此也。奐詩文皆光明俊偉，有中原文獻之遺，非南宋江湖諸人氣含蔬筍者可及。其汴故宫記述北宋大内遺跡；與姚公茂書論朱子家禮神主之式，由生長南渡之後，未睹唐宋舊制，舉所見唐杜衍家廟及汴京宋太廟爲證；東遊記述孔林古跡尤悉，皆可以備文獻之徵也。

圖書在版編目(CIP)數據

元代關學三家集/［元］蕭𣄯，［元］同恕，［元］楊奐著；孫學功點校整理．—西安：西北大學出版社，2014.10

（關學文庫/劉學智，方光華主編）

ISBN 978-7-5604-3514-5

Ⅰ.①元… Ⅱ.①蕭…②同…③楊…④孫… Ⅲ.①關學—元代—文集 Ⅳ.①B244.05－53

中國版本圖書館 CIP 數據核字(2014)第 241839 號

出 品 人 徐 曄 馬 來
篆　　刻 路毓賢
出版統籌 張 萍 何惠昂

元代關學三家集 ［元］蕭𣄯 ［元］同恕 ［元］楊奐 著 孫學功 點校整理

審定專家 劍 犁 **責任編輯** 黄偉敏 張紅麗
裝幀設計 澤 海 **版式統籌** 劉 爭
出版發行 西北大學出版社
地　　址 西安市太白北路 229 號 **郵　　編** 710069
網　　址 http://nwupress.nwu.edu.cn **E－mail** xdpress@nwu.edu.cn
電　　話 029-88303593 88302590
經　　銷 全國新華書店
印　　裝 陝西博文印務有限責任公司
開　　本 720 毫米×1020 毫米 1/16
印　　張 41.5
字　　數 636 千字
版　　次 2015 年 1 月第 1 版 2015 年 1 月第 1 次印刷
書　　號 ISBN 978-7-5604-3514-5
定　　價 148.00 圓